HAMANN:
GESCHICHTE DES SCHULWESENS

GESCHICHTE DES SCHULWESENS

Werden und Wandel der Schule
im ideen- und sozialgeschichtlichen Zusammenhang

von

Bruno Hamann

KLINKHARDT

1986

VERLAG JULIUS KLINKHARDT · BAD HEILBRUNN/OBB.

CIP-Kurztitelaufnahme der Deutschen Bibliothek

Hamann, Bruno:
Geschichte des Schulwesens : Werden u. Wandel
d. Schule im ideen- u. sozialgeschichtl. Zusammenhang /
von Bruno Hamann. – Bad Heilbrunn / Obb. : Klinkhardt, 1986.
ISBN 3-7815-0580-4

Gesamtherstellung: Philipp Reclam jun., Ditzingen
Printed in Germany 1986
ISBN 3-7815-0580-4

Meiner lieben Frau

Inhalt

Vorwort

In der pädagogischen Literatur der Gegenwart nehmen Publikationen, die sich mit der Schule beschäftigen, einen außerordentlich breiten Raum ein. Dieser Tatbestand hat mehrere Gründe: Er deutet darauf hin, daß man die Schule, d.h. ihre Funktion und Wirksamkeit, hoch einschätzt. Sodann wird ihre Situation heute in gewissem Sinne als prekär erachtet. Man testiert ihr einen krisenhaften Zustand, schlägt um sie Alarm. Und in den Chor der Stimmen mischen sich auch solche, die ihre Existenzberechtigung in Zweifel ziehen und dementsprechend nach Alternativen rufen oder sogar schlichtweg ihre Abschaffung fordern.

Angesichts solcher unterschiedlicher Stellungnahmen und Einschätzungen, die nicht nur auf recht verschiedene Kenntnisse und Informationen über Auftrag, Möglichkeiten und Grenzen der Schule schließen lassen, sondern auch auf divergierende Positionen von weltanschaulicher und politischer Relevanz, erscheint einerseits eine Besinnung auf Ziele, Inhalte und Aufgaben der Institution Schule erforderlich, andrerseits ein Aufweis ihrer tatsächlichen Wirkungen und realen Bezüge. Dazu gehört auch die Verdeutlichung aller an der Schulwirklichkeit beteiligten bzw. solche konstituierende Wirkfaktoren (einschließlich ihres Zusammenspiels bzw. Widerstreits). Binnenstruktur und umweltliche Kraftströme sind dabei ebenso zu berücksichtigen wie der Erlebens- und Erfahrenshorizont des Schülers, der jederzeit Mittelpunkt schulischen Gestaltens sein sollte.

Was Schule ist und sein kann, was ihr generell und im Hinblick auf unsere geschichtliche Situation speziell zugemutet werden kann und muß, läßt sich nur in multi-perspektivischer Sichtweise ermitteln. Auch die historische Betrachtung leistet in dieser Hinsicht wertvolle Dienste; kommt ihr doch - sofern sie Vergangenheit, Gegenwart und Zukunft zu verbinden vermag - eine Art "Brückenfunktion" zu. Sie soll in dieser Studie, die sich die Herausarbeitung der Grundlinien der Entwicklung der Schule zur Aufgabe gesetzt hat, aus einem "weitwinkligen Horizont" heraus erfolgen.

Die vorliegende Darstellung der Grundzüge des Schulwesens geht in Teilen auf Vorlesungen zurück, die ich in den Wintersemestern 1981/82 und 1983/84 an der Universität München gehalten habe. Sie markiert den Wandel institutionalisierter Erziehung und Bildung im historischen Prozeß. Idee und Gestaltung von Schule werden dabei vom Altertum bis in die Gegenwart verfolgt. Entsprechend der fortschreitenden Verzweigung und Differenzierung des Schulwesens in den letzten Jahrhunderten, wird den neueren Entwicklungen breiterer Raum gewährt. Es werden speziell Verhältnisse in Deutschland berücksichtigt.

Entgegen einem heute weitverbreiteten Trend, Schulgeschichte lediglich als Sozialgeschichte zu betreiben, sucht vorliegende Arbeit auch den ideen- bzw. geistesgeschichtlichen Aspekt wieder stärker miteinzubeziehen.

Zu danken habe ich den Sekretärinnen Anneliese Kinateder und Marliese Lafon für die maschinenschriftlichen Arbeiten und M.A. Dieter Schölhorn für die Mithilfe beim Lesen der Texte und die Herstellung des Registers.

München, im Oktober 1985 Bruno Hamann

1. Einleitende Bemerkungen zur Schule als gesellschaftlicher und pädagogischer Institution

Schule und ihre Gestaltung sind seit langem unter verschiedenen Aspekten Gegenstand der Reflexion und reformerischen Bemühens. In der Gegenwart richtet sich das Interesse dabei in besonderer Weise auf die Schule als einer gesellschaftlichen und pädagogischen Institution. Diese Blickrichtung macht es nötig, sowohl das innere Gefüge und Geschehen als auch die vielfältigen umweltlichen Kräfte und Faktoren (historische und sozio-kulturelle Kraftströme) samt der Wechselwirkung binnenstrukturaler und äußerer Komponenten zu beachten.

Kernfragen einer Beschäftigung mit der Schule unter Berücksichtigung dieses Doppelaspektes beziehen sich auf das Verhältnis von Schule und Außenwelt, die besonderen institutionellen Merkmale und Funktionen, übergeordnete Gesichtspunkte für den Aufbau von Schule bzw. Organisation des Bildungswesens, die Regelung der Beziehungen aller Beteiligten, Ziele und Inhalte schulischen Geschehens, auf Theorieansätze und konkrete zu lösende Probleme. Solche Fragestellungen implizieren eine ganze Reihe von Detailfragen, die vom Wandel des Erziehungs- und Bildungsverständnisses und deren Spiegelung in den historischen Gestalten des Bildungswesens bis hin zu Fragen der Curriculumrevision und Lehrerbildung reichen. Probleme der Bildungsplanung und Bildungspolitik gehören selbstverständlich auch dazu.

Die Kennzeichnung der Schule als "Institution" soll darauf verweisen, daß mit dem Phänomen Schule ein ganzer "Komplex von Verhaltensmustern" bzw. Regelungen verbunden ist, die auf das hier gegebene "soziale Gebilde" Anwendung finden. Solche Regelungen oder Normierungen reichen von Lehr- und Bildungsplänen, Schul- und Prüfungsordnungen bis zu Weisungen und Vorschriften, welche das Zusammenspiel der Beteiligten auf den verschiedenen Ebenen - von der Kultusverwaltung bis zum Lehrer oder Schüler hin - unter Festlegung von Funktionen und Rollen ordnen.

Sofern das Geschehen und Gestalten im Raum Schule auf ein Ziel hin ausgerichtet, zweckmäßig geplant, arbeitsteilig gegliedert und auf Dauer hin eingerichtet wird, nennt man die Schule auch eine Organisation. Schule ist also eine auf Organisation gestellte Institution.

Was meint nun die Apostrophierung der Schule als gesellschaftlicher und als pädagogischer Institution? Als "gesellschaftliche Institution" kennzeichnet man sie aufgrund der Tatsache, daß sie die in einer Gesellschaft vorhandenen Wissensbestände, gesellschaftlich-kulturellen Gehalte, Werte u. dgl. bewahrt, weiterentwickelt und tradiert, daß die gesellschaftlichen Kräfte hier ihre Interessen zur Geltung bringen, und daß Schule weitgehend von geschichtlich-gesellschaftlichen Verhältnissen und Wandlungen abhängig ist und auch auf solche verändernd zurückwirken kann.

Als "pädagogische Institution" wird Schule zumeist bezeichnet, um ihre spezifische Erziehungsfunktion zu betonen. Gemeint ist dabei ihre Einflußnahme auf Gesinnung, Einstellung und Verhalten der Schüler sowie auf den Erwerb lebensnotwendiger Kenntnisse und Fertigkeiten, ferner ihr Beitrag zur Erneuerung der Gesellschaft und zur Propagation kultureller Werte. Sodann kann der Ausdruck pädagogische Institution aber auch signalisieren, daß im Zentrum des sich hier vollziehenden Geschehens der hilfebedürftige Mensch steht, dem primäres Engagement gilt bzw. zu gelten habe. Gleichwohl muß festgehalten werden: Mag auch die primäre Obsorge dem Menschen gelten, der persönlichkeitsfest, gesellschafts- und kulturfähig gemacht werden soll, die Verantwortung für die geschichtlich-gesellschaftliche Welt im Sinne gegebener und zu verbessernder (Wert-)Strukturen bleibt auch ein "pädagogisch" zu etikettierender Auftrag. Schule wird ihrem Auftrag nur dann gerecht, wenn sie ihre individual-personale Funktion mit ihrer geschichtlichen bzw. sozio-kulturellen Funktion in Einklang zu bringen sucht.

Das Postulat, Schule müsse zugleich anthropologische und gesellschaftlich-kulturelle Gesichtspunkte berücksichtigen, hat in mehrfacher Hinsicht Konsequenzen: Es enthält einen Appell an die Verantwortlichen im Bereich der Bildungsplanung und Bildungspolitik, jener Forderung gerecht zu werden. Sodann ergeben sich von daher auch Folgerungen für das Aufgaben- und Rollenverständnis des Lehrers. Dieser ist sowohl Anwalt des Schülers, als auch der Gesellschaft und Kulturwelt verpflichtet. Experte für Unterricht zu sein genügt nicht, wenn er seine person-orientierte, erzieherische Funktion wahrnehmen sowie auch für das gesellschaftliche und kulturelle Leben mitverantwortlich sein soll. Die Lehrerbildung kann sich demzufolge nicht darauf beschränken, fachliches Wissen sowie didaktische und methodische Kenntnisse zu vermitteln. Sie muß vielmehr - im Sinn eines integrativen Studienganges - Einblicke in anthropologische, psychologische, soziologische und historische Gegebenheiten, die als Voraussetzungen und Faktoren erzieherischen Geschehens anzusehen sind, ermöglichen; sie muß auch für die eigene Standortgewinnung, ja überhaupt zu einer echten Horizonterweiterung des Studenten beitragen.

Der Begriff Schule, den wir bisher - ohne ihn näher zu bestimmen - verwendet haben, hat vielerlei Bedeutungen (wie so unterschiedliche Ausdrükke wie Volksschule, Fahrschule, Tanzschule, Segelschule usw. zeigen). Im allgemeinen verwendet man das Wort Schule als einen Sammelbegriff für ein in sich gestuftes und differenziertes Angebot an Bildungseinrichtungen des sog. Primar- und Sekundarbereichs (allgemeinbildende und berufsbildende Schulen)[2]. In einem weiteren Sinne werden oft auch Hochschulen hinzugerechnet. Durchgängige Kennzeichen für solche Institutionen und ihre Teilbereiche sind - in formaler Hinsicht -, daß sie Stätten planmäßigen Lehrens und Lernens (Vermittlung und Erwerb von Kenntnissen, Einstellungen und Fähigkeiten), der Erfahrung (Erleben und Üben) und der Muße (zweckfreie Hingabe) darstellen. Inhaltlich sind sie dadurch bestimmt, daß sie die Erziehung und Bildung des Menschen in seiner Ganzheit bezwecken, darauf gerichtet sind, auf das Leben vorzubereiten, das gesellschaftliche

Leben zu erneuern, kulturelle Güter und Werte zu propagieren.

Solche Bestimmungsmerkmale, welche die Grundbedeutung der Schule sichtbar werden lassen (ohne diese eindeutig und endgültig zu bestimmen), müssen selbstverständlich im Hinblick auf die jeweilige geschichtliche Situation einerseits und hinsichtlich der Besinnung auf den Menschen (anthropologischer Aspekt) näherhin festgestellt werden. Sie werden in der einschlägigen Literatur oft unter dem Ausdruck "Funktionen der Schule" abgehandelt, wobei dann auch - wie etwa bei Hermann Oblinger - zwischen pädagogischen Grundaufgaben und nichtpädagogischen Zusatzaufgaben unterschieden wird: so wenn die Schule als Eingliederungsanstalt (Sozialisationsinstanz), Bildungsanstalt (Personalisationsinstanz), Ausbildungsanstalt (Qualifikationsinstanz) gekennzeichnet wird. In Erfüllung solcher Funktionen nimmt sie pädagogische Grundaufgaben wahr. Unter nichtpädagogischen Vorzeichen fungiert sie als Ausleseanstalt (Selektionsinstanz), ferner als Verwaltungseinrichtung (Administrationsinstitution) und als wirtschaftliche Anstalt (ökonomische Institution)[3].

Schulen bilden eine Teileinheit im Rahmen des Bildungswesens insgesamt. Hinsichtlich ihrer Zielstellung, Organisationsstruktur, Funktionen, Inhalte, des Rechtsstatus u.a. heben sie sich von anderen (pädagogischen) Institutionen ab. Ihr Selbst- und Fremdverständnis hat sich im Laufe der Zeit geändert: sowohl ideen- wie realgeschichtlich (sozialgeschichtlich) läßt sich das nachweisen. Die hier folgende Kennzeichnung der Grundlinien einer Entwicklung der Schule vom Altertum bis in unsere Gegenwart soll diesen Wandel verdeutlichen.

2. Funktionsverständnis und Entwicklung der Schule im Altertum und Mittelalter

Vorbemerkung

Ein Blick auf die Geschichte der Schule zeigt, daß es mehr oder weniger systematisch organisierte Lehr- und Lerninstitutionen schon recht lange gibt. Offensichtlich tauchen sie überall dort auf, wo die Erlernung des schriftsprachlichen Kommunikationsmittels eine bedeutende Rolle spielt[4]. Die Gründe für ihre Entstehung sind jedoch verschiedener Art. Um Einrichtungen systematischen und methodisierten Lernens bemühte man sich besonders aufgrund der Einsicht, daß Erfahrung und Umgang des jungen Menschen zur Vorbereitung auf die Erfordernisse des Erwachsenenalters nicht ausreichen. Auch die Erkenntnis, daß die Gruppe, in welche der einzelne hineingestellt ist (Familie, Sippe, Stamm usw.) sich - aus welchen Gründen auch immer - nicht mehr in der Lage sieht, diesen fürs Leben bzw. für die von ihm zu erbringenden Leistungen ohne besondere Veranstaltungen auszurüsten, läßt die Schule als notwendig erscheinen. Und andrerseits sehen auch soziale Gebilde ihren eigenen Fortbestand bzw. die Qualität ihrer eigenen Existenz an Kenntnissen und Fertigkeiten ihrer Mitglieder, speziell des jeweils nachwachsenden Geschlechts, gebunden. Dabei ist an Tradierung und Mehrung sowohl materieller wie geistiger Güter zu denken.

Wie geartet die Erwartungen und Anforderungen an Schule in den jeweiligen Epochen auch gewesen sein mögen, d.h. welche Zielstellungen, Aufgaben bzw. Dienstleistungen man ihr im Laufe der Geschichte zuordnete, so läßt sich doch ein Sachverhalt, der überall und immer beobachtbar ist, konstatieren: es besteht ein enger Zusammenhang zwischen allgemeiner sozial-ökonomischer, technologischer und sozio-kultureller Entwicklung auf der einen Seite und schulischer Entwicklung und Gestaltung auf der anderen Seite. Differenzierung und Spezialisierung im Lebensbereich finden ein entsprechendes Pendant im Schulbereich bzw. im Erziehungs- und Bildungswesen. Wenn auch da und dort ein "cultural lag", also ein Nachhinken schulischer Entwicklungen gegenüber gesellschaftlichen Kraftströmen zu verzeichnen ist, so bleibt jener genannte Bezug doch prinzipiell bestehen. Er basiert seinerseits auf historischen Prozessen und Wandlungen. Darauf haben besonders Achim Leschinsky und Peter Martin Roeder durch ihre historischen und systematischen Analysen des Wechselverhältnisses von institutioneller Erziehung und gesellschaftlicher Entwicklung in der Neuzeit aufmerksam gemacht. Sie kommen zu dem Ergebnis: Zwischen der Herausbildung neuzeitlicher Gesellschaftsformation und der Entstehung eines öffentlichen Schulwesens besteht ein enger Zusammenhang. Beide sind nämlich von denselben historischen Entwicklungen abhängig[5].

2.1 Altertum

In der schriftlosen Epoche der Menschheitsgeschichte kann von Schule im Sinne planmäßigen Lehrens (Anweisens, Belehrens) und Lernens nicht gesprochen werden, wenngleich Wissensanhäufung, geistige Überlieferung, Erwerb und Weitergabe handwerklich-technischer Kenntnisse, kultischer Formen, religiöser Inhalte etc. schon in der menschlichen Frühzeit eine beachtenswerte Rolle spielten. Die in den Primitiv- und Frühkulturen sich herausbildenden Belehrungs- und Lernformen stellten allenfalls Vorformen eines erzieherisch gemeinten Handelns und schulischen Gestaltens dar.

Anders ist das im Bereich der (ersten) Hochkulturen. Dort bildeten sich - vor allem nach Erfindung der Schrift (um etwa 300 v. Chr.) - Formen institutionalisierten Unterrichts heraus. Ausgedehnter Handel, wirtschaftliche Maßnahmen, Kunst und Kult ließen in Ägypten und Mesopotamien verschiedene Berufslaufbahnen (Schreiber, Architekten, Beamte, Techniker, Spediteure, Priester, Ärzte, Handwerker...) mit entsprechenden Kanons des zu Erlernenden entstehen und führten so zur Etablierung eines planmäßigen Unterrichts. Auch für Indien und China läßt sich das Aufkommen von Formen geregelten und organisierten Unterrichts nachweisen[6], ebenso für Altisrael.

Für die Schul- und Lehrplanentwicklung im abendländischen Kulturbereich - speziell auch für das deutsche Bildungswesen - sind die Quellen und Modelle in Griechenland und Rom zu finden.

In der Antike (dem griechisch-römischen Altertum) wurden sozusagen die Grundlagen für die Erziehung und Bildung in den späteren Jahrhunderten - samt ihrer institutionellen Gestaltung - gelegt. Die Wandlung des Erziehungs- und Bildungsdenkens fand ihren Niederschlag in lehrhaften Gehalten und organisatorischen Maßnahmen, deren Einfluß im abendländischen Schulwesen allenthalben sichtbar wurde.

Neben dieser Funktion bieten das antike Griechenland und Rom selbst anschauliche Beispiele für die individuale wie kulturelle Wirksamkeit der Bildung und ihrer Organisation, für die Umsetzung von Ideen in gestaltende Wirklichkeit. Blicken wir nach Hellas.

2.1.1 Griechenland

Das ursprüngliche - in der ritterlich-adligen Lebenswelt entstandene - Ideal des körperlich tüchtigen und geistig gebildeten Menschen (bei Homer mit dem Begriff "Arete" umschrieben, später als "Paideia" bezeichnet und auf dem Höhepunkt der griechischen Antike mit dem Ideal der "Kalokagathia"[7] verbunden) wurde später, d.h. in der bürgerlichen Epoche, durch das Ideal des guten Staatsbürgers und Kriegers - mit je anderer Akzentuierung in Sparta und Athen - abgelöst und in einer weiteren Phase durch das Ideal des selbstverantwortlichen und aufgeklärten Intellektuellen, der zugleich kosmopolitisch und philosophisch denkt (bei Sokrates, Platon, Aristoteles), wieder anders bestimmt. Freilich geht es in dieser Idealvorstellung nicht ausschließlich um das Individuum und seine Existenz, sondern auch um politische und soziale Stabilität, nicht zuletzt um Erhalt bzw. Erneuerung ins Schwanken geratener ethischer und religiöser Wertvorstellungen[8].

Grundvorstellungen über die Menschenformung verbanden sich also schon in Altgriechenland mit Postulaten überindividualer Art (Polis bzw. Gemeinschaft und Ethos betreffend). In der hellenistischen Zeit kamen dann sogar noch raumübergreifende Tendenzen (panhellenistische Bestrebungen) hinzu.

Die Geschichte der Schule läßt die angedeuteten Leitvorstellungen erkennen. In Sparta erzog der Staat die Jugend. Seit dem 6. Jahrhundert v. Chr. kamen die acht- bis zwanzigjährigen Knaben und Mädchen zur kollektiven Erziehung und Unterrichtung in staatliche Erziehungshäuser[9] (vom 12. Lebensjahr an lebten die Jungen in eigenen Unterkünften). Körperliche Ausbildung hatte den Vorrang gegenüber der geistigen und der musischen Bildung (Chorgesang, Musik, Tanz) sowie auch gegenüber der sittlich-religiösen Unterweisung (Selbstbeherrschung, Mut, Bescheidenheit, Gehorsam, Ehrfurcht vor den Göttern). Nur Adlige (nicht aber Halbbürger = Perioken, auch nicht Sklaven = Heloten) hatten Anspruch auf Bildung. Für männliche Jugendliche, die später in Männerhäuser und Männerbünde aufgenommen wurden, spielte Wehrertüchtigung eine herausragende Rolle, wie auch die Gewöhnung an Staatsgesetze und die Unterordnung unter Staatspflichten. Zu den spezifischen Mädchenaufgaben gehörten neben Körperstählung die Einübung in Hauswirtschaft, Pflege des Brauchtums und Mutterpflichten.

Die attischen Schulen waren freier und differenzierter, tendierten mehr zur "Allgemeinbildung" hin. Ab dem siebten Lebensjahr genossen die Kinder aller sozialen Stände (per Gesetz) eine musische und gymnastische Ausbildung. Für die körperliche Ertüchtigung stellte der Staat Übungsstätten (Palästren für die Knaben, Gymnasien für die Jugendlichen) zur Verfügung. Der Unterricht selbst wurde privaten Lehrern übertragen. Im Rahmen des Elementarunterrichts erhielten die Knaben[10] neben Gymnastik, Sport und Spiel in manchmal primitiven Räumen Unterricht in Lesen, Schreiben, Rechnen, Sprachlehre, Musik, Zeichnen sowie literarische Unterweisung (Homer, Hesiod, Solon, Tragiker). In Athen gab es im 5. Jahrhundert z.B. eine ganze Reihe solcher privater Schulen.

Die Elementarausbildung wurde als gymnastisch-militärische Ausbildung der Epheben (d.h. der in die Bürgerschaft aufzunehmenden Jünglinge zwischen etwa 16 und 20 Jahren) fortgesetzt im sog. "Gymnasion": einer staatlichen Anstalt mit Übungsplätzen, Bädern, Säulenhallen. Auch Fächer, die speziell der geistigen Formung dienen, traten (verstärkt seit dem 5. Jahrhundert v. Chr.) neben den genannten Schwerpunkt: so Grammatik, Geometrie, Arithmetik, Musik.

Schon im 4. Jahrhundert erweiterte sich die Reihe der Studien vor allem im sprachlichen Bereich. Bedeutung gewannen Grammatik, Rhetorik, Dialektik. Kenntnisse im Rechtsbereich, in Geschichte und Geographie ordneten sich dem Bildungskanon ein.

Neben den Sportschulen und den immer mehr allgemeinbildende Inhalte aufnehmenden Schulen (Gymnasien, Ephebenschulen) entwickelten sich auch geistige Bildungszentren. Als solche können besonders gelten: die Schule der Pythagoräer, Rhetorikschulen der Sophisten, erst recht aber die Akademie Platons (Idealform der Lebens- und Arbeitsgemeinschaft) sowie das Lyceum der Peripathetiker (Philosophisch-fachwissenschaftliche Lehrstätte, begründet von Aristoteles), das Museion (Forschungs- und Lehrstätte) in Alexandrien[11].

Im Hellenismus, der Kulturepoche von Alexander d. Gr. bis Augustinus, nahm das gesamte Bildungswesen einen großen Aufschwung. Die Elementarbildung wurde ausgebaut. Es entwickelte sich ein mittleres Schulwesen mit einem höheren Kurs elementarer Bildung durch Beschäftigung mit Volkssprache, Grammatik, Literatur in sprachlicher und sachlicher Hinsicht (Grammatikschulen mit 3jähriger Dauer, ab 10 - 12 Jahren).

Auch die höheren Schulen blühten auf. Das Gymnasion erlebte - im Vergleich mit der in klassischer Zeit hier geleisteten Ephebenausbildung - eine gewisse Akzentverlagerung: das Militärische in der körperlichen Ausbildung trat zurück. Das Schwergewicht lag nun auf sprachlich-literarischem Gebiet. In besonderer Weise bemühte man sich um die Vollkommenheit des geistig-musischen und des sittlich geformten Menschen durch eine "encyklios paideia", d.h. durch eine abgerundete "allgemeine" Bildung infolge der Beschäftigung mit einem Kanon von wissenschaftlichen Inhalten, die beherrschen mußte, wer öffentlich oder vor Gericht mitreden wollte. Es handelte sich bei dieser enzyklischen Bildung um Kenntnisse in Grammatik, Rhetorik, Dialektik und in Arithmetik, Geometrie, Musik, Astronomie[12]. Im Laufe der Zeit gewannen (besonders ab ca. 200 v. Chr.) rhetorische Elemente - speziell im Hochschulbereich - eine gewisse Vorrangstellung (Rednerideal), oft unter Vernachlässigung fachwissenschaftlich-sachlicher enzyklopädischer Bildung.

Erwähnenswert erscheint noch dieses: In hellenistischer Zeit, ab etwa 300 v. Chr., gingen fast alle Kinder freier griechischer Bürger zur Schule, auch Mädchenschulen (sogar als Sekundarschulen) waren relativ weit verbreitet. Eine ausgedehntere Schulbildung konnten sich aber in der Regel nur Kinder wohlhabender Familien leisten[13].

Griechische Bildungsvorstellungen und -gestaltungen weiteten sich im Mittelmeerraum aber auch nach Asien hinein aus (wie in gewissem Ausmaß Einflüsse auch von dorther in umgekehrter Richtung zu verzeichnen sind) und schufen über mehrere Jahrhunderte hinweg in einem Großteil der damaligen Welt einen "Kosmos geistiger Gemeinsamkeit"[14].

2.1.2 Rom

Die Römer rezipierten und kopierten nicht einfach die griechische Weise einer Menschenformung. Ihre kulturgeschichtliche Leistung beruht darauf, daß sie hellenistische Kultur und Bildung mit spezifisch römischem Ethos durchdrangen und nach ganz Westeuropa verbreiteten. Was man im alten

Rom (also in vorhellenistischer Zeit) als Lebens- und Bildungsideal ansah, war - in Orientierung am Gesamtleben - der tugendhafte und tüchtige (auch kriegstüchtige) Staatsbürger: ein "vir bonus", dem sittliche Haltung und Verantwortung gegenüber dem Gemeinwesen bzw. den staatlichen Angelegenheiten ("virtus") eigen war. Und ein aufs Nützliche und Praktische gerichteter Sinn sollte den Römer auszeichnen. Dementsprechend war die altrömische Erziehung weniger ästhetisch, musisch noch theoretisch ausgerichtet, sondern mehr praktisch-nützlich. Sie erfolgte zunächst in der Familie. Der Knabe wurde dort angeleitet zu bzw. eingeübt in Ackerbau, Waffenkunde, politisches Handeln. Das Mädchen hingegen erlernte weibliche Arbeiten, Spinnen, Weben usw. Ebenfalls in der Familie oder aber in einer Elementarschule - welche es schon vor dem 4. Jahrhundert v. Chr. gab - lernte der Knabe in altrömischer Zeit noch Lesen, Schreiben und Rechnen. Der etwa Sechzehnjährige trat nach Erhalt der Männertoga oft in ein Famulusverhältnis bei Verwandten oder Bekannten der Familie (für ein Jahr), anschließend bei einem anderen, meist prominenten Politiker ein und stand gleichzeitig dem Heer zur Verfügung[15].

Seit dem 3. Jahrhundert v. Chr. vollzog sich ein näheres Kennenlernen der griechischen Kultur und Bildung durch die Römer. Es setzte ein Verschmelzungsprozeß griechischer und römischer Kulturelemente und Ideale (samt Bildungsvorstellungen) ein, der - wenngleich sich Widerstände dagegen erhoben wie besonders im Kreise um Cato (+ 149 v. Chr.) - im 2. Jahrhundert rasch voranschritt (intensiviert durch das Eingreifen Roms in die politischen Verhältnisse Griechenlands). Es vollzog sich geradezu eine Hellenisierung des römischen Lebens, vor allem in aristokratischen Kreisen. Die römische Kultur geriet sozusagen zunächst unter dominierenden griechischen Einfluß und gewann erst allmählich im Durchgang durch einen in Konfrontation und Auseinandersetzung mit der griechisch-hellenistischen Kultur- und Geisteswelt erfolgenden "Veredelungsprozeß" jenen Eigencharakter, der dann zur Grundlage der Romanisierung und Humanisierung des Abendlandes und speziell auch zur Bildungsgrundlage des späteren Europa werden sollte[16].

Die Hellenisierung Roms (des römischen Geistes und seiner Bildungsidee) formte das römische Bildungswesen in den letzten 200 Jahren der römischen Republik. Sein Aufbau wurde so weitgehend durch hellenistische Komponenten formaler wie inhaltlicher Art bestimmt, daß römische und griechische Schulen und Hochschulen sich im 1. Jahrhundert v. Chr. kaum unterschieden. Bildung war für den Römer der damaligen Zeit gleichbedeutend mit griechischer Bildung. Kenntnis des Griechischen (der Sprache und Literatur) galt als Forderung für jeden, der sich als arriviert bezeichnen durfte. Griechische Sklaven arbeiteten in Rom, und vornehme Römer reisten zum Abschluß ihrer rhetorischen und philosophischen Bildung nach Griechenland oder Kleinasien (Athen, Alexandria, Rhodos usw.).

Der Aufbau des durch die Hellenisierung beeinflußten römischen Schulwesens umfaßte neben den Elementarschulen (für Lesen, Schreiben, besonders Rechnen, etwas Literatur) die Grammatikschulen als höhere Stufe (Schwerpunkt im Sprachlich-Literarischen; Doppelsprachigkeit: Griechisch und Latein; Hauptlektüre: Homer/lateinische "Odyssee" des Andronikus, später Vergils "Aeneis"; in der Folgezeit/Kaiserzeit kamen besonders noch Terenz und Cicero hinzu; wichtige Inhalte bot ferner der Stoffkreis der "artes liberales", d.h. der "freien Künste", betreffend drei sprachliche Fächer: Grammatik, Rhetorik, Dialektik (= Trivium) und vier mathematische Fächer: Arithmetik, Geometrie, Musik, Astronomie (= Quadrivium)). Als Abschlußschule der allgemeineren höheren Bildung entwickelte sich besonders im 1. Jahrhundert v. Chr. - entsprechend der wachsenden Bedeutung der Rhetorik im Staats- und Rechtsleben - die Rhetorikschule (mit den schwerpunktmäßigen Unterrichtsgegenständen: Stilkunde, (Prosa-)Lektüre, praktisch-rhetorische Übungen). Deren Besuch dauerte nur selten über das 20. Lebensjahr hinaus.

> Eine Verkörperung des Rednerideals in spätrepublikanischer Zeit begegnet in Cicero (106 - 43 v. Chr.): einem mit nationaler Gesinnung und griechischer Geistesbildung ausgestatteten Politiker, Redner und Schriftsteller, der auch Philosoph und Bildungstheoretiker war. Die Ausprägung des höchsten Menschentums sah er in der Synthese von nationaler Gesittung und griechischer Geistesbildung. Er erfaßte zum erstenmal die für die folgenden 2000 Jahre so bedeutsame humanistische Bildungsidee klar. Zugleich erstrebte er eine Verschmelzung des rhetorischen und des philosophischen Bildungsideals, die im Hellenismus auseinandergewachsen waren. Eine rein formalistische Bildung unter Vernachlässigung der realen Kenntnisse und der Gesinnung lehnte er ab. Gerade auch für den Redner forderte er die Bildung des ganzen Menschen, eine echte staatlich-politische Gesinnung, umfassende Sachkenntnis, innere Kultur und philosophische Bildung[17].

Die römische Kaiserzeit brachte eine Ausweitung des Schulwesens. Die Gliederung blieb weitgehend erhalten, wuchs aber noch mehr. Sein bisher im wesentlichen privater Charakter trat zugunsten städtischer und staatlicher Eingriffe und Trägerschaft zurück. Staatliche Initiativen und Maßgaben, vor allem im Hochschul- und Fachhochschulbereich (Medizinschulen, Rechtsschulen, Philosophenschulen, Rhetorikschulen), ließen seit dem 2. Jahrhundert n. Chr. eine Art Reichsschulwesen entstehen (wobei auch politische Ziele eine Rolle spielten). Dabei setzten sich kosmopolitische Ausrichtung und Rhetorik als Krönung höherer Bildung weiter durch. Die Rhetorikbildung wurde der allgemeine Weg für die Staatslaufbahnen u.a. höhere soziale Qualifikationen[18].

Staatspolitische Zwecke bestimmten auch in anderen kaiserzeitlichen Jahrhunderten das Bildungsgefüge mit. Schon die Imperiumspolitik seit Augustus zielte auf die Schaffung eines einheitlichen Reichsgebildes mit gemeinsamer Kultur bzw. mit einer allgemeinverbindenden Zivilisation. Im eingeleiteten Romanisierungs- und Humanisierungsprozeß sollte die Einheit des römischen Imperiums seine Grundlage und Stütze erhalten. Zur Verwirklichung dieser Zielvorstellung schien die Anhebung des allgemeinen geistigen Niveaus und ein Kanon entsprechender Bildungsinhalte beizutragen[19].

Schulen verschiedenen Ranges verbreiteten sich im Rahmen dieses Romanisierungs- und Humanisierungsprozesses seit dem 1. Jahrhundert n. Chr. über Rom und Italien hinaus "in alle Provinzen und deren Randzonen zu einer überall in sich gleichartigen Bildungskultur ganz neuer Art"[20]. Im 2. Jahrhundert n. Chr. sind sogar Schulen in einzelnen vici (Dörfern) bezeugt. Kaiser Antonius Pius (+ 161) installierte auf dem Gesetzeswege ein Bildungsgefüge über das ganze Imperium, das für jede Stadt die Errichtung von Grammatiker- und Rhetorenschulen verordnete[21]. Mag man auch in Grenzterritorien auf Rhetorenschulen verzichtet haben, bis zur Grammatikausbildung muß es damals und in der Folgezeit überall gekommen sein. Die Schul- und Unterrichtsverhältnisse in den römischen Provinzen waren weitgehend ähnlich. Sonderentwicklungen gab es in Gallien[22] und in Judäa[23].

Bedeutende Studienmittelpunkte der kaiserlichen Epoche wurden zu Hochschulen: Athen, Alexandria; in Kleinasien Beirut, Antiochia, Konstantinopel usw.; in Gallien Marseille, Autun, Bordeaux; ferner Trier, Karthago, Neapel, Mailand und spanische Städte. Besondere überregionale Bedeutung erlangten: Rom, Beirut, Alexandria, Athen[24].

Ganz allgemein kann festgestellt werden: Staatliche Aufsicht, Förderung und allgemeine Verwaltung hatten am Ende der Antike ein Netz von Bildungsmöglichkeiten geschaffen, welches das ganze Imperium überzog. Freilich setzte an der Schwelle zum Mittelalter ein gewisser Verfall antiker Bildung ein, verursacht durch mehrere Faktoren, wie politische Überlagerung durch Barbaren, moralisch-ethischer Substanzverlust des spätantiken römischen Reichs und religiöse Intensivierung (durch die christliche Bildungsidee)[25].

Für das christliche Altertum (Patristik) sind zwei eigene Formen von Schulen bezeugt: die Katechumenenschule (Katechumenen waren Taufbewerber), deren Funktion in der Unterweisung in christlicher Lehre vor der Taufe bestand ("erste christliche Volksschulen"). Neben diese traten sog. Katechetenschulen zur Ausbildung für Lehrer und Geistliche: eine Art "philosophisch-theologischer Hochschulen", z.B. in Alexandria (2. Jahrhundert n. Chr.). Ansonsten besuchten die Kinder heidnische Schulen, und dort waren auch viele Christen als Lehrer tätig. Eine Aufnahme christlicher Lehre und Lebensführung in den Lehrplan allgemeiner Schulen erfolgte nur zögernd mit Heraufkommen des Mönchtums und der Entstehung von Klosterschulen (der Benediktiner)[26].

2.2 Mittelalter

Mit Mittelalter bezeichnet man die Zeitspanne von der Völkerwanderung bis zum Ende des 15. Jahrhunderts. Gekennzeichnet ist diese Epoche im Abendland durch neue Entwicklungen, die sich mit der Zerstörung des weströmischen Reiches, der Konfrontation des Germanentums mit Römertum und Christentum und dem Ausbau des Fränkischen Reiches als Keimzelle der europäischen Staatenwelt ergaben.

Charakteristisch für das Mittelalter waren folgende Faktizitäten: die besondere Weise der Aneignung und Weitergabe des überkommenen antiken Kulturguts, die Organisation der Herrschaft (hierarchische Stufung), die Gestaltung des Verhältnisses zwischen politischer und geistlicher Gewalt, die Gestaltung des sozialen und gesellschaftlichen Lebens in seiner ständischen Gliederung. Dazu kamen Spannungsverhältnisse, wie sie in den Begriffspaaren Individuum und Gesellschaft, Vernunft und Glaube, Diesseitigkeit und Jenseitigkeit u.a. zum Ausdruck gebracht werden. Alle diese Komponenten und die zwischen ihnen bestehenden Beziehungen wurden für die mittelalterliche Lebensauffassung und Geisteshaltung bestimmend, erzeugten so etwas wie ein Einheitsbewußtsein, prägten die Gesamtkultur und drückten auch dem Bildungswesen den charakteristischen Stempel auf.

Von besonderer Relevanz für die Schulgeschichte der Folgezeit wurde die Synthese von christlicher Bildung mit antiken Lebensformen, der politisch-staatliche und der kirchlich-religiöse Universalismus sowie das auf allen Lebensgebieten hervortretende korporative Element, welches sich in der klaren Abstufung und Abgrenzung von Ständen (mit ihren unterschiedlichen Haltungen, Lebensformen, Bildungswegen usw.) bekundete.

2.2.1 Frühmittelalter

Die Umwälzungen der Völkerwanderung beeinträchtigten in Europa das Schulwesen, wenn auch nicht überall in gleichem Maße. Im 4. und 5. Jahrhundert bröckelte das römische System von Elementar-, Grammatik- und Rhetorikschulen ab. Antike Schulen bestanden im Abendland jedoch da und dort weiter: in Gallien (bis Anfang 6. Jahrhundert), in Italien (bis 7. Jahrhundert), ebenso in Spanien (711 Eroberung durch Araber) und in Großbritannien und Irland. Auf den britischen Inseln sind dann auch im 6. bis 8. Jahrhundert die Zentren einer neuen europäischen Bildung - verchristlichte antike Schulen - zu finden. Von dort gingen die für die weitere Schulentwicklung im Abendland (speziell auch für deutsche Lande) wichtigen irischen Missionierungswellen um 600 und 800 aus.

In Mittel- und Nordeuropa (von den ehemals römisch besetzten Gebieten abgesehen) gab es damals und in der vorausgegangenen Zeit noch kein Schulwesen. Die Germanen jener Regionen erzogen zum tüchtigen Bauern und tapferen Krieger bzw. zur ehrbaren, praktischen Hausfrau und Mutter, lehrten allerhand handwerkliche und künstlerische Fertigkeiten, Götter- und Heldenlieder (Edda und Sagas), bei den Vornehmen auch Runenschrift. Schulen i.e.S. aber benötigten sie nicht[27].

Für die Bildungseinrichtungen im frühen Mittelalter wurden einerseits die Bildungsidee und die Schulgründung eines Aurelius Augustinus (354 - 430, Bischof von Hippo) grundlegend, der - durch eine Verbindung von Bischofsschule und Priesterkanonat - sozusagen den Prototyp der frühmittelalterlichen Domschule schuf, und andrerseits das benediktinische Mönchstum (Ordensgründer: Benedikt von Nursia, um 480 - 537), welches bis ins 13. Jahrhundert die maßgebende Norm für das abendländische Mönchstum wurde und in seinen Klosterschulen die wohl wichtigsten Pfeiler für das Bildungsleben der folgenden Jahrhunderte abgab[28]. Ein wichtiger Wegbereiter neubegründeter Bildungseinrichtungen auf kirchlicher Seite war der frühere ostgotische Staatsmann und spätere Abt Cassiodor (+ um 583). Dieser übernahm das augustinische Bildungsprogramm (Synthese von weltlicher und geistlicher Bildung: grammatische Bildung und freie Künste als Voraussetzung des Verständnisses der Bibel) und führte es erstmals in das abendländische Mönchstum ein. Für die von ihm verwirklichte Theologenschule schuf er in seinen "Institutiones" den Abriß eines gesamten humanistischen und theologischen Lehrplans, das erste christliche Handbuch des weltlichen und geistlichen Wissens: ein "Grundbuch der mittelalterlichen Bildung" (E.R. Curtius)[29], welches im Frühmittelalter nur noch durch das 20 Bände umfassende enzyklopädische Werk eines Isidor von Sevilla (+ 636) übertroffen wurde: das neben den "Sieben freien Künsten" auch das übrige Wissen der Antike sowie christliche Lehrinhalte darbot.

Für den Schulbetrieb im Mittelalter waren außerdem noch Lehrbücher der Römer Donatus, Martianus Capella, Priscianus, Boethius sowie des Beda Venerabilis u.a. in Gebrauch.

Vereinzelt seit dem 4. Jahrhundert, in verstärktem Maße seit dem 6. Jahrhundert, entstanden auf der genannten Grundlage im Abendland neuartige Schulen. Deren primäre Funktionen bestanden darin, die Berufsausbildung von Mönchen, Priestern, Schreibern (Handschriften-Schreibern) zu leisten und Teil klösterlicher Lebensform bzw. Teil eines sakralen Programms zu sein[30]. Größte Bedeutung erlangten zunächst die Klosterschulen, die bis zum 8. Jahrhundert fast die einzigen Schulen waren (wenn in manchen Gebieten auch heidnische oder völkisch-regionale Einrichtungen - wie etwa die irischen Druiden- und Bardenschulen - neben den kirchlichen bestanden). Dom- oder Bischofsschulen kamen dann in größerer Zahl erst vom 8. Jahrhundert an hinzu, ebenso wie Stiftsschulen (an größeren Kirchen, deren Klerus - Kanoniker und Chorherren - in klosterähnlicher Gemeinschaftsform zusammenlebte).

Wie die Klosterschulen dienten auch Dom- und Stiftsschulen primär dem Priesternachwuchs, nahmen aber vom 9. bis 12. Jahrhundert mehr den Charakter von "öffentlichen" (auch Laien zugänglichen) Schulen an. Seit dem 11. Jahrhundert überflügelten sie sogar die dann in ihrer Bedeutung schwindenden Klosterschulen und übernahmen deren Aufgaben. Die dort vermittelten Bildungsinhalte bezogen sich - ähnlich wie die der Klosterschulen (und der Palastschulen) - zunächst auf Elementarwissen, d.h. auf Lesen, Schreiben, Singen und Latein. Auf der nächsten Stufe erfolgte die Beschäftigung mit den freien Künsten, und für angehende Kleriker bildeten dann theologische Studien den Abschluß. Junge Mädchen aus vornehmen Familien wurden damals von Nonnen erzogen (Lioba, Thekla u.a. hatten das Mädchenschulwesen angelsächsischer Frauenklöster im 8. Jahrhundert auf den germanischen Kontinent übertragen)[31].

Auch die Pfarr- (oder Parochial-)schulen, die im Frühmittelalter den geistlichen Nachwuchs fördern sollten, entwickelten sich immer mehr zu allgemeinen Schulen; sie stellten weniger Ansprüche und mühten sich im besonderen darum, Einblicke in die Glaubenswahrheiten zu geben. Im frühen Mittelalter waren sie relativ wenig verbreitet, erst später (ab dem 12. Jahrhundert) entfalteten sie eine breitere Wirksamkeit.

Zu den nicht-kirchlichen Institutionen des Frühmittelalters rechnen neben den völkisches (z.B. keltisches oder germanisches) Brauchtum lehrenden Einrichtungen und den etwa im 6. Jahrhundert in Italien und Südgallien noch recht zahlreichen Privatschulen mit Wanderlehrern auch die sog. Hof- oder Palastschulen (für Kanzleibeamte, Prinzen, Prinzessinnen und hohe Adlige). Deren erste Ansätze (an römische Vorbilder erinnernd) sind bei den Merowingern anzutreffen. Sie wurden unter den Karolingern (wie die Palastschule Karls d. Gr. in Aachen zeigt) ausgebaut. Laienschulen von erheblicher Bedeutung tauchten dann im Hochmittelalter etwa um 1200 mit Stadt- und Ratsschulen und etwas später mit den Deutschen Schulen auf. Zuvor aber waren kirchliche Bildungseinrichtungen eindeutig und bei weitem beherrschend. Das lag teils an dem von diesen vermittelten Bildungsgut, teils auch an der allgemeinen (universalen) Bedeutung und Funktion der Kirche. Für das mittelalterliche Leben war die Kirche ein entscheidender Wirkfaktor, nicht nur auf religiösem, sondern auch auf wirtschaftlichem und im kulturellen Gebiet. Das in ihrem Bereich aufgebaute Erziehungs- und Bildungswesen wurde für lange Zeit bestimmend. Kirchliche Schulen waren ein Jahrtausend lang die tonangebenden Bildungsstätten und Erziehungsanstalten im Abendland.

Wie bereits angedeutet, wurde die frühmittelalterliche Bildungsbewegung vor allem von den Klöstern getragen. Besondere Bedeutung erlangten dabei vom iro-schottischen und angelsächsischen Raum ausgehende Bestrebungen[32]. Im 6. Jahrhundert entstanden irische Klöster in großer Zahl (mehr als 150), die eine ausgedehnte Mission nach Schottland, die nordischen Inseln, nach England und Frankreich hinein entfalteten und gleichzeitig das Schulwesen irischer Klöster dorthin übertrugen (Vermählung heimischen Schulwesens mit christlich-humanistischen Elementen). In einer doppelten Missionswelle um 600 und dann wieder um 800 drang irische Kultur auch ins Frankenreich und seine Nachbargebiete östlich des Rheins und südlich der Alpen vor (Bekannte Missionare: Columban, Gallus). Es kam zu einer großen Zahl irischer Gründungen mehr oder minderen Umfangs.

Bedeutender noch als die Tätigkeit iro-schottischer Mönche für die sich anbahnende abendländische Bildungsgemeinschaft wurde das Wirken der Angelsachsen[33]. Mönche und Nonnen aus angelsächsischen Klöstern setzten das Missions- und Bildungswerk auf dem Festland fort und konnten es zu einer beachtlichen Höhe führen. Die überragende Gestalt war dabei Bonifatius (+ 754), der im 8. Jahrhundert die Christianisierung germanischer Gebiete zu beiden Seiten des Rheins, in Mittel- und Norddeutschland weiterführte und zum Organisator und Erneuerer des Kirchen- und Schulwesens im fränkischen Reich wurde (Errichtung einer Reihe von Bistümern, Gründung vieler benediktinischer Ordensniederlassungen, auch von Frauenklöstern, und damit beträchtliche Ausweitung von Kloster- sowie Dom-/ Bischofsschulen). Er wurde zurecht "Apostel der Deutschen" und "geistiger Wegbereiter der karolingischen Einheit" genannt.

Jene Einheit durch den politischen Zusammenschluß bisheriger Teilgebiete der früheren abendländischen Imperiumshälfte einerseits und durch die Übernahme der antiken Reichsidee in einer verchristlichten Neuformung andrerseits herbeigeführt zu haben, ist das Verdienst Karls d. Gr. In seiner Regierung (768 - 814) erfolgte der Ausgleich zwischen Germanentum und Papsttum, zwischen Reich und Kirche. In seinem Bildungsprogramm setzte er die Vermittlung von antikem und germanischem Geistes-(Bildungs-)erbe und christlicher Ideenwelt fort. Er schuf sich einen Kreis von gelehrten Beratern (teils an die Hofschule in Aachen berufen - am bedeutendsten war Alkuin) und veranlaßte einen großzügigen Austausch führender Persönlichkeiten, vor allem durch den Einbezug der angelsächsischen und langobardischen Gelehrtenwelt, der Kloster- und Domschulen und erließ eine Reihe von Bildungsgesetzen. Dadurch verhalf er einer einheitlichen Bildungsidee im ganzen Reich zur Durchsetzung[34]. Die geistige Bildungseinheit des christlichen Abendlandes fußte für vier Jahrhunderte darauf.

> Im Mittelpunkt der karolingischen Schulgesetzgebung standen die Domschulen, deren Lehrbetrieb nach dem Modell von Alkuins Klosterschule zu Tour ausgerichtet sein sollte. Alkuin entwarf drei Stufen: die Elementarstufe (Singen, Lesen, Schreiben, Anfangsgründe der lateinischen Grammatik und Kalenderkunde), die artistische Stufe (sieben freie Künste: ethisches Trivium und physisches Quadrivium) und die theologische Stufe (Schriftverständnis und Schriftauslegung, Predigt, Liturgik, Katechetik)[35].

2.2.2 Hoch- und Spätmittelalter

Auch die nach-karolingische Epoche war eine bildungsfreudige Zeit. Der geschichtlich bedeutsame Vorgang der nationalen und politischen Einigung der abendländischen Volkstümer - so auch das "Werden des Deutschen Reiches" im 9. und 10. Jahrhundert - brachte in das Bildungsleben ein neues Element. Zu den wie bisher gepflegten Lehr- und Lerninhalten der Kloster-, Dom- und Stiftsschulen kam nun in diesen Einrichtungen die Pflege und Förderung der eigenen Sprache und des eigenen Volksguts hinzu[36].

> Klosterschulen, die wegen ihrer Breitenwirkung besonders bedeutsam geworden sind, sozusagen als Bildungszentren fungiert haben, sind: Tour und Corbier in Frankreich, Monte Cassino in Italien, Oxford, Cambridge und York in England. In Deutschland waren die berühmtesten: Fulda (Rhabanus Maurus), Reichenau (Walahfrid Strabo), St. Gallen (Ratpert, Tuotilo, Ekkehart I.-IV., Notker d. Stammler und Notker d. Deutsche). Von diesen drei bedeutendsten deutschen Klosterschulen empfingen andere wertvolle Anregung und Förderung (z.B. Niederalteich, Tegernsee, Salzburg, Regensburg, Weißenburg/Elsaß, Hersfeld, Werden/Ruhr, Korvey/Weser).

Auch Frauenklöster entfalteten beachtliches Wirken: z.B. Tauberbischofsheim (Lioba), Gandersheim (Hrotsvith), Hohenburg und Elsaß (Herrad von Landsberg), Ruppertsberg bei Bingen (Hildegard). Schulbetrieb, Studieneinteilung und Zucht waren nach dem Muster von Männerklöstern aufgebaut. An weiblichen Elementarschulen wurden auch Knaben für den Eintritt in höhere männliche Kloster- und Domschulen vorbereitet (in der sog. "äußeren Schule", die auch für Mädchen, die nicht Nonnen wurden, offenstand). Neben Lesen, Schreiben und Psalmensingen lernten die Schülerinnen hier auch frauliche Handfertigkeiten[37].

Im Hoch- und Spätmittelalter erfolgten beachtliche innere Spannungen des Weltbildes und erhebliche gesellschaftliche Strukturveränderungen. Für das Bildungswesen wurden neue Auseinandersetzungen um die Synthese von weltlicher und geistlicher Bildung (deutlich sichtbar in der clunyazensischen Klosterreformbewegung), der Aufstieg der Städte, die Gliederung der Bevölkerung in Stände und damit zusammenhängend eine akzentuierte Trennung der Bildungswege belangvoll. Je andere Bildungsbedürfnisse ergaben sich für den Stand des Gelehrten, des Ritters und des Bürgers. Die relativ starre Einheitlichkeit des bisherigen Erziehungs- und Bildungswesens wurde dadurch aufgebrochen und von einer Vielfalt der Bildungsaufgaben und Bildungswege abgelöst. Differenzierte Bildungsbestrebungen bestimmten dann auch den Zeitraum zwischen 1100 und 1500 in auffallender Weise.

Im höheren Bildungswesen übernahmen etwa vom 11. Jahrhundert an die Domschulen die Führung. Der allmählich erfolgende Niedergang der Klosterschulen in der damaligen Zeit hing sowohl mit den neuen (franziskanischen) Mönchsbewegungen, mit der Abgelegenheit vieler Klöster, der erheblichen Zunahme von Dom- und Stiftsschulen (in größeren Städten gab es mehrere solcher) und der wachsenden Bedeutung der Städte zusammen. Dieser Schultyp umfaßte wie die Klosterschule auch eine "innere" (für den eigenen geistlichen Nachwuchs) und eine "äußere" (auch Laien zugängliche) Schule, oft mit angeschlossenem Internat. Der Unterrichtsstoff war hier im wesentlichen derselbe wie dort.

Was die Lehr- und Lerninhalte aller dieser Schulen betrifft, ist zunächst darauf aufmerksam zu machen, daß aller Unterricht in den Schulen in die Erziehung eingebaut war. An den höheren Schulen erfolgte der Unterricht in drei Stufen: die unterste Stufe bot den Elementarunterricht. Dieser umfaßte die Einführung in das Lesen (am Psalmenbuch), Lesen im Psalmenbuch, Lernen von Psalmen, Rechnen, Gesang, grundlegende lateinische Grammatik und Konversation (Dauer: 3 Jahre). Auf der zweiten Stufe erfolgte der Unterricht in den "Sieben freien Künsten": es handelt sich hierbei um Bildungsgüter, die aus der Antike übernommen und in die Elemente der christlichen Lehre eingeschmolzen wurden. Zum "Trivium" gehörten: Grammatik der lateinischen Sprache; Rhetorik: erlernt wurde hier ein zur Beredsamkeit gehöriges Sachwissen in philosophischen, politischen, rechtlichen Dingen sowie die Abfassung von Schriftstücken aller Art (Urkunden,

Briefe, etc.); Dialektik i.S. von Schulung bzw. Übung in logischem Denken und in der Führung von Disputationen. Zum Quadrivium gehörten: die Arithmetik, in deren Rahmen Kenntnisse über die christliche Zeitrechnung vermittelt wurden; die Geometrie, welche Wissen aus Geographie, Naturkunde und Vermessungskunst bot; die Musik, die als Musiktheorie betrieben wurde; und schließlich die Astronomie, in der Kenntnisse über die Himmelskörper und die Zeitrechnung erworben wurden (Dauer: 8 Jahre). Die dritte Stufe im Bildungsgang war den theologischen Studien gewidmet. Man befaßte sich mit der göttlichen Offenbarung, der Auslegung der Hl. Schrift und mit Dogmatik. Benutzt wurden in diesen Schulen antike Kompendien, so vor allem von Martianus Capella, Isidor von Sevilla, Alkuin und Rhabanus Maurus.

Mit dem Auf- und Ausbau der Universitäten (in Deutschland seit dem 14. Jahrhundert) büßten die höheren Schulen allesamt an Einfluß ein, teilweise sogar schon seit dem 13. Jahrhundert[38].

> Zu den bekanntesten deutschen Domschulen jener Zeit sind u.a. zu rechnen: diejenigen von Münster, Paderborn, Magdeburg, Hildesheim, Köln, Mainz, Worms, Speyer, Würzburg, Bamberg, Eichstätt, Passau, Freising[39].

Um die Wende des 12. Jahrhunderts entstand neben der klerikalen Bildung eine Art Laienkultur (Solche begegnete früher schon in der Antike, in der irischen Laienschule, aber auch in den Formen freier Bildung in nordischen Ländern: in Skandinavien, Südengland, Island)[40]. Deren einer Träger war das emporstrebende Rittertum, das sich als neuer Dienst- und Verdienstadel bildete, gegen Ende des 12. Jahrhunderts als einheitlicher Stand durchsetzte und eine entscheidende Stellung im politisch-sozialen Leben errang (im 14. und 15. Jahrhundert erfolgte dann freilich - wohl auch infolge des Scheiterns der Kreuzzugsbewegung samt Nebenwirkungen - der Zerfall). Der andere Träger einer neuen Laienkultur wurde das aufstrebende Patriziertum der Städte, das ebenfalls (und zwar dauerhafter) zu einer gesellschaftlich und bildungsgeschichtlich bedeutsamen Kraft wurde.

Die ritterlich-höfische Kultur, die ihre Blüte etwa in der Zeit der großen Staufer von 1180 - 1250 erlebte, hatte weniger ein literarisch oder intellektuelles Gepräge, sondern war mehr praktisch und lebensnah orientiert. Das ritterliche Erziehungs- und Bildungsideal - zuerst in Frankreich entstanden - wurde in körperlicher Tüchtigkeit und höfischer Zucht (ritterlichem Ethos) gesehen. Die körperlich-musische Ausbildung, wozu auch Kenntnis des Waffenhandwerks gehörte, sollte durch die sogenannten sieben "Vollkommenheiten" (ritterlichen "Künste") erfolgen: durch Reiten, Schwimmen, Pfeilschießen, Fechten, Jagen, Schachspielen, Versemachen und zur Laute Singen. Die höfische Zucht, in welcher die ritterliche Erziehung gipfelte, sollte durch Pflege folgender sieben "Tugenden" erreicht werden: Glaube, Hoffnung, Liebe, Manheit (Manneskraft, Tatendrang, Tapferkeit), Staete (Festigkeit und Stetigkeit im Guten), Milte (Mitleid, Almosenspenden) und Mâze (Maßhalten, Selbstbeherrschung, besonnene Zurückhaltung). Die sich daraus ergebende Gesamthaltung - das ritterliche Ethos - ist gekennzeichnet durch Wohlanständigkeit, Gesittetheit, Bildung des Herzens und des Geistes. Zur ritterlich-höfischen Grundhaltung gehörte auch der Minnedienst (Frauenverehrung in einem Verhältnis persönlicher Dienstbereitschaft und Huldigung durch ritterliche Leistung bei voller Selbstlosigkeit) sowie das Engagement für Kirche, Reich (Kaiser) sowie Schutz- und Hilfebedürftige.

> Eidesformel beim feierlichen Ritterschlag zweier Söhne Barbarossas und hunderter anderer Knappen an Pfingsten 1184:
> "... dem Kaiser zu gehorchen, das Reich nach innen und außen zu verteidigen und die Lehensgüter des Reiches nicht zu entfremden, für den Glauben kühn das Leben zu wagen, Witwen, Kinder und Waisen in ihrer Not zu beschützen, ungerechte Kriege zu vermeiden, unbillige Dienste zu verweigern, für die Befreiung eines jeden Unschuldigen den Zweikampf aufzunehmen... hochgemut im Unglück, freigebig in der Ehrbarkeit, tadellos in der höfischen Zucht und ehrenfest in männlicher Tüchtigkeit"[41].

Der Bildungsgang selbst stellte sich dar als eine schulfreie körperlich-musisch-ästhetische und gesellschaftliche Unterweisung unter der Obhut von Ritter, Edelfrau, Zuchtmeister, Burgkaplan und Spielleuten, wobei vom Edelknaben (der zuerst unter der Obhut der Mutter erzogen worden war) die Stufen des Pagen (ab ca. 7 J.) und Knappen (ab ca. 14 J.) bis zur Rittererhebung durch die Schwertleite durchschritten wurden. Die Knappenzeit wurde häufig gemeinsam mit Altersgenossen an bevorzugten Fürstenhöfen verbracht. Lesen, Schreiben, Latein und oft Französisch wurden ebenfalls erlernt. Besondere Erfahrungen erbrachten ausgedehnte Reisen.

Die ritterliche Mädchenbildung war ethisch-musisch. Die adligen Mädchen erhielten eine Zuchtmeisterin und lernten Lesen, Schreiben, frauliche (Hand-)Fertigkeiten, manchmal auch Latein und volkstümliche Heilkunst, ergänzt durch Musik und Anstandspflege. Auch Kenntnisse in Literatur wurden gelegentlich vermittelt. Mitunter besuchten sie auch eine Klosterschule.

> In ritterliches Dasein und Ethos gibt die Ritterdichtung bzw. höfische Dichtung, deren Blüte von 1170 bis 1250 angesetzt wird, interessante Einblicke (z.B. Hartmann von Aue, Wolfram von Eschenbach, Gottfried von Straßburg, Walther von der Vogelweide). Auch die Ritterspiegel des 13. bis 15. Jahrhunderts, die meist praktisch-moralische Anweisungen für ein ritterliches Leben geben, sind hier zu nennen (bes. derjenige Johannes Rothes)[42].

Einen dritten Pfeiler des mittelalterlichen Bildungswesens bildete - neben der kirchlichen und ritterlich-höfischen Bildung - die städtische Bildung. Ab dem 13. Jahrhundert ging der Schwerpunkt des öffentlichen Lebens mehr und mehr auf das Bürgertum der Städte über. Das hing sowohl mit der allmählich zu schwinden beginnenden Bedeutung des Rittertums als vor allem auch mit dem damals erfolgenden Aufschwung von Handel und Gewerbe zusammen, wodurch ein Aufblühen der Städte bewirkt wurde. Aufgrund solcher sozialer und wirtschaftlicher Veränderungen regten sich auch andere Bildungsbedürfnisse als bisher. Die Bürgerschaft brauchte gebildete Fachkräfte für Handel, Rechtswesen und Verwaltung. Auch Kenntnisse zu gewerblichen u.a. Zwecken (ohne Bildungsabsicht) wurden gefordert. Dazu kam, daß die bisherigen Schulen nicht ausreichten, alle bildungswilligen Schüler aufzunehmen. So begannen die Städte selbst, Schulen einzurichten. Vielerorts trat der Rat der Stadt als Schulgründer und Schulherr auf (daher der Name: Stadt- und Ratsschulen). Er stellte an seinen Gründungen die Lehrer an, hatte meistens die Schulaufsicht und stellte eine Schulordnung auf. (Erste Gründungen dieser Art gab es in Wien (1237), Böhmen (1256), Lübeck (1262), Breslau (1267) und sonst)[43].

Die neu errichteten Stadt- und Ratsschulen, welche neben die Kloster-, Dom- und Stiftsschulen traten, vermittelten als "niedere Lateinschulen" eine mehr praktisch gerichtete und elementarere Bildung. Im wesentlichen boten sie die gleichen Lehrstoffe wie bei unteren Jahrgängen der kirchlichen Schuleinrichtungen. Die Lehrer waren teils Geistliche, teils Laien (Absolventen der allgemeinbildenden Artistenfakultät).

> Lateinische Stadtschulen sind nachgewiesen in Wien 1237, München 13. Jahrhundert, Eichstätt 1303, Kulmbach ca. 1393, Bayreuth 1464, in Köln, Worms und sonst.

Neben diesen "Lateinischen Stadtschulen" entstanden ab dem 14. Jahrhundert - besonders in den großen Handelsstädten - noch sog. Deutsche Schulen (auch "Deutsche Schreib- und Leseschulen" genannt), die besonders auf die Anforderungen von Handel und Gewerbe eingestellt waren. Diese boten Kurse in Lesen, Schreiben, Rechnen, vermittelten manchmal auch geographisch-geschichtliche Kenntnisse. Ursprünglich waren diese Deutschen Schulen private Gründungen. Die meisten erhielten eine behördliche Genehmigung, andere auch nicht, blieben aber trotzdem da und dort als sog. Winkel- oder Klippschulen (klipp = ndt. klein; wohl: mit geringem Aufwand) weiter bestehen. Ab dem 15. Jahrhundert gab es auch städtische Gründungen von "Deutschen Schreib- und Leseschulen". Die Lehrer waren meist Laien (darunter auch Wanderlehrer und Studenten ohne Abschluß (= "fahrende Schüler")).

> Nachgewiesen sind Deutsche Schulen u.a. in München 1239, Augsburg 1386, Nürnberg ca. 1481, Bamberg 1491.

Eine weitere schulische Einrichtung waren die Pfarrschulen, die im Spätmittelalter immer häufiger wurden. Sie standen teils unter kirchlichem teils unter städtischem Patronat. Ihr Bildungsangebot war inhaltlich beschränkt: sie dienten der Ausbildung von Meßdienern und Kirchensängern durch Lesen und Gesang, und sie führten auch (Kinder) in die christlichen Grundlehren ein (apostolisches Glaubensbekenntnis, Vaterunser, 10 Gebote); außerdem bereiteten sie auf Beichte und Kommunion vor.

Ende des Mittelalters gab es demnach in vielen Städten bereits ein vielgestaltiges Schulwesen, nämlich

- Kloster-, Dom- und Stiftsschulen als höhere Lateinschulen,
- Stadtschulen als niedere Lateinschulen,
- Deutsche Schulen mit städtischem oder privatem Charakter,
- Pfarrschulen als städtische oder kirchliche Einrichtungen.

Auch auf dem Lande gab es mancherorts niedere Lateinschulen und Deutsche Schulen. Auf diese Deutschen Schulen, zusammen mit dem Elementarunterricht der Lateinschulen und Formen katechetischer Laienschulung, gehen z.T. die Wurzeln der späteren deutschen Volksschule zurück[44].

Die Lehrweise in allen diesen Schulen bestand in der Hauptsache im Vor- und Nachsprechen, Aufgeben und Abhören. Die Schulzucht war hart. Neben ursprünglich nur geistliche Lehrer traten zunehmend weltliche Absolventen der Artistenfakultät, Scholaren, Schreiber, Handwerker. Ihre Vorbildung war oft schlecht, die Bezahlung gering.

Auch Schulen anderer Art sind noch zu registrieren. Seit dem 14. Jahrhundert fanden sich in vielen Städten jüdische Schulen: niedere Synagogenschulen (z.B. in Meißen, Straßburg, Leipzig) und höhere Talmudschulen (besonders am Rhein: in Straßburg, Speyer, Worms, Mainz)[45].

Erwähnenswert erscheint hier noch dieses: Eine Minderheit von reichen Schülern und -innen aus angesehenen Patrizier- und Kaufmannsfamilien erhielt den gesamten Unterricht (oder auch nur schulbegleitende Betreuung) durch Privatlehrer[46].

Im 15. Jahrhundert tauchte die älteste bisher bekannte Didaktik des deutschen Elementarunterrichts "Rhetorica vulgaris" samt der ersten deutschen Lesefibel "Modus legendi" des Landshuter Schulmeisters Kristofferus Hueber auf.

Neben den genannten Schulen, die der allgemeinen Volksbildung dienten, gab es noch Lehreinrichtungen der Handwerksgenossenschaften (Zünfte). Ihr Zweck war, Schutz und Förderung der Mitglieder zu gewähren sowie werkmännische Fertigkeiten, Handwerksbrauch und Standesethos fortzupflanzen. Sie nannten sich "scholae", ihre vollberechtigten Mitglieder hießen "magistri". Da solche Einrichtungen die gewerbliche Jugend durch die Stufen des Lehrlings- und Gesellentums zur Meisterschaft führten, ihnen das nötige berufliche Können und zugleich standesgemäße sittliche und soziale Erziehung sowie Zunftgeist und Ehrgefühl vermittelten[47], erkannte man ihnen hohen Erziehungs- und Bildungswert zu[48].

Die bedeutsamste Erscheinung im mittelalterlichen Geistes- und Bildungsleben zwischen 1200 und 1500 waren die Universitäten. Für deren Entstehung wurden die Ausweitung der Studien belangvoll (aufgrund des Verlangens, über bisherige Wissens- und Bildungsstoffe durch verstärkte Forschung hinauszukommen sowie auch durch Zustrom neuen Wissens aus dem jüdischen und arabischen Raum, insbesondere aber durch den Einfluß aristotelischer Schriften), dann auch der gestiegene Bedarf an Advokaten, Juristen und Medizinern; nicht zuletzt auch das Verlangen, die drängenden

Fragen nach dem Verhältnis von Denken und Sein, von Glauben und Wissen, Welt und Überwelt einer Lösung entgegenzuführen (vgl. den Universalienstreit des Mittelalters).

Letztgenannte Fragen und auch andere Welt und Leben betreffende Problemstellungen von universaler und individueller Relevanz wurden vor allem von jener wissenschaftlichen Bewegung behandelt, in der die mittelalterliche Geistesbildung sozusagen kulminierte: der Scholastik. Es handelt sich dabei um jenes führende System theologisch-philosophischer Studien, das nicht nur die vernunftgemäße Erfassung, Begründung und Darstellung der christlichen Lehre erstrebte, sondern auch die Anschmelzung neuer wissenschaftlicher Erkenntnisse an die bereits vorhandenen. Ihre hervorragendsten Vertreter - die Dominikaner Albertus Magnus (+ 1280), Thomas von Aquin (+ 1274) und der Franziskaner Bonaventura (+ 1274) - faßten auf der Grundlage von Bibel, den Lehren der Kirche und aristotelischer Philosophie das gesamte theologische, philosophische und fachwissenschaftliche Geistesgut zu einer einheitlichen, klar gegliederten "Summa", zu einem logisch aufgebauten System, zusammen[49].

Der Ruf der Scholastiker lockte zahlreiche Schüler an, so daß der überlieferte Schulrahmen nicht mehr genügte und freie Lehr- und Lebensgemeinschaften neben den vorhandenen entstanden[50]. Solche Körperschaften von Lehrern und Schülern, die sich etwa in Paris zur Pflege philosophischer und theologischer Studien oder in Bologna zur Pflege der Rechtsgelehrsamkeit (kirchlicher und weltlicher) oder in Salerno zum Studium der Heilkunde bildeten, wurden immer zahlreicher. Diese privaten Genossenschaften der wissenschaftlichen Lehre dehnten sich auf alle Fächer aus und wurden eine große freie Gelehrten- und Scholarenkorporation, die dann von geistlichen und weltlichen Gewalten anerkannt und mit Privilegien ausgestattet wurden. So erhielten sie das Recht der Lehre, der Prüfung, der Verleihung akademischer Grade (baccalaureus, magister, doctor), einer eigenen Verfassung, eigener Verwaltung, eigener Gerichtsbarkeit. Auf diese Art und Weise entstanden die ersten Universitäten (Bologna 1119, Salerno, Padua, Paris 1200, Cambridge, Oxford 1249). Und zwar wurden diese nicht gegründet, sondern sie wuchsen und gewannen allmählich feste Form[51].

> Der Begriff "universitas" war die Bezeichnung für die große Genossenschaft der Lehrer und Scholaren, während die Lehranstalt selbst "studium generale" (= allgemeines Studium) hieß, weil hier alle wissenschaftlichen Studien betrieben wurden. Erst im 14. Jahrhundert tauchte der Name "alma mater" (= nahrungsspendende Mutter) als Ehrenbezeichnung für die Universität auf.

Im 13. Jahrhundert entstand eine ganze Reihe von Universitäten (in Italien, Spanien, Portugal, Frankreich, England), in Deutschland allerdings noch nicht. Hier suchten seit dem 13. Jahrhundert die Bettelorden (Franziskaner, Dominikaner, Augustiner, Karmeliter) durch eifrige Pflege der Scholastik das überlieferte Klosterschulwesen zu neuer Blüte zu bringen.

Aber das Fehlen juristischer und medizinischer Studien ließ auch hier das Verlangen wach werden, Universitäten zu haben. So kam es zuerst im 14. Jahrhundert und in erweitertem Umfang im 15. Jahrhundert in Deutschland zu regelrechten Gründungen von Universitäten, meist durch Landesherren (Prag 1348, Wien 1365, Heidelberg 1386, Köln 1388, Erfurt 1392 - Würzburg 1402, Leipzig 1409, Rostock 1419, Greifswald 1456, Freiburg i.Br. 1457, Basel 1459, Ingolstadt 1472, Trier 1473, Mainz 1476, Tübingen 1477 u.a.). Im 17. Jahrhundert hatte dann Deutschland die meisten Universitäten in Europa.

Die Entstehung und der Status der Universitäten waren keineswegs überall gleich. Wilhelm Wühr unterscheidet Stadtuniversitäten in Oberitalien, Kanzleruniversitäten in Frankreich und England, Staatsuniversitäten in Süditalien und Spanien, landesherrliche Gründungen in Deutschland[52].

Mit ihren vielen Sonderrechten waren die Universitäten wohl die autonomsten Einrichtungen des Mittelalters[53]. Sie gliederten sich in eine von allen Studierenden zu durchlaufende allgemeinbildende Unterstufe ("Artistenfakultät" mit zeitgemäßem Lehrstoff der Sieben Künste - Zwischenprüfung zum Bakkalaurus, Abschlußprüfung zum Magister). Darauf bauten sich die höheren fachwissenschaftlichen Fakultäten auf: die theologische, juristische und medizinische. Diese Gliederung behielt ihre Geltung bis Ende des 18. Jahrhunderts.

> Wirtschaftliche Grundlage waren kirchliche Zuwendungen und landesherrliche Unterstützung.
> Der Lehrbetrieb bestand in Vorlesungen (durch Magistri oder Professoren) und Disputationen. Die Vorlesungen gaben keine systematische Darstellung einer Wissenschaft, sondern erläuterten einen Text (Lehrbuch). Bei den Disputationen waren über bestimmte Fragen Thesen aufzustellen, die angegriffen und verteidigt wurden.
> Die Studierenden wohnten am Hochschulort mit ihren unverheirateten Lehrern in besonderen Kollegienhäusern der Universität oder in Privaten "Bursen".

War die Scholastik die Hauptströmung des Mittelalters, die auch das Geistesleben der Universität am stärksten beeinflußte, so gab es auch noch eine "Unterströmung", die im Spätmittelalter anwuchs und ebenfalls für das Bildungswesen Bedeutung erlangte: die Mystik. Während die Scholastik das kirchliche Lehrsystem vernunftgemäß zu untermauern und systematisch-einheitlich darzustellen versuchte, mehr den Verstand ansprach und mit dem Rüstzeug gelehrter Bildung arbeitete, wandten sich die Mystiker (in Predigten und Schriften) mehr an das Gemüt und an die Laienwelt. Allem Äußerlich-Institutionellen abhold, wollten sie sich auf das Innerseelische konzentrieren, zur Verinnerlichung des Lebens verhelfen. Von diesem Bestreben bzw. mystischer Haltung - Hauptvertreter: Bernhard von Clairvaux (+ 1153), Meister Ekkehart (+ 1327), Johannes Tauler (+ 1361), Heinrich Seuse (+ 1366), Thomas von Kempten (+ 1471) - wurden die Laienbruderschaften des späten Mittelalters mehr oder weniger beeinflußt (so besonders die niederländischen "Brüder vom gemeinsamen Leben" und die "Fraterherrenschulen" in Holland und Deutschland)[54].

3. Tendenzen und Neuerungen im Zeitalter der Renaissance und der Reformation

3.1 Zur Gesamtcharakteristik der beginnenden Neuzeit

Historiker und Soziologen kennzeichnen die Zeit um 1500 als den Beginn einer neuen Epoche. Die seit damals erfolgten Umwälzungen im sozialökonomischen Gefüge samt den Veränderungen in Lebensstil und Lebensformen berechtigen tatsächlich, von einer Zäsur in der abendländischen Geschichte zu sprechen. Vergegenwärtigt man sich jene Periode, so wird deutlich, daß sich in ihr ein - wenn auch nicht plötzlich erfolgender, sondern seit dem Spätmittelalter angebahnter - tiefgreifender Strukturwandel der abendländischen Gesamtkultur vollzog: ein alle Lebensgebiete umfassender Wandlungsprozeß[55]. Erfindungen und Entdeckungen brachten eine beachtliche Horizonterweiterung, Veränderungen auf wirtschaftlichem Sektor (Ausweitung von Handel und Gewerbe, Verdrängung der Naturalwirtschaft durch Geldwirtschaft, Kapitalbewegungen), im politischen und sozialen Bereich (Erwachen des nationalen Bewußtseins, Versinken des Feudalstaats, Konzentrierung der Macht in den mittleren Gewalten: den Städten und Fürsten, Bedeutungsverlust von Ritter- und Bauerntum), auf künstlerischem und wissenschaftlichem Gebiet (Architektur, Bildhauerei, Malerei, Dichtung, Erweiterung des geographischen Wissens - Erforschung der Natur) gingen Hand in Hand mit einer neuen Art des Denkens und der Weltbetrachtung. Diese ist faßbar in einem neuen Lebensgefühl, das sich äußerte im Aufbruch des Individuellen, der besonderen Wertschätzung der Individualität, der Auflehnung gegen Autorität und Tradition, in der Hinwendung zum Diesseitigen, in einer hohen Bewertung der Natur, in der Diskrepanz von Wissen und Glauben, in der Verselbständigung der verschiedenen Kultursphären aus der großen religiösen Einheit, in der Zurückdrängung der Christianitas (Christlichkeit als Geistes- und Seelenhaltung) zugunsten der Humanitas (edle Menschlichkeit als Grundhaltung) und im Durchbruch zu einem neuen Bildungsideal.

Als neues Idealbild des Menschen galt nunmehr der 'homo universale', d.h. der allseitige Mensch: ein solcher, der körperlich geschult, im Geiste der Antike künstlerisch, literarisch und philosophisch gebildet, rhetorisch gewandt, selbstbewußt und der Welt verbunden ist[56]. Dieses Ideal mit seiner individualistischen, ästhetischen und aristokratischen Ausrichtung wurde nachdrücklich von jener Bewegung erstrebt, die es allen Bildungsbemühungen voranstellte und von seiner Verwirklichung geradezu eine Erneuerung des Lebens erwartete: vom Humanismus.

> Der Humanismus ist eine Teilströmung der Renaissance i.w.S., d.h. jener Gesamtbewegung, die - seit dem 15. Jahrhundert sich von Italien ausbreitend - in ganz Europa zu einem alle Lebensbereiche umfassenden Stil des Denkens und Gestaltens führte, der zu mittelalterlichen Ordnungs- und Gestaltungsweisen im Gegensatz stand. Humanismus meint sozusagen nur die wissenschaftlich-pädagogische Seite jener Gesamtbewegung, welche sich auch noch wirtschaftlich, politisch, sozial und künstlerisch äußerte[57].

3.2 Die geistigen Hauptströmungen der Epoche und ihr Einfluß auf Erziehung und Bildung

Das pädagogische Denken und Gestalten in der Renaissance-Zeit wurde besonders nachhaltig durch den Humanismus, durch die religiösen Erneuerungsbewegungen in Reformation und Gegenreformation, aber auch durch den Empirismus beeinflußt.

3.2.1 Die Bedeutung des Humanismus für die Erziehung und Bildung in Deutschland

Im Humanismus des 16. Jahrhunderts bekundete sich jene Geisteshaltung, deren Ideal die Humanität ist, d.h. das volle, wahre, allseitig entfaltete Menschentum. Diesem eignet ein welt- und lebenszugewandtes, vor allem auf die Bewältigung der "menschlichen" Lebensaufgaben gerichtetes Kulturstreben. Dieses Ideal war nach allgemeiner Überzeugung einst in der Antike ausgeprägt. Daher suchte man jetzt - wie übrigens auch sonst, wenn dieses Ideal in der Geschichte wieder lebendig wurde (wie um die Wende vom 18. und 19. Jahrhundert und anfangs des 20. Jahrhunderts) - eine Wiederbelebung des antiken Geistes und eine Erneuerung antiker Kulturwerte mit dem Ziel, eine geistige Wiedergeburt des Menschen zu bewirken (i.S. von selbstbewußtem Menschentum, freier Entfaltung aller menschlichen Geistes- und Gemütskräfte, schöpferischer Aktivität, Befreiung von jeglicher Bevormundung im Denken und Handeln).

Die humanistische Bewegung der Renaissance-Zeit war nicht einheitlich. Ein Teil ihrer Träger suchte christliches Lebensideal und humanistisches Bildungsideal zu versöhnen (ältere Humanisten wie Jakob Wimpfeling, Erasmus von Rotterdam), andere bekundeten eine eindeutig diesseits gerichtete Geisteshaltung (jüngere Humanisten, wie z.B. Rudolf Agricola, Ulrich von Hutten). Solche Varianten entsprachen ganz dem Charakter des unausgeglichenen, doppelgesichtigen Renaissance-Zeitalters.

Die Bedeutung des Humanismus für das Erziehungs- und Bildungswesen in Deutschland läßt sich an einigen Momenten bzw. Sachverhalten nachweisen, durch die sein Einfluß besonders nachhaltig wurde. Diese betreffen[58]

- den Beginn der gelehrten Laienbildung
  Immer mehr Laien nahmen an der Bildung teil, allerdings fast ausschließlich solche der Oberschicht. Der Gelehrtenstand der Humanistenzeit war volksfremd, die Kultur exklusiv (Gefälle: Gelehrte - Ungelehrte). Neben den Klöstern wurden jetzt auch Fürstenhöfe und Patrizierhäuser Mittelpunkte des geistigen Lebens.
- die Vorherrschaft des antiken Bildungsgutes in den höheren Schulen
  Die Bevorzugung antiker Bildungsgüter (besonders alter Sprachen) um ihrer materialen und formalen Bildungswirkung willen gab den Schulen ein bestimmtes Gepräge, mit der Folge, daß deutsche Muttersprache und deutsches Bildungsgut im Hintergrund verblieben (bis in die Romantik) und die Berücksichtigung realer Unterrichtsgegenstände (Erdkunde, Naturkunde, Geschichte) nur langsam vorankam.

- den Anfang sprachwissenschaftlicher und historischer Studien
  Die vertiefte Beschäftigung der Humanisten mit älteren Schriften erweiterte nicht nur die in und durch die Geschichte bewahrten Kenntnisse, sie begründete auch die Philologie und führte zu einer Literatur der Pädagogik und Methodik (Vermittlung pädagogischer Anschauungen klassischer Schriftsteller, wie Quintilians, Ciceros u.a.). Es kam damals zur Entwicklung einer Art Gymnasialpädagogik. Diese wurde insonderheit dadurch begünstigt, daß die Humanisten in Deutschland Schulreformer waren.
- die Propagation weltzugewandter Bildung
  Die frühere metaphysisch orientierte Welt- und Lebensanschauung trat immer mehr zurück zugunsten eines Denkens, das den Menschen in seinem Weltbezug in den Mittelpunkt des Interesses stellte und demgemäß der Erziehungs- und Bildungsarbeit andere Akzente setzte.
- die Forderung nach naturgemäßen Methoden in Erziehung und Bildung
  Humanität oder Menschlichkeit als Bildungsziel verlangte eine humanere Behandlung des Schülers. Demgemäß wurde der leiblichen Erziehung mehr Sorgfalt zugewandt und eine natürlichere und mildere Erziehung gefordert. Die Unterrichtsmethoden wurden der kindlichen Fassungskraft mehr angepaßt, die Schulbücher z.T. modernisiert, das Interesse an erzieherischen Fragen ganz allgemein geweckt; die pädagogische Literatur wuchs an. Nachteilig wirkte sich allerdings die Überschätzung der Verstandesbildung und die Vernachlässigung der Gemüts- und Willensbildung aus.

3.2.2 Erziehung und Bildung unter dem Einfluß religiöser Erneuerungsbewegungen

Eine zweite geistige Hauptströmung der Epoche stellte die religiöse Erneuerungsbewegung in Reformation und Gegenreformation dar. Deren zentrales Anliegen war eine Verlebendigung und Vertiefung des religiösen Lebens. Erstrebte der Humanismus eine gelehrte, weltliche Bildung (Geistesbildung), so ging das Bemühen hier um geistliche Bildung (Seelenheil).

3.2.2.1 Der Einfluß protestantischer Reformbemühungen auf das Schulwesen des 16. Jahrhunderts

Für die Reformation und ihre pädagogische Bedeutung war zunächst Martin Luthers (1483 - 1546) Wirken belangvoll. Letzter Beweggrund seines Handelns - wozu auch sein Kampf um eine Reform der Kirche an Haupt und Gliedern gehörte - war sein persönliches Ringen um Heilsgewißheit und Seelenheil. Eben daher, weil sein Denken und Tun aus der religiösen Sphäre stammte, konnte sein Ruf nach größerem Ernst in der Lebenshaltung das gerade beim niederen Volk noch vorhandene religiöse Empfinden ansprechen und die Gemüter stärker bewegen als die aristokratischen Bildungsideen des Humanismus.

Die Frage einer persönlichen Gestaltung der Beziehungen des Menschen zu

Gott führte Luther dazu, ein neues Glaubens- und Kirchenverständnis zu begründen und auch die Stellung des einzelnen in der Welt (speziell auch in Arbeits- und Berufswelt) in spezifischer Weise zu deuten. Dabei kamen auch pädagogisch relevante Probleme in Sicht. Vor allem die Frage nach Sinn und Aufgabe von Erziehung und Bildung stellte sich. Im Rahmen lutherischer Lehre wurden diesen denn auch eine hohe Funktion zugewiesen. Ihr eigentlicher Sinn wird darin gesehen, dem Menschen behilflich zu sein, das Ziel allen Menschseins anzusteuern und zu erreichen: die Gotteskindschaft, welche im rechten Dienst an Gott und an die Welt bestehe. Auch die neben die christliche Erziehung und Bildung tretende weltliche Bildung steht für Luther letztlich im Dienste der allgemeinen Lebensaufgabe: sie dient der Bewährung des Menschen in der Welt, und sie bereitet das Verständnis des Evangeliums vor bzw. ermöglicht es.

Der Einfluß Luthers und seiner Mitarbeiter auf die Wandlungen des pädagogischen Denkens und des Schulwesens waren recht groß. Letzteres zumal erlebte Erschütterungen und Um- bzw. Neuformungen. Bestanden anfangs des 16. Jahrhunderts eine ganze Reihe von Schulen mit Bildungsmöglichkeiten (vor allem in Städten, aber auch auf dem Land), so erfolgte mit Ausbreitung der Reformation in den davon betroffenen Landesteilen (Gebieten) zunächst einmal ein Rückschlag. Indem bestehende kirchliche Ordnungsstrukturen aufgelöst wurden, kirchliche Autoritäten (die bisher Träger von Schulen und eines geordneten Lehrbetriebs waren) an Ansehen einbüßten, eine ganze Reihe von kirchlichen Institutionen eingingen, setzte ein gefährlicher Verfall des Schulwesens und ein starker Rückgang des Schulbesuchs ein (angefangen von Kloster- und Domschulen über städtische Einrichtungen bis hinauf zu den Universitäten). Eine damit einhergehende zunehmende Verwilderung der Jugend stimmte bedenklich.

Teils aus Sorge um den Zerfall des Bildungswesens und seine negativen Begleiterscheinungen, teils um einen tragenden Pfeiler für die neue Lehre zu gewinnen, bemühte sich Luther (und Mitarbeiter wie Philipp Melanchthon, Johannes Bugenhagen u.a.) um eine rasche und durchgreifende Neuordnung des Schulwesens, um stärkeren Schulbesuch und eine Anhebung des Ansehens des Lehrerstandes. Diesbezüglich wandte er sich an die staatliche Obrigkeit, Stadtverwaltungen, Pfarrer und Eltern.

> Besonders hervorgehoben seien die drei Sendschreiben: "An den christlichen Adel deutscher Nation" (1520); "An die Ratsherren aller Stände deutschen Landes, daß sie christliche Schulen aufrichten und halten sollen" (1524); "Ein Sermon oder Predigt, daß man solle die Kinder zur Schule halten" (1530).

Um seinem religiösen Anliegen zu entsprechen, setzten sich Luther und seine Anhänger im besonderen auch für Neugründungen von Schulen ein. "Kirchenschulen" waren es zunächst, die in jenem Sinne eine spezifische Funktion übernahmen. Letztlich aber sollten Schulen jedweder Art den Geist bzw. die Grundanliegen der neuen Lehre vermitteln.

Bedeutungsvoller noch als die Bemühungen um die Erhaltung und äußere

Ausgestaltung der Schulen waren Luthers (und seiner Mitstreiter) Arbeiten und Beiträge für die (innere) Gestaltung des Unterrichts. Er selbst trug hierzu im besonderen durch seine Bibelübersetzung (und den damit geleisteten Beitrag zur Verbreitung der neuhochdeutschen Schriftsprache), durch seine Abfassung des Katechismus, die Herausgabe des ersten evangelischen Gesangbuchs und ferner durch Äußerungen zu Erziehungs- und Bildungsfragen erheblich bei[59].

Der eigentliche Pädagoge der Reformationszeit war Luthers Freund und Berater Philipp Melanchthon (Schwarzert) (1497 - 1560). Dieser gewann großen Einfluß auf die lutherische Theologie und das protestantische Schulwesen. Seine Bemühungen zielten auf eine wissenschaftliche Darstellung der Lehre Luthers, auf den Aufbau eines evangelischen Schulwesens, auf eine Versöhnung der aristotelischen Philosophie und humanistischen Bildungswelt mit dem Protestantismus. Wollte man seine Wirksamkeit stichwortartig zusammenfassen, so könnte man sagen: er war der erste protestantische Dogmatiker und Kirchenorganisator (Darstellung des evangelischen Glaubens, Aufbau der lutherischen Kirchen, Prägung des Ausbildungsgangs evangelischer Geistlicher); er war der Organisator des Schulwesens im Protestantismus (Neugründung und Reorganisation von höheren Schulen, Um- und Neugestaltung vieler Universitäten, Abfassung der kursächsischen Schulordnung); er war ein bedeutender Autor (Verfasser von Lehrbüchern für fast alle wissenschaftlichen Fächer der damaligen Zeit) und er entfaltete eine erfolgreiche Lehrtätigkeit (Heranbildung einer ganzen Generation des gelehrten Laienstandes in 42jähriger akademischer Tätigkeit). Ob seiner Wirksamkeit erhielt er den Titel "praeceptor Germaniae" ("Lehrer Deutschlands")[60].

Für das protestantische Bildungswesen im 16. Jahrhundert wurde wichtig, daß mit der Entstehung des Landeskirchentums die Verstaatlichung des Bildungswesens eingeleitet wurde. Darin liegt eine der bedeutsamsten Folgen der Reformation. Die Landesobrigkeit bzw. der Fürst erließ in seiner Eigenschaft als Träger der Kirchenhoheit Kirchenordnungen und in Zusammenhang damit Schulordnungen (mit Bestimmungen über höhere und niedere/deutsche Schulen, teilweise auch über Landesuniversitäten).

> Die bedeutsamsten Kirchenordnungen dieser Zeit, denen solche Schulordnungen beigegeben waren, sind diejenigen von Zwickau (1528), Kursachsen (1528), Braunschweig (1528) und Württemberg (1559). Diese wurden für andere vorbildlich, vor allem die kursächsische (Verfasser Melanchthon) und die württembergische (Verfasser Johannes Brenz). Schulordnungen mehrten sich, als durch den Augsburger Religionsfrieden von 1555 die Kirchen- und Schulhoheit der Landesfürsten endgültig gesichert war[61].
>
> Die württembergische Schulordnung[62] schrieb für größere Flecken die Errichtung von Deutschen Schulen mit Lesen, Schreiben, Katechismus und Kirchengesang vor. Für die Städte forderte sie 3 - 5klassige Partikularschulen (Sekundarschulen) mit Latein und deutschem Katechismus in den Unterklassen und dazu Griechisch in den Oberklassen. Für be-

sonders Begabte sollte in größeren Gelehrtenschulen zusätzlicher Oberstufenunterricht in lateinischen und griechischen Schriftstellern, Dialektik und Rhetorik sowie in täglicher lectio theologica geboten werden.

Ein Hauptinteresse der Reformation auf dem Gebiete des Schulwesens[63] galt der Gelehrtenbildung. Daher wandte man dem Auf- und Ausbau der höheren Schulen - das sind die sog. Gelehrten- oder Lateinschulen - besondere Aufmerksamkeit zu. Hinsichtlich ihrer äußeren Struktur knüpfte man weitgehend an die Lateinschulen der vorreformatorischen Zeit an. Abgesehen vom Religiösen (mit hohem Stellenwert) war Latein der Kern des Unterrichts; schon die Fibel war lateinisch. Griechisch und Hebräisch waren Unterrichtsgegenstände in größeren Systemen[64]. Mathematik, Geschichte und Geographie gab es wenig. Deutsch gar nicht. Die Schule gliederte sich in drei Stufen (Leistungsstufen mit jeweils mehrjährigem Kursus): die erste Stufe beschäftigte sich im wesentlichen mit Anfangsgründen des Latein, die zweite Stufe hauptsächlich mit lateinischer Grammatik, die dritte Stufe vor allem mit der Lektüre und der Rhetorik (besonders Redeübungen im klassischen Latein). In größeren Städten gab es durch Aufteilung der zweiten und dritten Stufe im ganzen fünf Stufen.

Johannes Sturm, der wohl erfolgreichste Schulleiter des 16. Jahrhunderts - neben bedeutenden anderen, wie Valentin Trotzendorf (Goldberg/Schlesien), Michael Neander (Ilfeld/Harz), Hieronymus Wolf (Augsburg) -, differenzierte seine Schule in Straßburg weiter auf acht und sogar zehn Kurse, die damit Jahreskurse wurden.

Die innere Struktur dieser Latein- oder Gelehrtenschulen war fast überall gleich. Kennzeichnend für sie waren: Vernachlässigung bzw. Ausschaltung der deutschen Sprache, Zurücksetzung der Realien, Überbetonung des Sprachlich-Formalen, Bevorzugung der Methode des Auswendiglernens, Forderung von Gedächtnisleistungen, Wahrung strenger Zucht. Gegen die "Weltfremdheit" dieser Schulen wurden noch im 16. Jahrhundert Klagen laut.

Die allgemeine Volksbildung war für die Reformatoren, schon für Luther (dessen erstes und wichtigstes Anliegen die Verbreitung und das Verständnis der Heiligen Schrift war), ein weiteres wichtiges Interessensgebiet. Sie erfuhr in der Reformation im organisatorischen Bereich weniger einschneidende Umgestaltungen als im inhaltlichen. In der Stadt sorgten - wie bisher - die Deutschen Schreib- und Leseschulen für Unterricht im Lesen, Schreiben und Rechnen. Als neue Aufgabe kam für sie nun hinzu: Religionslehre mit Katechismus, Bibellesen und Kirchengesang. Auf dem Lande übernahm der Pfarrer neben der religiösen Unterweisung vielerorts (nicht überall!) den Unterricht der genannten profanen Gegenstände. Als Helfer, aber auch als selbständiger Katechet war ihm bereits früher, gegen Ende des 16. Jahrhunderts aber in steigendem Maße, der Küster (Mesner) zur Seite getreten. Dieser wurde so - alle jene kirchlichen und weltlichen "Stoffe" bzw. Lehrgegenstände vermittelnd - allmählich zum Schulmeister. Man spricht seit dieser Zeit von Küsterschulen (Mesnerschulen).

Wie damalige Pfarrschulen waren solche auch in Städten anzutreffen, allgemein verbreitet waren sie auf dem Lande.

In Schulen dieser Art kann eine Vorform bzw. eine der Wurzeln der Volksschule gesehen werden[65].

Was die Universitäten in protestantischen Gebietsteilen betrifft, ist festzustellen, daß mit der Entstehung des Landeskirchentums ihr bisheriger universaler und internationaler Charakter z.T. landesherrlichen Einrichtungen Platz machte; sie wurden also staatliche Einrichtungen. Ihre Lehrweise blieb erhalten, ebenso die Fakultäten, mit Ausnahme der Artistenfakultät, die zur philosophischen Fakultät (einem sprachlich-literarisch-philosophischen Kursus) erweitert wurde. Wie bisher blieben sie Stätten der "Lehre", noch nicht der "Forschung". Sie waren Staatsanstalten und Bekenntnisanstalten zugleich. Evangelisches Gedankengut fand besonders durch Melanchthon sowie seine Mitarbeiter und zahlreiche Schüler (Neugründungen, Reorganisationen) in sie Eingang. Die evangelische Gestalt der Universität blieb im wesentlichen bis 1800 bestehen.

3.2.2.2 Der Einfluß katholischer Reformbemühungen auf das Erziehungs- und Bildungswesen

Auch katholischerseits wurde eine Erneuerung und Vertiefung des religiösen Lebens angestrebt. Reformerische Bemühungen waren nur z.T. als Gegenwirkung gegen die Ausbreitung der lutherischen Lehre gedacht, in vielerlei Hinsicht hatten sie die gleiche Zielrichtung wie die protestantische Reformation. Auch sie erstrebten eine religiöse Erneuerung und die Rettung des Menschen angesichts der Tendenzen zur Verdiesseitigung des Lebens. Hervorstechende Bemühungen zielten auf eine Wiederbelebung der Frömmigkeit, Reformierung der Klöster, Rückkehr zur alten Askese, gewissenhafte Seelsorge, verschärfte Kirchenzucht, Festigung des kirchlichen Ansehens und Einflusses.

Um die Mitte des 16. Jahrhunderts verdichteten sich die Bestrebungen einer inneren Reform und der Stärkung der kirchlichen Autorität. Das Konzil von Trient (1545/63) verhalf ihnen zum Durchbruch; es brachte eine Konsolidierung des Katholizismus. Gerade das Schulwesen war entscheidend an der Erneuerungsbewegung beteiligt.

Ihre stärkste Stütze fand die auf religiöser Verinnerlichung und auf Läuterung des mittelalterlichen Kirchen- und Religionsprinzips zielende Bewegung im Jesuitenorden (gegründet 1540 durch Ignatius von Loyola, 1491 - 1556). Dieser gewann - da er immer mehr zum Schulorden wurde - eine eminent pädagogische Bedeutung[66]. Er sah seine Hauptaufgabe in der Lehrtätigkeit, nicht nur zur Heranbildung eigenen Nachwuchses, sondern auch zur Bildung von Laien. Speziell zur Bildung der Jugend wurde eine ganze Reihe von Schulen und Hochschulen gegründet. Solche traten mancherorts in Konkurrenz zu anderen bereits bestehenden.

In München z.B. hatte die Jesuitenschule gleich bei der Eröffnung mit 300 Schülern bereits mehr als die übrigen Lateinschulen zusammen. Auch danach stieg deren Schülerzahl rapide an (sie betrug im Jahre 1630 über 1400).

Gegen 1600 war der katholische Klerus weitgehend durch die Jesuiten ausgerichtet. Deren musterhafte Studienanstalten - im 16. und 17. Jahrhundert waren die Jesuitenschulen die besteingerichteten Schulen in Deutschland - beherrschten für zwei Jahrhunderte fast das ganze höhere Schulwesen (Sekundarschulwesen) in den meisten katholischen Ländern Europas[67].

Jesuitenschulen wurden meist von Fürsten oder Städten gegründet und unterhalten; den inneren Aufbau, Geist und Unterricht hingegen bestimmte der Orden. Im Jahre 1599 wurde in der "Ratio atque institutio studiorum" eine umfassende Studienordnung geschaffen, in welcher das Erziehungs- und Unterrichtssystem bis in Einzelheiten festgelegt und über Schulregiment, Unterrichtsstoffe, Stundenverteilung und Lehrbücher, Prüfungen und Methoden Regelungen getroffen wurden. Diese Studienordnung ragt durch ihre umfassenden Bestimmungen und durch ihre internationale Bedeutung über alle sonstigen Schulordnungen hinaus. Sie blieb als Unterrichtsordnung der Kollegien (= Schulen mit Internat) bis 1832 im wesentlichen unverändert in Geltung (dann erst wurde zeitgemäß abgeändert, ohne daß ihr Grundcharakter verloren ging)[68].

Der Aufbau der Jesuitenkollegien glich demjenigen der protestantischen Gelehrtenschulen: Sie zeigten einen dreistufigen grammatischen Unterbau und einen zweistufigen rhetorisch-philosophischen Oberbau (mit lateinischer Lektüre, Rhetorik, Poetik, Metrik usw.). Diese fünf Stufen bildeten das Gymnasium. Das Weiterstudium erfolgte in Akademien: zunächst in dreijährigem philosophischem und danach in vierjährigem theologischem Studium. Jesuitenkollegien waren in gewissem Sinne wohl auch die ersten Gymnasialseminare.

Die Eigenart der jesuitischen Pädagogik lag vor allem auf dem Gebiet der Erziehung. Das ganze Internats- und Schulleben war im Hinblick auf Charakterformung und Willenserziehung gestaltet. Selbstzucht und Autorität waren die Grundforderungen dieser Erziehung, die letztlich die Hingabe an Gott und die Aufgaben der Kirche erstrebte (Erziehungsziel). Besondere Beachtung wurde der Stärkung des Willens, der Bildung der Vernunft, dem Wetteifer und Ehrgeiz als Erziehungsmittel, der strengen Überwachung der Zöglinge, der Schülerselbstverwaltung, dem guten Beispiel, sportlicher Betätigung und Theateraufführungen geschenkt.

Die zielbewußte Arbeit des Ordens war so erfolgreich, daß er im Jahre 1616 bereits 372 Kollegien hatte (in Deutschland vor allem im Süden und Westen) und im katholischen Raum auch eine ganze Reihe von Universitäten (speziell die philosophischen Fakultäten) beherrschte. Auch auf verschiedene in katholischen Ländern erlassene Schulordnungen gewann er Einfluß.

Beim Kampf um die Universitäten und um die Schaffung von Lehrbüchern machte sich der erste deutsche Jesuit Petrus Canisius (der "Apostel der Deutschen", gelegentlich auch der "katholische Melanchthon" genannt) verdient. Er verfaßte 1554 den berühmten Katechismus für die studierende Jugend, der zweihundert Jahre hindurch das wichtigste Buch für den katholischen Religionsunterricht wurde.

Unter der Aufgabenstellung, zu einem bewußt christlichen Leben und zum Engagement für die Kirche anzuleiten und für die Schulung und Ausbildung kirchlicher und profaner Führungskräfte zu sorgen, sich insbesondere der studierenden Jugend anzunehmen, hat sich der Jesuitenorden fast ausschließlich der gelehrten Bildung zugewandt, die elementare und allgemeine Volksbildung hat er - nicht zuletzt auch aus Personalmangel - anderen überlassen.

Im Sinne der religiösen Erneuerungsbewegung haben außer den Jesuiten auch noch andere katholische Orden gewirkt. Mehrere von ihnen haben auf das Unterrichtswesen maßgeblichen Einfluß ausgeübt und sich zum Teil auch schwerpunktmäßig des Elementarunterrichts, der Volksbildung und Mädchenbildung angenommen. Von den älteren Orden waren die Benediktiner, Dominikaner und Franziskaner weiterhin pädagogisch tätig. Wichtig wurde vor allem, daß im 16. Jahrhundert einige neue Gesellschaften, die ausgesprochene Lehrorden waren, gegründet wurden: so die Genossenschaft der Piaristen ("Brüder der frommen Schulen", Gründer: Joseph von Calasanza), die unentgeltlich "Volksschulunterricht" erteilten (in der Folgezeit auch höhere Schulen unterhielten), sowie der Orden der Ursulinen (Gründerin: Angela Merici), der sich besonders um die zuvor vernachlässigte Mädchenbildung kümmerte[69].

In Deutschland entfalteten Piaristen und Ursulinen ihre Tätigkeit erst später (d.h. im 17. Jahrhundert). Auch die im 17. Jahrhundert neu hinzugekommenen Schulorden, wie die der Salesianerinnen (Gründer: Franz von Sales) und der Christlichen Schulbrüder (Gründer: Baptiste de la Salle), wurden im deutschen Raum erst später wirksam als in den Gründerländern.

Erwähnenswert erscheint noch, daß auch in katholischen Ländern - ähnlich wie in protestantischen - durch zentrale staatliche Behörden Aufsichtsfunktionen ausgeübt und durch Schulordnungen sowie Satzungen die religiös-sittlichen Unterweisungen wie auch der weltliche Unterricht und andere schulische Angelegenheiten geregelt wurden.

Als Beispiele dafür können gelten: die Wahrnehmung der obersten Schulaufsicht durch den sog. "Geistlichen Rat" in Bayern seit 1570; die 1569 in Bayern und in Salzburg ergangenen Schulordnungen; die durch Fürstbischof Echter für das fränkische Schulwesen erlassene Satzung von 1589.

3.2.2.3 Der Empirismus der Renaissance-Zeit und sein Einfluß auf das pädagogische Denken

Neben Humanismus und den religiösen Reformbewegungen gewann in der beginnenden Neuzeit auch die empiristische Denkrichtung auf dem Gebiete der Erziehung und Bildung Einfluß. Es handelt sich hier um eine Denkweise, die alle Erkenntnis unmittelbar aus der Erfahrung abgeleitet wissen will und daher das Nichterfahrbare für nicht wirklich oder wenigstens für nicht erkennbar ausgibt. Im Zuge solchen Denkens erfolgte eine Hinwendung zu den Naturwissenschaften und eine dementsprechende Blickrichtung auf das Sachwissen, dem man nun mehr Aufmerksamkeit zu schenken begann als der Welt der Idee.

Der erste, der solchen Gedankengängen auf pädagogischem Gebiet Raum verschaffte, war der Spanier Ludwig Vives (+ 1540). Empirie ist für ihn zwar nicht die einzige Erfahrungsgrundlage, aber doch eine wesentliche. In seinem pädagogischen Hauptwerk "De disciplinis" ("Von den Wissenschaften") finden sich Gedanken, die in der Folgezeit sehr beachtet wurden. Bei ihm finden wir den Blick hingelenkt auf drei Ziele, die für die empirische Richtung auf pädagogischem Sektor überhaupt charakteristisch sind: a) auf die Vermittlung von Sachkenntnissen, b) auf die stärkere Berücksichtigung der praktischen Lebensbedürfnisse und c) auf eine naturgemäße Unterrichts- und Erziehungsmethode.

> Andere einflußreiche Vertreter des Empirismus in der Renaissance-Zeit waren: Francis Bacon (+ 1626), Michel de Montaigne (+ 1592) und Paracelsus (+ 1541).

3.3 Rückschau

Die Lehrplanentwicklung des 16. Jahrhunderts zeigt folgendes: Die Schwerpunktbildung des Unterrichts lag - aufgrund mittelbaren Einflusses des Humanismus - verstärkt mit literarisch erworbenem Wortwissen (Bedeutung alter Sprachen und Autoren, Zurückdrängung des realienbezogenen Quadriviums zugunsten des verbalbetonten Triviums), sodann aber auch - aufgrund religiös motivierter Ziel- und Aufgabenstellungen - in der Akzentuierung von Glaubensinhalten bzw. der Beschäftigung mit biblischen Schriften. Ein auf die Erfahrung aufbauender und stärker auf die Lebenspraxis bezogener Unterricht gewann nur langsam (gegen Ende des Jahrhunderts) Raum. Das Bemühen um eine Synthese von christlichem Geist und zeitgemäßen humanistischen Prinzipien war unverkennbar. Bildungsformalismus sowie Geringschätzung der deutschen Sprache und dogmatische Verhärtung gaben Anlaß zur Kritik.

Mit der Reformation setzte eine Konfessionalisierung und Territorialisierung von Schule und Hochschule und eine schärfere Form der Schulaufsicht ein. Die Initiative zu Schulgründungen ging von Kirchen, Staat (gehobene Gelehrtenschulen, Landesschulen) und Städten aus. Ihre Organisation, Inhalte, Gestaltung usw. wurden durch Schulordnungen und Satzungen geregelt.

(Das 16. Jahrhundert gilt als "Jahrhundert der Schulordnungen".) Die Differenzierung der Bildung schuf einen tiefgreifenden Standesunterschied ("Gebildete" - "Ungebildete"). Dem Elementarschulwesen wurde (bei Vernachlässigung der Volksbildung) geringere Beachtung geschenkt, obgleich - neben den deutschen Schreib-, Lese- und Rechenschulen - Pfarr- und Küsterschulen sich im Gefolge religiöser Erneuerungsbestrebungen stark ausbreiteten (besonders auf dem Lande) und auch bestimmte Orden schwerpunktmäßig Elementarunterricht anboten. Das Sekundarschulwesen wurde differenzierter. Auffallend in diesem Jahrhundert war die Umwandlung von bisherigen Lehrbuchklassen in Leistungsklassen (Schülergruppen mit gemeinsamem Unterricht und Aufsteigemöglichkeit nach Leistung) und das praktizierte Helfersystem (Heranziehung von Unterlehrern und geeigneten Schülern bei der Bildung von Untergruppen im Lehrbetrieb bzw. beim Wechsel von Großgruppen- und Abteilungsunterricht)[70].

Was die Universitäten betrifft, kann festgestellt werden: Um- und Ausgestaltungen lassen den Einfluß von Humanismus, lutherischem und jesuitischem Geist erkennen. Die Universitäten des 16. Jahrhunderts büßten - trotz gewisser Neuerungen (z.B. Ausbau der philosophischen Fakultät) - an Ansehen ein. Sie verloren an internationaler Geltung, waren weitgehend landesrechtlichen Bestimmungen unterworfen.

Beinahe alle Universitäten waren damals klein: mittlere hatten etwa 15 - 20 Professoren und 300 - 400 Studenten.

Noch ein kurzer Hinweis auf Vorbildung und Entlohnung von Lehrern[71]: Im 16. Jahrhundert gab es erste Anordnungen über Lehrerprüfungen. Für die Lehrtätigkeit in anspruchsvolleren Schulen (Lateinschulen) wurden bestimmte akademische Grade, Examina usw. verlangt. Das richtige Bekenntnis war unbedingte Voraussetzung. In München z.B. hatten (1560) von 20 Schulmeistern drei die Universität besucht, einer das Bakkalaureat (akademischer Grad nach Abschluß der allgemeinbildenden Universitätsfakultät) erworben, andere hatten eine lateinische Schule besucht, die übrigen hatten bei einem anderen Lehrer gelernt. Um 1513 verdiente ein gut bezahlter Schulmeister pro Jahr ca. 45 Gulden; mit Nebeneinnahmen kam er auf 70 Gulden. Das entsprach - gemäß der Kaufkraft dieser Zeit - dem Preis von etwa 600 Hasen oder 13 Kühen oder 360 Paar Schuhen.

Zum Vergleich: Die Professoren- und Predigergehälter lagen damals bei 100 - 400 Gulden, der Jahresverbrauch eines Studenten bei 20 bis 25 Gulden, die Durchschnittseinkünfte bei etwa 40 Gulden.

4. Bestrebungen und Neugestaltungen im Barockzeitalter

4.1 Allgemeine Charakteristik der Epoche

Die Grundtendenzen pädagogischen Denkens und Gestaltens des 17. Jahrhunderts standen in enger Beziehung zum Gesamtgeist des Barockzeitalters mit seinem besonderen Lebensstil[72]. Dieser Lebensstil zeigt seine Ausprägung im wissenschaftlichen Denken, auf politischem, wirtschaftlichem und sozialem Gebiet wie auch im Bereich der Kunst. Sein auffallendstes Merkmal ist der Wille zur rationalen Erkenntnis (Zeitalter des Rationalismus). Diese Tendenz brachte einerseits eine Zuwendung zu den Wissenschaften, von denen man in steigendem Maße Auskunft über die Gesetzmäßigkeiten der Welt und ihre Ordnungen erwartete wie auch Maßstäbe für die Lebensbemeisterung und Daseinsgestaltung. Was aber die Ratio (Vernunft) zu ergründen vermochte, genügte dem barocken Menschen nicht; er strebte auch über das Endliche bzw. rational Erfaßbare hinaus und suchte das Ganze zu ergreifen. Diesseitsverbundenheit und Unendlichkeitsstreben (verbunden mit religiöser Sehnsucht) erzeugten eine für damals charakteristische Grundspannung.

Barocken Daseins- und Lebensformen hafteten überhaupt etwas Ziespältiges und Unharmonisches an. So standen furchtbare Religionskriege (30jähriger Krieg), politische Umwälzungen und tiefste soziale Nöte in seltsamem Kontrast zur Blütezeit des Barock: zur Kunst der Heiterkeit, Sinnesfreude und Weltbejahung.

Auf weltanschaulichem und religiösem Gebiet spielten sich unfruchtbare Streitigkeiten ab (Humanismus versus Realismus, Glauben versus Wissen, Theologenmeinung versus andere). Fanatismus und Dogmatismus machten sich breit.

Auf politischem und wirtschaftlichem Sektor wurde die Entstehung des straff geleiteten Territorialstaats mit absolutistischer Prägung und zentral geleiteter Volkswirtschaft (bei merkantilistischer Wirtschaftsauffassung) zu einer bestimmenden Größe. Absolutistische Regierungsgewalt bzw. Machtballung mit allseitiger Überwachung und Lenkung - speziell auch im wirtschaftlichen Bereich - konnte um so eher zu einer bewegenden Kraft des öffentlichen Lebens werden, als die Städte und das Bürgertum verarmten, kleinere Adlige zum Dienstadel absanken, Bauern zu Hörigen wurden. Nicht zu Unrecht spricht man vom "Zeitalter des Absolutismus", denn: "Der fürstliche Absolutismus ist trotz der Vielfalt an Ausdrucksformen geschichtlichen Lebens in jener Zeit das bestimmende und verbindende Element..."[73].

Daß der absolutistische Staat bzw. fürstliche Absolutismus zu einer dominierenden Kraft des öffentlichen Lebens wurde, zeigt sich auch im geistigen und gesellschaftlichen Leben. Dieses wurde vom Hof als Mittelpunkt (als Keim und Maß der Gesellschaft) bestimmt. Höfischer Lebensstil wurde tonangebend; der "höfische" Kavalier avancierte zum Ideal der Zeit[74].

> Der Schwerpunkt der europäischen Bildung verlagerte sich damals nach Frankreich. Die Bevorzugung der französisch-höfischen Bildung mit ihrem Ideal des "vollkommenen Welt- und Hofmanns", der die Kunst des richtigen Lebens beherrsche (galant homme), die besondere Wertschätzung französischer Literatur, Sprache und Sitten als Kennzeichen des "Gebildeten" wurden in manchen (gehobenen) Kreisen modern. Andere hingegen lehnten sich gegen die Nachahmung fremder Vorbilder auf, beklagten die Französierung und Verwelschung Deutschlands.

Geistig-kulturelle Bestrebungen führten - nicht zuletzt im Gegenzug angesichts der genannten Tendenzen - zu verstärkten Bemühungen um eine eigene nationale Literatur sowie um eine volkstümliche Bildung. Einerseits wurde dem humanistischen, andrerseits dem höfisch-französischen Bildungsideal die Wertschätzung der muttersprachlichen Bildung entgegengesetzt. Geistig-kulturelle Bestrebungen bekundeten sich ferner im Vordringen der Naturwissenschaften und in der Absicht, naturwissenschaftlichen Einsichten und "Gegenständen" verstärkt Eingang in die Schulen zu verschaffen, ebenso im Bemühen um vermehrte (empirische) Erkenntnisgewinnung und um die Umsetzung des Wissens zu praktischen Zwecken. Überhaupt wollte man die Schule organisatorisch, sachlich-inhaltlich und methodisch effektiver gestalten.

Neben den aufgezeigten Faktizitäten müssen noch zwei auffällige Tendenzen erwähnt werden, die für die Barockepoche ebenfalls charakteristisch waren[75]: unübersehbar ist da das Bestreben, Welt und Leben (Lebenswirklichkeit) in ihrer ganzen Fülle zu haben und zu gestalten. Ausdruck dafür ist die pathetisch-repräsentative Monumentalität in künstlerischen und wissenschaftlichen Arbeiten bzw. Schöpfungen.

> Beispiele dafür sind: pompöse Dramas, große Opern und Oratorien, reich ausgestattete bzw. stattliche Bauwerke, auswuchernde Gedankengebäude, enzyklopädische Darstellungen.

Man spricht daher von der Barockepoche als dem Zeitalter des Pathos und der Repräsentation.

Weiterhin fällt die Systemtendenz des 17. Jahrhunderts auf: ein allgemeiner Zug zu objektiver Ordnung und zentraler Regulierung, der sich in den verschiedensten Lebensbereichen nachweisen läßt. Man wollte überall - im politischen, wirtschaftlichen, wissenschaftlichen, erzieherischen, gesellschaftlichen Lebensbereich - systematisieren, ordnen, regulieren und methodisieren.

> Man denke z.B. an: Philosophische Systeme von René Descartes, Baruch Spinoza, Gottfried Wilhelm Leibniz; naturwissenschaftliche Systeme von Galileo Galilei, Johann Kepler, Isaac Newton; Straffung der Staatsgewalt; zentral geleitete Wirtschaft; Regulierung des Bildungswesens, planvoll-mathematisch angelegte Parks und Städte (wie Schwetzingen, Mannheim); Ausrichtung des sozialen Lebens am höfischen Lebensstil.

Angesichts solcher Bestrebungen erscheint es berechtigt, das 17. Jahrhundert als eine Epoche der großen Systeme und Methoden anzusehen.

4.2 Pädagogische Bestrebungen

Auswirkungen des Gesamtgeistes des Barockzeitalters und der hier vorfindbaren Grundtendenzen auf das pädagogische Gebiet konnten nicht ausbleiben[76]. Nachhaltige Einflüsse sind im Bereich des Schulwesens zu registrieren. Hier erstrebte man Fortschritte durch

- Regelung und Verbesserung des Schulwesens
- Hinwendung zur realen Welt
- Bemühungen um eine neue Methode
- religiöse Verinnerlichung
- höhere Bewertung der Muttersprache und der muttersprachlichen Bildung

Was die Regelung und Verbesserung des Schulwesens betrifft, läßt sich folgendes feststellen: Wissen und Bildung sollten gegenüber früher vermehrt und die Weisen ihrer Vermittlung sollten verbessert werden. Im Zuge einer Reglementierung und Durchrationalisierung sollte ferner der Adressatenkreis pädagogischen Bemühens erweitert und gezielter auf die Effizienz schulischer Gestaltung Bedacht genommen werden. Der Gedanke einer allgemeinen Volksbildung gewann an Raum. Nicht bloß die auf eine generelle Weltverbesserung zielende Absicht oder die für die Allgemeinheit (Staat) zu erwartende Nützlichkeit, sondern auch die Sorge für das materielle und seelische Wohlergehen des Individuums spielten dabei eine Rolle. In steigendem Maße nahm sich der Staat, d.h. der Landesvater, Erziehungs- und Bildungsfragen an. Er erließ Schulordnungen und förderte die Allgemein-, Berufs- und Standesbildung seiner Untertanen (unter dem doppelten Interesse: der Steigerung der Brauchbarkeit des Untertanen und der Mehrung von dessen eigenem Wohl).

Die Hinwendung zur realen Welt setzt einen weiteren Akzent in der Schulgeschichte. Stand früher das Wortwissen und die Buchgelehrsamkeit im Vordergrund des Unterrichts, so forderte man jetzt unter Angriff auf den formalistischen Unterricht des Schulhumanismus mit seiner Überschätzung des Sprachlichen, sich den Dingen selbst zuzuwenden und folglich den Sachkenntnissen größere Aufmerksamkeit zu schenken. Und zwar sollte die Beschäftigung mit jenen Dingen (Sachen bzw. Inhalten) vorrangig angestrebt werden, die einen lebenspraktischen Bezug aufweisen, also für die Lebensgestaltung nützlich und brauchbar sind. Dementsprechend wurde der Wert der Realien, der realen Fächer (Sachfächer) betont.

Die Bemühungen um eine neue Methode hängen mit dem genannten Postulat eng zusammen. Man wollte eine zeit- und kraftsparende wie auch eine lebensnähere Lern- und Lehrweise praktiziert sehen. "Naturgemäß" sollte die entsprechende Methode sein: einmal in dem Sinne, daß sie die Natur des Menschen (psychische Gegebenheiten) berücksichtige; sodann aber sollte sie auch der Natur der Sache (der Gesetzlichkeit des Lehrstoffs) angemessen sein, also sachlogischen Gegebenheiten entsprechen. Hinsichtlich dessen bot sich eine Lehrweise an, die von den Sachen selbst und ihren Erscheinungen ausgeht (nicht von deren Bezeichnung). Daher wurde der Veranschaulichung und dem konkreten (Einzel-)Beispiel so großes Gewicht beigemessen und versucht, auf diesem ("induktiven") Wege Einsicht in Gegebenheiten und Sachverhalte anzubahnen bzw. zu vermitteln.

Die religiöse Verinnerlichung wurde in weiten Kreisen - neben der profanen Bildung - als ein wesentliches Element pädagogischen Bemühens angesehen. Beide wurden sogar in enge Verbindung miteinander gebracht: realistische, der Welt und ihren Geschäften zugewandte Bildung sollte mit dem religiösen Anliegen - christliche (religiös-sittliche) Gesinnung und Haltung (Tatchristentum) hervorzurufen - verknüpft werden.

Höhere Bewertung der Muttersprache und der muttersprachlichen Bildung wurde aus mehreren Quellen gespeist: angesichts genannterTendenzen, im besonderen auch in Gegenwirkung zu der ungebührlichen Überbetonung der alten Sprachen sowie der Verwelschung Deutschlands (welche durch die französisch-höfische Bildung noch begünstigt wurde), dann auch infolge des Erwachens des nationalen Selbstbewußtseins, nicht zuletzt schließlich infolge des Bestrebens, breitere Volksmassen religiös und profan zu bilden, wurde jetzt der deutschen Sprache mehr Sorgfalt zugewandt. Deren Bildungsfunktion wurde nachdrücklich betont. Besondere Förderung erfuhren solche Tendenzen durch verschiedene da und dort gegründete "Deutsche Sprachgesellschaften". Deren Hauptanliegen war es, das Sprachbewußtsein zu pflegen, eine Reinigung und Berichtigung der deutschen Sprache vorzunehmen sowie deren Bedeutung als Bildungsgut herauszustellen.

> Solche - nach italienischem Vorbild entstandene - Sprachgesellschaften waren die "Fruchtbringende Gesellschaft" oder der "Palmenorden" zu Weimar, die "Aufrichtige Tannengesellschaft" zu Straßburg, der "Pegnesische Blumenorden" zu Nürnberg, die "Deutschgesinnte Genossenschaft" zu Hamburg u.a.

Zwei pädagogisch bedeutsame Zeitströmungen erhoben solche Reformvorschläge einerseits zum Programm, verschafften ihnen andrerseits - wenigstens zum Teil - Geltung, indem sie auf wichtige Schulordnungen und Lehrpläne Einfluß gewannen: gemeint sind der "Pädagogische Realismus", der mehr in der ersten Jahrhunderthälfte dominierte, und der "Pietismus", welcher mehr in der zweiten Jahrhunderthälfte (und dann auch noch in den ersten Jahrzehnten des 18. Jahrhunderts) vorherrschte.

4.2.1 Pädagogischer Realismus

Der Pädagogische Realismus entstand sozusagen im Gefolge der im 17. Jahrhundert sich verstärkenden Hinwendung zu den Naturwissenschaften und einer immer deutlicher sich zeigenden kritischen Einstellung gegenüber der Tradition. Das Interesse an der realen Welt wurde immer größer, dasjenige an antiken Kulturgütern sowie idealen (speziell rein verbalen) Gegenständen nahm ab. Lebensnähe und Sachlichkeit, Diesseitigkeit und Zweckmäßigkeit, Erfahrung und Gesetzmäßigkeit sollten nicht zuletzt auch im Unterricht der Schulen geltend gemacht werden. An die Stelle von früher betontem Sprach- und Wortwissen sollte ein (keineswegs erfahrungsunabhängiges) Sachwissen von lebenspraktischer Relevanz treten. Der bislang abstrakte Lernvorgang sollte einem auf anschaulicher und erfahrungsmäßiger Grundlage beruhenden einsichtigen Lernen - als dessen Pendant die "natürliche" Methode und induktive Lehrweise anzusehen sind - Platz machen.

Die beiden Hauptvertreter des Pädagogischen Realismus des 17. Jahrhunderts waren Ratke und Comenius, die sozusagen das Zeitalter der Didaktiker eingeleitet haben.

Wolfgang Ratke (lat. Ratichius, 1571 - 1635) fühlte sich als Weltverbesserer. Er wollte eine allgemeine Erneuerung des Lebens. Einträchtige Sprache, Regierung und Religion waren ihm dafür ebenso Teilziele wie erneuerte Wissenschaften (neugestalteter Wissensbetrieb) und ein organisatorisch, didaktisch und methodisch erneuertes Schulwesen. Seine darauf bezogenen Reformpläne (in seinem "Memorial", einer schulprogrammatischen Denkschrift, auf dem Reichstag in Frankfurt 1612 vorgetragen) fand bei Fürsten und Städten großes Interesse; er konnte sie allerdings nicht verwirklichen. Gleichwohl gab er mit seinen Ideen, insbesondere mit seinen pädagogischen Grundsätzen, für die Unterrichtsgestaltung wertvolle Anstöße und beeinflußte Comenius und spätere Schulordnungen weitgehend. Er begründete eine didaktisch-methodische Tradition, die nach einer allgemeinverbindlichen Unterrichtsmethode sucht und nicht stets von neuem in kind- und sachfremden Formalismus zu verfallen droht.

> Ratke ist heute hauptsächlich aufgrund seiner Vorstellungen zu Begründung und Gestaltung des Unterrichts bekannt. Entscheidend ist, daß er die Bedeutung der Unterrichtsmethode (Lehrkunst) erkannte und sie aus der Eigenart des Menschen wie aus der Gesetzlichkeit des Lehrstoffes zu begründen suchte. In dreifacher Hinsicht hat der Unterricht - so lautet die Forderung - "naturgemäß" zu sein: er muß der Natur des Kindes und der Natur der Sache entsprechen und muß methodisch so gestaltet sein, daß er vom Einfachen zum Komplizierten, vom Bekannten zum Unbekannten, vom Anschaulichen zum Abstrakten fortschreitet (induktives Vorgehen). Weitere Unterrichtsgrundsätze Ratkes sind: nicht zu viel auf einmal, Konzentration auf eine Sache bzw. einen Vorgang, kein Auswendiglernen, kein Zwang, häufige Wiederholung und Übung, alles zuerst in der Muttersprache, alles durch Erfahrung und stückliche Untersuchung[77].

Der bedeutsamste Vertreter des Pädagogischen Realismus war Johann Amos Comenius (tschech. Komensky, 1592 - 1670). Er kann als erster großer Theoretiker einer umfassenden Pädagogik und als erster Didaktiker großen Stils gelten. Mit seiner "pansophischen" (allumfassend orientierten weisheitsmäßigen) Erziehungs- und Bildungslehre stellte er nicht nur den Höhepunkt der Barockpädagogik dar, sondern setzte sich auch mit Problemen auseinander, die z.T. auch in der neueren Pädagogik noch diskutiert werden (wie Vorschulische Erziehung, Altenbildung, Recht auf Bildung für alle, Bedeutung der Jugendphase u.a.). Von eschatologischem Denken geprägt, fühlte er sich gedrängt, "alle alles zu lehren", ein universales Wissen zu vermitteln, über das der einzelne Weisheit (= tiefere Einsicht in göttliche und weltliche Dinge) erlangen und den Weg zu Gott finden könne. Diesem Ziel sollte sein pädagogisches Werk und sein praktisches Bemühen dienen. Erziehung und Bildung, vor allem auch die Schule, sollten auf die Verwirklichung der gleichen Zielstellung gerichtet sein.

Comenius verfaßte über 140 Schriften, darunter auch Lehrbücher. Die wichtigsten sind: Informatorium der Mutterschule (eine Anweisung für Kleinkindererziehung); Janua linguarum reserata ("Erschlossene Sprachentür" - über die Methode des Spracherlernens); Orbis pictus ("Die Welt in Bildern" - ein Bilder-, Sach-, Sprach- und Lehrbuch in einem); ferner die beiden Hauptwerke: Didactica magna ("Große Unterrichtslehre") und Pampaedia (erstmals 1960 ediertes Spätwerk[78] - eine alle menschlichen Lebensstufen umfassende pädagogische Lehre).

Die pädagogischen Bemühungen waren für Comenius nur Mittel zum Zweck: Sicherstellung des Wohles der Menschheit und des einzelnen. Das Lebensziel (ewige Seligkeit in Gott) erschien ihm nur erreichbar über die Weisheit (Erziehungsziel). Die Schule sollte im Dienste dieses Erziehungsziels stehen. Als "Werkstatt der Menschlichkeit" obliegt ihr, zur wahren Erkenntnis, zur rechten Sittlichkeit und echten Frömmigkeit (Teilaufgaben resp. Teilziele) zu führen. Was Schule unter diesem Betracht im einzelnen zu leisten habe, wie sie organisiert sein sollte und welche Verfahren sie anzuwenden habe, zeigte er in seiner Großen Didaktik[79] auf.

> Der Autor schuf mit diesem Werk erstmals eine anthropologisch fundierte und systematisch angelegte Erziehungs- und Bildungslehre. Er handelte über Ziele, Möglichkeit und Notwendigkeit der Erziehung, ging auf die Methode der Belehrung sowie der sittlichen Bildung und der Hinführung zur Gottesfurcht ein. Ferner legte er einen für die damalige Zeit als sensationell empfundenen Schulorganisationsplan (Entwurf zur Organisation des gesamten Schulwesens) vor. Dieser war entsprechend den vier Stufen des Alters mit jeweiligen speziellen Bildungsinhalten aufgebaut:

Kindheit	- Mutterschule (1. - 6. J.)	- Ausbildung der äußeren Sinne
Knabenzeit	- Muttersprachschule (7. - 12. J.)	- Schulung der inneren Sinne (der Einbildungskraft und des Gedächtnisses)
Jugendzeit	- Lateinschule (13. - 18. J.)	- Verstandesbildung (Sieben Künste und Wissenschaften)

Jünglingsalter -	Hochschule - (19.-24. J.)	Willens- und Urteilsbildung (Bereitschaft zum Handeln)

Comenius erkannte den Wert der Familienerziehung, forderte für alle Kinder Schulbildung mit dem Ziel umfassender Menschenbildung, hob den Wert der Muttersprache und der Sachkenntnisse, der Realien und des Handfertigkeitsunterrichts hervor; er betonte die Notwendigkeit einer Übereinstimmung des Unterrichtsverfahrens mit der seelischen Entwicklung; er plädierte für eine Festlegung von Lehrplan, Stoffplan und Methode, verlangte Klassenunterricht statt Einzelunterricht; überdies trat er für milde Schulzucht ein. Von der Anwendung der richtigen Methode und entsprechender Lehrbücher hängt seiner Überzeugung nach der Erfolg des Unterrichts weitgehend ab. Seine spezifischen methodischen Forderungen (Unterrichtsprinzipien) waren: Naturgemäßheit in Zeit und Stoff, Nachahmung der Natur, anschaulich-induktives Verfahren, richtige Dosierung, Gründlichkeit sowie Schnelligkeit und Leichtigkeit des Lernens, Synthese von Sache und Sprache.

> In seinem Orbis pictus ("Die Welt in Bildern"), dem für 100 Jahre verbreitetsten Schulbuch in Deutschland, welches gleichzeitig als Lese-, Sprach- und Sachbuch verwendet werden konnte, suchte er seinen methodischen Forderungen zu entsprechen. Hier wurden Sprach- und Sachunterricht (Wort- und Sacherklärung) verbunden.
> Exemplarisch verdeutlicht am Stichwort "Schule/schola":
> "Die Schul ist eine Werkstatt / in welcher die jungen Gemüter zur Tugend geformet werden; und wird abgeteilt in Classen
> Der Schulmeister / sitzt auf dem Lehrstuhl; die Schüler / auf Bänken: jener lehret / diese lernen.
> Etliches wird ihnen vorgeschrieben mit der Kreide an der Tafel. Etliche sitzen am Tische / und schreiben: Er / verbässert die Fehler.
> Etliche stehen und sagen her / was sie gelernet.
> Etliche schwätzen und erzeigen sich mutwillig und unfleissig: die werden gezüchtigt mit dem Bakel und der Ruhte".
> Neben dem muttersprachlichen steht der lateinische Text, beide sind ergänzt durch ein Bild vom Klassenzimmer, welches den Textinhalt veranschaulicht[80].

Die Einflußnahme Comenius' auf das Schulwesen seiner eigenen und der folgenden Zeit beruht vor allem auf seinen (z.T. revolutionären) Gedanken und seinen "praktisch" verwertbaren Schriften (Lehrbüchern). Viele seiner Ideen und Vorschläge gingen in Schulordnungen des 17. und 18. Jahrhunderts ein[81].

4.2.2 Pietismus

Die andere pädagogisch relevante Hauptströmung, in der wesentliche Elemente der oben genannten Reformtendenzen sichtbar wurden und die auch starke Impulse zum Auf- und Ausbau des Erziehungs- und Bildungswesens (besonders des Volksschulwesens) lieferte, ist der Pietismus (wörtlich

"Frömmlertum"). Es handelt sich hierbei um eine auf Einflüsse des englischen Puritanismus zurückgehende protestantische Erneuerungsbewegung, die sich gegen das damalige offizielle Kirchentum, gegen rationalistischen Dogmenstreit, Fanatismus und Veräußerlichung des religiösen Lebens wandte und sich um lebendiges kirchliches Leben, echte religiöse Erwekkung und vor allem Bewährung des Glaubens im Handeln bemühte. Sie erstrebte eine religiös-sittliche Besserung des durch den 30jährigen Krieg und andere Wirrnisse verrohten Volkes, drängte - um deren Verwirklichung willen - auf Vertiefung des Gefühlslebens und auf Verwirklichung christlicher Nächstenliebe.

Mit dieser der wahren (christlichen) Lehre gemäßen Grundhaltung (Pflege gläubiger Innerlichkeit gepaart mit tätigem Christentum) verband der Pietismus eine realistische Einstellung gegenüber dem Leben und seinen verschiedenen Bereichen. Das zeigte sich dann auch in der Funktionsbestimmung von Erziehung und Bildung bzw. des Schulbetriebs. Diesen wurde der Auftrag zugesprochen, eine Verbindung zwischen Frömmigkeit (im Sinne genannter religiöser Grundhaltung) und diesseitsgebundener Tüchtigkeit (praktischer Lebensertüchtigung) herzustellen.

> Philipps Jakob Spener (+ 1705), der "Vater" der pietistischen Bewegung in Deutschland wies dieser Ziel und Richtung. Seine Forderungen sind zusammengefaßt in "Pia desideria oder herzliches Verlangen nach gottgefälliger Verbesserung der wahren evangelischen Kirche", 1675, einer Art Programmschrift des Pietismus.
> Weitere wichtige Vertreter dieser Bewegung waren A.H. Francke und N.L. Graf von Zinsendorf.

Der eigentliche Pädagoge des Pietismus war August Hermann Francke (1663 - 1727). Sowohl in seinem Schrifttum wie auch in seiner akademischen Lehrtätigkeit und den von ihm gegründeten Erziehungsanstalten mit ihren ergänzenden Einrichtungen (der "Franckeschen Stiftung") verwirklichte und verbreitete er pietistische Gedanken.

> Die Franckesche Stiftung in Halle umfaßte eine Armenschule und eine deutsche Bürgerschule (beides waren Volksschulen), dann ein Waisenhaus (seit 1698), Internate für bürgerliche und adelige Zöglinge, eine höhere Schule für Adelige (= Pädagogium), eine Lateinschule für Bürgerliche (= Latina), eine höhere Mädchenschule (= Gynäzeum), eine Art Lehrerseminar für Lehrer der Deutschen- und der Lateinschule: also ein ganzes System von Schulen. Den Kern der ganzen Anstalt bildeten die Internate; diesen waren die verschiedenen Schulen angegliedert. Dazu kamen noch eine Apotheke, ein Krankenhaus, eine Buchhandlung, eine Buchdruckerei, eine Bibelanstalt und landwirtschaftliche Güter.

Franckes Kernanliegen war die Erziehung zu wahrem christlichen Lebenswandel. Hierin trafen sein seelsorgliches und pädagogisches Aufgabenbewußtsein zusammen. In dieser Aufgabenstellung suchte er auch christlich-religiöse und weltliche Bildungsbemühungen in Einklang zu bringen. Das zeigt sich deutlich in seinen Schriften, besonders in dem Büchlein "Kurzer und einfältiger Unterricht, wie die Kinder zur wahren Gottseligkeit und christlicher Klugheit anzuführen sind" (1702). Es handelt sich hier um die pädagogische Hauptschrift des ganzen Pietismus. Als oberstes Erziehungsziel wird darin "rechtschaffenes Christsein" genannt, das sich in zwei Teilziele zerlege: in "wahre Gottseligkeit" (Aufgehen in Gott - christliche Weisheit) und "christliche Klugheit" (eine auf Erfahrungswissen aufgebaute Tauglichkeit für das praktische Leben).

> Das erste Teilziel beinhaltet Herzensfrömmigkeit, Gottesfurcht und Gottesliebe. Die Mittel, solche zu erreichen, sind: Beispiel der Erzieher, Vermittlung christlicher Lehre, Kennenlernen der Bibel, tägliche Gebetsübungen, Willensschulung, Pflege der Wahrheitsliebe, Gehorsam, Fleiß, nützlicher Zeitvertreib und Umgang mit gottesfürchtigen Menschen.
> Das zweite Teilziel beinhaltet ein Wissen um irdische Dinge, nicht um des Erwerbs irdischer Vorteile willen, sondern für die Bewährung in der Welt. Mittel zur Herbeiführung einer der "christlichen Klugheit" gemäßen Grundeinstellung sind: Gemütspflege, Stärkung des Strebens nach Göttlichem, ununterbrochene Aufsicht. Drei Haupttugenden müssen dem Gemüt eingepflanzt werden: Wahrheitsliebe, Gehorsam und Fleiß. Auch Zucht und Strafe sind von Bedeutung.

Den aufgezeigten Zielen und Aufgaben suchte Francke in seinen Anstalten zu entsprechen. Wiewohl in seinen Schulen Latein und Religionsunterricht einen sehr breiten Raum und eine Vorrangstellung einnahmen, wurde die Unterrichtsgestaltung durch neue Elemente bereichert. Für die Entwicklung des Schulwesens wurde besonders wichtig, daß er den Realunterricht ausbaute und praktische Fächer (mit handwerklicher Betätigung) in den Unterrichtsplan aufnahm. Auch neuen Sprachen wurde Raum gegeben. Eine weitere Neuerung stellte die Bildung von Niveaugruppen und der damit verbundene Wandel vom festen Klassentyp zum Fachsystem dar.

> In den Lehrplan für höhere Schulen waren aufgenommen: Lesen, Schreiben, Rechnen, Katechismus, Bibelsprüche, Latein (Griechisch, Hebräisch), Französisch nur im Pädagogikum, auch realistische Fächer wie Geographie, Geschichte, Arithmetik, Geometrie, Naturgeschichte, Haushaltskunst... und handwerkliche Betätigungen, wie Drechseln, Glasschleifen, Kupferstechen, Gartenbau, Besuche bei Handwerkern usw. (Manches davon wurde als "Rekreationsübungen" gepflegt.)

Als Hauptgrundsatz des Unterrichts - in dem das Erzieherische (Willensbildung und Gemütspflege) dominierte - galt Francke, dem Vorbild stets Vorrang vor der Lehre zu geben und mit den Schülern ständig im Gespräch zu sein. Seiner realistischen Einstellung entsprechend forderte er die Beachtung der Prinzipien Erfahrung, Anschauung, Lebensnähe und Differenzierung. Weniger realistisch zeigte er sich in bezug auf die Psychologie des Kindes. Ein gewisses Mißtrauen gegen Mensch und Welt veranlaßte ihn, unablässige Beaufsichtigung, straffe Zucht und harte Arbeit zu fordern. Er mutete seinen Schülern teilweise ihrem Lebensalter nicht gemäße religiöse Gefühle und Lebensauffassungen zu und drängte Spiel, Frohsinn und Musik (als unnütz) zurück[82].

Aufs Ganze gesehen war Franckes Werk - trotz genannter Schwächen - eine imponierende Leistung. Er trug wesentlich zur Verinnerlichung des religiösen Lebens bei und förderte eine realistische Einstellung dem Leben gegenüber. Durch seine Anstalten gab er zur Gestaltung des Schulwesens wertvolle Impulse (Vorbildwirkung). Besonders beeinflußte er Aufbau und Organisation des Volksschulwesens, gab Anstöße zur Gründung der Realschule (durch seine beiden Schüler Ch. Semler und J.J. Hecker) und wirkte auf die Missions- und Erziehungsarbeit der Herrnhuter Brüdergemeinde (über seinen Schüler N.L. Graf von Zinzendorf) ein. Weiterhin wurde er zu einem bedeutenden Lehrerbildner, indem er eine ganze Theologengeneration (an der Universität Halle) formte. Er förderte die Anfänge einer Lehrerausbildung und gewann beachtlichen Einfluß auf da und dort erlassene Schulverordnungen[83].

4.3 Das Schulwesen im 17. Jahrhundert

Manche der genannten Reformtendenzen, wie sie von Repräsentanten des Pädagogischen Realismus und des Pietismus verfolgt wurden, fanden Eingang in die Schulen. Davon zeugen die landesherrlichen Schulgesetze, die in den evangelischen Landesteilen von den Fürsten, in katholischen Gebieten von den Bischöfen (mancherorts auch von Städten) im 17. Jahrhundert in größerer Zahl erlassen wurden. In dem Bemühen um ein einheitliches Schulwesen mit allgemeinem Schulzwang, um eine natürliche Unterrichtsmethode sowie um feste Lehrbücher und Pläne gingen die mitteldeutschen Länder voran.

> Evangelische Schulordnungen erschienen in Weimar 1619, Gotha 1642, Württemberg 1649, Braunschweig-Wolfenbüttel 1651, Hessen 1656. Katholische Schulordnungen erließen die Bischöfe in Münster 1655, Köln 1656, Paderborn 1663, Mainz und Worms 1682; dazu kamen noch diejenigen im Kurfürstentum Bayern von 1659 und der freien Reichsstadt Aachen von 1699 u.a.

Die bedeutsamste Schulordnung des 17. Jahrhunderts war die von Herzog Ernst dem Frommen im thüringischen Ländchen Sachsen-Coburg-Gotha erlassene sog. "Gothaer Schulmethodus" (1642 von Rektor Andreas Reyher verfaßt, 1648 herausgegeben). Im Gegensatz zu anderen Schulordnungen der Zeit bezog er sich ausschließlich auf die Volksschule, deren Entwicklung er stark beeinflußte. Er enthielt "die erste genaue, einheitliche Regelung eines landesherrlichen Volksschulwesens und damit den Anfang der zentral vom Staat her organisierten Volksschule"[84]. In ihm wurde versucht, die Ideen Ratkes und Comenius' in die Praxis umzusetzen. Er regelte den Schulbesuch durch Anordnung der allgemeinen Schulpflicht vom 5. bis 14. Lebensjahr für Knaben und Mädchen. Der Lehrstoff der Volksschule[85], der bisher nur Katechismuslehre, Bibellesen, Kirchengesang und hie und da Schreiben umfaßte, wurde (von Reyher) vermehrt durch Einbeziehung des Rechnens und später auch des Wissenswerten aus Natur und Leben, der Heimatkunde, der Bürgerkunde, Meßkunst usw. Ferner wurde ein fester Lehrplan aufgestellt, Forderungen über die Gestaltung des Unterrichts erhoben und die Schulaufsicht (Obliegenheit der Pfarrer) geregelt.

Dieser Gothaer Schulmethodus wurde für viele andere Schulordnungen zum Vorbild. In wieder anderen wurde speziell auch pietistischer Geist wirksam. So besonders in der Württembergischen Schulordnung und später in den von Friedrich Wilhelm I. in Preußen erlassenen Ordnungen und Schulgesetzen (18. Jahrhundert). Auch Schulordnungen des 18. Jahrhunderts, die in anderen protestantischen Ländern in den 30er Jahren in größerer Zahl erschienen, waren von pietistischem Geist durchdrungen[86].

Vieles von dem, was in den Schulordnungen jener Zeit gefordert war, scheiterte vielerorts - sogar noch bis Ende des 18. Jahrhunderts - am Mangel an entsprechenden Unterrichtsräumen, an Geldmitteln und an einigermaßen vorgebildeten Lehrkräften.

> Die Lehrer waren - im elementaren Bildungsbereich meistens Handwerker (Schneider, Leinenweber, Schuhmacher u.a.), deren Werkstatt häufig als Schulstube diente. Ihre Vorbildung erwarben sie autodidaktisch sowie im Hospitieren und Mithelfen bei einem anderen Lehrer (= "Meisterlehre"). Lehrer der Sekundarstufe waren großenteils Geistliche, andere Studierte, z.T. kursartig vorgebildet (wie bei den Jesuiten und bei Francke). Systematischere Lehrerbildung im Sinne der Vermittlung unterrichtsmethodischer Fähigkeiten gab es in Deutschland erst seit der zweiten Hälfte des 18. Jahrhunderts (in Frankreich begegnete hauptamtliche Lehrerbildung bereits 1684 in Reims - begründet durch Jean Baptiste de La Salle).

Reformvorschläge und Schulordnungen, wenn auch laut propagiert resp. staatlich dekretiert, sind noch keine Realität. Die Schulwirklichkeit des 17. Jahrhunderts blieb hinter den dort erhobenen Forderungen zurück; sie ließ folgendes erkennen: Das Schulwesen im Bereich der elementaren Bildung resp. der Volksbildung war auf einem niederen Stand. Neben der nur mangelhaft gelösten Lehrerfrage waren daran sicherlich die vielfachen Wirren des 30jährigen Krieges und seiner Nebenwirkungen mit schuld. Die Einleitungen der Schulordnungen geben Zeugnis dafür, daß das Lesen und Schreiben (im Volk) wenig verbreitet war und daß es vielerorts überhaupt keine Schule gab. Zahlreiche Dorfschulen hatten nur Winterbetrieb; bei anderen war der Unterricht im Sommer z.T. auf drei Halbtage verkürzt.

Wo es Elementarschulen gab, umfaßte der Lehrplan folgende Fächer bzw. Lerninhalte: Lesen, Schreiben, Religion, Singen, kaum mehr Latein. Sachkunde gewann immer mehr Raum: vor allem Geschichte und Erdkunde, weniger Physik und Chemie. Rechnen (bisher privat oder bei einem besonderen Rechenmeister erlernt) wurde Schulfach[87].

Auch im höheren Schulwesen änderte sich gegenüber früher im 17. Jahrhundert nicht viel. Die neuen Forderungen setzten sich hier erst zögernd und nicht auf breiter Front durch. Nur Mathematik und Geschichte (verbunden mit etwas Geometrie) fanden allmählich als eigene Fächer Aufnahme. Wiewohl sich Deutsch immer mehr durchzusetzen begann, war eigentlicher Deutschunterricht relativ selten. Lateinunterricht nahm im Sekundarschulwesen immer noch einen breiten Raum ein. Griechisch wurde nur in geringem Umfang oder freiwillig betrieben (desgleichen Hebräisch). Moderne Sprachen blieben seltene Ausnahme.

> Am Gymnasium Heilbronn wurde 1623 folgendes unterrichtet: Sexta: Lesen, Schreiben, Latein-Einführung; Quinta: Lateinische Grammatik (Fortsetzung), Katechismus (deutsch und lateinisch), Evangelien (deutsch und lateinisch); Quarta: Latein, Katechismus, Cicero, Erasmus usw., Griechisch-Einführung, Äsopfabeln, Neues Testament (griechisch); Tertia: Griechisch (Fortsetzung), Verslehre usw.; Sekunda: Logik, Rhetorik, lateinische und griechische Grammatik (Wiederholung), Cicero, Plutarch (De institutione puerorum)[88].

Deutlichere Fortschritte gab es hingegen, dank der Wirksamkeit einiger Schulorden, in der Mädchenbildung. Von besonderer Bedeutung wurde hier die Wirksamkeit der Kongregation der Englischen Fräulein (Gründerin: Maria Ward), die sowohl elementare als auch höhere Bildung vermittelten (seit 1627 in München). Berühmt wurden auch die Herrnhuter Mädchenschulen, welche seit dem 18. Jahrhundert ihre Tätigkeit in pietistischem Geist entfalteten[89].

Pietistischem Erziehungseifer ist auch (wenigstens z.T.) die Einrichtung einer Vorform der späteren Fortbildungsschule zu danken: einer Einrichtung, welche in Sonntags- und Abendstunden die Landjugend (in Ergänzung, als Ersatz oder durch Wiederholung elementarer Unterrichtsstoffe) in religiösem Wissen, Lesen, Schreiben und Rechnen zu fördern suchte.

> Der Besuch solcher Schulen wurde im 18. Jahrhundert in Preußen, Bayern, Württemberg, Baden und Österreich Pflicht[90].

Zu den Typen des Erziehungs- und Bildungswesens sind auch die sog. Ritterakademien zu rechnen: gesonderte Anstalten bzw. Standesschulen für Angehörige des Adels (nach französischen und italienischen Vorbildern). Diese vermittelten höfische Bildung (Bildungsideal: der erfolgreiche weltoffene und weltgewandte Mensch) und berufliches Wissen, wie es in Hofdienst, Heer bzw. Militärwesen und Staatsverwaltung gebraucht würde. In gewissem Sinne stellten sie eine Alternative zu den bisherigen weiterführenden Schulen dar, sofern sie kräftige Impulse gaben zur Einführung lebensnaher Unterrichtsgegenstände, und weil sie die Idee der beruflichen und ständischen Bildung verwirklichten. Sie wurden zu Vorläufern späterer Fachschulen.

Schon Ende des 16. Jahrhunderts gab es erste Bildungsanstalten für Adlige: so in Tübingen, Stuttgart, Kassel. In den Wirren des 30jährigen Krieges waren diese allerdings eingegangen. In der zweiten Hälfte des 17. Jahrhunderts kam es zu einer Reihe von Neugründungen eigentlicher "Ritterakademien".

Solche entstanden in Kolberg, Lüneburg, Halle, Wien, Wolfenbüttel, Erlangen. Im 18. Jahrhundert kamen weitere hinzu.

Diese Ritterakademien pflegten neben Religion, Ethik, Rhetorik neuere Sprachen (Französisch, Italienisch), etwas Latein, vielerlei Realien (Mathematik, Naturwissenschaften, Architektur, Geschichte), Staats- und Verwaltungskunde, vor allem körperliche Übungen (ritterliche Künste) und höfisches Benehmen. Sie waren nicht nur Schulen, sondern zugleich Erziehungsanstalten[91].

Da diese Ritterakademien nur wenige Zöglinge erfaßten und im allgemeinen nur kurzen Bestand hatten - nach 1750 setzte mit dem Verlust der Sonderstellung des Adels ihr Verfall ein - erlangten sie für das deutsche Bildungswesen keine größere Bedeutung. In puncto Lebensnähe hatten sie zwar anderen Bildungsanstalten einiges voraus, als Pflegestätten deutschen Volkstums konnten sie nicht gelten. Gewisse Impulse übten sie allerdings (auf die bürgerliche Welt) insofern aus, als sie ein neues Erziehungs- und Bildungsideal hervorbrachten und den Gedanken einer frühzeitigen Festlegung auf beruflich-gesellschaftliche Qualifikationen zu verwirklichen trachteten.

Die Universitäten sanken im Laufe des 17. Jahrhunderts - wie auch in anderen Staaten - im allgemeinen Ansehen. Das lag einmal an deren lebensfremder lateinischer Schulgelehrsamkeit, sodann an der Tatsache, daß sie in Abhängigkeit von (absolutistischen) Landesherren gerieten, die sie zu einer Art höheren Berufsschule (für Beamte, Staatsdiener und öffentliche Ämter) herabdrückten. Als Novum ist zu vermerken, daß in dieser Zeit die juristische Fakultät sich zur wichtigsten und langsam auch stärksten entwickelte (gegenüber der bisherigen primären Stellung der theologischen Fakultät)[92].

Neben den Universitäten entwickelten sich (eigentlich schon seit dem späten 16. Jahrhundert) sog. "Akademien", d.s. freie Gesellschaften zur Pflege der Wissenschaften, speziell der modernen Naturwissenschaften, z.B. die Akademie der Wissenschaften in Berlin (1700).

4.4 Rückschau

Das Barockzeitalter mit der sich verfestigenden Sicht vom Menschen als eines in der Spannung von Diesseits und Jenseits existierenden Wesens brachte einen spezifischen Lebensstil hervor. Diesem ist einerseits eine religiöse Verinnerlichung und andrerseits eine der Welt (in ihren natürlichen und rational faßbaren Dimensionen) zugewandte Haltung eigen. Um die Versöhnung beider Grundtendenzen im pädagogischen Bereich bemühten sich sowohl die sog. Reformdidaktiker (besonders Ratke und Comenius), indem sie Humaniora (antike Sprach- und Bildungsgüter als Grundlage der Menschenbildung) und Realia (berufsrelevante Kenntnisse - Sachwissen) zu vermitteln suchten, als auch pietistisch orientierte Pädagogen (Hauptrepräsentant A.H. Francke), die religiöse Erweckung mit lebenspraktischen Interessen zu verbinden trachteten.

Das Gedankengut beider Strömungen fand seinen Niederschlag in der Literatur (Schriften und Schulbüchern), wie auch in Schulordnungen, die allenthalben in deutschen Landen von Fürsten, Bischöfen und Städten erlassen wurden. Wenn in diesen Schulordnungen (die von entscheidendem Einfluß auf die Entwicklung der Volksschulen waren) der Schulbesuch, der Lehrstoff, die Unterrichtsgestaltung und Schulaufsicht geregelt waren, so blieb doch manche Forderung (aufgrund fehlender Unterrichtsräume, Geldmittel, unzureichend vorgebildeter Lehrer) unerfüllt. Trotz fortschrittlicher Programme (verstärkte Hinwendung des Unterrichtsbetriebs zur realen Welt, zur Lebenspraxis und Berufstüchtigkeit) gab es im Schulwesen des 17. Jahrhunderts keine größeren durchgreifenden Änderungen. Die Volksbildung machte inhaltlich und umfänglich (hinsichtlich der Ausweitung von Schulen) nur geringe Fortschritte. Auch im höheren Schulwesen setzten sich Neuerungen (besonders hinsichtlich Realia, Deutschunterricht und modernen Sprachen) nur spärlich und langsam durch. Der Universitätsbetrieb verblieb mit seiner weltfremden Sprachgelehrsamkeit weitgehend in traditionellen Bahnen. Lediglich ein Vordringen juristischer Studien brachte eine gewisse Veränderung. Die verschiedenerorts in der zweiten Jahrhunderthälfte gegründeten Ritterakademien konnten infolge ihrer Exklusivität das Schulwesen kaum beeinflussen. Von größerer Bedeutung - weil breitere Bevölkerungskreise betreffend - wurden die sog. Fortbildungsschulen jener Zeit (besonders für die Landjugend) sowie die zur Förderung der weiblichen (elementaren und höheren) Bildung errichteten "Institute der Englischen Fräulein" und die Tätigkeit anderer Schulorden (Salesianerinnen und Ursulinen, die erst später voll wirksam wurden - was auch für die pietistisch inspirierten Herrnhuter Mädchenschulen gilt).

Auf die Entwicklung des Schulwesens insgesamt gesehen, läßt sich feststellen: Während man sich im 16. Jahrhundert mehr um die Gelehrtenschule kümmerte, wandte man sich im 17. Jahrhundert besonders der allgemeinen Schulbildung (Erfassung breiterer Bevölkerungsschichten) zu. Der sich im 18. Jahrhundert dann zu greifbaren Formen entwickelnde Volksbildungsgedanke - der mit muttersprachlichem und lebenspraktischem Bildungsbestreben einherging -, gewann in der Barockzeit schon stetig an Raum. Die staatliche Obrigkeit zeigt sich diesem Gedanken gegenüber aufgeschlossen; sie griff reformpädagogische Bestrebungen auf und nahm - um einer vernünftigen Gestaltung der gesellschaftlich-staatlichen Ordnung zum Wohle aller willen - immer mehr Anteil am Schulwesen. Die von ihr erlassenen Schulordnungen stellten jetzt nicht mehr Teile der Kirchenordnungen dar (wie im 16. Jahrhundert), sondern landesherrliche Verordnungen (wenn auch die kirchliche Schulaufsicht erhalten blieb). Das war etwas für die Schulentwicklung wirklich Neues. Man kann darin eine Vorstufe des staatlichen Schulwesens sehen.

5. Pädagogik und Schulwesen im Zeitalter der Aufklärung

5.1 Allgemeine Zeitcharakteristik - Herkunft, Grundzüge, Träger und Wirkungsbereiche der Aufklärung

Ein Blick in die Geistesgeschichte läßt erkennen, daß es immer wieder Tendenzen gab, die Welt- und Lebensformen vor den Richterstuhl der Vernunft (der Ratio) zu ziehen[93]. Darin bekundet sich "aufklärerischer Geist". Jede Geschichtsepoche hat bzw. hatte ihr Aufklärungszeitalter. So wirkten in der Antike die Sophisten und Sokrates als Aufklärer, im Mittelalter die Dialektiker; in der Neuzeit wurde dann die Vorherrschaft der Vernunft so stark betont, daß eine geistige Bewegung entstand, die ganz Europa beherrschte und alle Lebensgebiete umzugestalten begann. Diese gesamteuropäische Bewegung - die im 17. und besonders im 18. Jahrhundert ihre spezifische Ausprägung erfuhr - ging in ihren Anfängen zurück auf die Laienkultur des ausgehenden Mittelalters, auf die Renaissance, in gewissem Sinne auch auf die Reformation, in besonderer Weise auf die neue Philosophie des Empirismus und des Rationalismus sowie auf die Fortschritte in der Naturerkenntnis. Ihr Vertrauen in die Leistungsfähigkeit der menschlichen Vernunft war geradezu grenzenlos; es steigerte sich bis zur Absolutsetzung des Vernunftkriteriums. "Habe den Mut, dich deines eigenen Verstandes zu bedienen!" wurde zum Wahlspruch der Aufklärung. Unter Ablehnung alles dessen, was dem gesunden Menschenverstand nicht einleuchtete, suchte man überall das Vernunftgemäße und das heißt zugleich das Natürliche. Ratio und Natur wurden als Quellen und Garanten der Wahrheitserkenntnis und des Fortschritts angesehen.

Dieser sich hier zeigenden positiven Tendenz, die Dinge, Sachverhalte und Beziehungen der Welt und Lebenswirklichkeit rational aufzuhellen, stand die negative Tendenz gegenüber, alles verstandesmäßig nicht Erfaßbare abzulehnen, Tradition, Autorität und Offenbarungsglauben zu zersetzen bzw. ad absurdum zu führen.

Die sich im Aufbauen einerseits wie im Niederreißen andrerseits gefallende leidenschaftliche Denkbewegung der Aufklärung mit ihrem vorbehaltlosen Vertrauen in die vernunftgemäße Gestaltung aller Verhältnisse, läßt sich durch ein Mehrfaches charakterisieren: Ihr eignete einmal eine optimistische Fortschrittsgläubigkeit und Tatenfreudigkeit. Dieser Optimismus wurzelte ebenso im Vertrauen in die Vernunft wie im Glauben an die ursprüngliche Güte der menschlichen Natur. Ein anderes für die Aufklärung charakteristisches Moment war die Diesseitsgläubigkeit und Diesseitsverhaftetheit. Unter deren Einfluß wandte man sich - in Konfrontation zur kirchlichen Jenseitsbetonung - intensiver den Bereichen von Natur und Kultur zu. Im Zusammenhang damit steht ein weiteres Wesensmerkmal der Aufklärung: der Eudämonismus, ein ausgeprägtes Glücksstreben. Aus einer ihm adäquaten Haltung heraus rief man nach Reformen, nach Verbesserung aller Lebensverhältnisse, nach Förderung von Glück und Wohlfahrt. Das Interesse am Menschen war überhaupt sehr groß; seine Autonomie suchte man zu begründen, seine Freiheit und Würde wollte man ihm bewußt machen; man strebte danach, ein Zeitalter der Humanität zu verwirklichen. Dabei interessierte jedoch der Mensch nicht so sehr als Individualität, sondern vielmehr als Gattungswesen, als Weltbürger. Der Kosmopolitismus (Weltbürgertum) ist die Konsequenz solchen Bestrebens: man zielte auf den Fortschritt des Menschengeschlechts insgesamt. Da solcher sich nur durch Mehrung des Wissens, durch Förderung von Erziehung und Bildung garantieren läßt, zeigte sich die Aufklärung auch von einem gewaltigen pädagogischen Enthusiasmus beseelt.

Sowohl in den pädagogischen Bestrebungen wie in der Lebensauffassung der Epoche insgesamt bekundete sich deutlich, daß das Weltbild der Aufklärung unter der Vorherrschaft des Zweckgedankens und der Nützlichkeit stand.

Die genannten Tendenzen der Aufklärung wirkten sich auf den verschiedensten Gebieten des geistigen Lebens aus: auf philosophischem, politischem, religiösem, wirtschaftlichem, gesellschaftlichem, künstlerischem und pädagogischem Gebiet[94].

a) Im philosophischen Denken wurden - erkenntnistheoretisch gesehen - der Empirismus und der Sensualismus die vorherrschenden Richtungen. Bedingungsfaktor der Erkenntnis ist beiden zufolge die Erfahrung.
b) Auf ethischem Gebiet predigt die Aufklärung einen Eudämonismus. Das Gewissen sah sie in der menschlichen Natur begründet; die Sinndeutung des Lebens erblickte sie in der Erfüllung irdischer Aufgaben: Wer zu seinem und der Mitmenschen Nutzen arbeitet (Utilitarismus), verwirklicht den Sinn seines Lebens und findet darin Glückseligkeit.
c) Auf religiösem Gebiet wurde an die Stelle des Offenbarungsglaubens eine deistisch gefärbte Vernunftreligion gesetzt; neben diese trat noch eine Gefühlsreligion, die sich in einer Art Moralismus erschöpfte. Vielfach landete man auch in Atheismus und Materialismus.
d) Auf politischem Gebiet erfolgte eine Lockerung des Verhältnisses von Staat und Kirche; die Theorie des Staatsvertrages setzte sich mehr und mehr durch (mechanistische Staatsauffassung); der Staat verstand sich als Wohlfahrts- und Rechtsstaat; es erfolgte der Aufstieg des Liberalismus.
e) Auf wirtschaftlichem Gebiet fand ein Abbau des Merkantilismus zugunsten des Physiokratismus statt, dem freien Spiel der Kräfte wurde mehr Raum gewährt ("Laissez faire, laissez aller").
f) Auf gesellschaftlichem Gebiet erfolgte ein Abbau der Standesschranken; der Adel verlor an Bedeutung; das Bürgertum wurde zur neuen kulturtragenden Schicht.
h) Auf wissenschaftlichem Gebiet zeigte sich ein neues Methodenbewußtsein und autonomes Denken; die Wissenschaft wurde popularisiert und auf den Menschen und seine Zwecke ausgerichtet.
i) Auf pädagogischem Gebiet setzte sich die Idee einer allgemeinen Volksbildung immer mehr durch. Eine alle Schichten erfassende Bildung sollte weithin aufklären, den Menschen besser und geistig mündig machen. Eine mächtige pädagogische Bewegung breitete sich in Deutschland aus: der Philanthropismus.

Träger der Aufklärung war das intellektuelle Bürgertum: eine neue Gesellschaftsschicht, die sich aus Beamten, Gelehrten, Akademikern und Literaten rekrutierte. Diese Gesellschaftsschicht empfand sich als Verkünder des Fortschritts und als Vertreter der allgemeinen Bildung. Von ihr aus fand die Aufklärung Eingang in die höfische Gesellschaft, in Regierungen, in kirchliche Kreise und in die Schule.

Der Wirkungsbereich der Aufklärung als einer großen europäischen Kulturbewegung umfaßte verschiedene Länder. In Deutschland, wohin die neuen Ideen von England und Frankreich aus kamen, zeigte sich das Neue besonders in einer Wende im philosophischen (und teilweise auch theologischen) Denken. Ließ schon das auf Mathematik und Naturwissenschaft gegründete philosophische System eines Gottfried Wilhelm Leibniz (+ 1716) und eines Christian Wolff (+ 1754) (Leibniz-Wolffsches-Schulsystem) einen aufklärerisch-rationalistischen Zug erkennen, der jedoch noch in Verbindung mit Bibel und Offenbarungsglauben stand, so begegnete bei Christian Thomasius (dem "ersten großen Repräsentanten der Aufklärung auf einem Universitätskatheder", + 1728) schon eine radikalere rationalistisch gefärbte Form des Philosophierens. Eine Verstärkung aufklärerischer Tendenzen geschah hierzulande durch die unter Friedrich d. Gr. erfolgte Berufung der Franzosen Julien Offray de Lamettrie und Francois-Marie Voltaire nach Berlin, wo weite Offiziers- und Beamtenkreise mit den gegen Kirche, Religion, Gottes- und Unsterblichkeitsglauben gerichteten Tendenzen vertraut wurden. Eine weitere Stütze fand die Aufklärung in der deutschen Popularphilosophie, die etwas gemäßigter wirkte, und in der Freimaurerei.

5.2 Die Pädagogik der Aufklärung

Die Aufklärungspädagogik ist durch reformpädagogisches Bemühen charakterisiert, welches einerseits von den in der philosophischen und theologischen Aufklärung wirkenden Ideen (besonders Rationalismus, Empirismus, Sensualismus, Moralismus, Eudämonismus, Utilitarismus) getragen war und andrerseits von einem wesentlich individualistischen Naturalismus. Sie verstand sich sowohl als Reaktion auf höfische und pietistische Erziehungstendenzen, wie auch als Weiterbildung des im 17. Jahrhundert zur Geltung gekommenen Pädagogischen Realismus. Was ihre Verbreitung betrifft, kann man sagen: Gleich wie die ihr zugrunde liegenden Ideen selbst, nahm sie ihren Ausgang von England, fand einen empfänglichen Boden in Frankreich; am nachhaltigsten aber wirkte sie sich in Deutschland aus. Davon zeugen eine umfangreiche pädagogisch-literarische Produktion, eine Reihe von Schul- und Erziehungsanstalten (besonders im Geiste des Philanthropismus) und eine eifrige Reformarbeit im Schul- und Erziehungswesen.

Anfangs überlagerte sich die Pädagogik der Aufklärung mit derjenigen des Pietismus (1. Hälfte des 18. Jahrhunderts), später sah sie sich (gegen Ende des 18. Jahrhunderts) einer neuen Bewegung gegenüber: dem Neuhumanismus. Von diesem wurde ihr Einfluß im 19. Jahrhundert eingeschränkt, dennoch konnten sich aufklärerische Tendenzen (bis ins 20. Jahrhundert) erhalten.

Für die Aufklärungspädagogik sind besonders bedeutsam geworden: John Locke, Jean-Jacques Rousseau, die Philanthropen und verschiedene Schulreformer.

Locke

John Locke (1632 - 1704), der Führer der englischen Aufklärung, zeigte in seinem Denken empiristische und rationalistische Züge. In Deutschland wurde er besonders durch seine Staatstheorie, Erkenntnislehre und Erziehungslehre bekannt. Seine Vorstellungen über Erziehung (dargelegt in "Some Thoughts Concerning Education", 1693)[95] wurden z.T. Allgemeingut des 18. Jahrhunderts und von Rousseau wie den Philanthropen breit aufgegriffen. Vor allem sein Erziehungsoptimismus fand Zustimmung, ebenso seine Aufgliederung bzw. Schwerpunktsetzung der Erziehungsaufgabe. Entsprechend einer Rangordnung pädagogischer Werte sollte die Erziehung erstreben: Tugendhaftigkeit, Weisheit oder Klugheit, gute Lebensart, Kenntnisse und Fertigkeiten. Alle diese Teilziele und die entsprechenden Inhalte sollten einen lebenspraktischen Bezug haben. Der Nützlichkeitsstandpunkt sollte speziell auch für den Unterricht und seine Stoffe bestimmend sein.

Dieses Prinzip der Brauchbarkeit des zu Erlernenden für das praktische Leben führte zur Geringschätzung des herkömmlichen Spracherwerbs als Bildungsmittel ("non humaniora, sed utilia"), der Gemütspflege und zur Mißachtung der musischen Bildung. Der Körpererziehung und der Charakterbildung (speziell der Willensschulung) wurde hingegen besondere Bedeutung beigelegt (mens sana in corpore sano). Jeder sollte auch ein Handwerk bzw. Gewerbe erlernen.

Auch didaktische und methodische Hinweise Lockes fanden Aufmerksamkeit: so etwa seine Forderungen, die Lebendigkeit und Freude des Kindes zu erhalten, auf die kindliche Individualität (Eigenart und Interessen) einzugehen, die Erziehungsmittel Ermahnung, gutes Beispiel und Gewöhnung zum Einsatz zu bringen, nicht aber zu züchtigen. Bezüglich der Methode des Lehrens und Lernens wurde als notwendig postuliert: naturgemäßes (d.h. kind- und sachgemäßes) Vorgehen, Ausgang von der Sinneswahrnehmung, Anleitung zur Selbstbeobachtung und Selbstbeurteilung, Einsatz des Spiels als Belehrungs- und Charakterformungsmittel, Durchführung von Reisen[96].

Rousseau

Jean-Jacques Rousseau (1712 - 1778), einer der bedeutendsten Pädagogen der Neuzeit, übte auf das europäische Erziehungsdenken einen kaum zu überschätzenden Einfluß aus. Seine Gedankenwelt im ganzen läßt ihn sowohl als Aufklärer wie auch als Gegner und Überwinder der Aufklärung erscheinen. In seinem Sinn für Einfachheit und Strenge, seiner Berufung auf Vernunft und Erfahrung, seinem Glücks- und Freiheitsstreben, seiner bürgerlich-demokratischen Grundeinstellung bekundete er aufklärerische Einstellung. Seine Kultur- und Gesellschaftskritik samt der Frontstellung gegen die damalige Fortschrittsgläubigkeit zeigen deutlichen Abstand zur Aufklärung, ebenso wie seine Forderung nach Gemütsbildung (neben der Verstandesbildung) und nach Beschränkung der Standes- und Berufsbildung (zugunsten allgemeiner Menschenbildung).

Ausgehend von der naturalistischen Grundthese der Gutheit des Menschen, entfaltete er in seinem pädagogischen Hauptwerk, dem utopischen Erziehungsroman "Emile oder über die Erziehung" (1763)[97], das Modell einer natürlichen Erziehung: eine Konzeption, die für die Kindheit ein "Wachsenlassen" und für das Jugendalter ein "Führen und Bewahren" proklamiert[98].

Für die sich Rousseau aufdrängende Frage nach Ziel, Auftrag und Struktur der Erziehung fand er folgende Antwort: Was Erziehung ist und soll, ist nicht in vor- und außerpädagogischen Zwecken begründet; Erziehung hat vielmehr das Eigene im Kind (d.h. das im Innern selbst liegende Gesetz) zu respektieren: dieses Eigene ist Ausgangspunkt und verweist zugleich auf das Ziel. Von diesem Eigenen her erhält Erziehung Auftrag und Legitimation; es ist auch maßgeblich für deren Weg (Methode). Der kindliche Entwicklungsgang offenbart, nach was es das Kind drängt, was von innen heraus - das heißt "naturhaft" - Gestalt werden will. Erziehung ist also verwiesen auf die im (lernenden) Subjekt angelegten Triebkräfte (Neugier, Wissensdrang, Selbsterhaltung, Gestaltungswille, Abenteuerlust). Gefordert ist, dem Eigenverlangen und Eigenrecht des Kindes (das kein kleiner Erwachsener ist, sondern etwas Eigenwertiges, das seine Erfüllung und Reife in sich trägt) zu entsprechen. Erziehung im Kindesalter, deren oberste Quelle und Macht die Natur des Kindes selbst ist, ist ein "Wachsenlassen", ein Raum-Geben zur Befriedigung "gegenwärtiger" innerer Bedürfnisse: für die Erfüllung des Augenblicks. Diese Erziehung (später "negative Erziehung" genannt) beschränkt sich im wesentlichen auf die Bereitstellung von Wachstumsreizen, auf Gestaltung der Umwelt und Beseitigung von Widerständen, welche die freie Tätigkeit hemmen könnten. Entscheidend ist, daß das Kind zu tätigem Umgang mit Dingen (Welt der Dinge) - die interessieren und eben daher zur Auseinandersetzung mit ihnen einladen - gelangt, dabei seine eigenen Erfahrungen macht, seine Kräfte übt und "Stärke und Selbständigkeit" (primäres Erziehungsziel) gewinnt.

Erziehungsziel und Erziehungsaufgaben bleiben laut Rousseau auch im Jugendalter (nach Einsetzen der Pubertät) durch den Entwicklungsprozeß vorgezeichnet. Ging es in der Kindheit mehr um Aufbau, Meisterung und Genuß der materiellen Existenz, so baut sich in diesem Lebensabschnitt als einer zweiten höheren Stufe die sittlich-religiöse und gesellschaftliche Existenz auf. Das Verhältnis zur Umwelt wird anders. Das Erlebnis der Sexualität bzw. der sinnlichen Liebe wird zu einer Gefahr für das innere Gleichgewicht. Diese Gefahr (von innen kommende Bedrohung) gilt es zum Instrument der erzieherischen Lenkung zu machen. Es geht jetzt um Herstellung und Sicherung des inneren Gleichgewichts. Das Erlebnis der Liebe und die damit verbundenen inneren Konflikte erfordern einen Ausgleich von Bedürfnis und Kraft (d.h. von Neigungen und Bewältigungskraft). Auf der Stufe von Gefühl und Leidenschaft soll das erforderte Gleichgewicht durch Einsicht in deren Qualität gesichert werden. Und es soll der Sinn für mitmenschliche Bindung und sittliche Verpflichtung - durch direkte Belehrung und pädagogische Führung - geweckt werden. Erweckung und Festigung des religiösen Sinnes und die Versittlichung der sinnlichen Liebe (einschließlich des rechten Sozialverhaltens) gelten als zentrale Aufgaben der Erziehung im Jugendalter[99].

Rousseau gliederte die Entwicklungsstufen in Kindheit und Jugend nach Altersstufen bzw. Phasen mit je verschiedenen Erziehungsschwerpunkten: 1. Phase (Säuglingsalter, 1.-2. J.): Kleinkinderpflege; 2. Phase (2.-12. J.): Übung aller Sinne; 3. Phase (12.-15. J.): Entfaltung des Denkens und Urteilsvermögens, Erlernen eines praktischen Handwerks; 4. Phase (Jugendalter 15. J.-Heirat): religiöse, moralische, soziale und emotionale Erziehung.
Diese vier Altersstufen mit ihren jeweiligen Entwicklungs- resp. Kraftentfaltungsabschnitten, sind in den ersten vier Büchern des "Emile" dargestellt. Das fünfte Buch enthält zeitgebundene Gedanken zur Mädchenerziehung.

Besonders die Ausführungen zum Jugendalter zeigen, daß Rousseaus Erziehungskonzeption in gewissem Sinne doppelseitig ist: einerseits skizzierte er die öffentliche Erziehung zum Bürger, der sich nur als Teil des Gemeinwesens verwirklicht und mit diesem zusammen eine Einheit bildet, andrerseits die häuslich-private Erziehung zum homme naturel, der seine Mitte in sich selbst hat und bei allem Respekt vor menschlichen und sozialen Verpflichtungen ein distanziertes Verhältnis zu Gesellschaft und Staat bewahrt[100].

Eine kritische Stellungnahme zu Rousseaus pädagogischer Bedeutung läßt auf folgendes verweisen: er bemühte sich um die Herausarbeitung der Eigenstruktur der Erziehung, lenkte den Blick auf Eigenwesen, Eigenrecht und Entwicklungsphasen des Kindes; er überwand die einseitige Berufs- und Standesbildung zugunsten einer allgemeinen Menschenbildung, sah wesentliche Seiten des pädagogischen Bezugs (Erzieher als Anwalt des Kindes) und räumte der Gemütsbildung neben der Standesbildung ihr Recht ein. Zu monieren ist besonders eine Überbetonung der individualen Erziehung bei gleichzeitiger Verkürzung (und zu späten Ansetzung) der religiös-sittlichen und sozialen Erziehung, das Fehlen einer letzten Sinngebung des Lebens, Fehldeutungen bezüglich der Menschennatur, Verkennung der Kulturwerte[101].

Von der Rousseauschen Erziehungskonzeption wurden insbesondere Philanthropen, Pestalozzi, die Kulturkritik und die Reformpädagogik um 1900 beeinflußt.

Philanthropismus

Verschiedene Tendenzen der Aufklärungsepoche verdichteten sich in der zweiten Hälfte des 18. Jahrhunderts zu einer selbständigen pädagogischen Bewegung, welche die Aufklärungspädagogik i.e.S. repräsentierte: dem

Philanthropismus (auch: Philanthropinismus), dessen Anhänger sich Philanthropen (= Menschenfreunde) nannten. An der Entstehung dieser Erziehungsbewegung waren außer dem allgemeinen Geist der Aufklärung (Verstandeserziehung durch Aufklären) und dem Einfluß Rousseaus (naturalistische Erziehung) auch noch Lockesche Gedanken (Erfahrung als Quelle der Erkenntnis) beteiligt. In ihrer Zielstellung sowie den theoretischen und praktischen Bemühungen ihrer Hauptvertreter wurde diese pädagogische Bewegung der Menschenfreunde "für die Weiterentwicklung des pädagogischen Denkens, der Schule und des Unterrichts wegweisend"[102].

Die Philanthropen wollten die Ideen des Rationalismus und des Naturalismus in der Erziehung zur Geltung bringen. Sie propagierten eine "vernünftige" und "natürliche" Erziehung. Dementsprechend schätzten sie die intellektuelle Bildung hoch ein, betonten die Notwendigkeit einer freien Entfaltung der kindlichen Wachstums- und Lernbedürfnisse und die Schaffung einer dafür geeigneten Umwelt, plädierten für Naturnähe und Einfachheit der Lebensverhältnisse, maßen dem Spiel sowie der Leibes- und der Sexualerziehung größere Bedeutung bei. Im besonderen wollten sie den Erwerbssinn wecken und die Berufstüchtigkeit steigern. Ein auf praktische Weltorientierung und gemeinnützige Lebenstüchtigkeit ausgerichteter Unterricht sollte dazu beitragen. Auch die Einbeziehung von praktischer Arbeit und die Vermittlung "industriöser Tugenden" (Fleiß, Sauberkeit, Ordnung, Zeitökonomie etc.) sollten mithelfen, für das Erwerbs-, Berufs- und das Sozialleben nützlich und brauchbar zu machen. Möglichst schnell wollten die Philanthropen einen tüchtigen, nützlichen und zufriedenen aufgeklärten Bürger (Erziehungsziel) "hervorbringen". Und zwar sollten "alle" Menschen durch Erziehung gebessert und glücklicher gemacht werden: nicht lediglich um ihrer selbst willen (Eigenrecht - individual), sondern vor allem auch zur Humanisierung des Gesamtlebens (gemeiner Nutzen - sozial)[103].

> Zum Verhältnis von individualer und allgemeiner Menschenbildung einerseits und zum Zusammenhang von Allgemeinbildung und Berufsbildung andrerseits nahmen die Philanthropen folgenden Standpunkt ein: Sachwalter der Volkswohlfahrt zu sein, entspricht (wie dem staatlichen) dem pädagogischen Auftrag. Darin erblickten sie die Grundlage ihrer pädagogischen Theorie.
> Das Programm der allgemeinen Menschenbildung (Recht des einzelnen auf Vollkommenheit bzw. Menschlichkeit) - bei Rousseau als revolutionärer Anspruch der Aufklärung noch thematisiert - verschwand im philanthropischen Denken allerdings hinter der Idee der Gemeinnützigkeit (Brauchbarkeit im Sozialverband). Die Verbindung von individualer und sozialer Erziehung wurde so gesehen, daß der Akzent mehr auf letzterer lag, gesellschaftlicher Nutzen als Erziehungsresultat höher bewertet wurde. Individuale, subjektive Interessen respektierende Erziehung ist allerdings auch um sozialer resp. gesellschaftlicher Interessen willen unbedingt erforderlich. Joachim Heinrich Campe vor allem suchte nachzuweisen, daß nur durch subjektive Befähigung

(gleichmäßige Ausbildung aller natürlichen Kräfte) zugleich die Möglichkeitsbedingung der - letztendlich intendierten - optimalen Gemeinnützigkeit gegeben sei[104].

Das Verhältnis von allgemeiner (d.h. menschlicher Eigenart, Bestimmung und Kraftentfaltung entsprechender) und beruflicher Erziehung interpretierte Campe so, daß menschliche Existenzverwirklichung im tätig-praktischen Leben (einschließlich Berufsarbeit) sich vollziehe, allgemeine Erziehung also auch darauf bezogene Werte und Inhalte vermitteln müsse. Dem Recht des Individuums werde folglich nur dann Genüge getan, wenn neben der Ausbildung körperlicher und geistiger Kräfte auch berufsrelevante Inhalte zur Geltung kommen. Andrerseits müsse in der spezifisch beruflichen Erziehung auch eine formal-kraftbildende (subjektive Bedürfnisse befriedigende) Funktion gesehen werden[105].

Ihre Ideen suchten die Philanthropen durch ein ausgedehntes Schrifttum (Reformschriften, Schulprogramme, Lehrbücher, Jugendschrifttum, Volksbildungsliteratur) zu verbreiten und in den von ihnen gegründeten Philanthropinen (Erziehungsanstalten, welche Erziehung, Unterricht und Internatsleben verbanden) zu verwirklichen und beispielhaft vorzuführen. Diese waren gewissermaßen als eine Alternative zu dem immer noch zu wenig an der Lebenswelt orientierten Schulunterricht gedacht. Ihren didaktischen Kern machte eine der schematisierten lateinischen Schulgelehrsamkeit entgegengesetzte weltoffene Bildung aus, welche an Gehalten der modernen Sprachen, der Mathematik, der Naturwissenschaften und an den politisch-gesellschaftlichen Aufgaben der Zeit orientiert war[106]. Der erzieherischen Komponente wurde gegenüber dem eigentlichen Unterricht (i.S. von Wissensvermittlung) Vorrang eingeräumt. Auf moralische Unterweisung wurde großer Wert gelegt.

Neben der Veränderung der Lehrinhalte zeigte sich auch eine andere Auffassung über Sinn und Formen des Lernens: die Schule sollte Stätte der Freude, des Frohsinns und Spiels sein. Der Unterricht selbst sollte auf leichtfaßlichen, psychologisch begründeten Methoden beruhen, die Lerninhalte auf die kindliche Entwicklung abgestellt sein; neugefaßte Lehrbücher sollten sie verständlich darbieten. Als Unterrichtsprinzipien galten Anschauung, Lebensnähe und Selbsttätigkeit.

Zu den bedeutendsten Philanthropen gehören: Johann Bernhard Basedow, Christian Gotthilf Salzmann, Johann Heinrich Campe, Ernst Christian Trapp, Friedrich Eberhard von Rochow, Johann Christoph Friedrich Guts Muths, Isaak Iselin.

Die bekanntesten Philanthropine waren diejenigen zu Dessau (Basedow), Schnepfenthal bei Gotha (Salzmann), Hamburg (Campe). Daneben entstanden noch über 60 weitere Anstalten solcher Art (Schulen der Menschenliebe), die sich um eine Verbindung von geistiger, körperlicher und handwerklicher Erziehung bemühten. Ihr Bestand war nur von relativ kurzer Dauer.

Die Grundlagen philanthropischen Denkens und Gestaltens (samt didaktischer Konsequenzen) sind an dem großen Sammelwerk ablesbar, an dem zahlreiche Philanthropen Ende des 18. Jahrhunderts mitgearbeitet haben. Campe gab dieses 16bändige Werk unter dem Titel "Allgemeine Revision des gesamten Schul- und Erziehungswesens" 1785 - 1792 heraus. Mit dieser Enzyklopädie wollte er den pädagogischen Ertrag der Aufklärungspädagogik einbringen bzw. verfügbar machen[107].

5.3 Das Schulwesen der Aufklärungsepoche (18. Jahrhundert)

Unter dem Einfluß aufklärerischer, speziell auch philanthropischer Pädagogik, nahm das Erziehungs- und Bildungswesen im 18. Jahrhundert einen beachtlichen Aufschwung. (Man sprach daher vom "pädagogischen Jahrhundert".) Für die Weiterentwicklung des Schulwesens wurde - bei wachsendem Interesse des Staates - insonderheit das Wirken einiger Schulreformer und staatlicher Beamter fruchtbar. Durchschlagende Neuerungen in aufklärerisch-philanthropischem Geiste setzten sich allerdings nur langsam durch und kamen erst in der zweiten Jahrhunderthälfte voll zur Wirkung und dann weniger im elementaren als im weiterführenden Schulbereich. Am Anfang des Jahrhunderts stand das Schulwesen noch stark unter dem Einfluß des Pietismus und spiegelte in den folgenden Jahrzehnten den Widerstreit bzw. die Überlappung pietistischer und aufklärerischer Lebensauffassung.

Ein anderer für die Entwicklung des Schulwesens im 18. Jahrhundert wichtiger Sachverhalt war, daß die Schule immer mehr zu einem Instrument des "modernen" Staates (des Landesherrn) in der Auseinandersetzung mit konkurrierenden politischen Gewalten (Adel, Städte) und zur Durchsetzung von eigenen bzw. öffentlichen Aufgaben wurde. Ersteres soll besagen: der Staat (Fürst) erstrebte die Unterstellung autonomer und korporativer Herrschaftsträger - auch auf dem Bildungssektor - unter seine Gewalt. Letzteres meint: der Staat wollte die Schule in seinen Dienst stellen; sie sollte die Beamten schulen, die Bürger für Gewerbe und Handel bzw. Handwerk ertüchtigen, die ländlichen Sozialschichten sozial disziplinieren resp. zu öffentlichem Nutzen aktivieren[108].

> Das Schulwesen dieser Zeit muß im Zusammenhang der "staatlichen" Unternehmungen gesehen werden, eine "neue" - der Landesobrigkeit unterstellte - Gesellschaft zu entfalten und auf staatliche Zwecke hin zu aktivieren. Diese Gesellschaft wurde immer mehr eine berufsständisch gegliederte bürgerliche Gesellschaft. Den genannten Tendenzen und Enwicklungen entsprach die Konzeption eines berufsständischen (auf Staats- und Wirtschaftsbürgertum zugeschnittenen) Bildungswesens. Unter diesem Aspekt müssen die Einrichtung einer eigenen oberen Landesbehörde für das Schul- und Unterrichtswesen in Preußen (das sog. Oberschulkollegium, 1787) gesehen werden, dessen Chef, der philanthropenfreundliche Minister Friedrichs d. Gr., Freiherr Karl Ab-

raham von Zedlitz, den ersten "Gesamtplan für ein künftig vom Staat zu verantwortendes Unterrichtswesen" vorlegte[109]. Darin wurde eine dreigliedrige Schulorganisation vorgeschlagen, welche den je verschiedenen gesellschaftlichen Aufgaben des Staatsvolks entsprechende Bildungsinhalte vermitteln sollte[110]. Für Zedlitz stand fest, "daß der Bauer anders als der künftige, Gewerbe oder mechanische Handwerke treibende Bürger, und dieser wiederum anders als der künftige Gelehrte, oder zu höheren Ämtern des Staates bestimmte Jüngling, unterrichtet werden muß. Folglich ergeben sich drei Abteilungen aller Schulen des Staats; nämlich: 1) Bauer- 2) Bürger- und 3) Gelehrte Schulen".

Wiewohl die Realisierungen von Reformprojekten für ein modernes Schulwesen im 18. Jahrhundert Einrichtungen für verschiedene soziale Schichten und für unterschiedliche berufliche Qualifikationen entstehen ließen, gab es doch auch so etwas wie ein übergreifendes Bildungsideal, welches sowohl pietistischer als auch aufklärerischer Grundeinstellung entsprach: das der "Industriosität". Gemeint waren damit jene menschlichen Qualitäten, die den einzelnen im Wirtschafts- und Erwerbsleben zu produktiver Arbeit befähigen: Fleiß, richtige Verwendung von Zeit und Kräften[111].

5.3.1 Schulen für das einfache Volk (niederes bzw. elementares Unterrichtswesen)

Schulen für das einfache Volk gab es in mehreren Formen: ein Teil der öffentlichen Stadtschulen fungierte (auch solche, die noch Weiterbildung ermöglichten) als "Grund- und Hauptschule für das städtische Bürgertum"[112]. Dazu kamen Privatschulen und in zunehmendem Maße Armenschulen. Einen anderen Bevölkerungskreis erfaßten die (religiösen) Elementarschulen auf dem Lande; dazu kamen noch "Industrieschulen" und besonders in Bayern "Eremitenschulen".

Landschulen

Die Schulbildung für das einfache Landvolk war am Anfang des 18. Jahrhunderts durchschnittlich recht schlecht. Daß man auf eine Situationsverbesserung in Richtung Umwandlung der dort meist religiös akzentuierten in eine realistisch orientierte Schulbildung (allgemeine Volksschul-Bildung) hinarbeitete, lag im aufklärerisch-philanthropischen wie im staatlich-politischen Sinne.

> Wie wichtig eine Hebung des Niveaus der Bildung der ländlichen Bevölkerung für die sozialökonomische Ordnung war, erhellt u.a. aus der Tatsache, daß damals mehr als 80 % der Menschen auf dem Lande lebten.

Das Interesse an funktionsfähigen Schulen für die ländlich-bäuerliche Bevölkerung entsprang mehreren Motiven: soziale, wirtschaftliche, religiöse und pädagogische Erwägungen waren beteiligt. Die eingeleiteten Maßnahmen von staatlicher Seite und die Aktivitäten einiger Schulreformer zeigten dabei durchaus eigene Akzentsetzungen.

Der wichtigste Aufklärungspädagoge in Preußen, der ein umfassendes Konzept der vollen Menschenbildung für die gesamte ländlich-bäuerliche Bevölkerung im Dienste des Staatszwecks und der vorgegebenen gesellschaftlichen Ordnung zu verwirklichen suchte, war der Gutsherr Friedrich Eberhard von Rochow (+ 1805).

In seiner zukunftsweisenden Schrift "Vom Nationalcharakter der Volksschulen" (1779) entwarf er ein Konzept für eine umfassende Reform der Schule[113]. Diese sollte den Nationalcharakter bilden und einen "neuen" Menschen, der gekennzeichnet ist durch die Grundzüge der Vernünftigkeit, des Fleißes, der gläubigen Vorsehung und Humanität. Durch Ausbildung der Denk- und Urteilskraft sowie durch Handelnlernen im Umkreis des ländlich-bäuerlichen Lebens- und Berufskreises sollte solches bewirkt werden. Eine dazu anleitende Schule hat laut Rochow Staatsschule und wirkliche Lebensschule (mit Betonung lebenspraktischer Lerninhalte für Landkinder) zu sein, sie benötigt kindertümlich-methodisch ausgerichtete Schulbücher, einen voll ausgebildeten Lehrerstand und mustergültige Schulhäuser[114].

Auf seinen Gütern (Reckahn/Brandenburg und sonst) richtete Rochow Musterschulen ein, in denen er Wesentliches von seinen Forderungen resp. Vorstellungen verwirklichte (und demonstrierte). Er verfaßte selbst Lehrerhandbücher und Schulbücher. Mit seinem Kinderlesebuch "Bauernfreund" von 1773 (später "Kinderfreund") - das lange Zeit das verbreitetste Schulbuch in Deutschland war - schuf er einen neuen Typ dieser Gattung (kindertümliche, interessante, lehrreiche Stücke). Außerdem beeinflußte er die Errichtung von Lehrerseminaren[115].

Als weitere Schulreformer mit aufklärerisch-humanitärem (teils auch christlichem) Bestreben gestalteten in katholischen Territorien Abt Johannes Ignaz von Felbiger und der Benediktiner Heinrich Braun das Schulwesen (Volksschulwesen) um. Beide schufen Schulordnungen, verfaßten pädagogische Schriften und Schulbücher und bemühten sich um den Aufbau der Lehrerbildung.

Johannes Ignaz von Felbiger (+ 1778) wurde im Auftrag König Friedrichs d. Gr. (1740 - 1786) zum Organisator des Schulwesens im Herzogtum Schlesien und der Grafschaft Glatz (60er und anfangs der 70er Jahre) und im Auftrag von Kaiserin Maria Theresia (1740 - 1780) Leiter des deutschen Schulwesens in Österreich (seit 1774). Er verfaßte Schulordnungen für die genannten Gebiete, außerdem pädagogische Schriften (Hauptwerk: Eigenschaften, Wissenschaften und Bezeigen rechtschaffener Schulleute, 1768) sowie Schulbücher, und gründete auch Lehrerseminare[116].

Von Felbiger und den Philanthropen beeinflußt war Heinrich Braun (+ 1792), der seit 1768 kurbayerischer Schulkommissar und ab 1777

Leiter des höheren und des Volksschulwesens war. Als pädagogischer Schriftsteller (Hauptwerk: Gedanken über die Erziehung und den öffentlichen Unterricht in den Schulen, 1774), Verfasser von Lehrbüchern, eines Plans für die neue Schuleinrichtung (1770), der Churfürstlichen Schulordnung (mit Schulpflicht, 1778) sowie als Förderer der Lehrerbildung (Errichtung einer Musterschule für Lehrerbildung in München) gilt er als bedeutendster bayerischer Volksschulreformator im 18. Jahrhundert[117].

Für die Entwicklung des Schulwesens - speziell den Elementar- bzw. Volksschulbereich - wurde die staatliche Schulpolitik, welche von den genannten Sozial- und Schulreformern teils formuliert, propagiert und umgesetzt wurde, bestimmend. Die in den großen deutschen Territorien im 18. Jahrhundert (Brandenburg-Preußen, Bayern und Österreich) dekretierten Erlasse und Ordnungen zielten darauf ab, die Schulen dem Geist der Epoche entsprechend aus- bzw. umzugestalten. Für Preußen, dessen Volksschulwesen in der ersten Hälfte des 18. Jahrhunderts im wesentlichen unter dem Einfluß des Pietismus gestaltet wurde, sollte ein 1717 ergangenes "Generaledikt" des Königs einen besseren Schulbesuch (Verordnung des Schulzwangs) erwirken. Für den schulischen Fortschritt bedeutsamer wurden dann die 1736 erlassenen "Principia regulativa" (Grundsätze zur Regelung des Schulwesens) oder der "General-Schulplan, nach welchem das Landschulwesen im Königreich Preußen eingerichtet werden soll"[118]. Hier wurden sozusagen die äußeren Angelegenheiten geregelt. Die politischen Gemeinden wurden zur Unterhaltung der Schule (Schulhäuser, Mitsorge für Lehrerbesoldung) verpflichtet.

Wichtiger als dieses erste "Schulunterhaltungsgesetz" wurde das unter Friedrich d. Gr. erlassene "Königlich Preußische General-Land-Schul-Reglement" (1763). Es handelt sich hierbei um die bedeutendste Schulordnung dieses Jahrhunderts (Entwurf: Johann Julius Hecker). Sie regelte für alle preußischen Provinzen das bis dahin uneinheitliche Schulwesen durch Festlegung äußerer wie innerer Angelegenheiten, blieb längere Zeit in Geltung und wurde für zahlreiche andere Schulordnungen zum Vorbild[119].

> Die wichtigsten Bestimmungen dieses Landschulreglements betreffen folgende Sachverhalte: allgemeine Schulpflicht, täglichen Schulbesuch, Schulunterhaltung, Lehrerbesoldung und Schulgeld, Anforderungen an Schulmeister, Unterrichtsinhalte, Methode des Schulehaltens, Stundenablauf, kirchliche Schulaufsicht.

Innerhalb des preußischen Machtbereichs wurde 1765 ein besonderes "General-Land-Schul-Reglement für die Römisch-Katholischen in Städten und Dörfern des souveränen Herzogtums Schlesien und der Grafschaft Glatz" (Entwurf: Johannes Ignaz von Felbiger) erlassen[120]. Darin wurden ausdrücklich auch Stadtschulen berücksichtigt und Bestimmungen über Lehrerseminare aufgenommen.

Auch in den großen katholischen Ländern zeigten sich Bestrebungen zur Hebung des Schulwesens unter aufklärerisch-humanitären Vorzeichen.

Maria Theresia versuchte Reformen, besonders nach Aufhebung des Jesuitenordens (1773). Für den Bereich des Volksschulwesens leitete in ihrem Auftrag Felbiger umfassende Neuerungen in Österreich ein und zwar auf der Grundlage der von ihm verfaßten "Allgemeine(n) Schulordnung für die deutschen Normal-, Haupt- und Trivialschulen in sämtlichen Kaiserlich-Königlichen Erbländern" (1774).

> Normalschulen waren eine Art Musterschulen für alle übrigen Schulen der Provinz. Ihnen war zugleich die Lehrerbildung mit übertragen (Lehrgegenstände: Religion, Lesen, Schreiben, Rechnen, ferner solche Stoffe, welche aufs Studium oder für praktische Berufsausbildung vorbereiteten, wie Sprachlehre, Anleitung zur lateinischen Sprache, Haushaltskunst, Naturlehre, Geschichte, Geographie usw., außerdem pädagogische Unterweisung für künftige Lehrer). Bei Hauptschulen, die sich in größeren Städten befinden sollten, fielen die Lehrerbildung und bestimmte Stoffe für Berufsvorbereitung weg. Die gemeinen deutschen oder Trivialschulen, welche in kleineren Städten und Dörfern vorhanden sein sollten, boten: Religion, Lesen, Schreiben, Rechnen und eine "Anleitung zur Rechtschaffenheit und zur Wirtschaft".

In Bayern nahm Kurfürst Max Joseph die Aufgabe schulischer Reformen in Angriff. 1770 wurde der "Plan der neuen Schuleinrichtung" für Volksschulen erlassen. Dieser Plan ging ebenso auf Heinrich Braun zurück, wie die 1778 unter Karl Theodor in Kraft gesetzte Churfürstliche "Schulordnung für die bürgerliche Erziehung der Stadt- und Landschulen".

Gewiß konnten die genannten Erlasse und Ordnungen wohlgemeinte Impulse geben. Die Wirklichkeit blieb jedoch hinter den Ansprüchen und Forderungen weit zurück. Die Gründe dafür waren vor allem der Mangel an notwendigen finanziellen Mitteln für durchgreifende Reformen, schlechte wirtschaftliche Verhältnisse und das Fehlen geeigneter Lehrer. Trotz Aufklärung und pädagogischer Theorie der Epoche bewegte sich das niedere Schulwesen weitgehend in überlieferten Bahnen. In die Elementar- oder Volksschulen zog der aufklärerisch-philanthropische Geist kaum ein. Humaner Umgang zwischen Lehrern und Schülern, Kindgemäßheit, Berücksichtigung des kindlichen Tätigkeitsdrangs, körperliche Erziehung, praktische Arbeit usw. waren nur selten zu finden. Christliche Lerninhalte standen weiter im Mittelpunkt. Nützliche Kenntnisse im Sinne eines einigermaßen umfangreichen und anspruchsvollen realkundlichen Unterrichts (Sachunterrichts) sind - zumindest in ländlichen Durchschnittsschulen - so gut wie nicht nachzuweisen. Die öffentliche Funktion von Dorfschulen schien weitgehend in der Sozialdisziplinierung (im Sinne sowohl der Gewöhnung an schulische Ordnungselemente als auch im Einüben gesinnungsbildender und handlungsleitender Stoffe von religiöser und bürgerlicher Valenz) zu liegen[121]. Was der Lehrplan der niederen Schulen (auch weiterhin) auswies, war: Religion, Gesang, Lesen, Schreiben, Rechnen (Zählen, kleines Einmaleins); an deutschen Schulen ein geringes Ausmaß Sachunterricht (unter Orientierung an der Alltagsbrauchbarkeit): Erdkunde, Haus- und Landwirtschaft, Zeitunglesen, Briefschreiben, Anstands- und Gesundheitslehre sowie naturkundliche (physikalische, chemische, biologische) Kenntnisse einfachster Art[122]. Auch der Elementarunterricht in den Städten war keineswegs hinreichend an nützlichen Inhalten des realen Lebens (Natur, Wirtschaft, Recht, Politik) orientiert.

Die in den Schulordnungen verfügte allgemeine Schulpflicht stieß überall auf harten Widerstand, konnte auch nicht durchgesetzt werden. Auf dem Lande, wo es vielerorts an Schulen fehlte und die Schüler zu Landarbeit, Viehhüten, Kinderbeaufsichtigung usw. gebraucht wurden, schon gar nicht. Die Kinder auf dem Dorfe erschienen meistens überhaupt nur während des Winters in der Schule. Die im Durchschnitt realisierte Schulzeit betrug insgesamt kaum mehr als zwei Jahre.

Die Situation der Lehrer dieser Schulen war unbefriedigend, nicht nur was ihre Vorbildung betrifft, sondern auch hinsichtlich ihrer Entlohnung. Das Lehrergehalt (Haupteinnahmequelle: Schulgeld der Kinder) lag im allgemeinen unter dem Existenzminimum, so daß die Lehrer zumeist noch einer anderen Beschäftigung (kirchlicher, landwirtschaftlicher, handwerklicher oder anderer Arbeit) nachgehen mußten. Die große Masse der Dorfschullehrer war nach wie vor Küster und Handwerker und - wie in Preußen - ausgediente Soldaten. Kurz vor 1800 entstanden Lehrervereine, welche sich um eine Besserung der Berufssituation kümmerten.

Ein methodischer Unterricht mit dem Ziel, die für jeden vernünftigen Menschen im Rahmen seines gesellschaftlichen Standes notwendigen Kenntnisse zu vermitteln, wurde weder in Land- noch in Stadtschulen in wünschenswerter Weise geboten. Ein wesentlicher Grund dafür ist sicherlich darin zu suchen, daß es eine eigene, den Anforderungen entsprechende Berufsausbildung der Lehrer zu dieser Zeit noch nicht gab. Eine solche stand im 18. Jahrhundert erst in ganz bescheidenen Anfängen. Zunächst wurden derartige Vesuche an anderen Lehranstalten unternommen (Königsberg, Züllichau, Stettin u.a.). Die Errichtung des ersten eigentlichen Lehrerseminars erfolgte 1778 in Halberstadt (gegründet vom dortigen Domkapitel). Für den gymnasialen Bereich kamen ein Jahrzehnt später auch Seminare für philologische Lehrer dazu (Berlin, Halle).

Verdienstvolle Arbeit leisteten nach 1775 die von Felbiger angeregten und in Österreich, der Schweiz, Süd- und Westdeutschland gegründeten "Normalschulen", an denen Kurse zur praktischen "handwerklichen" Einübung in das Schulehalten unter Anleitung eines besonders befähigten Schul-"Meisters" durchgeführt und in denen gleichzeitig eine gehobene Elementarbildung einschließlich realer Fächer vermittelt wurde[123], so z.B. in Wien, Prag, München, Münster, Trier. 1786 entstand in Wien ein Lehrerinnenseminar.

Um die Lehrerbildung im 18. Jahrhundert haben sich u.a. verdient gemacht: F.E. von Rochow, H.J. Bruns, J.I. von Felbiger, H. Braun, M. Vierthaler, F. Kindermann - J.J. Hecker, F. Gedike, J.H.L. Meierotto, F. von Fürstenberg, B. Overberg.

Industrieschulen

Unberücksichtigt von den genannten Schulordnungen entwickelten sich im 18. Jahrhundert auch sog. Industrieschulen[124]. Vorformen waren Waisen- und Armenhäuser, "Kinderzuchthäuser" und manche Armenschulen, wie sie seit dem 16. Jahrhundert bekannt waren und eine überwiegend soziale Funktion im Dienste "Bedürftiger" ausübten (die durch eigene Arbeit zur Mitfinanzierung jener Institutionen beitrugen). Das Neue an den jetzt im 18. Jahrhundert entstandenen Industrieschulen - als deren Begründer Ferdinand Kindermann (+ 1801), der Reformer des böhmischen Schulwesens, gilt - war, daß sie Unterricht und praktische Arbeit in pädagogisch sinnvoller Weise verbanden (Verknüpfung von nützlicher Arbeit und Lehre). Das sollte in mehrfacher Hinsicht zweckvoll bzw. nutzbringend sein: Unterrichtsinhalte (zu denen auch "industrielle" Tätigkeiten gehörten) sollten auf das praktische Leben (zukünftige Berufsarbeit) bezogen sein. Sodann sollte durch den Arbeitsunterricht (Beschäftigung mit ökonomisch relevanten Unterrichtsgegenständen) intensive und extensive Kraft geweckt sowie "Industriosität" erzeugt werden. Und schließlich sollte auch der im Industrie- bzw. Arbeitsunterricht hervorgebrachte Ertrag verwertbar sein.

Das bei der Armenfürsorge ansetzende Industrieschulkonzept - das neben F. Kindermann auch in H.Ph. Sextro (+ 1836) einen bedeutenden Vertreter hatte - tendierte also dahin, Produktion und Unterricht zu verknüpfen. Die Kinder sollten zu Erwerbsmöglichkeiten befähigt, es sollten ihnen Tätigkeiten beigebracht werden (Baumzucht, Garten- und Seidenbau - Nähen, Spinnen, Klöppeln usw.), die sie später in den (Woll-, Tuch-, Flachs-)Manufakturen oder der Landwirtschaft ausüben konnten (sollten).

Zum anderen sollte der Erlös der verkauften Produkte nach Auffassung mancher Repräsentanten der Industrieschulbewegung auch unbemittelten Schichten Teilnahme am Unterricht ermöglichen[125].

> Andere Motive, wie Abrichtung Jugendlicher für eine wahrgenommene Marktlücke, Einsatz billiger Arbeitskräfte oder "Arbeit als Bildungsmittel" spielten bei diesem Industrieschul-Konzept keine Rolle.
> Industrieschulen verbreiteten sich rasch. Um 1800 gab es in Böhmen 600, in Westfalen 200, um 1830 in Württemberg 400. Vielerorts waren Industrieschulen mit öffentlichen Schulen verbunden[126].

Eremitenschulen

Einen weiteren Typus niederer Schulen stellten die bereits im 17. Jahrhundert vorfindbaren, aber erst im 18. Jahrhundert in katholischen Ländern (besonders in Bayern und Österreich) verbreiteten Eremitenschulen dar. Eremiten als Mitglieder eines Dritten Ordens oder einer eigenen Eremiten-Kongregation leisteten "die Unterweisung der armen Bauernjugend in Gegenden, wo sich keine Schulen befinden" (Satzung der Kongregation in Freising von 1686). Ihre Tätigkeit erstreckte sich auf religiöse Unterweisung und elementaren Unterricht (ähnlich wie in Küster- oder Mesnerschulen), wurde gegen Ende des Jahrhunderts in Bayern - wo es damals ca. 130

solcher Schulen gab - dann unter dem Einfluß der Felbigerschen Lehrart noch um fachliche Lehrgegenstände, wie Obstbau, Pflanzenkunde, Feldmessen und dgl. erweitert.

Die Auflösung solcher Eremitenschulen erfolgte in Österreich 1782, in Bayern 1804[127].

Niederes Schulwesen in Städten

Vorbemerkung: In den Städten bestanden im 18. Jahrhundert mehrere Schultypen, deren Abgrenzung gegeneinander nicht immer leicht ist: so gab es gelehrte Schulen (auf Universität vorbereitend), Gymnasien, Stadt- und Bürgerschulen, Privatschulen und als "neuen" Typ die Realschule. Und auch diese waren für sich betrachtet keineswegs einheitlich. Ihre inhaltlichen Angebote differierten teils erheblich, so daß man bei einzelnen Typen solche mit höherem und niederem Niveau (entsprechend der Breite und der zeitlichen Ausdehnung des Unterrichts sowie der Art der Differenzierung nach "Klassen") unterscheiden muß.

Bei solchen "Klassen" handelte es sich noch nicht um strikt durchgeführte Jahrgangsklassen, sondern um "Haufen" mehrerer Jahrgänge, oder um - vom Niveau der Schüler bestimmte - Kurse (altersunabhängige Fachklassen)[128].

Vergleicht man die Gelehrtenschulen bzw. Gymnasien mit den Stadt- oder Bürgerschulen, so kann man mit Peter Lundgreen folgende Feststellungen treffen[129]: Ein voll ausgebautes Gymnasium gliederte sich in die "Schule" (Sexta bis Unter-/Obertertia) und in das eigentliche Gymnasium, die gelehrten Klassen (Untersekunda bis Prima). Vorgeschaltet war die teils mit einem Gymnasium verbundene "Vorschule". Stadt- oder Bürgerschulen umfaßten "Vorschule" und "Schule".

Gymnasium

Vorschule - Schule - gelehrte Klassen

Stadt- oder Bürgerschule

Beide Schultypen hatten eine gemeinsame Basis und boten die Möglichkeit, der vom Staat verordneten Schulpflicht zu genügen. Je nach Berufsziel konnte der Schulbesuch nach Besuch der Stadtschule oder der Unter-/Obertertia des Gymnasiums beendet oder (mit weitergehenden Absichten) in letzterem fortgesetzt werden. Wegen der Vielzahl von "Frühabgängern" erscheint es gerechtfertigt, die Mehrheit der Gymnasien ihrer tatsächlichen Funktion nach als "Grund- und Hauptschulen für das städtische Bürgertum"[130] zu charakterisieren.

Solche Schulen, die gegenüber den eigentlichen Gelehrtenschulen ein beschränktes Lehrangebot machten bzw. deren Angebote von einem Teil der städtischen Jugend nur partiell in Anspruch genommen wurden, sind - dieser Funktion nach - als niedere Schulen einzustufen. Das umfassendere Inhalte darbietende und über "Pflichtschulzeit" hinaus von Schülern mit höheren beruflichen Ambitionen besuchte Gymnasium rechnet natürlich zum höheren Schulwesen. Manche Stadt- oder Bürgerschulen haben ihr Niveau auch erhöht und dadurch ihren Status verbessert. Diese sind dem "mittleren Schulwesen" zuzuordnen.

Zu den in Städten vorfindbaren Schulen niederen Niveaus gehörten auch Privatschulen. Zwei Typen sind dabei zu unterscheiden: solche mit höheren Schulgeldsätzen (mit einem den Stadtschulen vergleichbaren Lehrplan) und solche mit geringeren Schulgeldsätzen (mit stark variierendem Lehrplan). Zu den letztgenannten gehörten die sog. Winkelschulen (besonders in Norddeutschland verbreitet), aber wohl auch die städtischen Kirchengemeindeschulen (Parochialschulen). In solchen Privatschulen mit geringeren Schulgeldsätzen waren oft auch ärmere Kinder zu finden. Die Armenkasse übernahm für sie die Kosten ("Kostenschüler"). Außerdem gab es auch noch (erste) öffentliche "Armenschulen" (schulgeldfreie Gemeindeschulen) sowie Abend- und Sonntagsschulen für tagsüber arbeitende Kinder[131].

Die billige Privatschule wurde dann im 19. Jahrhundert durch die Armenschule, die teure Privatschule durch die immer stärker ausgebauten öffentlichen Stadtschulen verdrängt[132].

5.3.2 Höheres Schulwesen

Für die Entwicklung der höheren Schulen (Gymnasialwesen) wurde einmal das auf August Hermann Francke zurückgehende Hallesche Pädagogium wegweisend (erste Hälfte des 18. Jahrhunderts), sodann gewannen darauf aufklärerisch inspirierte Persönlichkeiten und staatliche Reformmaßnahmen entscheidenden Einfluß (zweite Jahrhunderthälfte).

Was die großen (gelehrten) Schulen in der ersten Jahrhunderthälfte erstrebten, wurde im genannten Pädagogium in vorbildlicher Weise dargestellt. In typischer Form zeigte sich hier ein Wandel hinsichtlich des Lehrstoffs wie des Verfahrens: Unter Beibehaltung von Religion und Latein als zentralen Unterrichtsgegenständen wurde der alte klassische Kursus mit Elementen moderner Sprachen (Deutsch und Französisch) und wissenschaftlicher Fächer (Mathematik, Naturwissenschaften, Historie und Geographie) vereinigt und gleichzeitig methodische Neuerungen (Anschauung, Anwendung) durchgeführt. Das starre Klassensystem wurde durchbrochen: die Schüler wurden in den verschiedenen Fächern nach ihren Fortschritten in besonderen Abteilungen formiert[133].

Die vom Pädagogium in Halle ausgehende Vorbildwirkung war allerdings begrenzt. Die Masse der kleinen Lateinschulen wurde von solchen Bestrebungen kaum erreicht. Man bewegte sich vielerorts in den alten Geleisen. Daran änderten auch Bestimmungen fortschrittlicher, das gelehrte Schulwesen betreffende Schulordnungen - wie die braunschweigisch-lüneburgsche Schulordnung von 1737 - nicht viel.

Als Beispiel für Unterrichts- bzw. Lehrgegenstände eines Gymnasiums jener Zeit kann der Lektionenplan des vierklassigen lutherischen Gymnasiums zu Worms von 1729 gelten. Dort wurden hauptsächlich unterrichtet: Quarta: Katechismus (Luth.), Bußpsalmen; Latein: Etymologie, Syntax, Cicero (epistolae), Castellio (Colloquia); Griechisch-Einführung, Musik, Arithmetik. Tertia: Katechismus, Latein: Syntax, Etymologie, Exercitium, alte lateinische Poeten, Verslehre, Nepos, Erasmus (Colloquia); Griechisch: Grammatik, Neues Testament (griech.), Musik, Arithmetik. Sekunda: Katechismus (latein.), latein. Syntax und Etymologie, Exercitium (lat.); Caesar, Ovid, Cicero (epistolae); Griechisch: Grammatik, Neues Testament (griech. - mit Übersetzung ins Lateinische), Exercitium (griech.); Hebräisch-Einführung; Musik; Poetik; Logik; Rhetorik; Geschichte und Geographie. Prima: Katechismus (latein.), Cicero (orationes, officia, epistolae), Vergil, Curtius, Exercitium (latein.); Abfassung von Aufsätzen, Briefen und Reden (latein.); Griechisch: Grammatik, Lektüre (wenigstens ein Evangelist oder etliche paulinische Briefe), Übersetzungen vom Griechischen ins Lateinische, Exercitium (griech.); Hebräisch: Grammatik, Texte (mit Übersetzung ins Lateinische); Musik; Logik; Geschichte und Geographie[134].

In der zweiten Jahrhunderthälfte gewannen Neuerungen dann mehr Raum. Aufklärerisch eingestellte Schulreformer und Schulverwaltungsbeamte trugen dazu bei. So besonders der philanthropenfreundliche Minister Friedrichs d. Gr., Freiherr Karl A. von Zedlitz. Von diesem wurde in Preußen das höhere Schulwesen organisatorisch und inhaltlich besser durchstrukturiert. Er zentralisierte auch die ganze Schulverwaltung (Errichtung eines "Oberschulkollegiums" als staatlicher Aufsichtsbehörde für das gesamte preußische Schulwesen, 1787), ließ einige Seminare zur Ausbildung von Gymnasiallehrern einrichten und führte das Abiturienten-Examen ein (1788).

> Mit dem Abiturientenreglement wurde der Grund gelegt für eine gleichmäßige höhere Allgemeinbildung und zudem der erste Versuch unternommen, den Universitätszugang zu regulieren und die Übergangsstelle zwischen Schule und Universität zu normieren.

Zedlitz' Augenmerk war auf die Reform des ganzen Schulwesens gerichtet. Für seine Pläne zur Ausgestaltung der Volksschule hatte er beim König keine Unterstützung gefunden, weil diesem eine über das Elementare hinausgehende Bildung des Landvolks sozialpolitisch bedenklich erschien. An einer gründlichen Reformierung auf dem Gebiete des höheren Schulwesens lag dem Monarchen hingegen viel. Dies ging aus einer Kabinettsorder an Zedlitz (von 1779) - die in der Hauptsache der Verbesserung des Gymnasialwesens galt - hervor. Darin traten Friedrichs Aufklärungsabsichten deutlich zutage. Gewöhnung an eigenes Nachdenken und sinngemäßen Ausdruck sowie Weckung des sittlichen Bewußtseins sollten nach diesem Schreiben die wichtigsten Aufgaben der Gelehrtenschulen sein. Daher verlangte der König, daß mehr Sorgfalt auf den Unterricht in der Rhetorik und Logik gelegt werde. An Latein und Griechisch hielt er aus Nützlichkeitsgründen fest. Aber auch französische Schriftsteller sollten berücksichtigt werden. Für den Deutschunterricht forderte er stilistische Übungen und die Verwendung einer guten Grammatik. In Geschichte sollte die ältere Zeit kurz, die neuere hingegen eingehender behandelt werden. Geometrie rechnete er ebenfalls zu den notwendigen Fächern des Gymnasiums. Den Religionsunterricht wertete er (wie andere Aufklärer) primär als Mittel sittlich-moralischer Erziehung[135].

Nach Zedlitz' Rücktritt (1788) unter Friedrich Wilhelm II. (1786 - 1797) folgte der aufklärerischen Reformepoche in Preußen die Reaktion: die Herrschaft einer strengen protestantischen Orthodoxie (deutlich sichtbar an dem von seinem Nachfolger, Minister Johann Christoph Wöllner erwirkten Religionsedikt von 1788 sowie dessen Schulerlaß von 1794). Von größerer Bedeutung aus dieser Zeit ist noch das Inkrafttreten des "Allgemeinen Landrechts" von 1794, weil darin die rechtlichen Bestimmungen über die Schulen deutlich ausgesprochen sind[136].

> Von besonderer Bedeutung ist § 1: "Schulen und Universitäten sind Veranstaltungen des Staates, welche den Unterricht der Jugend in nützlichen Kenntnissen und Wissenschaften zur Absicht haben"[137].

In katholischen Ländern wurde das höhere Schulwesen ebenfalls reformiert. Zunächst stand dieses noch weitgehend unter jesuitischem (da und dort auch unter piaristischem) Einfluß[138]. 1752 wurde den Anstalten ein neuer Studienplan aufoktroyiert, deutsche Sprache und moderne Wissenschaften eingeführt und die Schulen unter Aufsicht der Staatsbehörden gestellt. Nach Aufhebung des Jesuitenordens (1773) wurde im Jahre 1775 in Bayern ein neuer Studienplan erlassen (Verfasser: Piarist Marx). Darin wurde ausdrücklich Gewicht auf das Deutsche und die Realien gelegt sowie auch eine Schlußprüfung angeordnet, durch die erst der Zugang zum philosophischen Studium erworben wurde. Gleichartige Bestrebungen setzten sich damals auch in den großen geistlichen Territorien am Main und Rhein durch[139].

> Unter den katholischen Reformern des höheren Schulwesens müssen Freiherr Franz von Fürstenberg (+ 1810) und Bernhard Heinrich Overberg (+ 1826) - beide Münster - besonders erwähnt werden.

Ähnlich wie in den protestantischen Ländern erfolgte auch in den katholischen Gebieten im sekundären Schulbereich ein gewisses Experimentieren mit verschiedenen Fächern. Dabei spielte sich dann der Fächerkanon ein auf Religion, Latein (bedeutsam für Theologen, Juristen, Mediziner), Griechisch, Rechnen bzw. Mathematik, ziemlich viel Geschichte, weniger Naturwissenschaften, Geographie, teils auch Philosophie, Französisch, Musik, Hebräisch usw.[140].

> Während im protestantischen Norden die schulischen Reformen sich allmählich und organisch entwickelten, war für die katholischen Staaten ein ungeduldiges Drängen (auf rasche Erfolge) charakteristisch. Ebenso auffallend und heftig waren dann die später einsetzenden reaktionären Tendenzen (letztere in Österreich unter Kaiser Leopold II.

und in Bayern unter Kurfürst Karl Theodor), gegen Ende des Jahrhunderts beginnend[141].

Noch ein kurzer Hinweis auf das höhere Mädchenschulwesen im 18. Jahrhundert: Während in den Volksschulen Knaben und Mädchen zusammen unterrichtet wurden, wobei in dieser Zeit darauf geachtet wurde, daß Mädchen auch einige Ausbildung in weiblichen Handarbeiten erhielten, gab es bezüglich der Ausbildung von Mädchen in höheren Schulen (einschließlich Instituts- und Pensionatserziehung) keine nennenswerten Änderungen. Die Sorge um das höhere Mädchenschulwesen überließ man weiterhin den Privatanstalten (Schulorden). Öffentliche Anstalten von festerer Prägung waren selten, wie etwa die Magdalenenschule zu Breslau (1767), die Antoinettenschule zu Dessau (1786), die Mädchenschule zu Bremen. Deren Zahl war einfach noch zu gering, um im höheren Mädchenschulwesen eine einheitliche Entwicklung einzuleiten. Auch die literarischen Erörterungen über Sinn und Bedeutung der Mädchenbildung bewegten in der Praxis nicht viel[142]. Erst im folgenden 19. Jahrhundert erfuhr dann die Mädchenbildung einen beachtlichen Aufschwung.

5.3.3 Mittleres Schulwesen

Für die Entwicklung des Schulwesens im Aufklärungsjahrhundert wurde auch die Entstehung eines neuen Schultyps bedeutsam: es kam zur Herausbildung von Schulen "mittleren Ranges" zwischen Volks- und Gelehrtenschulen, den sogenannten Realschulen und (gehobenen) Bürgerschulen. Diese sollten den Bedürfnissen des kaufmännischen und gewerbetreibenden Bürgertums besser entsprechen, mehr auf Gegenwart und Wirklichkeit ausgerichtet sein.

Den ersten Versuch in der genannten Richtung unternahm Christoph Semler mit seiner "mathematischen und mechanischen Realschule" in Halle (1706), wo er Kurse zur Fortbildung in mathematischen, mechanischen, naturkundlichen und handwerklichen Dingen einrichtete. Während seiner Unternehmung wenig Erfolg beschieden war, rief der Pietist Johann Julius Hecker 1747 in Berlin seine "ökonomisch-mathematische Realschule" ins Leben, die sich rasch und kraftvoll entfaltete. Sie machte eine längere Experimentierphase (Einrichtung unterschiedlicher Fachklassen) durch, nahm zunächst einen beruflich-fachlichen Charakter an und wandelte sich dann mehr zu einer Schule allgemeinbildenden Charakters mit besonderer Betonung der Realia. Es handelt sich hierbei um eine Schule, die Hecker als Leiter eines ganzen Komplexes von Schularten aus diesen heraus - mit neuen Akzentsetzungen - entwickelte. Zugang war möglich nach Absolvierung der Deutschen (also Elementar-)Schule, nach entsprechendem zeitlichem Besuch einer Lateinschule oder nach privater Vorbereitung.

> Bei ihrer Ankündigung 1747 wurde Unterricht in Aussicht gestellt in Religion, in der französischen und lateinischen Sprache, ferner in Geschichte, Geographie, Geometrie, Mechanik, Architektur und Zeichnen;

daran sollten sich noch Kurse für allerlei gewerblichen Unterricht anschließen.

Die Bedeutung der Heckerschen Realschule lag vor allem in ihrer Vorbildhaftigkeit. Sie lieferte Impulse für Schulgründungen mannigfaltiger Art an zahlreichen anderen Orten. Das von Hecker zunächst verfolgte doppelte Ziel einer gehobenen, dem bürgerlichen Leben verpflichteten Bildung und zugleich der spezifischen Vorbereitung auf bestimmte Berufe konnte zwar nicht festgehalten werden, aber es wirkte in zwei Richtungen weiter: Die Heckersche Realschule regte die Gründung weiterer Realschulen an, war aber auch Modell für Fachschulen, die sich nur jeweils 'einer' Berufsrichtung widmeten[143].

In der zweiten Hälfte des 18. Jahrhunderts entstanden weitere Realschulen. Teils gingen sie aus anderen Schulen hervor, teils waren es Neugründungen. Ihnen näherten sich die sog. Bürgerschulen, die dann im 19. Jahrhundert größeres Gewicht erlangten, und zwar in Form der höheren Bürgerschulen. Das sind - im Vergleich zu den schon früher bekannten Stadt- und Bürgerschulen mit besserem Volksschulniveau - solche, die einen gehobenen Unterricht zu bieten versuchten, der über elementares Wissen (i.S. allgemeinnützlicher Kenntnisse) hinausreichte und mehr auf die Bedürfnisse für bestimmte Beamtengruppen, welche kein Universitätsstudium erforderten (wie z.B. im Baufach, Postfach), sowie auf die Bedürfnisse von Handel und Gewerbe ausgerichtet war.

Es gab "niedere" und "höhere" Bürgerschulen. Die Grenzen zwischen der Realschule und der höheren Bürgerschule waren im 19. Jahrhundert - als beide einigermaßen Gestalt gewonnen hatten - fließend, die Lehrgegenstände nahezu identisch. Beide verstanden sich als angemessene Schulform für den Bürgerstand. Anfangs mehr auf fachliche Ausbildung ausgerichtet, erstrebten sie später (19. Jahrhundert) neben Berufsvorbildung auch betont allgemeine Bildung, aber vornehmlich auf mathematisch-naturwissenschaftlicher Grundlage, nicht wie das Gymnasium auf philologisch-historischer Grundlage.

Der Charakter und Lehrplan solcher mittlerer Schulen war keineswegs einheitlich. Aufbau und Lehrplanentwicklung waren im 18. Jahrhundert und beginnenden 19. Jahrhundert noch zu sehr in Fluß[144]. In Preußen etwa hatten die von Hecker inspirierten Realschulen eine auffallend wirtschaftlich-handwerklich-technische Prägung, in Bayern - wo sich Johann Adam von Ickstatt um das mittlere Schulwesen besonders verdient machte - trat der allgemeinbildende Akzent deutlicher hervor.

Die bayerische Schulordnung von 1774 sah für die Realschule folgendes Lehrprogramm vor: Christentum; Schönschreibekunst; deutsche Sprache (Orthographie, Etymologie, Syntax); Geographie, biblische und allgemeine Geschichte; Rechenkunst; praktische Geometrie; Grundriß der Naturgeschichte; "Anfangsgründe zu denken"; lateinische und ausländische Sprachen nebst Zeichnen als Sonderunterricht[145].

5.3.4 Fachschulen und Universitäten

Fachschulen und Akademien

Die Heckersche Realschule gab u.a. den Anstoß zur Gründung von berufsbezogenen Fachschulen verschiedener Richtungen und Qualifikationshöhe. So entstanden in der zweiten Hälfte des 18. Jahrhunderts eine ganze Reihe von Fachschulen mit gehobenem Anspruch:

- Ingenieurschulen
  (z.B. in Wien, auch sonst)
- Bauschulen
  (Hamburg, Burbach, Berlin, Karlsruhe, Eisenach, Erfurt, Hannover)
- Bergschulen
  (Freiberg i.S., Berlin, Clausthal)[146]
- Kunstakademien
  (Berlin, Stuttgart, Leipzig, Dresden, Düsseldorf, Hanau, Schwäbisch Gmünd)
- Handelsschulen
  (Hamburg, Magdeburg, Berlin, Nürnberg)

Ferner entstand eine größere Zahl weniger anspruchsvoller Schulen, so: Provinzialkunstschulen, Zeichenschulen, Handwerkerschulen, gewerbliche Sonntagsschulen[145].

In diesem Jahrhundert traten zu den bereits bekannten - beruflich-gesellschaftliche Qualifikationen vermittelnden - Ritterakademien noch einige neue hinzu (in Berlin, Brandenburg, Liegnitz, Ettal, Hildburghausen, Braunschweig, Wien, Stuttgart). Zum Teil zeigten diese gegenüber früheren insofern einen gewandelten Charakter, als sie eine eigentümliche Vereinigung von Gymnasium, Universität und Kunstakademie darstellten (wie z.B. die "Hohe Karlsschule" in Stuttgart). Im 19. Jahrhundert verschwanden dann die Ritterakademien wieder.

Universitäten

Die Universitäten gewannen im 18. Jahrhundert ein hohes Ansehen. Sie erhoben sich zur führenden Stellung im wissenschaftlichen und geistigen Leben Deutschlands. Das hängt mit ihrer Umbildung nach dem Muster einiger Neugründungen zusammen (Halle 1694, Göttingen 1737, Erlangen 1743).

Die Universität Halle (aus einer Ritterakademie hervorgegangen) gewann eine führende Stellung. Dem traditionellen Universitätsbetrieb mit seinen unzeitgemäßen Prinzipien, Inhalten und Lehrweisen abhold, schufen geistige Erneuerer einen Typus von anderer Qualität. Halle wurde die erste Universität im modernen Sinne, nicht bloß in Deutschland, sondern überhaupt. Folgende Momente verschafften ihr eine Vorreiterrolle: Sie nahm die moderne (subjektbezogene, rational orientierte und auf Mathematik und Naturwissenschaft gegründete) Philosophie sowie die neuen Wissenschaften (insbesondere die das Weltbild tangierende Astronomie und Physik) in sich auf. Sodann war sie auf ein neues formales Prinzip gegründet: auf den Grundsatz der Denk-, Lehr- und Forschungsfreiheit.

Bis dahin hatte auf allen Universitäten die gebundene Lehrform geherrscht. Die Professoren waren verpflichtet, die approbierte Lehre zu überliefern, vor allem in Theologie und Philosophie, im wesentlichen auch in der Jurisprudenz und Medizin.

Damit änderte sich nicht nur der Inhalt der Lehre, es trat auch ein ganz entscheidender Wandel in der Form des akademischen Unterrichts ein: Lehrveranstaltungen erfolgten in Form von Vorlesungen und Seminaren. Dabei setzte sich die Deutsche Sprache durch. Die klassischen Studien - auch weiterhin gepflegt - änderten sich dergestalt, daß nicht die Sprache, sondern das Eindringen in den Geist des Altertums bestimmend wurde.

Mit solchen Neuerungen erhielt die Universität einen durchaus veränderten Charakter, der nun für die deutsche Universität typisch wurde.

Zu den bedeutendsten Universitätslehrern, die der Universität Halle eine solche neue Gestalt gaben, zählten: Christian Thomasius und Christian Wolff, die Vorkämpfer der modernen Schulphilosophie der Aufklärung in Deutschland, ferner August Hermann Francke, der Hauptrepräsentant pietistischer Theologie. Zum Ansehen der Universität Halle trugen damals auch der philanthropistische Theoretiker und erste Pädagogik-Professor Ernst Christian Trapp sowie der Altertumswissenschaftler und Humanist Friedrich August Wolf bei.

Für die 1737 in gewissem Sinne als Konkurrenzanstalt gegründete Universität Göttingen waren Neuordnungen, wie sie in Halle eingeführt waren, fast schon selbstverständliche Voraussetzungen. Göttingen wurde zum Ausgang des 18. Jahrhunderts geradezu zur deutschen Modeuniversität. Berühmt wurde im besonderen ihr philologisches Seminar (Begründer: Christian Gottlob Heyne), welches zur Pflanzschule von Lehrern für den ganzen Norden Deutschlands avancierte. Am Ende des Jahrhunderts war dann das ganze deutsche Universitätswesen nach dem Vorgang von Halle und Göttingen umgestaltet.

Im Süden Deutschlands gab es in Erlangen eine Universitätsneugründung (1743), die von vornherein die neuen Prinzipien und Bestrebungen aufnahm und dann gegen Ende des 18. Jahrhunderts noch zum Mitträger einer neuen geistigen Bewegung wurde: des Neuhumanismus.

Um die Modernisierung von Universitäten im deutschen Süden machten sich auch einige Persönlichkeiten besonders verdient: in Bayern war es ein Schüler des Aufklärers Christian Wolff, der (gegen den Widerstand der Jesuiten) zuerst den Anstoß zur Umgestaltung der Landesuniversität Ingolstadt (1752) gab: Freiherr Johann Adam von Ickstatt. In Österreich spielte bei der seit Mitte des Jahrhunderts betriebenen Reform der Universität Wien der Mediziner Gerhard van Swieten eine besondere Rolle.

5.4 Rückschau

Das Zeitalter der Aufklärung läßt sich durch eine Reihe von Zeittendenzen kennzeichnen, wie Vernunft- und Fortschrittsgläubigkeit, Diesseitsverhaftetheit, Eudämonismus, Kosmopolitismus und Utilitarismus. Im geistigen wie auch im geschichtlich-sozialen Leben kamen solche zur Geltung. Sie gingen auch in das pädagogische Denken ein, das zudem noch in besonderer Weise von einem individualistischen Naturalismus mitgeprägt war.

Die Pädagogik der Aufklärung verstand sich teils als Reaktion auf die Leitgedanken höfischer und pietistischer Erziehung, teils auch als Weiterbildung des pädagogischen Realismus. Von J. Locke, J.-J. Rousseau, Philanthropen und Schulreformern inspiriert, erreichte sie in Deutschland eine beachtliche Breitenwirkung. Davon zeugen eine Reihe von Erziehungsanstalten (Philanthropine) und eine eifrige Reformarbeit im Schul- und Erziehungswesen.

Zur Charakterisierung der Aufklärungspädagogik ist auf folgende Aspekte besonders hinzuweisen: die hier propagierte Erziehung gewann einen rationalistischen Grundzug; sie wurde als mächtiger Faktor der Menschengestaltung angesehen (Erziehungsoptimismus); sie galt als "natürliche" Erziehung (sofern sie an die Natur anknüpfte, alles Gekünstelte vermied und die "Menschennatur" zum Maßstab nahm); sie richtete sich sachlich an nützlichen Inhalten des realen Lebens (Natur, Wirtschaft, Recht, Politik) aus und zielte auf konkrete Lebensbewältigung (utilitaristischer Grundzug); sie folgte säkularisierenden Tendenzen (wurde ein "weltlich" Geschäft); sie betonte gesunden Lebenswandel (körperliche Erziehung); sie erfolgte unter Anwendung verbesserter (kind- und sachgemäßerer) Methoden; sie wollte weithin Licht verbreiten (alle vernünftig und glücklich machen - Tendenz auf allgemeine Volksbildung, Armenerziehung, Erwachsenenbildung)[148].

Die pädagogische Theorie der Zeit fand ihr zentrales Interesse in der Einheit folgender Momente: Bildung aller Menschen um ihrer eigenen Glückseligkeit und um ihrer Gemeinnützigkeit willen sowie Bildung des Menschen an den Inhalten seines Lebenskreises (Berufs- und Standeserziehung). Daraus ergaben sich verschiedene Folgerungen: Entfaltung aller Kräfte des einzelnen, Förderung von Spezialbegabungen und Ermöglichung beruflicher Spezialleistungen, Akzentuierung des formalen (pädagogischen) Werts wie auch des Ausbildungswerts gemeinnütziger Inhalte, Schaffung entsprechender und genügender Schulen (mit allgemeinbildender und berufsbildender Aufgabenstellung), Differenzierung von Bildungswegen, Maßnahmen zur Durchsetzung des Schul- bzw. Unterrichtsbesuchs.

Solche Forderungen wurden nur z.T. verwirklicht. Auf dem Gebiete des Schulwesens kamen Bestrebungen und Postulate der genannten Art erst in der zweiten Hälfte des 18. Jahrhunderts stärker zur Geltung (als pietistischer Lebensauffassung gemäße Verbesserungen im Schulbereich denen unter aufklärerisch-philanthropischem Denken erfolgenden gegenüber zurücktraten). Durch "Aufklären" für eine Besserung des Menschengeschlechts zu sorgen, war das Motto, unter dem Schulordnungen erstellt, Philanthropine gegründet und Lehrpläne revidiert wurden. Freilich führten nicht alle Bestrebungen zu dauerndem Erfolg. Philanthropen konnten ihre Pläne und Ziele nur z.T. verwirklichen. Ihr Anliegen, durch eine den Altersstufen entsprechende geistige, körperliche und handwerkliche Erziehung gemäß einer dogmenfreien Religion die Schüler zu tüchtigen, nützlichen und glücklichen Gliedern der menschlichen Gesellschaft heranzubilden, wurde in der Praxis weit überspannt. Ihre Erziehungsanstalten hatten keinen Bestand. Erfolgreicher gestalteten sich hingegen manche schulische Reformen im Bereich des öffentlichen Schulwesens.

Schulordnungen sowie landesrechtliche Bestimmungen wie z.B. das "General-Land-Schul-Reglement" für Preußen (1763), die "Schulordnung für die bürgerliche Erziehung der Stadt- und Landschulen" in Bayern (1778) u.a. lassen durch Bestimmungen über innere und äußere Angelegenheiten der Schule das Bemühen seitens staatlicher Organe erkennen, die Schulbildung in aufklärerisch-humanitärem Geiste zu heben und auch den Schulbesuch durchzusetzen. Für die Entwicklung des Schulwesens wurden sie daher von großem Belang, ebenso wie die Wirksamkeit einiger Schulreformer und staatlicher Schulverwaltungsbeamter (wie z.B. Karl Abraham von Zedlitz, Friedrich Eberhard von Rochow, August Hermann Francke, Julius Hecker in Preußen, Johann Ignaz von Felbiger in Schlesien und Österreich, Heinrich Braun und Johann Adam von Ickstatt in Bayern, Franz von Fürstenberg und Bernhard Heinrich Overberg in Westfalen). In den Elementar- bzw. Volksschulen änderte sich hinsichtlich der Bildungsinhalte nicht viel. Sie behielten ihren Lehrplan im 18. Jahrhundert im wesentlichen bei (und dann auch noch im folgenden Jahrhundert) mit Religion, Gesang, Lesen Schreiben, Rechnen und geringem Maß an Sachunterricht. An Armen-, Industrie- und später Eremitenschulen kam noch praktische Arbeit hinzu.

In den höheren Schulen gewannen Neuerungen in organisatorischer und inhaltlicher Hinsicht mehr Raum (vor allem in der zweiten Hälfte des Jahrhunderts). Vielerorts mühte man sich darum, den alten klassischen Kursus mit Elementen moderner Sprachen und wissenschaftlichen Fächern zu vereinigen sowie auch methodische Neuerungen einzuführen. Allerdings blieben auch viele höhere Schulen in den alten Geleisen, trotz fortschrittlicher Schulordnungen.

Im Aufklärungsjahrhundert kam es auch zum Auf- resp. Ausbau von Schulen mittleren Ranges. Sowohl die vor allem in der zweiten Jahrhunderthälfte in breiterem Umfange eingerichteten Realschulen wie auch die in Zielsetzung und Lehrkanon ihnen recht nahekommenden höheren Bürgerschulen waren mehr gegenwarts- und realitätsbezogen als andere Schulen mit höherem Niveau und mehr an den Bedürfnissen des kaufmännischen und gewerbetreibenden Bürgertums orientiert. Sie entstanden aus dem Bedürfnis nach gehobener, nicht an den alten Sprachen orientierter Bildung. Ihre Anfänge sind - einem anderen Entwicklungsstrang gemäß - dem Fachschulwesen einzureihen[149]. Ihr wesentliches Anliegen, das Allgemeinbildende in den realen Wissenschaften zu erfassen und eine berufsvorbereitende Funktion bezüglich des handwerklich-technischen Wirtschaftslebens auszuüben, reihte sie lehrplangeschichtlich zwischen Elementarschule und Gymnasium ein[150].

Neue Akzente gab es auch im Universitätsbereich. Die neue Gestalt der Universität des 18. Jahrhunderts (besonders erwirkt durch Aufnahme der modernen Philosophie und Wissenschaft sowie der Durchsetzung des Prinzips der Freiheit in Forschung und Lehre samt des Wandels der akademischen Unterrichtsform) verhalf ihr zu höchster Autorität im geistigen und wissenschaftlichen Leben.

Für das Schul- und Bildungswesen insgesamt wurde außerordentlich bedeutungsvoll, daß das "Allgemeine Landrecht" von 1794 in Preußen den rechtlichen Status der genannten Bildungsinstitutionen dadurch festlegte, daß hier Schulen und Universitäten zu "Veranstaltungen des Staates" erklärt wurden. Die damit verkündete Verstaatlichung des Schulwesens (die auch in anderen Ländern nachvollzogen wurde) bedeutet zwar eine Ablösung der reinen Kirchenschule, nicht jedoch eine Trennung von Schule und Kirche.

Was das Verhältnis Schule und Staat einerseits und die Funktion der Schule in der Gesellschaft des 18. Jahrhunderts andrerseits angeht, sei noch folgendes angemerkt: Für die Schule des 18. Jahrhunderts wurde folgenreich, daß sie immer mehr zu einem Instrument des modernen Staates im Kampf politischer Gewalten und zur Erfüllung staatspolitischer Zwecke bzw. Aufgaben wurde (Schule als Politikum). Sodann fällt ihre immer stärker sich herauskristallisierende Funktion als Mittel der Modernisierung und Differenzierung der sich entfaltenden bürgerlichen Gesellschaft auf (Bildungsmerkmale als Voraussetzung sozialer Ranghöhe bzw. sozialen Aufstiegs).

> Sozialgeschichtlich gesehen fällt im 18. Jahrhundert eine Verquickung von Militärdienst, Bildungshöhe und sozialer Schichtung auf (die auch im 19. Jahrhundert eine Rolle spielte). Die Vergabe von "Ämtern" war mit bildungsmäßiger Qualifizierung verknüpft (Besuch der Oberstufe des Gymnasiums und der Universität). Nur die Abiturienten "realisierten die in der Bildungs- und Militärverfassung angelegten Möglichkeiten des Eintritts in den Kreis der 'eximierten' (vom Militärdienst befreiten - Vf.), der höheren Bürger"[151]. Diese rekrutierten sich - wie Karl-Ernst Jeismann nachgewiesen hat[152] - ganz eindeutig aus Akademikerkreisen (Beamte, Ärzte, Offiziere, Professoren, Geistliche), während Kinder aus Kreisen der Wirtschaft und nicht-akademischer Dienstleistungsberufe stark unterrepräsentiert waren. Für letztgenannte Gruppe stellte das Abitur einen Weg des sozialen Aufstiegs in das höhere Bürgertum dar.

Abschließend wäre noch zu erwähnen: in das 18. Jahrhundert fielen erste Versuche einer Lehrerbildung in Deutschland und eine allmähliche Herausbildung eines Volksschullehrerstandes.

6. Pädagogische Ideenwelt und Schule in der klassisch-idealistischen Epoche

6.1 Zur Charakteristik der Zeit - die Humanitätsidee

Die Jahrzehnte zwischen 1770 und 1830/1840 wurden durch Entwicklungen bestimmt, die diesen ein eigenes Gepräge gaben. Geistesgeschichtlich gesehen ist es eine Zeit der Überlagerung und des Widerstreits zweier mächtiger Strömungen: der Aufklärung und einer "neuen" humanistischen Bewegung. Die Auseinandersetzung zwischen beiden vollzog sich recht lebendig und vielförmig, besonders im kulturellen Bereich (Literatur und Kunst - Dichtung und Philosophie)[153].

Auch auf anderen Sektoren gab es in dieser Zeitspanne bedeutsame Entwicklungen: Auf sozialem und politischem Gebiet erfolgte ein weiterer Aufstieg des Bürgertums, ein weiterer Abbau der Standesunterschiede und politischer Schranken. Der Staat wandelte sich vom umfassenden Verwaltungs-, Fürsorge- und Verordnungsstaat ("Policeystaat") mehr zum Kultur- und Verfassungsstaat, der dem Bürger mehr Selbständigkeit und Mitwirkung im politisch-gesellschaftlichen Leben einräumte. Geistig-weltanschaulich vollzog sich die Überwindung des einseitigen intellektualistischen Rationalismus und die Wiederentdeckung der irrationalen Seite des Seelenlebens, des Gefühls und der Phantasie. Damit hängt ein neues Verständnis und eine neue Bewertung des menschlichen Daseins zusammen, aber auch ein tieferes - vom Gemüt her mitgetragenes - Verständnis für Kunst, Volkstümliches, Schöpfungen des Volksgeistes, aber auch für Religion, Staat, Recht und eine Fülle persönlicher Verhältnisse und Erlebnisse in Natur und Menschenwelt[154].

> Was die Auseinandersetzung zwischen dem Geist der Aufklärung und der Wertschätzung irrationaler Kräfte betrifft, läßt sich in der klassisch-idealistischen Epoche auf literarischem Gebiet folgende Entwicklungslinie feststellen: zunächst trat das Irrationale sehr hervor (Sturm und Drang); dann kam es zu einem gewissen Ausgleich zwischen rationalem und irrationalem Moment (Klassik im engeren Sinne), und schließlich überwog wieder das Irrationale (Romantik)[155].

Während aufklärerisches Denken mit seiner übertriebenen Verstandeskultur, seinem Nützlichkeitsstreben und seinem Vertrauen in die allgemeine Gesetzlichkeit naturhaften Geschehens mehr die äußeren Verhältnisse des Lebens und Menschseins berücksichtigte, wurde jetzt eine umfassendere - auch deren Tiefendimension akzentuierende - Sichtweise dominant. Lebenswelt und menschliches Dasein wurden fortan nicht mehr unter jenen einseitigen und verengenden Perspektiven gesehen, sondern aus weiteren Horizonten zu begreifen und zu gestalten versucht. Die Welt interessierte nicht mehr nur und nicht mehr primär als das naturhaft Gegebene, mit dem man sich um utilitaristischer Zwecke willen befaßte und das man in diesem Sinne "einzurichten" trachtete. Man deutete und bewertete sie vor allem als eine umfassende Sinngestalt bzw. Wertstruktur, der die großen objektiven Ordnungen des geschichtlichen Lebens eingelagert sind. Was den

Menschen und seine Bezüglichkeiten betrifft, besann man sich jetzt stärker auf das 'Ganze' des Lebens in seinem organischen Werden. Man gedachte des Reichtums 'aller' menschlichen Grundkräfte (Betonung der "Totalität" des Menschen), die es zu entfalten und in Einklang (zu einer geschlossenen, in sich ausgewogenen Gestalt des Menschseins) zu bringen gelte. Ja, man erblickte den Sinn des Daseins geradezu in einem voll, reich und harmonisch entfalteten Menschentum: in der Humanität bzw. wahren Menschlichkeit.

Für die ganze Zeit der klassisch-idealistischen Epoche galt der Leitgedanke der Humanität, d.h. ihm wußten sich Vertreter des 'Sturm und Drang', der Klassik i.e.S., des Deutschen Idealismus wie der Romantik verpflichtet (J.G. Herder, W. von Humboldt, J.W. von Goethe, F. von Schiller - I. Kant, J.G. Fichte, F.W.S. Schelling, F.E.D. Schleiermacher - Novalis, F. Schlegel, J.G. Hamann, Jean Paul - J.H. Pestalozzi, F. Fröbel u.a.). Sie alle besannen sich auf das Wesen des wahren Menschen; ihr unverkennbares Grundanliegen war die Idee des Menschentums, das "Maß des menschlichen Wertes". "Die ganzheitliche Auffassung, die gute und schlechte Ganzheit des Menschen..., der Mensch in seiner Vollendung..., der Mensch in seiner Ur- und Wertgestalt, in seiner Eigennatur und Individualität, in seiner konkreten Bestimmung im gegenwärtigen Dasein, - das sind die Gesichtspunkte, von denen aus die genannten Denker die 'Allmenschlichkeit' zu bestimmen suchen"[156].

Herman Nohl hat die geistigen Strömungen des genannten Zeitraums, die unter dem Leitgedanken der Humanität zusammengefaßt werden, als "Deutsche Bewegung" bezeichnet[157].

Worin diese "Allmenschlichkeit", die voll entfaltete Menschlichkeit (Humanität) des näheren besteht und auf welchem Wege sie erreicht wird, darüber gingen die Ansichten auseinander.

Kant etwa, der die Humanität philosophisch begründete, deutete sie als eine Fähigkeit, aus der heraus der Mensch sich sittlich selbst bestimmt (Weg dazu: Bildung des sittlichen Bewußtseins). Schiller sah in ihr eine Art "Tugend", in der Pflicht und Neigung versöhnt sind (erreichbar über ästhetische Bildung). Für Goethe bestand sie in der in einem tätigen Leben erfolgenden Reifung zur Persönlichkeit (mittels spontaner Entfaltung des im Menschen vorhandenen Formgesetzes).
Zeigte sich bei genannten Autoren eine (zu) individualistische Auffassung des Wesens des Menschen, so wurde eine solche z.B. bei Herder, Pestalozzi und im christlichen Humanismus - bei denen eine soziale Komponente sichtbar wurde - überwunden. Herder hielt dafür, Menschlichkeit sei der Geschichte des Menschen immanent, liege in der geschichtlichen Entwicklung der gewachsenen Gemeinschaft mit ihren Gütern (d.h. solchen des Volkstums). Auch Pestalozzi erfaßte Humanität von der sozialen Seite, indem er zum Ausdruck brachte, daß "allgemeine Menschenbildung" die organische Eingliederung in die Gemeinschaft nötig mache und der einzelne nur durch Realisierung

seiner näheren Beziehungen in den ihn umfassenden Lebenskreisen ganz Mensch sein könne. Besonders stark trat der soziale Aspekt (wie auch der religiöse) im christlichen Humanismus zutage, der neben innerweltlichen Lebenswerten und Ordnungsbezügen auch transzendente Momente als die menschliche Würde begründend auswies (wie im "Münsterischen Kreis" um Fürstin Amalie von Gallitzin und in Bayern bei Johann Michael Sailer und seinen Schülern)[158].

Mag auch das Humanitätsideal mancherlei Abwandlungen erfahren haben, einig waren sich seine Vertreter im folgenden: das, was den Menschen im eigentlichen zum Menschen macht, also seine Würde begründet, besteht darin, daß ein jeder sich immer neu um Selbstfindung und erfülltes Leben (Selbstverwirklichung) bemüht. Solchem Bemühen liegt eine Haltung zugrunde, welche Offenheit und Engagement (praktisches Handeln) gegenüber dem Mitmenschen und sachlichen Notwendigkeiten (objektiven Ordnungen des geschichtlichen Lebens) einschließt. In solchem Bemühen verwirklicht sich der Mensch in je eigener (d.h. individueller) Weise; 'Menschsein' bzw. Menschentum, gibt es sozusagen als einzelnen Ausdruck von etwas Allgemeinem, von einer universellen Idee.

Beförderung solcher Humanität - die sozusagen in Gegensatz steht zu pragmatischer Lebensführung nach praktischen Bedürfnissen - wurde zur Bildungsaufgabe erhoben. Jenes Humanitätsideal wurde zum Bildungsideal. Bildung meinte dabei nichts anderes als Herstellung vollen Menschentums im genannten Sinne. Sie betrifft sowohl das "innere" wie das "äußere" Menschsein, d.h. das Binnenleben wie die Außenbezüge des Menschen: Harmonie im Innern (Harmonie 'mit sich' i.S. von Zusammenwirken geistiger und gemüthafter Kräfte) und Harmonie nach außen (Akkordanz zur 'äußeren Welt'). Eine dem humanistischen Bildungsideal gemäße Bildung beinhaltet demnach mehreres: harmonische Formung aller inneren Kräfte zu einheitlich individueller Gestalt sowie den Aufbau eines harmonischen Verhältnisses zur Gemeinschaft, zur Welt (Natur, Sach- bzw. Kulturwelt) und zur übernatürlichen Welt.

> In solcher Bildung vereinigt sich die Gestaltung des eigenen Innern (des Selbst) mit dem Dienst an der Welt und Weltordnung, wodurch sich wiederum das Ich erhöht.

Mit Standes- und Berufserziehung im damaligen Verständnis hat solche Bildung nichts zu tun. Diese intendiert nicht Funktionalisierung des Menschen gegenüber dem beruflichen bzw. öffentlichen Leben; sie ist vielmehr "allgemeine Menschenbildung" und zwar in dem doppelten Sinne, daß sie den Menschen 'als Ganzen' erfaßt und unter Ausscheidung aller realistisch-praktischer Tendenzen auf die Persönlichkeitsgestaltung ausgerichtet ist, und daß sie für 'alle' Menschen - ungeachtet ihrer gesellschaftlichen und beruflichen Stellung - ein Desiderat darstellt.

6.2 Neuhumanistisches Bildungsdenken

Die Geistesrichtung, in der sich das Bildungsdenken dieser ganzen Epoche zusammenfaßte, bezeichnet man - im Unterschied zum Humanismus der Antike, der Renaissance und des sog. Schulhumanismus - als Neuhumanismus. Dieser stellte eine besondere Ausprägung der Humanitätsidee dar, war vorwiegend eine pädagogische Bewegung und wirkte sich vor allem in Deutschland aus. Als neue Bewegung entfaltete er sich - von seiner Kontra-Stellung gegenüber gewissen aufklärerischen Tendenzen abgesehen - in Opposition zum Schulhumanismus des Lateinschulwesens (und teils auch zur Gelehrtenbewegung, die mit der Renaissance begonnen hatte). Sein Hauptanliegen[159] war, eine neue Menschenbildung zu ermöglichen, in welcher der Mensch nicht 'von außen' her gemacht wird, sondern sich 'von innen' her unter Entfaltung aller Kräfte des Geistes und Gemütes zur vollen Verwirklichung seiner gattungsmäßigen und individuellen Anlagen erhebt. Ganz in diesem Sinne formulierte Friedrich August Wolf das neuhumanistische Bildungsideal so: "Beförderung rein menschlicher Bildung und Erhöhung aller Geistes- und Gemütskräfte zu einer schönen Harmonie des inneren und äußeren Menschen".

Vollendetes Menschentum, wie es hier durch Weckung der inneren Kräfte zu verwirklichen erstrebt wurde, kann nur herbeigeführt werden durch Versenkung in Formen, wo es Gestalt gewonnen hat und erfahrbar ist: das ist - so die Annahme - in antiken Kulturgütern der Fall. Vor allem ist vollendetes Menschentum (Allgemeinmenschliches) im Griechentum verkörpert[160]. Versenkung in den Geist des Griechentums, faßbar in den Schöpfungen seiner bildenden Kunst und seiner Literatur, wurde daher nachdrücklich gefordert.

> Nicht das Kulturgut an sich: Kunstwerk, Sprache, literarisches Werk ist das Entscheidende, sondern der ihm innewohnende Wert bzw. Geist.

Das Allgemeinmenschliche, Natürliche, Vernünftige, das für die damalige Zeit nötig und erstrebenswert zu sein schien, glaubte man also im antiken Griechentum zu finden. Schöpfungen seiner bildenden Kunst und Literatur wurden als Vorbild und Führer auf dem Weg zum großen, edlen Menschentum angesehen. Herstellung reiner Menschlichkeit bzw. allgemeine Menschenbildung ist - so gesehen - nur mittels formaler Bildung (Entfaltung innerer Kräfte - von der Form zum Geist) möglich. Bildende Kunst und literarische Schöpfungen sollten als Mittel dienen, die Herausbildung einer freien, ihrem eigenen Wesen gemäßen Persönlichkeit zu ermöglichen.

Man kann den Neuhumanismus durchaus als eine Theorie der Bildung des Menschen verstehen. Dieser zufolge erfüllt der Mensch seine Bestimmung durch freie und harmonische Entfaltung der Individualität in ihrer Ursprünglichkeit. Darin liegt gegenüber der mehr philosophisch ausgerichteten Humanitätsidee eine Verkürzung: Der einseitige Bezug des Bildungsbegriffs auf die Innerlichkeit des Menschen bedeutet eine "Trennung der Bildung von der gesellschaftlichen Wirklichkeit"[161] und damit ist eine Verkürzung der Legitimationsbasis so verstandener Bildung gegeben.

Der Neuhumanismus hat in gewissem Sinne eine Entwicklung durchgemacht und verschiedene Ausprägungen erhalten: man kann von einer a) ästhetischen, b) philologischen und c) schulreformerischen Richtung sprechen.

Hauptvertreter: a) Johann Joachim Winckelmann, b) Johann Matthias Gesner, Johann August Ernesti, Friedrich August Wolf, c) Wilhelm von Humboldt, Christian Gottlieb Heyne, Johann Wilhelm Süvern, Friedrich Immanuel Niethammer, Friedrich Thiersch.

Seine stärkste Ausprägung erhielt das Ideal des Neuhumanismus durch Wilhelm von Humboldt (+ 1835). Diesem galt Selbstformung, die zugleich Ausbildung der Individualität ist, als höchste Aufgabe des Lebens. Das Prinzip der Individualität wurde von ihm geradezu zum obersten Grundsatz der Menschenbildung erhoben. Was der Selbstformung nicht dient, hat seiner Auffassung nach nichts mit Bildung zu tun. Bildung, wie er sie verstand, nämlich als "harmonische Ausbildung aller Fähigkeiten in universaler, totaler und individueller Einheit" ist Persönlichkeitsbildung; sie ist zugleich aber auch die tragende Säule und der beste Garant für die Menschheitsentwicklung. Jeder solle in sich die wahre Idee vom Menschen zur Darstellung und zur Entfaltung bringen: primär um seinetwillen, aber auch um der Ordnung in der Menschenwelt (Menschheitsgeschichte) willen[162].

Der "Gegenstand", an dem sich der Mensch laut Humboldt umfassend bildet, ist die Welt (Nicht-Ich). Da diese aber nicht in ihrer universalen Vielfalt bzw. Ganzheit umgriffen werden kann, muß ein dem einzelnen erfahrbarer Gegenstand gefunden werden, der jene repräsentiert. Das ist für Humboldt die Kunst (als Darstellung des Unendlichen im Endlichen). Diese vermag im Menschen das harmonisch ausgewogene Spiel seiner Kräfte resp. Fähigkeiten hervorzurufen, so daß er sich von innen heraus - ohne jegliche Fremdbestimmung von außen - formt. Diese Darstellung seiner selbst bezeichnete Humboldt als Bildung. In ihr sah er ein Kundwerden echten Menschentums. Die Bildung aller galt ihm als Darstellung des Ideals der Menschheit.

Im Rahmen der Kunst i.w.S. erkannte Humboldt der Sprache eine besondere Bedeutung zu. Da sie dem Menschen die Welt in hervorragender Weise vermittelt (sozusagen deren Totalität repräsentiert), erblickte er in ihr ein entscheidendes Medium der Bildung. In der Auseinandersetzung des Menschen mit der Universalität der Welt ist ihr neben dieser Funktion (Zugangseröffnung zum Universum und Vermittlung an das Individuum) auch noch eine andere eigen: als Schöpfung des individuellen Geistes ermöglicht sie vernünftige Bewältigung der Welt. In ihr liegt - so gesehen - ein objektiver Anspruch, an dem das Subjekt sich bewähren muß. (Sprache als Mittel der Weltgestaltung und eigenen Bewährung).

Das Eintreten Humboldts für das Studium der Griechen erfolgte aus dessen Überzeugung, daß dieses ein Studium des Menschen überhaupt sei. In deren Kunst, im speziellen auch in deren Sprache, glaubte er den sinnfälligen Ausdruck echten Menschentums zu erkennen: sie galten ihm als gelungenes Beispiel für eine unter bestimmten historischen Bedingungen gelungene Realisierung der Humanitätsidee. (Humboldt mochte erhofft haben, auch das Deutschtum und die Literatur der Deutschen werde von solcher Idee getragen und könne deren evidenter Ausdruck sein)[163].

Humboldts Bildungstheorie war eine Lebenslehre, ursprünglich ohne schulpädagogische Absichten entworfen, ausgerichtet auf die individuale Existenz: ein Konzept, das sozusagen gegen die aufklärerisch-politische Tendenz gerichtet war, das Individuum für Zwecke außerhalb seiner selbst (als brauchbaren Bürger, gemeinnützigen Untertan) zu vereinnahmen. Zuerst - so Humboldt - existiert der Mensch für sich und hat ein Anrecht, er selbst zu sein, sich nach einem inneren Sinn, nach eigenen Kräften zu formen; zuerst ist einer Mensch, dann erst Angehöriger eines Standes, Bürger, Untertan, beruflicher Spezialist oder sonst etwas. Eben daher trennte Humboldt auch allgemeine Menschenbildung von Standes- und Berufsbildung und sprach der Persönlichkeitskultur in der Bildung Vorrang zu.

6.3 Schulreform in der Epoche des Neuhumanismus

Hatte Humboldt anfangs unter Betonung des Prinzips der Ausbildung der Individualität als oberstem Grundsatz der Menschenbildung die Zuständigkeit des Staates in Bildungsfragen in Zweifel gezogen, so revidierte er diese Einstellung, als er sich später eine tiefere Auffassung vom Staat zu eigen machte, in diesem nicht mehr eine Art Zwangsanstalt, sondern vielmehr ein Mittel sah, der Nation zur Kraftentfaltung zu verhelfen. Als Leiter der Sektion für Kultus und Unterricht im preußischen Innenministerium (ab 1809/10) suchte er die dort entwickelten Reformmaßnahmen mit den Grundlinien seines Bildungsdenkens in Einklang zu bringen. Nunmehr arbeitete er darauf hin, den Gedanken der reinen Menschenbildung im Bildungswesen zu verankern. Er schuf die Grundlagen für ein umfangreiches Reformwerk, das eine alle Menschen umschließende, nach Stufen aufgebaute Einheitsschule vorsah. Sein Schulkonzept (Königsberger und Litauischer Schulplan) umfaßte Elementar- bzw. Volksschulen, gelehrte Schulen (Gymnasien) und Universitäten. Diese drei aufeinander aufbauenden allgemeinbildenden Anstalten - für die der Staat die Voraussetzungen zu schaffen habe - sollten dem gleichen Ziel (der "Übung der Kräfte" in umfassendem Sinne und damit der Persönlichkeitsbildung) dienen, nur eben in verschiedener Vertiefung und Weitung. Standes- und Fachbildung sollte hingegen speziellen Schulen vorbehalten sein.

6.3.1 Haupttendenzen und Schwerpunkte der Bildungsreform in Preußen

Die von Humboldt eingeleitete Reform des Unterrichtswesens zwischen 1808 und 1819 war eingeordnet in das Gesamtkonzept preußischer Reformen (Stein-Hardenbergisches Reformprogramm). Diese hatten eine grundlegende Erneuerung des gesellschaftlichen Lebens durch eine Neugestaltung des Staatswesens zum Ziel.

> Patriotische Kräfte um Staatsminister Karl Freiherr von Stein erstrebten ein Wiedererstarken Preußens, das durch das abgewirtschaftete absolutistische System und die Niederlagen in den napoleonischen Kriegen in eine mißliche Situation geraten war.

Das Reformwerk insgesamt erstrebte einen weitgehenden Abbau der hierarchischen Klassenstrukturen und suchte den Staat auf ein neues Fundament zu stellen: auf das Engagement seiner Bürger. Alle Reformen - die Städte-, Agrar-, Verwaltungs-, Heeres- und Bildungsreform - erfolgten unter der Devise, den schöpferischen Kräften des Volkes Raum zu geben, jedem einzelnen die Bedingungen menschenwürdiger Existenz zu sichern, aus Untertanen freie, gleichberechtigte und mitverantwortliche Staatsbürger zu machen. Die Reformer wollten eben dadurch Ergebnisse sicherstellen (sozusagen durch Maßnahmen "von oben"), die in der französischen Revolution durch gewaltsamen Umsturz ("von unten") erzwungen worden waren. Ihrem liberalen Konzept der Freisetzungspolitik (Befreiung aus ständischen Bindungen, Abbau geburtsbedingter Privilegien) und der Selbstmobilisierung der Kräfte kam sowohl der Emanzipationsgedanke des idealistischen Vernunftanspruchs (Philosophie des deutschen Idealismus) wie das Prinzip der allgemeinen Menschenbildung (Neuhumanismus) entgegen. Das politische Reformwerk schien demnach in pädagogisch gemeinten Maßnahmen (Befriedigung humanistischer Bildungsansprüche) unverzichtbare Unterstützung zu erfahren. Insofern vom Bildungswesen ein schnellerer Fortgang der gesellschaftlichen Erneuerung erwartet werden konnte, kam der Bildungsreform notwendig eine zentrale Rolle in der gesamten Reformbewegung zu[164].

In diesem Sinne entwarf Humboldt zusammen mit seinen wichtigsten Mitarbeitern, den Staatsräten Johann Wilhelm Süvern und Georg Heinrich Nicolovius, das Programm eines neuen Bildungswesens[165]. Dieses sollte auf folgenden Grundsätzen beruhen:

- Vorrang der allgemeinen Menschenbildung vor aller Spezialbildung bzw. speziellen Berufsausbildung. (Letztere sollte nur auf der Grundlage ersterer erfolgen.)
- Berücksichtigung der Einheit und Unteilbarkeit des allgemeinbildenden Unterrichts. (Damit wurde nicht die Forderung nach einem Gesamtschulkonzept erhoben, sondern postuliert, daß in den aufeinander folgenden Schulstufen - Elementarschule, Gymnasium, Universität - die Humanität bzw. vollständige Menschenbildung Grundlage und Ziel des Unterrichts sein und daher Inhalte und Methode bestimmen müsse.)

- Schaffung der Voraussetzungen zur Teilhabe an der allgemeinen Menschenbildung für jedermann seitens des Staates (Mit diesem Verweis auf die notwendige Funktion des Staates in Sachen Bildung verband Humboldt zugleich die Erwartung auf dessen eigene Selbstbegrenzung - i.S. der Beschränkung auf das Funktionieren der Bildungsinstitutionen - keine Übergriffe durch ungebührliche Reglementierungen.)
- Vermeidung jeglichen Untertanengeistes und Vorbereitung des Reiches der Freiheit (Selbständigkeit und Selbstverantwortung in allen Lebensbereichen, auch im politischen, sollte erstrebt werden. Die Ermächtigung zur Selbstbestimmung - nicht durch Druck und Zwang erreichbar - sollte nur durch die Kraft der Bildung erfolgen.)

Das Reformwerk, welches Humboldt in Hauptzügen einleitete und dessen Perspektiven er markierte, hat im deutschen Schulwesen Maßstäbe gesetzt, die auch dort, wo abweichende Entwicklungsstränge sich durchsetzten, nicht wirkungslos blieben. Seine Einflußnahme auf das allgemeinbildende Schulwesen reichte - auch zeitlich gesehen - weit über die eigentliche Reformphase in Preußen von 1808 - 1819 (in der in seinem Sinne administrativ gehandelt wurde) hinaus. Sie ist in mancher Hinsicht noch bis heute spürbar. Seine Leitgedanken waren u.a. Diskussionsgegenstand auch der Nachkriegsreform (nach 1945) und spielen sogar noch in bildungspolitischen Erörterungen der Gegenwart - wenn auch oft kontrovers - herein.

Der Humboldtsche Bildungsreformplan erstreckte sich - wie angedeutet - auf Elementarschule, Gymnasium und Universität. Auf diesen drei Stufen sollten die genannten Reformgrundsätze verwirklicht werden[166].

Das Konzept einer neuen Elementarschule

Die Elementarschule - nicht als Schule für Arme und niederes Volk, auch nicht als Schule mit primär religiöser Orientierung gedacht - sollte erste Stufe der allgemeinen Menschenbildung sein. Elementarunterricht mußte in diesem Sinne Grundbildung für alle leisten. Nicht Wissensmehrung sondern Kräftebildung wurde zum Kernanliegen des Unterrichts. Das sich hierbei auftuende Problem der inhaltlichen Konkretisierung suchte Humboldt durch Rückgriff auf Johann Heinrich Pestalozzis Pädagogik, insbesondere auf dessen Elementarmethode, zu lösen. Letztere konnte Instrument der allgemeinen Menschenbildung sein.

> Für Pestalozzi (+ 1827), der selbst das "Ideal der reinen Menschenbildung" vertrat, erstreckt sich die Menschenbildung auf Ausbildung des Kopfes (intellektuelle Bildung), des Herzens (sittliche Bildung), der Hand (körperliche Bildung, Handfertigkeiten usw.). Zur Entwicklung der Grundkräfte (d.h. von Kopf, Herz und Hand), denen objektive Komponenten entsprechen (Wissen, Wollen, Können) ist die Elementarbildung die angemessene Methode. Hierbei spielen Anschauung, Selbsttätigkeit, Lebensnähe und kleine Schritte als Prinzipien eine entscheidende Rolle. Deren Berücksichtigung garantiert "natürliche Erziehung".

Mit der Elementarisierung der intellektuellen und der sittlichen Bildung befaßte sich Pestalozzi eingehend. Die Methode der intellektuellen Bildung wurde am gründlichsten dargelegt in "Wie Gertrud ihre Kinder lehrt" (1801). Sie wird hier als fortschreitende Verdeutlichung von dunklen Anschauungen zu deutlichen Begriffen gefaßt. Dieser Prozeß (= Erkenntnisprozeß) vollzieht sich in drei Stufen: Bestimmtheit - Deutlichkeit - Klarheit. Letzte Grundlage des Erfassens sind dabei: Form, Zahl und Sprache. Fundament aller Erkenntnis ist die Anschauung und zwar in zweifacher Hinsicht: als äußeres Ergreifen (der Sinnesqualitäten) und als inneres Ergreifen (des Wesens bzw. der Wahrheit).

Überzeugender ist Pestalozzi die Herausstellung der Elemente der sittlichen Bildung gelungen. Dargelegt ist die Methode der sittlichen Bildung im "Stanzer Brief" (1799). Dort werden drei wesentliche Kriterien sittlicher Elementarbildung herausgestellt: 1) die Erweckung einer sittlichen Gemütsstimmung durch reine Gefühle (Allseitige Besorgung - Weitherzigmachen - Weckung des Vertrauens, 2) sittliche Handlungserfahrung (anschaulich-tätige Erfahrung im Tun - sittliche Übungen), 3) Belehrung bzw. Nachdenken über sittliches Handeln (Fallbesprechung mit Argumenten - konkrete Beispiele). Wichtig erscheint Pestalozzi, daß Fühlen, Tun, Einbildungs- und Denkkraft ein Ganzes bilden und eben dadurch ein festentwickeltes Kraftgefühl entstehen lassen[167].

In der Absicht, die Methode Pestalozzis in Preußen einzuführen, wurden folgende Maßnahmen ergriffen: zwölf besonders qualifizierte junge Lehrer (Eleven) wurden für drei Jahre zu Pestalozzi in die Schweiz geschickt, um sich bei ihm selbst in der Methode ausbilden zu lassen. Diese sollten später in der Lehrerbildung (als Multiplikator) tätig sein. Sodann wurden in Preußen bereits vorhandene Pestalozzische Ansätze unterstützt und zur Lehrerbildung genutzt (z.B. das nach Pestalozzis Methode arbeitende Institut Johann Ernst Plamanns in Berlin). Außerdem wurde Karl August Zeller (ein bekannter Pestalozzianer) nach Preußen geholt, um dort die neue Lehrerbildung auf breiter Front anzukurbeln (durch sein Normalinstitut in Königsberg)[168]. Gerade die zuletzt genannte Tatsache, daß nämlich die Elementarschulreform mit einem planmäßigen Aufbau der Lehrerbildung verknüpft wurde, war für die Schulentwicklung - nicht nur für den Lehrerstand selbst und seine Einschätzung - bedeutungsvoll.

Auch nach der Reformphase wurden die Lehrerseminare stark ausgebaut. In den 20er und 30er Jahren wurden sie flächendeckend eingeführt. 1840 gab es in Preußen bereits 45 Lehrerseminare mit 3jährigem Kursus, der im allgemeinen auf einem Vorkursus ("Präparande") aufbaute.

Das Konzept eines neuen Gymnasiums

Das Hauptinteresse Humboldts galt der gelehrten Bildung[169], besonders der durch die Aufklärungspädagogik in Bedrängnis geratenen Lateinschule. Entsprechend seinem Bildungskonzept durfte diese jetzt keine Standesschule (wie bisher) mehr sein. Als weitere (zweite) Stufe der allgemeinen Menschenbildung oblag ihr prinzipiell und generell die formale Ertüchtigung der menschlichen Kräfte. Kräftebildung hatte ihr zwar auch die philanthropische Erziehungstheorie abverlangt; während diese aber die für jeden Bildungsgang erforderlichen Inhalte von aktuellen gesellschaftlichen Aufgaben her zu bestimmen unternahm (und unter diesem Gesichtpunkt für unterschiedliche Schullaufbahnen mit berufsfeldspezifischer Orientierung plädierte), empfahl Humboldt einen anderen Ansatzpunkt: entsprechend seiner Bildungslehre postulierte er, die Inhalte unter dem Aspekt der Entbindung der Grundkräfte des Menschen zu gewinnen. Nur von daher konnte die Didaktik des Gymnasiums legitimiert werden.

Das Inhaltliche (i.S. eines materialen Grunds), welches kraftentfaltende Funktionen ausüben konnte, sah Humboldt im "Klassischen"[170]. In den geistigen Schöpfungen - in spezieller Weise in Kunst und Sprache - gibt sich solches (d.h. wesenhaft Menschliches) in geschichtlich-realer Gestalt kund. Die Beschäftigung mit solchen Schöpfungen weist (da sie Wesentliches vom Menschentum offenbart) in die Menschlichkeit ein, verhilft dem Menschen, sich "in sein Wesen zu bringen": ihn zu bilden. Für Humboldt läuft der "Königsweg" der Bildung also über die Beschäftigung mit als "klassisch" zu apostrophierenden Objektivationen. Solche - so ist zu folgern - müssen Gegenstände des Lehrplans und des Unterrichts (auf der zweiten Stufe der allgemeinen Menschenbildung) sein[171].

Der Lehrplan des neuhumanistischen Gymnasiums sollte nach Humboldt vier Gegenstandsbereiche umfassen, denen er Bildungswirksamkeit genannter Art zusprach. Von ihnen her ergaben sich vier Hauptfächer bzw. Unterrichtsfächer: gymnastischer Unterricht, ästhetischer Unterricht und didaktischer Unterricht. Letztgenannter - der übrigens das Kernstück ausmachen sollte - war gedacht im Sinne von "wissenschaftspropädeutischem Unterricht" (d.h. als eine im Dienste der menschlichen Bildung erfolgende Vorbereitung auf die Wissenschaften). Dieser differenzierte sich einerseits in Sprachunterricht (ausgelegt auf Sprache und Literatur der Griechen und Römer, aber auch des eigenen, deutschen Volkes) und andrerseits auf Mathematikunterricht. Alles andere galt als Beiwerk, war Gegenstand von Nebenfächern.

> Süvern, der nach Humboldts Ausscheiden aus der Unterrichtssektion 1810 (nach nur 16 Monaten) weiterhin dort verblieb (bis 1818), überarbeitete die mit jenem zusammen erarbeiteten Pläne für das neue Schulwesen und führte sie z.T. administrativ aus. 1816 verfaßte er für das Gymnasium einen einheitlichen Lehrplan. Darin wurden Latein, Griechisch, Deutsch und Mathematik zu Hauptfächern erklärt und gegenüber anderen Fächern - wie Naturbeschreibung und Physik, Geogra-

phie und Geschichte sowie Religion - in der Stundenzahl auch bevorzugt.

Zur Reform des höheren Schulwesens muß auch die 1812 erschienene Reifeprüfungsordnung in Preußen gerechnet werden. Sie legte die Prüfungsanforderungen im neuhumanistischen Sinne fest. Nur ein Teil der gelehrten Schulen erhielt allerdings die Berechtigung zu dieser Prüfung (solche wurden jetzt allgemein "Gymnasium" genannt). Diese so bevorrechtigten Schulen (neu reformierte Gymnasien) wurden zum Normaltyp der höheren Schule und galten als normale Vorbereitungsanstalt für die Universität (wenngleich ihre Reifeprüfung zu dieser Zeit noch nicht - sondern erst ab 1834 - zur Immatrikulation berechtigte).

Die übrigen nicht zur Abiturientenprüfung berechtigten Lateinschulen - deren Zahl übrigens weit größer war - sanken schon vor jenem Zeitpunkt in ihrer Bedeutung. Jetzt wurden sie in Bürger- und Realschulen umgewandelt[172].
Das Edikt über die Reifeprüfung wie auch Bestimmungen über Staatsexamina, die eigentlich mehr im Sinne des Abbaus überkommener Privilegien und der Durchsetzung des Leistungsprinzips gedacht waren, führten zu einer Art Berechtigungswesen und damit zu einer sozialpolitisch belangvollen Auslese. Der Zugang zu leitenden Ämtern in Staat und Gesellschaft erfolgte über einen Befähigungsnachweis.

Die Humboldt-Süvernsche Gymnasialreform hatte einen weiteren Schwerpunkt: die Philologen - resp. Gymnasiallehrerausbildung. Die betriebene Umwandlung der (alten) Lateinschulen in das neue Gymnasium verlangte eine entsprechende Lehrerbildung. Die Qualifikation der Lehrer für das höhere Lehramt sollte nicht mehr - wie zuvor üblich - auf dem Durchweg durch die philosophische Universitätsfakultät und als Zwischenstation zu einem Theologenamt errreichbar sein; man forderte vielmehr einen eigenen (vom Theologenstand getrennten) Lehrstand mit entsprechender berufsqualifizierender Ausbildung. Dabei knüpfte man an das von Friedrich August Wolf 1787 in Halle eröffnete philologische (Universitäts-)Seminar an. Dem Studium der neuhumanistisch orientierten Philologie (Altertumswissenschaft) wurde dabei die Funktion der notwendigen beruflichen Befähigung zugetraut (insofern nämlich, als man in der klassischen Philologie dem neuhumanistischen Konzept entsprechend eine Bildungswissenschaft sah). Auf dieser Basis mußten nun Lehramtsstudien betrieben werden. Humboldt sicherte 1810 diese neue Lehrerbildung durch ein Edikt rechtlich ab, in welchem für Kandidaten des "höheren Schulamts" (Gymnasiums) eine Prüfung (später "Staatsexamen" genannt) vorgeschrieben wurde. Nur wer Altertumswissenschaften studiert hatte, konnte sie ablegen. Ein neuer selbständiger höherer Lehrerstand, der Philologenstand, war damit im Entstehen.

Johann Schulze (ein Schüler Wolfs), der bis 1840 das gymnasiale Schulwesen in Preußen leitete, führte dann noch das Probejahr ein (1826) und ordnete neben der wissenschaftlichen noch eine pädagogische Prüfung (ähnlich dem heutigen Assessorenexamen) an.

1913 wurde dann in Preußen die Lehramtsprüfung zum höheren Schuldienst in der Weise geregelt, daß nach der ersten Prüfung (dem Staatsexamen) ein Probejahr mit pädagogischer Abschlußprüfung folgte.

Bemerkung zum übrigen Schulwesen

Trotz proklamierter Freisetzung des Bürgers betrachtete der moderne Verwaltungsstaat die Schule immer mehr als sein Eigentum. Das bürgerliche Element kam unter der Dominanz neuhumanistischer und bildungsidealistischer Ideen kaum zum Zuge. Daß weder den Real- und Bürgerschulen noch den Fachschulen in einer Zeit, da Persönlichkeitskultur und ästhetischem Individualismus hoher Rang zugesprochen wurde, eine bemerkenswerte Fortentwicklung beschieden sein konnte, kann nicht verwundern. Mittlere Schulen, die - wie gezeigt - ihrem Selbstverständnis nach mehr sozio-ökonomischen Realitäten und praktischen Lebensbedürfnissen gerecht werden wollten, hielt Humboldt z.B. geradezu für überflüssig.

> Folgende Aussage mag das belegen: "Auf diese Weise sehe ich keinen Mangel, dem durch eine Mittelschule abgeholfen werden müßte. Der ganz Arme schulte seine Kinder in die wohlfeilsten oder unentgeltlichen Elementarschulen, der weniger Arme in die besseren oder wenigstens teureren. Wer noch mehr anwenden könnte, besuchte die Gelehrten Schulen, bliebe bis zu höheren Klassen oder schiede vorher aus...[173].

Universitätsreform

Das Ansehen der Universitäten war im Aufklärungsjahrhundert trotz gewisser antiuniversitärer Tendenzen (welche die Forschung lieber an gelehrte Gesellschaften und Akademien, höhere berufsorientierte Studien eher an Fachschulen/Fachhochschulen verwiesen sehen wollten) gegenüber dem Jahrhundert zuvor gestiegen. Das war vor allem einigen Reformuniversitäten zu danken, die gesellschaftlichen und wissenschaftlichen Entwicklungen und damit den Realitäten des Lebens verstärkt Aufmerksamkeit schenkten. Vor allem die Universitäten Halle (Verwirklichung des Prinzips der Denk- und Lehrfreiheit, Aufnahme moderner Disziplinen) und Göttingen (Zentrum philologischer Wissenschaften) leisteten für solche Neuorientierungen Pionierarbeit. Gleichwohl war durch sie noch nicht entschieden, welchen Kurs die Universität schlechthin nehmen würde, zumal auch weiterhin gesellschaftliche Kräfte auf sie Einfluß nahmen (so im besonderen der Staat, welcher sie zu einer Art höherer Berufsschule für Beamte, Staatsdiener und öffentliche Ämter in Dienst zu nehmen suchte, darin sogar ihre Hauptfunktion sah).

Die neue Idee von der Universität wurde im Geiste des Deutschen Idealismus (Johann Gottlieb Fichte, Friedrich Wilhelm von Schelling, Friedrich Ernst Daniel Schleiermacher) entworfen: sie sollte nicht unmittelbar ver-

verwertbares Wissen produzieren, sondern der Wahrheit um ihrer selbst willen verpflichtet und Hort geistiger Freiheit sein. An diese philosophische Idee anschließend entwickelte Humboldt seine neue Konzeption einer Universität: sie sollte Stätte der Wissenschaft und der Bildung sein, beide miteinander verbinden. In der Universität gipfelte für Humboldt der Bildungsgang und zwar durch den dort gepflegten Geist der Wissenschaft[174].

> Wissenschaft in Humboldts Verständnis meint nicht etwa eine Disziplin oder addierbare Disziplinen, sondern etwas Prozeßhaftes: etwas noch nicht ganz Gefundenes, nie ganz Aufzufindendes, unablässig zu Suchendes. Wissenschaftliche Einstellung (Wissenschaftlichkeit), die der Universität das besondere Gepräge unter allen bildenden Institutionen verleiht, ist gekennzeichnet durch das Bedürfnis, die Erscheinungen auf ihr einfaches Wesen zurückzuführen, das Unsichtbare im Sichtbaren aufzuspüren, der Wahrheit auf den Grund zu kommen[175]. Wissenschaft wird also für Humboldt bestimmt durch die Wahrheit und damit auch durch ihre Zweckfreiheit. Der sich ihr Hingebende erwirbt selbstbestimmtes (keiner Autorität, sondern nur der Wahrheit verpflichtetes) Denken.

Der Universität wurde - so gesehen - zur Aufgabe gemacht, nicht primär Wissensbestände zu tradieren, sondern in freier wissenschaftlicher Arbeit durch sinn- und wertermittelndes Forschen im eigentlichen Sinne Wissen zu produzieren. Nur so - wodurch sie auch als Forschungsstätte ausgewiesen ist - vermag sie Denken zu initiieren und echte Bildung zu veranlassen (Bildung durch wissenschaftliche Arbeit bzw. selbständiges Forschen).

Aus der genannten Ziel- und Aufgabenstellung ergaben sich für Humboldt einige konkrete Folgerungen: die Einheit von Forschung und Lehre, eine relative Unabhängigkeit vom Staat (akademische Selbstverwaltung und das Recht der Selbstergänzung), Verpflichtung der Professoren auf Entwicklung und Förderung der Wissenschaft durch Forschung, gleichberechtigte Teilhabe der Studenten an wissenschaftlicher Diskussion und Forschung (Abitur als Voraussetzung dafür)[176].

Die Philosophische Fakultät sollte in der neuen Universität die führende werden, nicht mehr (wie früher) für die theologische und juristische vorbereiten.

Seine Universitätsreformgedanken suchte Humboldt durch die Gründung der Universität Berlin (1810) zu verwirklichen. Nach deren Vorbild wurde dann 1818 die Universität Bonn gegründet; andere Universitäten wurden nach ihrem Muster umgewandelt, neue im In- und Ausland danach ausgerichtet.

Anspruch und Realität - eine Bilanz

Betrachtet man den neuhumanistischen Allgemeinbildungsanspruch hinsichtlich seiner sozialgeschichtlichen Realisierungsmöglichkeiten, so kann man feststellen: ein solches Postulat konnte angesichts der konkreten gesellschaftlichen Verhältnisse (Finanzschwäche des Staates und der

Kommunen, Massenarmut bzw. Elend breiter Bevölkerungskreise) nur für einen relativ kleinen Teil der gesamten Gesellschaft tatsächlich erfüllbar sein[177]. Die antiständischen Reformpläne waren in ihrer sozialen Reichweite also beschränkt, blieben bezüglich mancher Forderung auf der Ebene der Programmatik. Vor allem fiel ins Gewicht, daß die von Humboldt und seinen Mitarbeitern viel zu wenig bedachten Mechanismen sozialer Systeme, besonders die von den modernen wirtschaftlichen und technischen Entwicklungen ausgehenden Veränderungen in ihrer Bedeutung für das individuale und gesellschaftliche Leben insgesamt den erhofften Erfolg großangelegter Reformmaßnahmen von vornherein begrenzten. Nicht zuletzt war für das Schicksal der Reform auch die Tatsache mitbestimmend, daß ihr von verschiedener Seite Widerstand entgegengesetzt wurde.

Süvern machte in einem 1819 vorgelegten "Entwurf eines allgemeinen Gesetzes über die Verfassung des Schulwesens im Preußischen Staate" den Versuch, die auf verschiedenen Ebenen eingeleiteten Einzelreformen zu dem ursprünglich geplanten Gesamtwerk unter Beachtung der entscheidenden Richtpunkte Humboldts zusammenzufassen und ihm Fortbestand zu sichern. Obwohl Süvern darin angesichts entgegenstehender Tendenz gewisse Zugeständnisse machte und auch aufgrund eigener Überzeugung beachtliche Veränderungen gegenüber der Humboldtschen Konzeption vornahm (z.B. stärkere Betonung des Religiösen und des Nationalen, Tolerierung von Kinderarbeit in Kombination mit dem Elementarunterricht, Aufgabe des zweistufigen Unterrichts zugunsten eines dreigestuften in Elementar-, Stadtschule, Gymnasium), erlangte dieser das gesamte Bildungswesen umfassende Gesetzesentwurf keine Gesetzeskraft. Seine Realisierung scheiterte am Widerstand restaurativer Kräfte.

> Besonders scharfe Kritik daran wurde von Ludolph von Beckedorff, dem späteren Leiter des Ressorts Volksschulwesen im Preußischen Kultusministerium - das es seit 1817 gab - geübt. Dieser stellte die Grundlagen der Reform in Frage: den Grundsatz einer 'gleichartigen' allgemeinen Menschenbildung. Ausgehend von seiner These einer natürlichen Ungleichheit der Menschen forderte er für verschiedene Stände (Bauern, Bürger, Gelehrte) entsprechende, auf deren künftige Aufgaben vorbereitende Schulen[178].

Mißt man die Realität des Bildungswesens nach Beendigung der (humanistisch inspirierten) Reformperiode an den Ansprüchen und leitenden Prinzipien der maßgebenden Initiatoren, so muß ein völlig unbefriedigendes Ergebnis registriert werden: "Denn das Elementarschulkonzept wurde von der 'Grundbildung für alle' umgeschrieben auf die 'volkstümliche Bildung' der unteren Sozialschichten; das Gymnasialkonzept brachte statt der Menschheitsschule die bürgerliche Staatsschule zum Zwecke der Sicherung von Bildung und Besitz als sozialer Privilegien hervor; das Universitätskonzept führte von der philosophischen Idee einer Verbindung der Wissenschaft mit der Menschenbildung zur bloßen Addition der Einzelwissenschaften; das Prüfungskonzept wurde von einem Angebot zur Sicherung freier Mitwirkung zu einem Steuerungs- und Disziplinierungsinstrument"[179].

Zieht man eine Bilanz unter dem Aspekt wesentlicher Reformtendenzen samt der sich in ihrer Verfolgung einstellenden Nebenwirkungen, so müssen folgende Tatbestände festgehalten werden: Die Reorganisation des Bildungswesens - die in anderen deutschen Ländern (wenn auch in modifizierter Form) ebenfalls durchgeführt wurde - läßt einige beherrschende Leitgedanken und auffällige staatliche Eingriffe in das Bildungswesen erkennen, die dessen Entwicklung und Bedeutung, auch als geschichtlichen Faktor, tiefgreifend beeinflußten. Die diesbezüglich zu markierenden Faktizitäten sind diese[180]:

- Zentralisierung und Ausbau der Schulverwaltung
  Schaffung des ersten zentralen Amtes für alle Schulfragen ("Sektion für den Kultus und den öffentlichen Unterricht", 1809) mit Festsetzung oberster Leitungs-, Beratungs- und Exekutivorgane, Einrichtung von Mittelbehörden (Provinzialbehörden) und darunter von Bezirks-, Kreis- und Ortsbehörden, Schaffung eines eigenen Unterrichtsministeriums in Preußen, 1817.
- Bestimmungen bzw. Festlegungen schulischer Inhalte (1812 Erstellung von Lehrplänen und Prüfungsanforderungen im Zuge der Humboldt-Süvernschen Reformen)[181].
- Wechselseitige Verschränkung von gelehrter Bildung und öffentlichem Dienst (Staatsdienst)
  Für den Zugang zu bestimmten (staatlichen) Laufbahnen (z.B. im Bereich der Justiz, höherer Verwaltung, Lehrämter u.a.) wurde die Absolvierung bestimmter Schulen resp. der Erwerb gewisser Qualifikationen verlangt. Es breitete sich eine Art Berechtigungswesen aus. Dadurch wurde das Schulsystem in das staatliche Verwaltungssystem integriert, der Leistungsgedanke gefördert und eine hierarchische Klassifizierung (höhere und niedere Beamte) eingeleitet.

  Dieser Zusammenhang von Bildungsvoraussetzung und Staatsdienstbefähigung, der schon durch die Einführung des Abiturientenexamens sichtbar wurde, bekundete sich auch in der Einrichtung der Staatsprüfungen als Bindeglied zwischen universitären Studiengängen, Abschlußqualifikationen und staatlicher Dienstbefähigung. "Über den Mechanismus der Staatsprüfungen, die von oben nach unten systembildend vordrangen, waren gegen Ende des 18. Jahrhunderts die Weichen bereits weitgehend voreingestellt für eine weitere administrative Inbesitznahme des höheren Schulwesens als staatsberuflicher Vorbildungsanstalten"[182].

  Durch das hier zur Geltung kommende Leistungsprinzip wurden zwar berufsständische Privilegien zurückgedrängt, zugleich aber - und zwar unter Berufung auf das Bildungsprinzip - Ungleichheiten neuer Qualität produziert (sofern die Erreichbarkeit interessengeschützter Positionen durch Errichtung von Bildungsbarrieren vielen erschwert oder unmöglich wurde). Dieser Sachverhalt scheint für die sich damals etablierende wie auch für die heute entwickelte "moderne" Gesellschaft charakteristisch zu sein[183].

- Verstärkte Auseinanderentwicklung von höherem und niederem Schulwesen

  Da die Reformer ihre Gesamtkonzeption (Einheitliches - gestuftes - nationales Bildungswesen unter der zentralen Bildungsidee der allgemeinen Menschenbildung) gegen die sozialen Verhältnisse und widerständige Interessenlagen (seitens gutsherrschaftlicher, kirchlicher u.a. Kreise) nicht durchsetzen konnten, zerfiel die geplante Gesamtreform in Teilreformen mit je eigener Dynamik. Dabei fiel das niedere Schulwesen, das bei der Reorganisation weit weniger begünstigt wurde als das höhere, in seiner institutionellen Entwicklung jenem gegenüber noch weiter zurück[184].

  Die Begünstigung des höheren Schulwesens hatte mehrere Gründe: neuhumanistische Bildungstheoretiker trauten den gelehrten Schulen größere Bildungswirkung zu; die Reform des gelehrten Schulwesens konnte an noch wirksame vorausgegangene Reformen anknüpfen; das höhere Staatsbeamtentum und das freiberufliche Bildungsbürgertum protektionierten das Gymnasium als eine elitäre Bildungsanstalt; Gymnasien erhielten eine eigene Fachaufsicht, während Elementarschulen unter fachfremder Aufsicht verblieben.

  Bei der vor allem durch das Abituredikt (1812) und die Lehrplannormierungen (1812/16) erfolgenden Reorganisierung höherer Schulen (mit einer Bereinigung des zersplitterten Lateinschulwesens und der Sonderstellung der privilegierten/prüfungsberechtigten humanistischen Gymnasien), sonderten sich diese immer mehr ab. Die institutionelle Kluft zu den mit weniger Rechten ausgestatteten Schulen bis hin zu den Landschulen wurde immer tiefer. Letztere blieben zum großen Teil von den Reformintentionen weitgehend unerreicht. Die Bildungsreform wirkte auf sie über die Reorganisation der Lehrerbildung mehr indirekt.

- Herausbildung getrennter Berufsstände

  Als Folge der Auseinanderentwicklung der Schultypen, die keineswegs (wie ursprünglich geplant) ein einheitlich gestuftes System darstellten, kam es zur institutionellen Scheidung der Lehrerstände (Lehrämter mit Unterschieden nach Vorbildung, Einkommen, Rechtsstellung, Versorgung, Sozialprestige)[185]. Diese schlossen sich gegeneinander ab.

  Diese Ausdifferenzierung von Lehrerkategorien wurde durch die im Zusammenhang mit den Reformen in den ersten Jahrzehnten des 19. Jahrhunderts gesetzten Prüfungskriterien (also durch das staatliche Prüfungswesen und das ihm korrespondierende Berechtigungswesen) rechtlich verankert. Es etablierten sich die privilegierten Gymnasiallehrer und dann in ihrem Gefolge die sog. Realschulmänner als elitäre Sondergruppe heraus, die sich gegenüber den gewöhnlichen Stadt- und Dorfschullehrern als "höherrangig" fühlten. Einige in diesem Zusammenhang interessante Zahlen: gegen Ende der Reformjahre betrug das durchschnittliche Jahreseinkommen eines Dorfschullehrers etwa 260, eines Stadtschullehrers etwa 640, eines Gymnasiallehrers bis 2000 Mark und darüber.

6.3.2 Schulreform in neuhumanistischem Geiste in Bayern

Der Neuhumanismus war in den preußischen Ländern insofern erfolgreich, als seine Ideen zumindest z.T. durchschlugen und vor allem im höheren Schulwesen sich durchsetzen konnten, hier sogar - trotz der bildungspolitischen Reaktion im zweiten Drittel des 19. Jahrhunderts - eine "Langzeitwirkung" bis ins 20. Jahrhundert hinein zu erreichen vermochten.

Auch in anderen deutschen Territorien setzte er sich langsam durch. So in Bayern, wo er insbesondere durch das Wirken von Friedrich Immanuel Niethammer und Friedrich Thiersch inhaltlich und organisatorisch im Schulwesen zur Geltung gebracht wurde. Die Zeit von 1770 bis 1830 zeigte in Bayern eine ziemlich hektische Abfolge von Reformen mit z.T. extremen Schulplänen und Schulordnungen sehr unterschiedlicher Ausprägungen[186]. Die Gründe dafür lagen einmal in politischen und staatsorganisatorischen Veränderungen (große Gebietserweiterungen und umfassender Verwaltungsaufbau), zum andern in der Auseinandersetzung geistiger Mächte und Bildungsideen (aufklärerischer kontra neuhumanistischer Geist, religiöse Positionskämpfe). Dazu kam ein sich verstärkender Zugriff des Staates auf das Schulwesen: sichtbar in der Ersetzung des früheren Geistlichen Rates (als oberster Schulaufsicht) durch ein Generalschuldirektorium (1802) und dann durch eine Sektion für die öffentlichen Unterrichts- und Erziehungsanstalten im Ministerium des Innern (ab 1806).

Veränderungen im bayerischen Schulwesen im ausgehenden 18. Jahrhundert waren nicht so einschneidend wie diejenigen im ersten Drittel des 19. Jahrhunderts. Zunächst gab es da anfangs des Jahrhunderts eine ausgesprochene Spätblüte der Aufklärung (verbunden mit den Namen Maximilian IV. Josef, Joseph Wismayr und Georg Friedrich von Zentner), was sich in dem für die Entwicklung der bayerischen Volksschulen (Trivialschulen) wichtigen Generalmandat von 1802 (mit verordneter 6jähriger Schulpflicht) sowie in den unter Schuldirektionsrat Wismayr 1804 erschienenen Lehrplänen für Realklassen, Gymnasien und Lyzeen sowie für Elementarschulen widerspiegelt[187].

Eine einschneidende Korrektur der aufklärerisch-philanthropisch gefärbten Wismayr-Reform mit ihrer Überladung des Lehrplans, speziell auch mit real-sachlichen Stoffen und der Vision von einer "Einheitsschule" (mit drei auf der Elementarschule aufbauenden Stufen: Realschule, Gymnasium, Lyzeum) wurde von Friedrich Immanuel Niethammer (+ 1848) vorgenommen. Als leitender Ministerialbeamter und Schöpfer des "Allgemeinen Normativs" für Bayern (1808) machte er die höhere Schule wieder selbständig und nahm eine Trennung ihrer Bildungswege in einen humanistisch-gymnasialen (altsprachlichen) und einen naturwissenschaftlich-neusprachlichen (realistischen) Bildungsgang vor. Beide sollten zur Universität führen. (Der realistische Zug wurde 1816 wieder fallengelassen.) Hier schon, aber dann auch im Niethammerschen Lehrplan für die Volksschulen in Bayern von 1811 deuteten sich neuhumanistische Tendenzen an. Solche verstärkten sich in der Folgezeit. Die Tatsache, daß in seinem Lehrplan mit stärkerer

Akzentuierung der Menschenbildung und der grundlegenden Kulturtechniken eine Tendenz gegen die Realien (die er übrigens nicht ganz abschaffen, sondern nur beschränkt sehen wollte) zu verspüren war, hing allerdings nicht nur mit seiner geistigen Grundrichtung zusammen, sondern auch mit seiner Überzeugung, daß die Mehrzahl der Lehrer den Anforderungen des Wismayrschen Lehrplans nicht gewachsen waren[188].

Im Jahre 1809 wurde - was für die Schulentwicklung in Bayern wichtig war - eine Ordnung der Schullehrerseminarien und der Bildung von Volksschullehrern erlassen. Damit gab Bayern die bisherigen Anlernkurse an den Musterschulen auf und übernahm das auch sonstwo praktizierte Seminarmodell (mit zweijährigem Lehrgang).

Erst unter Friedrich Wilhelm Thiersch (+ 1860) wurde die bayerische Schulreform zum Erfolg geführt. Er war es auch, der dem Neuhumanismus in Bayern maßgeblich zum Siege verhalf. Seine Verdienste um das bayerische Schulwesen waren außerordentlich groß (speziell um die Gestaltung des Gymnasiums, der Gymnasiallehrerausbildung und um die Universität München). Mit seinem zunächst privat betriebenen, dann der Universität München eingegliederten philologischen Seminar schuf er die Grundlage für die bayerische Philologenausbildung. Unter dem hellasbegeisterten König Ludwig I. gewann er seit 1825 maßgeblichen Einfluß auf die Neugestaltung des Gymnasialwesens. Dieses wurde von ihm in extrem neuhumanistischem Geiste ausgestaltet. Die von ihm erarbeitete Schulordnung (sog. Thiersch-Plan), 1829 erlassen, dann aber 1830 bereits korrigiert, bevorzugte noch stärker als die Humboldtsche Reform die alten Sprachen und drängte die Realien zurück. Die revidierte Form verlieh dann dem bayerischen Gymnasium ein Gepräge, das in wesentlichen Punkten über Jahrzehnte hinweg erhalten blieb. (Eine spätere, 1854 erneute Revision brachte wenig Änderungen)[189].

Die Fassung der Schulordnung in der Verordnung von 1830 sah für das vollständige Gymnasium vier Klassen und folgende Fächer vor: Latein, Griechisch, Deutsch (deutscher Stil, Theorie der redenden Künste), Religionslehre, Geschichte nebst Geographie, Mathematik nebst mathematisch-physikalischer Geographie. Dabei war mehr als die Hälfte der gesamten Unterrichtszeit für die Beschäftigung mit den Lehrgegenständen Latein und Griechisch vorgesehen[190].

Daß in der 1826 von Landshut nach München verlegten Landesuniversität neuhumanistischer Geist lebendig war, war Thiersch (dem "Praeceptor Bavariae") erheblich mitzuverdanken.

Andere Pädagogen, die sich in der ersten Jahrhunderthälfte tatkräftig für das Schulwesen und die seminaristische Lehrerbildung einsetzten - speziell für den Bereich der Volksschule - waren Johann Michael Sailer, Johann Baptist Graser und Heinrich Stephanie. Nachdem anfangs des Jahrhunderts bereits das auch in anderen deutschen Ländern praktizierte Seminarmodell für die Lehrerausbildung übernommen worden war (mit 2jährigem Lehrgang), wurde 1823 die 3jährige Vorbereitungszeit (Präparandie) eingeführt. 1836 wurden dann die Seminarmusterschule und die Anstellungsprüfung drei Jahre nach Seminarabsolvierung verordnet.

6.4 Rückschau

Die klassisch-idealistische Epoche brachte auf gesellschaftlichem und politischem Gebiet bedeutsame Entwicklungen hervor: Ansatz zur Rechtsstaatlichkeit, Nationalstaat und Überwindung der ständischen Gesellschaftsordnung. Geistes- und kulturgeschichtlich hatte sie ebenfalls beachtenswerte Leistungen aufzuweisen. Diese lagen im Bereich der Philosophie, Dichtung, Musik und Bildung.

Bestimmend für die ganze Zeit war der Leitgedanke der Humanität. Herstellung eines voll, reich und harmonisch entfalteten Menschentums wurde in Sturm und Drang, Klassik und Romantik erstrebt, wurde im besonderen auch zur Bildungsaufgabe erhoben. Neuhumanistisches Bildungsdenken war ganz auf jenes Ideal hin zentriert: mittels intensiver Beschäftigung mit kulturellen Schöpfungen (griechischen und deutschen Geistes) sollte Selbstverwirklichung (Persönlichkeitsgestaltung) und ein den "Dingen" adäquates Verhalten bewirkt werden.

Markantesten Ausdruck fand das neuhumanistische Bildungsideal durch Wilhelm von Humboldt. Diesem galt die Ausbildung der Individualität als oberster Grundsatz der Menschenbildung. Diesem Prinzip wollte er auch im Bildungswesen Eingang verschaffen. Die von ihm anfangs des 19. Jahrhunderts eingeleitete (und von seinem Mitarbeiter Süvern z.T. weitergeführte) Bildungsreform zielte - als Teil eines umfassenderen politischen Reformwerks - darauf ab, alle ökonomischen Gesichtspunkte (Nützlichkeits- und Zweckdenken) aus der Schule zu verbannen und jedem Kind, unabhängig von Herkunft und Stand, eine allgemeine Menschenbildung (Freisetzung aller geistigen, gemüthaften und moralischen Kräfte der Person) zu sichern.

Die bisherige ständische Gliederung des Schulsystems sollte zugunsten einer stufenmäßig aufgebauten Einheitsschule aufgehoben werden, wobei jede Stufe (Elementarschule, gelehrte Schule und Universität) dem gleichen Ziel (Entbindung der menschlichen Grundkräfte) dienen sollte, wenn auch ihren jeweiligen Möglichkeiten entsprechend.

Die neuhumanistische Bildungsreform erstreckte sich dieser Intention nach auf Elementarschule, gelehrte Schule (Gymnasium) und Universität. Wenn auch das Reformvorhaben nur Stückwerk blieb - seinem Gelingen standen z.T. realitätsferne Ansprüche, restaurative Kräfte (nach 1815), absolutistische Herrschaftsansprüche, Mißtrauen gegen freiheitliche Bestrebungen entgegen - wurden doch einige für die Weiterentwicklung des Bildungswesens folgenreiche Neuerungen durchgesetzt.

Im Elementarschulbereich suchte man der genannten Ziel- und Aufgabenstellung vor allem dadurch zu entsprechen, daß man Pestalozzis Geist und Methode Eingang verschaffte: "reine Menschenbildung" sollte verwirklicht werden durch Ausrichtung aller Menschen auf das Allgemein-Menschlich-Sittliche einerseits sowie durch die Bildung des ganzen Menschen aufgrund der Ausbildung von Kopf, Herz und Hand (d.h. durch die Methode der intellektuellen, sittlichen und physischen Bildung) andrerseits. Bemühungen solcher Art wurden verbunden mit einem planmäßigen Auf- und Ausbau der Lehrerbildung.

Die Reform des höheren Schulwesens erstreckte sich vor allem auf die Umgestaltung gelehrter Schulen (Lateinschulen herkömmlicher Art) zu humanistischen Gymnasien (als Vorbereitungsanstalten für die Universität mit alleiniger Reifeprüfungsberechtigung) mit schwerpunktmäßig gymnastischem, ästhetischem und didaktischem (wissenschaftspropädeutischem, auf Sprache und Mathematik bezogenem) Unterricht. Trotz Vernachlässigung naturwissenschaftlicher und technischer Lehrinhalte bei einer den sozialhistorischen Notwendigkeiten nicht entsprechenden Überbetonung altsprachlicher Lehrgegenstände waren sie mit höchsten Privilegien ausgestattet (Eröffnung des Zugangs zu allen universitären Studien zu höheren Berufslaufbahnen).

Für eine große Zahl von alten Lateinschulen brachte die neuhumanistische Gymnasialreform und die im Zusammenhang damit stehenden neuen Bestimmungen über die Reifeprüfung einen Bedeutungsverlust, für einen Teil ein Absinken in den mittleren Bildungsbereich.

Ein zweiter Schwerpunkt der neuhumanistischen Gymnasialreform - deren preußisches Muster auch in anderen deutschen Ländern nachvollzogen wurde (vgl. die Bestrebungen und Maßnahmen Niethammers und Thierschs in Bayern) - war die Gymnasiallehrerbildung. Lehramtsstudien mußten nun auf der Basis von klassischer Philologie (Altertumswissenschaft) betrieben und durch eine wissenschaftliche, später noch eine zusätzliche pädagogische Prüfung abgeschlossen werden. So entstand ein selbständiger Philologenstand.

Die Standes- und Berufsbildung - die gegenüber der Menschenbildung keinen bedeutenden Stellenwert erhielt - fand in der neuhumanistischen Bildungsreform nicht die gebührende Beachtung. Anders die Universität. Als dritte und höchste Stufe der Menschenbildung maß ihr Humboldt größte Bedeutung zu. Mit seiner Universitätsidee (Verbindung von Wissensproduktion und Bildung in freier wissenschaftlicher Arbeit) prägte er die Universitäten bis in die Gegenwart.

Neben den positiven Effekten, welche vom Neuhumanismus ausgingen (ganzheitliche Bildung für alle, Ausbau der wichtigsten Bildungseinrichtungen), dürfen die negativen nicht übersehen werden: Die eigentümliche Überschätzung der formalen Geistesbildung ließ ihn die materiale Bildung (das zur Lebensbemeisterung erforderliche Sachwissen) vernachlässigen. Der zu einseitig auf ethisch-ästhetische Selbstvollendung zielende Individualismus führte zu einer personalistisch-schöngeistigen Verengung der Lebensauffassung. Die Kluft zwischen dem auf relativ niederem Bildungsniveau stehenden "Volk" und der Schicht privilegierter "Gebildeter" wurde größer. Die in subjektbezogenem Bildungsidealismus befangene Einstellung ließ wenig Raum für die Einsicht in politische und soziale Notwendigkeiten. Auch die zu sehr aus innerweltlicher Perspektive erfolgende Bewertung der Welt- und Lebensprobleme versperrte den Blick für tiefergehende Einsichten und notwendig zu ergreifende Maßnahmen. Mit dem dem Individuum zugesprochenen Erkenntnisvermögen und der ihm zugebilligten "autonomen" Moral ergibt sich noch keine hinreichende Basis, das Gefüge von Welt und Leben zu durchschauen und in Ordnung zu halten[191].

7. Pädagogik und Schule im Zeitalter der Industrialisierung

7.1 Allgemeine Zeitcharakteristik

Während die klassisch-idealistische Epoche mit ihrer stark dem geistigen Leben zugewandten Grundstimmung als eine primär "nach innen" gerichtete Zeit gekennzeichnet werden kann, in der individuale Daseins- und Erlebnisformen hinter übergreifenden Lebens- und Ordnungsgefügen nicht verschwanden, sondern in ihrer Eigenwertigkeit und ihrem Eigenrecht Beachtung fanden, setzte sich seit dem zweiten Drittel des Jahrhunderts eine andersgeartete Grundtendenz durch: nun orientierte man sich (wieder) mehr "nach außen", d.h. auf den engeren und weiteren Lebensraum der sichtbaren Welt. Man sah den Menschen vor allem eingeordnet in die allgemeine Gesetzlichkeit der Natur und eingespannt in die sozialen, ökonomischen und politischen Verflechtungen und weitgehend von daher determiniert. Aber auch die den Menschen bestimmenden Größen bzw. Kräfte interessierten selbst: ihre Gesetzlichkeit und Mächtigkeit, sowie ihre Veränderlichkeit und Machbarkeit (Verfügbarkeit). Man begnügte sich demnach nicht damit, die Situation des Menschen in der Welt verständlich zu machen und eine Gesamtdeutung lebensrelevanter bzw. daseinsbestimmender weltimmanenter Phänomene (biologischer, physikalischer, gesellschaftlicher, wirtschaftlicher Art etc.) zu leisten; man suchte auch nach Mitteln und Wegen, sie zu beherrschen: in sie einzugreifen und sie zweckhaft nutzbar zu machen. Die damit intendierten Strukturierungs- und Umstrukturierungsmöglichkeiten betrafen sowohl das menschliche Dasein wie den gesellschaftlich-geschichtlichen Prozeß.

In der genannten wirklichkeitsorientierten Grundhaltung bekundet sich ein gewandeltes Lebensgefühl. Neben seinem realistischen eignet diesem auch ein optimistischer Zug. Bedingt und genährt wurde dieses optimistisch-realistische Lebensgefühl und das ihm gemäße Denken durch die Ausweitung der Naturwissenschaften, neue Erfindungen und Entdeckungen und den darauf beruhenden Siegeszug der Technik. Andrerseits wurde es noch verstärkt durch geistige Strömungen, wie Biologismus, Naturalismus, Materialismus, Historismus und Positivismus[192].

Was vornehmlich die Struktur des gesellschaftlichen und wirtschaftlichen Lebens angeht, zeigte sich eine beginnende Massenhaftigkeit des Daseins (rapides Ansteigen der Bevölkerung und der Gütererzeugung auf allen Gebieten, Kollektivierung der Arbeit). Die Wirtschaft erlebte vor allem durch die Entwicklung der Technik einen gewaltigen Aufschwung. Deutschland wurde aus einem vorwiegend agrarischen zu einem industriellen Land. Wachsende Industrie führte ihrerseits zu Landflucht, Verstädterung, Entpersönlichung der Arbeit, Kapitalballung und sozialen Spannungen. Die Sozialstruktur änderte sich: das Bürgertum errang Gleichstellung mit der Herrschaftsschicht, der vierte Stand kam auf, Klassengegensätze wuchsen. Gesellschaftliche Spannungen und demokratische Ideen wurden zu treibenden Käften der politischen Entwicklung. Der Staatsapparat vergrößerte sich und damit die Staatsmacht. Im wissenschaftlichen Bereich wurden die Einzelwissenschaften beherrschend; es erfolgte eine Wendung vom idealistisch-philosophischen Denken zu einer realistisch-empirischen Grundhaltung gegenüber Welt und Leben (wobei eine gewisse Intellektualisierung des Weltbildes sowie eine Mechanisierung und Atomisierung des Lebens unverkennbar waren). Auch in weltanschaulichen Dingen gab es Umbrüche. Auffallend sind besonders: Schwund überlieferter ethischer und religiöser Gehalte und Bindungen, evolutionistisches Denken, biologistische Tendenzen, marxistische Einlassungen etc.. Teilweise kehrten aufklärerisch gefärbte Trends wieder.

7.2 Grundzüge des Erziehungs- und Bildungsdenkens

Der realistische Zeitgeist, ganz an der sichtbaren Wirklichkeit interessiert und ausgerichtet, neigte - unter Zurückdrängung alles Spekulativen und Irrationalen - zur Versachlichung aller Lebensgebiete. Auf allen Sektoren geschichtlich-gesellschaftlichen Lebens machte er sich bemerkbar, schlug sich in auffallender Weise in Kunst und Literatur sowie im Wissenschaftsbetrieb samt dem pädagogischen Denken und Gestalten nieder.

Die allgemeine Auffassung von Erziehung und Bildung resultierte gewissermaßen aus Grundströmungen und Trends, die mit der Industrialisierung und der großen Umstrukturierung des Lebens im Zuge der Wirtschafts- und Gesellschaftsentwicklung seit den 30er Jahren zusammenhängen. Das Vordringen naturwissenschaftlichen und technischen Denkens auch ins pädagogische Gebiet verlieh diesem nicht nur entsprechende Konturen, sondern veranlaßte auch weitreichende inhaltliche Umgestaltungen. Das Bildungswesen wurde sozusagen in die Verobjektivierung der Welt, die fortschreitende Zerspaltung und Veräußerlichung sowie die Mechanisierung des Lebens hineingezogen. Bildung konnte jetzt nicht mehr im Sinne von Persönlichkeitsgestaltung verstanden, Lehr- und Lerninhalte nicht mehr zuvörderst als Bildungsgüter zur allgemeinen Menschenbildung bewertet werden. Utilitaristische Gesichtspunkte wurden (erneut) in den Vordergrund gerückt. Wirtschaftliche Bedürfnisse und sozialstrukturelle Faktizitäten sollten für die Ziel- und Aufgabenbestimmungen vor allem der schulischen Bildungsarbeit Maßstäbe setzen. Pädagogisches Bemühen sollte darauf hinwirken, den Menschen intellektuell-geistig zu schulen, ihn für das ökonomisch-soziale Dasein nutzbar zu machen, ihm objektive (empirisch begründbare) Erkenntnisse zu vermitteln.

Diesem Anliegen und dem fortschreitenden technischen Denken entsprechend, gewannen naturwissenschaftliche, mathematische und technische Lehrinhalte größere Bedeutung. Die Realien drangen verstärkt in die Lehrpläne ein, Lehr- und Lerninhalte wurden erweitert, das Schulwesen erheblich verzweigt.

Der gekennzeichneten Grundeinstellung zu Leben und Welt bzw. zur Realität des geschichtlich-gesellschaftlichen Daseins am Beginn des technischen

Zeitalters entsprach es, daß nunmehr auch der beruflichen Erziehung und Bildung ein höherer Stellenwert beigemessen wurde.

Neben der neuen Akzentsetzung und Erweiterung schulischer Bildungsarbeit erhielten auch Volksbildungsbestrebungen, die über die Schule hinausreichten, neue Anstöße. Es entstanden Bildungsvereine, in denen sich das Bedürfnis und Verlangen nach Bildung im Sinne der Erweiterung des Wissens- und Verstehenshorizontes und neuer Integrationsmöglichkeiten angesichts komplizierter Gesellschaftsstrukturen artikulierten.

Erziehungs- und Bildungsdenken ist wie von sozialgeschichtlichen so immer auch von politischen und weltanschaulichen Unterströmungen mitgetragen. Solche traten schubweise, besonders vehement um die Jahrhundertmitte in Erscheinung. Konservative (religiös orientierte und auf Staatsloyalität zielende) Erziehungsbestrebungen standen in Auseinandersetzung mit liberalen (freiheitlich-emanzipatorischen). Die Kultur- und schulpolitischen Kämpfe jener Zeit bezeugen dieses Gegeneinander.

7.3 Das Schulwesen des 19. Jahrhunderts und seine Verzweigung

Die Geschichte des Bildungswesens wird - wie gezeigt - durch mehrere Kraftströme beeinflußt. Was die Entwicklung des Schulwesens im zweiten und dritten Drittel des 19. Jahrhunderts anbelangt, müssen folgende Gegebenheiten als bedeutungsvolle Wirkfaktoren eingestuft werden: die Bildungspolitik (mit unterschiedlichen Schwerpunktsetzungen), die Dynamik der Industrialisierung (als eines sich ab 1840/50 vollziehenden Prozesses) sowie Tradition und Eigeninteresse des überkommenen Bildungssystems und seiner Vertreter[193].

7.3.1 Bildungspolitische Grundtendenzen im Vormärz

Die nach dem Wiener Kongreß (1815) in Europa eingeleitete Restauration (gegen freiheitlich-liberale und nationale Bestrebungen gerichtet) konnte auf die Schulpolitik nicht ohne Einfluß bleiben. In Norddeutschland zeigte sich die restaurative Tendenz zunächst deutlicher als in Süddeutschland, wo das nationalliberale Anliegen des Bürgertums in den nach 1815 eingerichteten Landtagen eine politische Plattform gefunden hatte (so in Bayern, Württemberg und Baden: jenen Staaten, die 1818/19 Verfassungen mit beschränkter Mitwirkung des Volkes erließen).

> Ihre Stütze fand die Restauration in der 1815 geschlossenen "Heiligen Allianz", einem Fürstenbündnis zur Sicherung der alten absoluten Herrschaftsrechte gegen freiheitlich-revolutionäre Bestrebungen.

Die restaurative Bildungspolitik in Preußen zeigte sich deutlich an Beckedorffs Schulkonzept. Dieses ging von dem Grundgedanken aus, gesellschaftliche Ordnung und Stabilität lasse sich nur durch standesgemäße Bildungsbeschränkung erreichen. Sein Programm der Bildunsbegrenzung sollte die einzelnen Bevölkerungsgruppen in ihrem angestammten Berufs- und Lebenshorizont verankern. Fortschrittliche, auf gleiche Bildungschancen aller abhebende Bemühungen im Schulwesen (liberale Tendenzen) standen dem entgegen. Ebenso war nicht mehr der selbständige und engagierte Bürger als Ziel pädagogischen Bemühens gefragt, sondern der staatstreue Untertan. (Religion sollte als Mittel zu seiner Loyalisierung dienen.)

> Unter Hinweis auf die Ungleichheit der Menschen und die notwendige Verschiedenheit der Berufsrollen im gesellschaftlichen Gefüge lehnte er Süverns (gestuften) Schulplan-Entwurf mit folgenden Worten ab:
> "Um aller dieser Gründe willen aber bedürfen wir in der menschlichen Gesellschaft nicht gleichartiger Stufen-, sondern verschiedenartiger Berufs- und Standesschulen; nicht wie der Entwurf vorschlägt, neu eingerichteter allgemeiner Elementarschulen, allgemeiner Stadtschulen und Gymnasien, als Anstalten, in welchen durchaus dieselben Gegenstände, nur in unterschiedenen Graden und in geringerer oder größerer Ausführlichkeit und Vollkommenheit gelehrt werden, sondern nach bisheriger alter Weise, guter Bauern-, Bürger- und Gelehrtenschulen, worin diejenigen, welche diesen zwar verschiedenen, aber gleich ehrenwerten Ständen angehören, von Kindesbeinen an zu ihrer künftigen Bestimmung vorbereitet werden; nicht endlich einer künstlichen Gleichheit der Volkserziehung, sondern vielmehr einer naturgemäßen Ungleichheit der Standeserziehung; zwar allerdings einer übereinstimmenden Bildung zur Religion und Sittlichkeit, aber keineswegs einer gleichartigen Abrichtung in Kenntnissen und Fertigkeiten"[194].

Mit den hier geäußerten Vorstellungen ging bei Beckedorff die Tendenz konform, den berufsqualifizierenden Anspruch der seminaristischen Lehrerbildung möglichst eng zu fassen und auf ein bescheidenes Niveau elementarer Erziehung zu beschränken (wie ein Erlaß von 1822 erkennen läßt)[195].

Eine solche Eingrenzung der Bildungsmöglichkeiten der Schule und Lehrerseminare - sie fand auch in anderen Ländern Befürworter - entsprach zwar der Zensur- und Kontrollpolitik des Obrigkeitsstaats in der vormärzlichen Reaktionsepoche (vor 1848) und kam den rückständigen sozialstrukturellen Bedingungen (wirtschaftliche und finanzielle Schwäche) entgegen. Sie hemmte da und dort Fortschritte im Schulwesen, insbesondere dadurch, daß frühere fortschrittliche Reformziele (ausgewogene Kräftebildung, Erziehung zum freien, mitdenkenden und mithandelnden Bürger) abgeblockt bzw. umgebogen sowie standes- und klassenspezifische Unterrichtsziele mehr in den Vordergrund gerückt wurden[196]. Eine nachhaltige indoktrinierende Beeinflussung des sich entwickelnden Volksschulwesens und seiner Lehrerschaft konnte die konservativ restaurative Bildungspolitik zwischen 1819 und 1848 allerdings nicht erlangen. Ebenso gelang es ihr, den gesellschaftlich progressiven Charakter des Gymnasiums zu brechen[197].

> Dieser progressive Geist bezog sich auf einen Unterricht, der nicht christlich-konfessionell, sondern religiös überhaupt, nicht monarchisch, sondern republikanisch, nicht preußisch, sondern deutsch, nicht berufsständisch, sondern allgemein-menschlich ausgerichtet war.

Die Tatsache, daß restaurative Tendenzen trotz der Trendwende in der Bildungspolitik nach dem "Scheitern" der Humboldt-Süvernschen Bildungspolitik - welche die ersehnte große, nationale Einheitsschule nicht zustandebrachte - nicht durchschlugen, hatte zwei Hauptgründe: die maßgeblichen Schulpolitiker und Schulverwaltungsbeamten unternahmen keine radikalen Eingriffe, und die Lehrerschaft war überwiegend progressiv eingestellt.

Vor allem war es die Volksschullehrerschaft, aus deren Reihen restaurativen Tendenzen Widerstand entgegengesetzt wurde. Vorwiegend aus den unteren Sozialschichten rekrutiert, seit der Reform in Seminaren herangebildet, begannen die Lehrer, sich allmählich zu einem bildungspolitisch selbstbewußten Berufsstand zu formieren. Sie fühlten sich zunehmend als "Erzieher des Volkes", als Vorreiter einer Emanzipationsbewegung, die an liberale Bildungspostulate der liberalen Reformperiode anzuknüpfen, diese weiterzuentwickeln und auch in die Praxis umzusetzen versuchte. Auch die Verbreitung nationalen Gedankenguts machten sie sich zur Aufgabe. Neben anderen Kräften - wie Intellektuellen, Professoren, Studenten (Burschenschaften) - wurden sie zu tragenden Pfeilern der vormärzlichen Bewegung (1830 - 1848)[198] mit dem Ziel, eine neue bürgerliche Ära mit politischen und gesellschaftlichen Ordnungsformen des Liberalismus zu schaffen.

Waren die Aktivitäten der Lehrer in der Reaktionsphase der 20er und 30er Jahre den staatlichen Organen noch relativ unverdächtig, so änderte sich das, als um 1840 eine gewisse Radikalisierung der Lehrervereinsarbeit eintrat (verstärkte Beschäftigung mit pädagogischen und bildungspolitischen Problemen neben der Erörterung standespolitischer Fragen). Die gehegten Befürchtungen gegen die gesellschaftsverändernden Bestrebungen der Lehrerschaft verdichteten sich und führten zu einer gewissen Verunsicherung der staatlichen Kontrollorgane als "der deutsche Lehrerstand" im Revolutionsjahr 1848 seine Selbstbefreiung verkündete und auf der Gründungsversammlung des "Allgemeinen Deutschen Lehrervereins" (September 1848) öffentlich eine Reform der Schule (Elementarerziehung), Schulverwaltung und Lehrerbildung gefordert wurde[199].

Das von der Lehrerschaft vertretene bildungspolitische Konzept war das eines einheitlichen Schulsystems. Man propagierte eine gesamtschulisch organisierte "Nationalbildung" als Aufgabe und Grundlage des liberalen Staates[200]. Freilich kam ein solches Programm nicht zum Tragen. Mit dem Scheitern der Revolution von 1848 und dem Sieg reaktionärer Kräfte wurden bildungspolitische Perspektiven solcher Art samt den dahinterstehenden emanzipatorischen Grundideen zurückgedrängt. Verlautbarungen und Erlasse der Kultusministerien, vor allem die preußischen "Regulative über die Errichtung des evangelischen Seminar-, Präparanden- und Elementarschulunterrichts" von 1854 (die sog. "Stiehlschen Regulative") bestätigen das.

Einer der entschiedensten Gegner restaurativer Schulpolitik und zugleich einer der einflußreichsten Förderer der Volksschule und ihrer

Lehrerschaft war Friedrich Adolf Wilhelm Diesterweg (+ 1866), ein Mann von außerordentlicher Fachkompetenz. Als Leiter der Lehrerseminare in Moers und Berlin (von 1820 bis zu seiner Amtsenthebung 1847) engagierte er sich für die Verbreitung Pestalozzischer Ideen sowie für eine Professionalisierung und soziale Besserstellung des Lehrerstandes. Sein entschiedenes Eintreten für eine moderne soziale und politische Weltorientierung, für die Heranbildung mündiger und kritischer Bürger, für Volksbildung (i.S. von nationaler Bildung und Volksbefreiung), für die relative Autonomie der Schule und Lehrer gegenüber gesellschaftlichen Mächten (besonders Staat und Kirche) ließ ihn zum Repräsentanten liberalen Widerstandes gegen reaktionäres Denken werden (was in seiner ablehnenden Haltung gegenüber den sog. "Stiehlschen Regulativen" besonders deutlich wurde). Die große Breitenwirkung in der Lehrerschaft verdankte Diesterweg neben seiner Tätigkeit als Lehrerbildner (später auch als Abgeordneter der Fortschrittspartei) insonderheit zahlreichen pädagogischen Schriften (u.a. einer Lehrerzeitschrift und eines Jahrbuchs für Lehrer und Schulfreunde). Er war ein führender Didaktiker seiner Zeit[201].

7.3.2 Ausbau des Volksschulwesens

Zu Beginn des 19. Jahrhunderts wurde die Elementarschule entsprechend der neuhumanistischen Bildungskonzeption als erste Stufe der erstrebten Einheitsschule propagiert. Fortschritte gab es in der Entwicklung solcher Schulen insonderheit dadurch, daß diese wie auch die Lehrerbildung (rasches Anwachsen von Lehrerseminaren seit dem zweiten Jahrzehnt) nach Ideen Pestalozzis ausgerichtet wurden. Die schon bald einsetzende Restaurationszeit hatte auf das Volksschulwesen zunächst keine unmittelbaren Auswirkungen, da bis dahin in diesem Bereich noch zu wenig ausgebaut war. Lediglich die Reformziele wurden verändert (statt harmonische Kräftebildung wieder Akzentuierung ständisch orientierter Ziele)[202]. Die Entwicklung wurde insofern sogar mächtig vorangetrieben, als sich der Ausbau dieser Schulen ab den 30er Jahren enorm gestaltete (Gründe: starkes Anwachsen der Bevölkerungszahl/Schülerzahl und Steigerung der Schulbesuchsquote bei "Schulpflichtigen"). Es war dies eine Zeit des Aufstiegs der Volksschule[203] und ihrer Lehrer: viele neue Schulen entstanden; die Lehrerbildung wurde durch psychologische, didaktische und methodische Studien erweitert; die im Unterricht zu vermittelnden Gegenstände wurden über Kulturtechniken und religiöse Inhalte hinaus durch reale Wissensstoffe erweitert.

Im Gefolge der Auseinandersetzung reaktionärer Strömungen mit revolutionären Ideen suchten restaurative Kräfte nach der in Deutschland mißglückten Revolution von 1848 die Volksbildung und Volksschule (wieder) zurückzudrängen[204]. Die Stiehlschen Regulative von 1854 (nach heutigem Sprachgebrauch: Ministerialerlasse) - aus staatlichem Mißtrauen gegen eine zu weit gehende "Aufklärung" des Volkes entstanden - sollten in diesem Sinne wirken.

Mit diesen Regulativen schuf Ferdinand Stiehl (von 1850 bis 1872 Abteilungsleiter im preußischen Kultusministerium) allgemeinverbindliche Lehrpläne für Volksschulen und Lehrerseminare. Diese waren ganz auf eine Theorie der materialen Bildung abgestellt und auf drei Ziele hin ausgerichtet: auf christlich(-kirchliche) Gläubigkeit, Liebe zu Herrscherhaus und Vaterland und einige nötige Kenntnisse zur Sicherung des bürgerlichen Fortkommens[205]. Die Bedürfnisse des Menschen der unteren Sozialschichten aus den engen Grenzen der vorgegebenen Lebenswelt herauszuführen, war in diesen Erlassen ebensowenig intendiert wie die Entfaltung formaler Denkkräfte und die Ermächtigung zu freiem und eigenverantwortlichem Handeln.

Der genannten Zielstellung entsprechend war der Lehrplan in mehrfacher Hinsicht auf Bildungsbegrenzung hin angelegt: bezüglich organisatorischer Regelungen (Abstimmung von Elementarunterricht und Lehrerbildung) sowie didaktischer und sachlicher Vorschriften (inhaltlicher Bestimmungen, Gewichtsverteilungen und Zeitzumessungen betreffs Lerngehalten, Lernverbote).

Der Lehrplan wurde nach den Möglichkeiten der einklassigen Volksschule auf dem Lande - die als Normalform öffentlichen Unterrichts galt - bemessen. Die Unterrichtsstoffe wurden stark beschränkt, alles "Überflüssige" und abstrakte Inhalte sollten verschwinden. Als zentrale Aufgabe wurde der Schule die Aufgabe zugemessen, "dem praktischen Leben in Kirche, Familie, Beruf, Gemeinde und Staat zu dienen und für dieses Leben vorzubereiten, indem sie sich mit ihrem Streben auf dasselbe gründet und innerhalb seiner Kreise bewegt"[206].

> Der Unterricht wurde festgelegt auf: Religion (konzentriert auf Katechismus, biblische Geschichte, Liturgie - 6 Std.), Lesen, deutsche Sprache und Schreiben (ohne Grammatik - 12 Std.), Rechnen (innerhalb der Grundrechenarten und der Bruchrechnung - 5 Std.), Gesang (Einübung von Kirchen-, Volks- und Vaterlandsliedern - 3 Std.). Über diese 26 Std. hinaus durften nur in Stadtschulen vier weitere Stunden auf Zeichnen, Naturkunde und vaterländische Geschichte verwandt werden. In der Begrenzung der Inhalte lag (unabhängig von der bildungspolitisch motivierten Einengung der Lerngegenstände) ein didaktisches Prinzip: das der Konzentration. Für deren Beachtung stand die Didaktik Johann Friedrich Herbarts (+ 1841) Pate, die in der zweiten Jahrhunderthälfte des 19. Jahrhunderts unter der Lehrerschaft immer mehr Anhänger fand. Insbesondere waren es auch dessen Lehre vom "erziehenden Unterricht" sowie seine "Formalstufentheorie", welche von Lehrern aufgegriffen und deren praktische Verwertbarkeit erprobt wurde.
>
> Jegliche Erziehung und Bildung hat laut Herbart der Charakterbildung ("Charakterstärke der Sittlichkeit" als Ziel) zu dienen. Deren Hauptteil ist der Aufbau und die Erweiterung des Gedankenkreises, welcher seinerzeit das Wollen und Handeln bestimmt. Da dieser Gedankenkreis über Vorstellungen als seinen Elementen beeinflußbar ist, muß ein rei-

ches Vorstellungsleben erzeugt werden, wobei die Vorstellungen sich zu Einsichten mit Verwirklichungstendenz (= Interessen) verdichten. Von den Interessen gerät - so Herbart - der Empfindungshaushalt in Bewegung und ruft damit die Begierde hervor, das Interessante auch zu wollen.

Solches zu leisten bzw. zu bewirken, ist Aufgabe des Unterrichts als des Kernstücks der Erziehung ("erziehender Unterricht")[207]. Herbart nannte einen Unterricht dann erziehend, wenn er über Vorstellungsbearbeitung den Lernenden dahin bringt, daß die Gedanken das Wollen und Handeln zu bestimmen vermögen[208].

Die hier zugrundeliegende (psychologische) Annahme, daß Wissen zu Haltung führe, daß kognitive Strukturen Charakterstärke erzeuge, war die Voraussetzung für Herbarts Methodenlehre (Formalstufentheorie). Mit dieser haben seine Nachfolger (besonders die Herbartianer Karl O. Stoy, Tuiskon Ziller, Wilhelm Rein) die deutschen Schulen in der zweiten Jahrhunderthälfte und anfangs des 20. Jahrhunderts beherrscht (während zuvor die Pestalozzische Methode dominiert hatte, zumindest in der Volksschule). Sie läßt sich wie folgt umreißen: Lernen unterliegt Gesetzmäßigkeiten, nach denen vorhandene Vorstellungen einander zugeordnet (assoziiert) und neue durch ältere angeeignet (apperzipiert) werden. Demgemäß sollte der Unterricht im Wechsel von Vertiefung und Besinnung angelegt und in vier Stufen gegliedert sein (Artikulation des Unterrichts): 1. der Schüler hat zunächst die neuen, im Unterricht dargebotenen Vorstellungen einzeln zu erfassen und zu verstehen (Stufe der Klarheit); 2. der Unterricht muß bewirken, daß der Lernende die neuen, aber noch isolierten Vorstellungen miteinander verbindet (Stufe der Assoziation). Damit ist die "Vertiefung" abgeschlossen. Die nächsten beiden Schritte dienen der Besinnung: 3. Das neu Aufgenommene muß mit dem bereits vorhandenen Vorstellungskreis verbunden und ins Ganze eingeordnet bzw. zu einer Einheit verschmolzen werden (Stufe des Systems). Schließlich soll 4. eine Anwendung des Lerngewinns aus der Überschau erfolgen (Stufe der Methode)[209].

Den genannten einzelnen Stufen wies Herbart jeweils eine bekannte Unterrichtsweise zu (um so zwischen didaktischen Reflexionen seiner Zeit und seinem methodischen Konzept - später Formalstufentheorie genannt - Übereinstimmung herzustellen). Der Stufe der Klarheit ordnete er die kurze Erläuterung zu, derjenigen der Assoziation das freie Gespräch, der des Systems den Lehrervortrag und der Methode die selbständige Schülerarbeit. Was die Anordnung der Lerninhalte betrifft, bemühte er sich um eine kontinuierliche Aufeinanderabstimmung von Altersstufen des Schülers und Fortschrittsstufen der Menschheitsgeschichte. Der so von ihm begründete Kulturstufenlehrplan wurde zunächst wenig beachtet, die Herbartianer (Ziller u.a.) machten daraus ein Kernstück einer schulpädagogischen Lehrplantheorie (durch Kombination der Kulturstufentheorie mit der Formalstufentheorie). Dabei stellte sich das schon Herbart bedrängende Problem der Organisation (Auswahl und Zusammenstellung) des Bildungsinhalts. Dafür sollte das didaktische Prinzip der "Konzentration" gelten. Die zu lösende Frage hieß: Wie kann der Gedankenkreis und das Bewußtsein der Schüler an wenigen ausgewählten Inhalten so gebildet werden, daß dem Zweck der Bildung (bzw. des Unterrichts), der fortschreitenden psychologischen Entwicklung des Lernenden sowie dem substantiellen Zusammenhang der Inhalte entsprochen werden[210]? Die Konzentration des Bildungsinhalts sollte ebenso unter erzieherischen wie sachlichen (Welt des objektiven Seins) Gesichtspunkten stehen[211].

Herbarts Lehre wirkte in mancher Hinsicht auf die theoretische und praktische Pädagogik auch der Folgezeit ein (durch Stufen des Lernens, Konzentrationsprinzip, Verbindung von Erziehung und Unterricht) aber sie zog auch Kritik auf sich (wegen intellektualistischer, formalistischer, individualistischer Einseitigkeit).

Die Regulative werden (mit ihrer Festsetzung der einklassigen Elementarschule als Normalschule, ihren anti-emanzipatorischen Bildungszielen, ihren begrenzten Unterrichtsstoffen) in der Literatur als "bildungsfeindlich" und rückschrittlich eingestuft. Diesbezüglich kann man allerdings auf folgendes verweisen: Legt man nicht die bildungspolitischen Motive einer Abwehr aufklärerischer bzw. demagogischer Kräfte und auch nicht eine späte prinzipielle Abrechnung mit dem neuen Humanismus als Maßstab der Bewertung an, sondern die Realität, dann brachten die Regulative keinen Rückschritt. Denn sie bestätigten im Grunde nur den Normalzustand auf dem Lande; sie enthielten z.T. sogar Zielangaben, die in den Landschulen noch gar nicht erreicht waren. In den Städten mit ihrem vielgestaltigen Schulsystem wurden sie ohnehin nur teilweise angewandt[212].

Als eindeutig rückschrittlich bzw. reaktionär muß hingegen die in den Regulativen verfügte Lehrerbildung gekennzeichnet werden. Diese wurde von ihrem bereits erreichten Niveau heruntergeschraubt. In radikaler Vereinfachung sollte sie sich nur noch auf die den Schülern zu vermittelnden elementaren Wissensgehalte und deren unterrichtsmethodische Zubereitung (samt praktischer Einübung) beschränken. Auf Pädagogik, Psychologie, Anthropologie, Didaktik, fachbezogene wissenschaftliche Probleme u.a. wurde verzichtet, lediglich eine kurze "Schulkunde" war zugelassen. Die Lektüre klassischer deutscher Literatur war untersagt[213].

Daß reaktionäre Maßnahmen auch in der Lehrerbildung anderer deutscher Staaten eingeleitet wurden, zeigt sich z.B. auch in Bayern, wo 1857 ein neues Lehrerbildungs-Normativ in Kraft gesetzt wurde, das man als "bayuwaristische Ausgabe der Stiehlschen Regulative" bezeichnet hat (Eingrenzung einer 2jährigen Seminarausbildung, bezogen auf: die Landschule, konservative und kirchliche Erziehung, moralische Vervollkommnung des Lehrers).

Aufs Ganze gesehen wirkten sich die restriktiven Bestrebungen im Schulbereich in Bayern nicht so kraß aus wie etwa in Preußen, und sie fanden hier auch früher wie dort ihr Ende (bereits in den 60er Jahren). Ein Schulgesetzentwurf von 1867 suchte sogar den Realfächern zu größerem Gewicht zu verhelfen und eine zeitgerechtere Schule zu schaffen.

Die Regulative blieben 18 Jahre in Geltung, wurden allerdings 1859 und 1861 ergänzt und in ihrer "Bildungsfeindlichkeit" abgeschwächt. Galt ihr Hauptstoß der Volksschule und ihrer Lehrerbildung, so blieben doch auch andere Schulen nicht von der ihre restriktiven Maßnahmen fundierenden Grundtendenz - prinzipielle Frontstellung gegen zu weitgehende (Unruhe und Unzufriedenheit stiftende) Aufklärung - verschont. Freilich gelang es in anderen Schulen dem Staat weniger, die öffentliche Schulerziehung als Mittel ideologischer Indoktrination und Disziplinierung einzusetzen[214].

Mit der Ablösung der Regulative durch die "Allgemeinen Bestimmungen betreffend das Volksschul-, Präparanden- und Seminarwesen" (5 Verfügungen) unter dem liberalen Kultusminister Falk in Preußen (1872) wurde eine weitere wichtige Etappe in der Entwicklung - vor allem im Ausbau - der Volksschule eingeleitet. Sowohl die schnelle wirtschaftlich-technische Entwicklung wie auch geistige und sozialpolitische Konstellationen (Wiedererstarkung liberaler Mächte, gewaltige Veränderungen in der Bevölkerungszusammensetzung, besonders in den Städten) legten eine Anpassung des Bildungswesens an veränderte Verhältnisse nahe. Modernisierung der Volksschule unter industriellen Bedingungen wurde ebenso zu einem schulpolitischen Postulat wie die damit zusammenhängende Erfüllung neuer Qualifikationsanforderungen und die Erzeugung eines disziplinierten Arbeits- und Sozialverhaltens.

> Daß es zwischen den Veränderungen schulischer Lehrpläne und Organisationsformen einerseits und den technischen und sozialen Entwicklungen im industriellen Arbeits- und Beschäftigungssystem andrerseits einen Zusammenhang gab, und daß der Volksschule angesichts der angedeuteten Faktizitäten eine integrierende Funktion (Erfassung des arbeitenden Menschen als gesamte Person und seine Integration in Betrieb und Gesellschaft) durch Anbahnung bestimmter Gesinnungen resp. Haltungen zukam, wurde erkannt, und es wurden auch Folgerungen (in Form schulpolitischer Maßnahmen) daraus gezogen[215].

Die Allgemeinen Bestimmungen ordneten unter diesen Gesichtspunkten das Volksschulwesen grundsätzlich neu. Sie unterschieden zwischen ein- und mehrklassigen Volksschulen, differenzierten nach aufsteigenden Klassen (Stufen) und bauten den Normallehrplan aus. Sie gaben für ein halbes Jahrhundert lang (bis in die ersten Jahrzehnte des 20. Jahrhunderts hinein) den Rahmen ab für die Ausgestaltung der Volksschule (nicht nur in Preußen).

Die Modernisierungstendenz der Allgemeinen Bestimmungen (einschließlich des Bestrebens, die Lernziele auch mit Qualifikationsanforderungen der industriellen Arbeits- und Lebenswelt in Beziehung zu setzen) kam in den revidierten Stundentafeln und Lehrplanrichtlinien am deutlichsten zum Ausdruck[216]. Der Religionsunterricht blieb zwar Zentrum des Unterrichts, wurde aber eingeschränkt. Die Ansprüche in Deutsch und Rechnen wurden erhöht. Neu traten im Fächerkanon hinzu: Geschichte, Erdkunde, Naturkunde, Raumlehre, Turnen (für Jungen) und Handarbeit (für Mädchen).

Auch das Niveau der Lehrerseminare wurde im Zuge dieses Ausbaus der Volksschule im letzten Drittel des 19. Jahrhunderts angehoben. Pädagogik und Psychologie wurde wieder eingeführt, die Lektüre im Deutschen erweitert, die Klassiker erneut in den Lehrplan aufgenommen, die Unterrichtsgegenstände in Rechnen und Naturkunde erweitert, eine Fremdsprache fakultativ angeboten sowie auch eine Prüfung für Volks-, Mittelschullehrer und Rektoren verfügt[217].

Andere Länder hoben Volksschule und Lehrerausbildung ebenfalls an, wie etwa Bayern durch ein 1866 erlassenes neues Normativ.

Für die Volksschule wurden in der zweiten Jahrhunderthälfte (in mancher Hinsicht besonders im letzten Drittel des 19. Jahrhunderts) die innenpolitischen Kämpfe zwischen Konservatismus und Liberalismus (Kulturkampf u.a.) wichtig. Fragen wie Ausgestaltung einer Simultan- oder Konfessionsschule, der geistlichen oder weltlichen Schulaufsicht, der Unterhaltung des Volksschulwesens durch Staat und Gemeinde, der sozialen und wirtschaftlichen Hebung des Lehrerstandes suchte man durch Gesetze und Verordnungen einer Lösung zuzuführen. Eigens erwähnenswert erscheint die Tatsache, daß - so in Preußen - im Zeichen eines "Neuen Kurses" (Kampf gegen staatsfeindliche Kräfte) die Schulen vermehrt als Instrumente politischer Sozialisation eingesetzt werden sollten: ihnen wurde aufgetragen, der Ausbreitung sozialistischer und kommunistischer Ideen entgegenzuwirken und die Monarchie sichern zu helfen.

Dieser "Neue Kurs" mit der genannten Stoßrichtung unter dem Aspekt der Herrschaftssicherung wurde in einer "Allerhöchste Ordre" Kaiser Wilhelms II. von 1889 bekräftigt. Dort heißt es u.a.: "Schon längere Zeit hat mich der Gedanke beschäftigt, die Schule in ihren einzelnen Abstufungen nutzbar zu machen, um der Ausbreitung sozialistischer und kommunistischer Ideen entgegenzuwirken. In erster Linie wird die Schule durch Pflege der Gottesfurcht und der Liebe zum Vaterland die Grundlage für eine gesunde Auffassung auch der staatlichen und gesellschaftlichen Verhältnisse zu legen haben. Aber ich kann mich der Erkenntnis nicht verschließen, daß in einer Zeit, in welcher die sozialdemokratischen Irrthümer und Entstellungen mit vermehrtem Eifer verbreitet werden, die Schule zur Förderung der Erkenntnis dessen, was wahr, was wirklich und was in der Welt möglich ist, erhöhte Anstrengungen zu machen hat... Sie muß nachweisen, daß die Staatsgewalt allein dem Einzelnen seine Familie, seine Freiheit, seine Rechte schützen kann, und der Jugend zum Bewußtsein bringen, wie Preußens Könige bemüht gewesen sind, in fortschreitender Entwicklung, die Lebensbedingungen der Arbeiter zu heben... und wie konstant in diesem Jahrhundert die Lohn- und Lebensverhältnisse der arbeitenden Klassen unter diesem monarchischen Schutz sich verbessert haben"[218].

Überblickt man Ausbau und Strukturwandel der Volksschule im 19. Jahrhundert, so zeigen sich folgende markante Tatbestände: nach außen hin nahm die Zahl der Schulen und Schüler gewaltig zu (hohe Steigerung der Einschulungsrate, Abbau des Analphabetismus).

In Preußen stieg die Einschulungsrate zwischen 1816 und den 1880er Jahren von 60 % auf 100 %; die Zahl der öffentlichen Volksschulen wuchs zwischen 1822 und 1882 von 20440 auf 33040 an, und die Anzahl der Schüler an diesen öffentlichen Schulen erhöhte sich im gleichen Zeitraum von ca. 1,4 Mill. auf ca. 4,3 Mill. Anfang des 20. Jahrhunderts besuchten von einem schulpflichtigen Altersjahrgang noch 90 % die Volksschule, 7 % eine höhere Schule und 3 % die Mittelschule. 1882 kamen durchschnittlich über 70 Schüler auf einen Lehrer[219].

Wichtiger als der äußere war der innere Ausbau der Volksschule (Inhalte und Organisationsform). Diesbezüglich ist auf den Stadt-Land-Gegensatz aufmerksam zu machen. Die ländlichen Volksschulen erfaßten fast die ganze Breite der Landbevölkerung (die ihrerseits den weitaus größten Teil der Gesamtbevölkerung ausmachte), während die städtischen Volksschulen nur von einem Teil der Stadtbewohner besucht wurden; denn diesen standen zur Ableistung ihrer Schulpflicht vermehrt auch höhere Schulen zur Verfügung: Gymnasien, Stadtschulen, Realschulen, dazu Privatschulen.

Die Privatschulen spielten im beginnenden 19. Jahrhundert in den Städten eine bedeutende Rolle. Damals schulten diese 80 % der städtischen Schulpflichtigen ein. Nur eine Minderheit wurde auf öffentliche Kosten unterrichtet. Die privaten Volksschulen in der Stadt wurden im Laufe dieses Jahrhunderts in jahrzehntelanger Entwicklung von den (billigeren) städtischen "Armenschulen" verdrängt (während die höheren Privatschulen durch die sich ausweitenden öffentlichen höheren Schulen zurückgedrängt wurden)[220].

Obwohl die Volksschulen in der Stadt sozusagen in einem System von Schulen in Konkurrenzsituation standen, gewannen sie an Bedeutung und Nachfrage: dank ihrer fortschreitenden Differenzierung und ihres verbesserten inhaltlichen Angebots. Während 1882 auf dem Dorf immer noch die einklassige Schule vorherrschte (erst 20 % waren drei- und mehrklassig), war zu dieser Zeit der Typ der dreiklassigen Volksschule in der Stadt der Regelfall und die Differenzierung schritt hier weiter voran (bis zur achtklassigen Anstalt). Die Landschule glich sich in den folgenden drei Jahrzehnten dem ausgebauten mehrklassigen Volksschultypus immer mehr an (während die einklassige Schule hier allmählich verschwand). Die differenzierte städtische Volksschule hat demnach - wie Lundgreen bemerkt - den Gesamttypus Volksschule, wie er sich in den letzten Jahrzehnten des 19. Jahrhunderts und anfangs des 20. Jahrhunderts herausbildete, geprägt[221].

Beim Besuch der Volksschule herrschte ab 1888 in ganz Preußen Schulgeldfreiheit; in einigen anderen deutschen Staaten kam diese erst mit der Revolution von 1918. Für den Besuch der höheren und mittleren Schulen mußte bis in die Anfänge der Bundesrepublik Schulgeld entrichtet werden. Höhere Schulen wurden im 19. Jahrhundert zu 50 % aus Schulgeld finanziert.

Was den beruflichen und sozialen Status des Volksschullehrers betrifft, muß dieses angemerkt werden: Dieser rangierte in der Beamtenhierarchie weit unten, ebenso in der Gehaltsskala (verdiente etwa die Hälfte eines Staatsbeamten im mittleren Dienst). Vorgesetzt bzw. übergeordnet waren ihm Schulrat, Kreisinspektor, Pfarrer als Ortsschulinspektor und Bürgermeister (letzterer zuständig in äußeren Schulbelangen). Aufstiegsmöglichkeit gab es kaum. Dem Kleinbürgertum bzw. niederen Ständen zugehörig, bemühten sich die Lehrer um wissenschaftliche Bildung und Hebung ihres Prestiges. Im letzten Drittel des 19. Jahrhunderts und um die Jahrhundertwende verbesserte sich ihre Lage: Gehalt und Altersversorgung wurden durch staatliche Maßnahmen angehoben und gesichert. Der Einkommensunterschied zwischen Stadt- und Landlehrer verringerte sich deutlich (wobei Unterschiede auch im Vergleich von Gemeinde zu Gemeinde bzw. von Provinz zu Provinz weiter fortbestanden). Der soziale Rang stieg (z.B. durch Verleihung des "Einjährigen" an Seminarabgänger, Gewährung größerer bürgerlicher Rechte, akademischere Gestaltung der Lehrerbildung). Die gesamte Stellung änderte sich: der Lehrer avancierte vom Schulmeister zum Jugend- und Volksbildner (Vermittlung von Teilhabe am geistigen Gesamtleben der Nation)[222].

7.3.3 Entwicklungen im mittleren Schulwesen (Real- und Mittelschulen)

Als Bildungsinstitutionen allgemeinbildenden Charakters, die zwischen Elementar- resp. Volksschule und Gymnasium standen, haben die Realschule und die Mittelschule zu gelten.

Der Ruf nach Schulen, die mehr dem praktischen Leben dienen als gelehrte Bildung vermitteln und doch über die elementare Bildung hinausreichen sollten, war bereits im 18. Jahrhundert unüberhörbar. So sind denn auch Wurzeln und Idee der Real- und Bürgerschule des 19. Jahrhunderts teilweise in jener Zeit zu suchen. Klarere Vorstellungen von einem mittleren Bildungsniveau kristallisierten sich nach Einführung der Reifeprüfung (in Preußen 1788) mit der damit erfolgenden Festlegung der oberen Grenze der Schulbildung heraus. Erst im 19. Jahrhundert jedoch wurde die mittlere Schule (d.h. allgemeinbildende Schularten ohne bzw. mit eingeschränkten Berechtigungen) ein fester Bestandteil im Gefüge des allgemeinbildenden Schulwesens[223]. Die mittlere Schule des 19. Jahrhunderts rekrutierte sich aus jenen Schularten, die insbesondere durch die Reorganisierung der höheren Schulen im Zuge der Humboldt-Süvernschen Reform (Reform des Gelehrtenschulwesens speziell durch das Abituredikt von 1812 und die Lehrplannormierungen von 1812/16) die Privilegien und Berechtigungen des "neuen Gymnasiums" nicht zugesprochen bekamen und damit auf niedrigeren Rang eingestuft waren. Zu Schulen solcher Art, die nicht (mehr) als höhere Lehranstalten anerkannt und von allen Berechtigungen ausgeschlossen waren, gehörten: Rektor-, Stadt-, Bürger-, Mittel-, Haupt- und höhere Knabenschulen. Aus diesen ging dann 1872 durch staatliche Normierung bzw. rechtliche Fixierung (preußische "Allgemeine Bestimmungen") die "Mittelschule" als ein eigener neuer Schultyp hervor[224]. Im Sinne der allgemeinen Bestimmungen wurde dieser Typ (in welchem die genannten Schularten aufgingen) als über die Zielstellung der Volksschule hinausgehend konzipiert. Ihr wurde der Auftrag zugewiesen, "einerseits ihren Schülern eine höhere Bildung zu geben, als dies in der mehrklassigen Volksschule geschieht, andererseits aber auch die Bedürfnisse des gewerblichen Lebens und des sogenannten Mittelstandes in größerem Umfang zu berücksichtigen, als dies in höheren Lehranstalten regelmäßig der Fall sein kann"[225].

Diese Mittelschule war praktisch, nicht wissenschaftlich ausgerichtet, in der Regel sechsklassig und eigenständig (sie konnte allerdings auch in der Form verwirklicht werden, daß sechsklassige Volksschulen in ihren Oberklassen nach dem Lehrplan der Mittelschule arbeiteten). Über den Lehrplan der Volksschule hinaus war eine Fremdsprache (Französisch, ab 1910 Englisch) obligatorisch, Latein fakultativ; ferner sollte kaufmännisches Rechnen angeboten werden und je nach "lokalen Bedürfnissen" konnten auch spezielle Qualifikationsanforderungen von Landwirtschaft und Industrie, Handel und Verkehrswesen berücksichtigt werden.

Der Lehrplan schrieb folgende Unterrichtsfächer bzw. -gegenstände vor: Religion, Deutsch, Rechnen und Raumlehre, Naturkunde (Naturbeschreibung, Physik, Chemie), Geographie, eine obligatorische moderne Fremdsprache (Französisch/Englisch; wahlfrei Lateinisch), Gesang, Turnen[226].

Obwohl diese weiterführende und berufsorientierte Schule den Bedürfnissen der mittleren Bürgerschicht in Gewerbe, Handel und Industrie besonders entgegenkam, wurde sie zunächst nur zögernd angenommen (infolge zu geringer staatlicher Förderung bei ausschließlicher Trägerschaft durch die Gemeinden, infolge fehlender Berechtigungen und wegen der nicht akademisch gebildeten Mittelschullehrer). Anfangs des 20. Jahrhunderts breitete sie sich stärker aus. 1910 wurde sie in Preußen neu geordnet und im Hinblick auf die Berufswahl der Schüler sowie einen möglichen Übergang zur höheren Schule und hinsichtlich der Mädchenbildung differenziert.

Nach Einführung der 4jährigen Grundschule (1920) baute die Mittelschule auf dieser auf.

Die Mittelschule breitete sich nach preußischem Vorbild in fast allen deutschen Ländern aus[227].

In der Mittelschule des späten 19. Jahrhunderts war die Idee der mittleren Schule des 18. Jahrhunderts (Realschulidee) nur noch begrenzt wirksam. War es in jener Idee um die Konstituierung einer umfassenden Bürgerbildung gegangen, die - neuen wissenschaftlichen Erkenntnissen und rationalen Begründungen Rechnung tragend - eine ökonomisch-technische Grundorientierung bieten und damit Grundlagen für die Berufsbildung handel- und gewerbetreibender Schichten bereitstellen und zugleich allgemeine (intellektuelle, moralische, religiöse und politische) Bildung leisten sollte, so erfüllte sie im 19. Jahrhundert eine andere Funktion. Nicht mehr die Koppelung zeit- und schichtbezogener "grundlegender Berufsbildung" und "allgemeiner Bürgerbildung" war das Entscheidende. Was der Mittelschule des 19. Jahrhunderts - insonderheit nach deren Vereinheitlichung durch die preußische Mittelschulverfügung von 1872 - ihre Bedeutung verlieh, ist die Tatsache, daß sie einerseits von Kindern der Mittelschicht zur Erhaltung ihres Status und als Standesabgrenzung gegenüber den Unterschichten genutzt und andrerseits von Unterschichtkindern als Mittel zum Aufstieg gewählt wurde[228].

Die mit dem Namen "Realschule" bezeichneten Schulen des 19. Jahrhunderts gehörten teils dem höheren, teils dem mittleren Schulwesen zu.

Vor 1820 hatten die Realschulen (die es - wie oben gezeigt - bereits seit dem 18. Jahrhundert gab) keine große Bedeutung. Der Geist des Humanismus hemmte ihre Ausbreitung (Humanismus-Realismus-Streit). Bereits in den 20er Jahren erlebten sie aber einen großen Auftrieb: gefördert wurden sie einmal durch Programmschriften August Gottlieb Spillekes (Direktor eines Berliner Gymnasiums nebst dazugehöriger Realschule), sodann durch die in großem Umfang erfolgende Umwandlung von Lateinschulen (als Folge der neuhumanistischen Gymnasialreform und des durch diese eingeleiteten Selektionsprozesses)[229]. Zahlreiche Lateinschulen, die den Lehrplan- und Lehrerqualifikationsanforderungen des neuhumanistischen Gymnasiums nicht entsprachen und keine Abiturberechtigung erlangten, änderten in den ersten Jahrzehnten des 19. Jahrhunderts ihren Lehrplan: sie reduzierten Latein oder strichen es ganz und wandten sich verstärkt den modernen Sprachen und Naturwissenschaften zu. Diese Schulen hatten großen Zulauf (weil sie inhaltlich attraktiv erschienen und viele Kinder des Bürgerstands ohnehin nicht das Abitur anstrebten), so daß Neugründungen erforderlich wurden. Sowohl die umgewandelten wie die neugegründeten Schulen, die den Realien (Naturwissenschaften, Mathematik, moderne Sprachen) als schwergewichtigen Lehrinhalten Raum gaben, nannten sich Realschulen. Von den Regierungen in Preußen und anderen Ländern beargwöhnt, stieg ihre Zahl und Bedeutung bis zur Jahrhundertmitte schnell weiter.

Angesichts dieser Sachlage wandte die preußische Staatsverwaltung diesen Schulen ihr Interesse zu: 1832 erfolgte ein Ministerialerlaß mit Bestimmungen über Unterrichtsfächer und Abschlußprüfung. Ebenso wurden wichtige Berechtigungen verfügt.

Als Prüfungsfächer wurden genannt: Deutsch, Französisch, Mathematik, Naturwissenschaften, Geschichte, Geographie, fakultativ noch Latein und Englisch. Die bestandene Abschlußprüfung berechtigte zu einjährig-freiwilligem Militärdienst und zum Eintritt in mittlere Beamtenlaufbahnen (im Post-, Forst- und Baufach).

Diese Realschulen konkurrierten in der ersten Hälfte des 19. Jahrhunderts nicht mit dem auf das Universitätsstudium vorbereitenden Gymnasium. Sie waren übrigens weder in ihrem sachlich-inhaltlichen Angebot noch in ihrem Status scharf abgegrenzt gegenüber Gewerbeschulen, Handelsschulen und höheren Bürgerschulen; vielmehr gab es vielfältige Mischformen je nach regionalen Verhältnissen[230]. In der zweiten Jahrhunderthälfte jedoch nahm jener Teil von ihnen, der dem höheren Schulwesen zuzurechnen ist, den Kampf um Gleichberechtigung mit dem Gymnasium auf.

Dieses Nebeneinander verschiedener Formen von Realschulen suchte der Staat zu regeln. In Preußen wurde 1859 eine feste Ordnung für das ganze Realschulwesen erlassen. (Diese bot dann auch eine "Maßgabe" der Zuordnung bestimmter Realschulen zum mittleren resp. höheren Schulwesen.)

> Ein Teil der Realschulen hatte - nachdem die reaktionäre Schulpolitik nach 1848 naturwissenschaftliche Lehrinhalte in den (höheren) Schulen zurückdrängte, der technisch-ökonomische Entwicklungsstand und die sich in Richtung Hochschulen entwickelnden (poly)technischen Lehranstalten jedoch geradezu vermehrte Beschäftigung mit naturwissenschaftlichen Gegenständen forderten - ihren Lehrplan diesbezüglich erweitert und sich zu neunklassigen höheren Schulen ausgebaut. Dadurch war ein Faktum geschaffen, das es in gewissem Sinne zu sanktionieren galt.

Der ministerielle Erlaß zur "Unterrichts- und Prüfungsordnung der Realschulen und höheren Bürgerschulen" (1859) unterschied Realschulen I. und II. Ordnung, wobei der Realschule I. Ordnung der Charakter einer eigenständigen höheren Schule zuerkannt wurde.

> Die Realschule I. Ordnung hatte (wie das Gymnasium) einen 9jährigen Kurs mit den Schwerpunkten Mathematik, Naturwissenschaften, moderne Sprachen und durchgehendem Lateinkurs. Ihre Abiturienten erhielten staatliche Berechtigungen (Zugang zum Studium an Fachhochschulen, wie Bergakademie, Forstakademie, Technische Hochschule, ab 1870 auch auf bestimmte Fachrichtungen eingeschränkten Universitätszugang). Ab 1882 (dem Zeitpunkt ihrer Anerkennung als Vollanstalt) hieß dieser Schultyp Realgymnasium. Die Realschulen I. Ordnung, welche ohne die beiden Abschlußklassen geführt wurden, galten in Preußen nach 1859 als Bürgerschulen. (Diese Form von Realschule wurde 1872 in Mittelschule umbenannt.)
>
> Die Realschule II. Ordnung hatte einen kürzeren und freieren Kurs, führte Latein nur als Wahlfach (und blieb ohne Berechtigungen). Sie bildete die eine Wurzel der späteren lateinlosen Oberrealschule, welche seit 1882 als dritte neunklassige Vollanstalt (grundständiger Schultyp) des höheren Bildungswesens anerkannt wurde. (Ihre zweite Wurzel hatte diese Oberrealschule in der Provinzial-Gewerbeschule.)

Die Entwicklung der Realschulen nahm also einen anderen Verlauf als ursprünglich mit ihrer Etablierung beabsichtigt war. Statt der sich entwickelnden Privatindustrie, dem Handel und Gewerbe den Nachwuchs zu sichern und eine an den bürgerlichen Interessen orientierte Alternative zur altklassischen Bildung zu bieten, gerieten sie in den Sog der auf die Bedürfnisse der beamteten Elite in Staat und Kirche ausgerichteten Gymnasien, eiferten - aufgrund ihnen vorenthaltener Berechtigungen - diesen nach und orientierten ihre Konzeption (weitgehend) auf höhere Allgemeinbildung und breiten Hochschulzugang hin[231].

Das gilt für jene Zweige, die sich unter dieser Orientierung ausbauten und später zu Anstalten des höheren Schulwesens wurden (als Realgymnasien und Oberrealschulen). Allerdings nahmen ab der zweiten Hälfte des 19. Jahrhunderts vermehrt auch Fachschulen solche Funktionen wahr, die ursprünglich der Realschule zugedacht waren.

> In Österreich wurde die Realschule 1849/51 reorganisiert und in Bürgerschule umbenannt (bis 1927).

7.3.4 Wandlungen im höheren Schulwesen

Im Bereich der höheren Bildung konstatieren wir für die zweite Hälfte des 19. Jahrhunderts eine Mehrzahl von Schultypen. Alte Schulen wandelten sich strukturell, neue kamen hinzu (teils aus dem mittleren, teils auch aus dem beruflichen Sektor des Schulwesens). Die Gründe dafür sind weniger bildungstheoretischer und pädagogischer als sozialhistorischer Art. Die Industriegesellschaft stellte andere Anforderungen an die Schule. Sodann zeigten sich auch Rückwirkungen des Berechtigungswesens auf die Bildungsorganisation: Die normierenden Wirkungen der mit Bildungsabschlüssen verbundenen Berechtigungen verstärkten den Differenzierungsprozeß und zwar nicht nur in der Weise, daß eine Trennung zwischen vollausgebauten (9jährigen bzw. zum Abitur führenden Anstalten) und verkürzten Schulformen sich verstärkte[232], sondern auch so, daß der Kreis vollausgebauter Anstalten (mit unterschiedlichen Schwerpunktsetzungen) sich vermehrte und dem Gymnasium das Monopol streitig gemacht wurde, über die höchsten Berechtigungen zu verfügen.

> Die Folgen der industriell-technischen Entwicklung trieben geradezu zu einer Modernisierung und Differenzierung auch im höheren Bildungssystem. Ein erheblicher Faktor für das Ausmaß und die Intensität der strukturellen Wandlung kann mit Lundgreen im Anpassungsdruck und Akademikersog gesehen werden, dem die Lehrer nicht-gymnasialer Anstalten (speziell durch ihre Standesorganisationen) Vorschub leisteten und den die Verwaltung durch Privilegierung des gymnasialen Lehrplans unterstützte[233].

Die wichtigsten Entwicklungslinien des höheren Schulwesens im zweiten und dritten Drittel des 19. Jahrhunderts lassen sich durch folgende Faktizitäten umreißen: Mit der Umwandlung der alten Lateinschule in das klassische Gymnasium (Humboldt-Süvernsche Reform) änderten sich Bildungsverständnis, Lehrplan und Prüfungsordnung: höhere Leistung und umfänglicheres Wissen wurden verlangt[234]. Das neue Abiturreglement von 1834 erklärte das Abitur als einzigen Weg zum Universitätsstudium und sprach die Abiturberechtigung nur dem Gymnasium zu (welches dieses Monopol dann auch bis zum Ende des Jahrhunderts verteidigte).

> Die bis dahin übliche Universitätsprüfung wurde abgeschafft. Privatschüler mußten als Voraussetzung zur Aufnahme in die Universität ein Externenabitur ablegen.
>
> Im gleichen Jahr wurden die Privatschulen, die anfangs des Jahrhunderts recht bedeutend und weit verbreitet waren, stark eingeschränkt und unter staatliche Aufsicht gestellt.

Die sich seit den 20er und 30er Jahren verstärkt durchsetzende Tendenz zu enzyklopädischer Bildung trat in Preußen in dem ersten offiziellen Lehrplan für das Gymnasium von 1837 klar hervor[235]. Dieser Plan - mit Zurückdrängung des Griechischen zugunsten des Lateinischen und der Aufnahme von Französisch, Philosophie und Physik - konnte sich erstaunlicherweise trotz geistiger und sozialgeschichtlicher Wandlungen (denen die Schule ganz und gar nicht konform ging) im wesentlichen bis 1892 halten. In der dann erst unter Annäherung an die modernen Welt- und Lebensverhältnisse vorgelegten revidierten Form (Reduzierung des Lateinischen, Aufwertung des Deutschen, Verstärkung von Sport und Spiel) blieb er im großen und ganzen bis 1976 in Geltung.

In anderen Territorien - wie etwa in Bayern - waren die Wandlungen höherer Schulen bis in die zweite Jahrhunderthälfte relativ wenig einschneidend (wie dort der neuhumanistisch geprägte revidierte Thiersch-Plan von 1830 und auch deren überprüfte Fassung von 1854 zeigen). Größere Veränderungen ergaben sich später im ganzen deutschen Gebiet durch zwei Momente: einmal durch die Umschichtung im überkommenen Gymnasium selbst, zum anderen durch das Heraufkommen neuer Schultypen und der damit gegebenen Auseinandersetzungen. Die gemeinten Umschichtungen betrafen Gewichtsverlagerungen: starke Erweiterung des Deutschunterrichts, Ausweitung des Latein-, Mathematik- und Physikunterrichts, Aufnahme neuer Fächer, wie Turnen, Naturkunde, Zeichnen; organisatorische Maßnahmen: Aufhebung der Trennung von Lateinschule als Unterbau und eigentliches Gymnasium als Oberbau zugunsten einer jetzt grundständigen neunjährigen Eliteanstalt[236]. Die neuen Schultypen, welche die Bildungslandschaft auf dem Gebiete des höheren Schulwesens differenzierten, waren die bis 1882 zu Vollanstalten ausgebauten Realgymnasien und Oberrealschulen (samt ihren Sonderformen). Diese führten einen heftigen Kampf um allgemeine Anerkennung und Gleichberechtigung mit dem Gymnasium.

> Die 1882 erfolgte Einführung revidierter Lehrpläne für die höheren Schulen in Preußen berücksichtigt drei grundständige Typen höherer Schulen: Gymnasium, Realgymnasium und Oberrealschule.

Das aus der Realschule mittleren Bildungszuschnitts hervorgegangene Realgymnasium - eine durch gesellschaftliche und wirtschaftliche Entwicklung bedingte Form höherer Bildung - suchte neben dem Unterricht in neueren Sprachen besonders dem wachsenden Bedürfnis nach Ausbildung in den von höheren Schulen bislang vernachlässigten Realien (besonders den Naturwissenschaften) Rechnung zu tragen. Seine Entwicklung verlief seit 1882 parallel zu derjenigen der Oberrealschule: einem neuen vollständig ausgebauten Schultyp, der den technischen Belangen in nachdrücklicher Weise genüge tun, nicht lediglich Allgemeinbildung leisten, sondern spezifischer Vorbildung für verschiedene Berufe dienen wollte. Diese Schulen (mit Realschulen und Gewerbeschulen als Vorläufern) waren lateinlos; sie pflegten besonders Naturwissenschaften und neuere Sprachen (Französisch und Englisch).

Neben den genannten drei neunklassigen Grundtypen der höheren Schulen gab es auch noch (nicht zum Abitur führende) sechs- und siebenklassige Kurzformen: Progymnasium, Realprogymnasium, Realschule/"Höhere Bürgerschule". Und nach Gleichstellung jener drei Grundtypen bildeten sich auch noch Zwischenformen heraus: Reformgymnasium, Reformrealgymnasium. Letztere sollten sozusagen korrigierende Schulversuche und Modellschulen sein, welche die Aufnahme neuerer Sprachen und naturwissenschaftlicher Unterrichtsgegenstände weiterentwickelten und organisatorisch verschiedene Varianten boten.

In Bayern war der Werdegang von Realgymnasium (und Oberrealschule) anders: Während in Preußen das Realgymnasium durch Aufstockung einer bereits auf Allgemeinbildung zielenden Realschule entstand, kam sie in Bayern durch Fortentwicklung von Gewerbeschulen und durch Anschluß eines "Realzugs" (als Oberbau) an eine Lateinschule (als Unterbau) zustande. (In Württemberg wurde das Realgymnasium durch Gabelung innerhalb des Gymnasiums gebildet.)

Die Oberrealschule ging in Bayern aus der 1864 und 1870 reformierten Gewerbeschule und der 1870 gegründeten Industrieschule hervor[237].

Trotz verstärkter Berücksichtigung realer Unterrichtsgegenstände (durch die genannte Differenzierung und neue inhaltliche Schwerpunktsetzungen) wies die Struktur des höheren Schulwesens bis in die 80er Jahre hinein und auch danach noch einen sich nur allmählich abbauenden Modernitätsrückstand auf.

In Süddeutschland noch mehr als in Norddeutschland zogen die humanistischen Gymnasien die weitaus meisten Schüler an. In Norddeutschland waren bis in die 80er Jahre rund zwei Drittel aller höheren Schüler Gymnasiasten. Mehr als 90 Prozent besuchten zwischen 1859 und 1887 eine Bildungsanstalt, in der Latein zentraler Unterrichtsgegenstand war. Zum Teil hängt das natürlich auch damit zusammen, daß es in vielen Städten gar keine Wahlmöglichkeit gab, weil nur ein gymnasiales Angebot vorhanden war. Übrigens: die Mehrzahl aller Gymnasiasten waren vorzeitige Schulabgänger (nur jeder vierte machte Abitur)[238].

In den letzten beiden Jahrzehnten des 19. Jahrhunderts spielten sich im höheren Schulwesen heftige Konkurrenzkämpfe (aller gegen alle) ab. Am schärfsten gestaltete sich der Schulkrieg wegen der verschiedenen Berechtigungen (insbesondere des Rechts, uneingeschränkten Zugang zu den einzelnen Fakultätsstudien und zu höheren Staatskarrieren zu eröffnen). Das Gymnasium stritt (unterstützt von Schulverwaltung, Universitäten und akademischen Berufsverbänden) um seine Vorrangstellung. 1900 wurde in Preußen die Gleichstellung aller drei Grundtypen durchgesetzt, und seit 1901 sind deren Absolventen in gleicher Weise zum Universitätsstudium berechtigt.

> In Bayern bewahrte das Gymnasium sein humanistisches Gepräge und behauptete seine Vorherrschaft gegenüber anderen Typen höherer Bildung länger als in den übrigen deutschen Staaten. Die Gleichberechtigung des Realgymnasiums mit dem Gymnasium erfolgte hier erst 1910. Die Oberrealschule konnte sie sogar erst mit der Schulordnung von 1914 erringen.

Nach der Gleichstellung und Gleichberechtigung jener Schultypen ging der Besuch humanistisch-gymnasialer Anstalten im allgemeinen merklich zurück. Überblickt man die Entwicklung des höheren Schulwesens im zweiten und dritten Drittel des 19. Jahrhunderts und die dahinterstehenden Triebkräfte, so treten folgende Tatbestände ins Blickfeld:

Seit der Reorganisation des Gymnasiums in der Reformzeit (Humboldt-Süvernsche Reform) war das Gymnasium vornehmlich auf die beamtete Elite in Staat und Kirche sowie auf höhere freiberufliche Karrieren, also auf öffentliche Dienstleistungsberufe i.w.S., ausgerichtet[239]. Das Aufstrebende Wirtschaftsbürgertum resp. die Privatindustrie hatten keine auf sie zugeschnittene höhere Bildungsanstalt. Bemühungen um eine an ihren Interessen orientierte moderne Alternative (realistischen Zuschnitts) zur altklassischen Bildung konnten bei der Vormachtstellung des Gymnasiums und der restaurativen Bildungspolitik des Vormärz mit ihrer eng "bedarfsangemessenen", sozialrestriktiven Begrenzung der berechtigten höheren Bildung nicht verwirklicht werden. Die sich seit den 20er Jahren rasch ausbreitenden Realschulen suchte man zunächst auf einem mittleren Niveau zu kanalisieren. Erst der Durchbruch der großen Industrie in der zweiten Jahrhunderthälfte setzte das höhere Bildungswesen so unter Modernisierungszwang, daß dessen Differenzierung bzw. quantitativer Ausbau (bei verstärkter Einbeziehung und Forderung der erfahrungsorientierten realistischen und technischen Bildung) unter den gegebenen sozioökonomischen Bedingungen unumgänglich wurde.

Der Anpassungszwang im Bereich der höheren Bildung bezog sich einmal auf die Lehrpläne: es galt, moderne Fremdsprachen aufzunehmen; ferner wurde es im Hinblick auf die technischen Lehranstalten (zumal der Technischen Hochschulen) nötig, künftige Studierende an solchen durch Aufnahme entsprechender naturwissenschaftlicher und mathematischer Lehr- und Lerngegenstände auf ein effektives Studium vorzubereiten. In beider Hinsicht mußten also bestehende Defizite in der höheren Bildung beseitigt werden.

Daneben gab es noch andere Gründe für den weiteren Ausbau des höheren Bildungssystems: in den 60er und 70er Jahren bestand (als späte Folgeerscheinung der seit den 30er Jahren durchgehaltenen restriktiven Bildungspolitik) Mangel an akademischem Nachwuchs (Abiturientendefizit). Diese Mangellage - an deren Beseitigung auch der Staat um seiner Funktionsfähigkeit willen interessiert sein mußte - übte eine Sogwirkung auf die steigende Bildungsbeteiligung in den unteren Mittelschichten aus und führte bis in die frühen 80er Jahre zu einer Verbreiterung des Angebots an Bildungseinrichtungen (Ausbau und Neugründung höherer Schulen). Neben humanistischen gewannen realistische Bildungsanstalten (Realgymnasium, Oberrealschule) Anerkennung.

Die beschleunigte Expansion gab auch jenen (weltanschaulich relevanten) Kräften wieder Auftrieb, die liberale, emanzipatorische und sozialistische Interessen in der Bildungspolitik durchgesetzt haben wollten. Diese vor allem begriffen sich als Vorreiter einer neuen modernen (zeitgerechten und sozialgerechten) Schule. Sie traten energisch für weitere Reformen im Sinne der Anpassung des höheren Schulwesens an die veränderten ökonomischen und sozialpolitischen Bedingungen der modernen (Klassen-)Gesellschaft ein unter der Forderung, das höhere Schulwesen solle zum sozialen Ausgleich in der Gesellschaft beitragen.

> Schulreformen wurden unter verschiedenen Akzentuierungen bzw. Motiven von bestimmten Schulreformvereinen und Interessengruppen gefordert (vom Allgemeinen Deutschen Realschulmännerverein, dem Verein Deutscher Ingenieure, Technischen Hochschulen, Industriestädten u.a.).

Den Modernisierungszwängen im höheren Bildungssektor und den Funktionszwängen, welche sich aus der Industrialisierung samt ihren Folgen ergaben, standen die sozialpolitischen Interessenlagen der traditionsbefangenen Eliten (Großgrundbesitzer, Staatsbeamtentum, traditionelle akademische Berufsstände) entgegen. "Aus Furcht vor den gesellschaftsverändernden Konsequenzen (soziale Bildungsbeteiligung nach unten, verstärkte Statuskonkurrenz beim Zugang in privilegierte Karrieren, vermeintliche Gefahr der Entstehung eines 'akademischen Proletariats') sperrten sie sich gegen die Modernisierung der höheren Bildung und lehnten die berechtigungswirksame Aufwertung des realistischen und technischen Schul- und Hochschulwesens ab"[240].

> Zu Reformgegnern gehörten vor allem Interessenvertreter des humanistischen Gymnasiums, des Deutschen Gymnasialvereins (seit 1890), Mitglieder der Hochschullehrerschaft sowie die Ständeorganisationen der Ärzte und Juristen[241].

Zwischen den Modernisierungszwängen im höheren Bildungsbereich und staatspolitischem Gestaltungswillen einerseits, wie auch zwischen den Interessenlagen der Befürworter und Gegner einer den gewandelten Lebenslagen im Industriezeitalter entsprechenden Schulreform andrerseits legte die leitende Ministerialbürokratie in der wilhelminischen Ära ihre bildungspolitische Richtung fest: Diese entsprach übrigens in ihren Grundzügen der reaktionären Tendenzwende, die Ende der 70er Jahre in der Politik überhaupt zu verzeichnen war und anfangs der 80er Jahre auch in der Bildungspolitik durchschlug. Dieser zufolge steuerte man einen konservativen Kurs (während in den 60er und 70er Jahren ein freierer und reformfreudigerer Geist geherrscht hatte). Um eine nach Behebung des genannten Abiturientendefizits (Mangel an akademischem Nachwuchs) schon in den 80er Jahren sich ankündigenden Überfüllung gelehrter Berufsarten einzudämmen und um möglichen sozialen Erschütterungen durch weitgehende liberale Modernisierung und Beteiligung unterer Sozialschichten an höherer Bildung zu wehren, suchte man dem weiteren Eigenausbau des Bildungssystems entgegenzusteuern, und zwar durch eine Umschleusung des angeschwollenen Bildungsstroms und durch eine genaue Steuerung der Berechtigungen. Demgemäß wurden drei Maßnahmen eingeleitet[242]:

- Einschränkung des Bildungsangebots
  (Erschwerung der Gründung neuer und Verminderung bestehender vollberechtigter Anstalten, Zurückdrängung des Realgymnasiums)
- Eröffnung positiver Alternativen zum Gymnasium
  (Verengung gymnasialer Elitebildung durch Verbreiterung eines lateinlosen Bildungsangebots - "bildungspolitische Mittelstandsförderung")
- Begrenzung der Bildungsansprüche und Kontrolle der Bildungsbeteiligung
  (Abschnürung sozialer Zugangschancen in die akademischen Laufbahnen mit marktwirtschaftlichen - ärmere Gruppen benachteiligenden - Mitteln, wie Erhöhung des Schulgeldes für höhere Schulen, der Studiengebühren an Universitäten, Einschränkung der Stundung von Kollegienhonoraren, Kürzung von Förderungsmitteln u.a.).

Die von der Administration gesteckten Ziele ließen sich gegen die Macht der konkreten Verhältnisse nicht durchsetzen. Ihre steuernden Eingriffe bewirkten zwar eine Drosselung des Wachstumstempos in den letzten beiden Jahrzehnten des 19. Jahrhunderts, nicht jedoch eine dauerhafte Einschränkung der expandierenden höheren Bildung. Es kam gegen Ende des Jahrhunderts zu einem Ausgleich der Interessensgegensätze der sozialen Schichten, der in der Schulfrage zu einem Kompromiß führte (gesellschaftliche Aufwertung und schließlich Gleichstellung der "modernen", d.h. realistischen und technischen Bildung gegenüber der "klassischen"). Dieser brachte das Ende des Schulkampfes und die formelle Gleichstellung zwischen den Vollanstalten wie auch zwischen Technischen Hochschulen und Universitäten.

> Laut Herrlitz u.a. wurde damit "eine Entwicklung ratifiziert, die den langfristigen Kontinuitätslinien des Bildungssystems entsprach und durch politische Gegensteuerungen ohnehin nicht mehr aufzuhalten war, wie alle beteiligten Akteure (die Bürokratie und die verschiedenen Interessensgruppen) gegen Ende der 90er Jahre zunehmend erkannten"[243].

Nach der in den 80er und 90er Jahren erfolgten Verzögerung im weiteren Ausbau höherer Schulen setzte sich die Bildungsexpansion nach der Jahrhundertwende (bis zum Ersten Weltkrieg) rasch fort.

Abschließend noch ein paar Anmerkungen zur Lehrerbildung im Bereich höherer Schulen: Während das Unterrichten an gelehrten Schulen noch im 18. Jahrhundert weitgehend von Theologen (welche auf eine geistliche Stelle warteten oder sich vom Amt abgewandt hatten) besorgt wurde, gestaltete es sich im 19. Jahrhundert zu einem eigenständigen Beruf. Die eingeleitete (und sich um die Jahrhundertmitte auf breiter Basis vollziehende) Trennung von Lehramt und geistlichem Amt sowie die Einführung gesonderter Prüfungen für die höheren Lehrfächer (zuerst in Bayern 1809, dann in Preußen 1810) markierten die Entwicklung jener Schulen und ihren Lehrstand[244]. Eine qualifizierte Lehrerbildung sollte und konnte das Niveau höherer Schulen wie auch das Ansehen ihrer Lehrer heben.

Die Lehramtsprüfung nach den Bestimmungen jener Jahre (1809/10) war eine wissenschaftliche, keine pädagogische. Sie erstreckte sich auf alle Lehrfächer des Gymnasiums; philologische, historische und mathematische Kenntnisse wurden verlangt. In den 20er Jahren wurde dann (in Bayern 1824, in Preußen 1826) ein pädagogisches Probejahr eingeführt.

> In Bayern wurde die Probezeit zwischen 1829 und 1854 auf zwei Jahre verlängert, dann wieder abgeschafft. Erst 1895 wurde hier dann wieder für eine geregelte pädagogische Vorbereitung auf das höhere Lehramt gesorgt.

Der zu einseitigen Betonung der philologischen Studien suchte man seit den 30er Jahren durch eine stärkere Einbeziehung allgemeinbildender Inhalte (Philosophie, Geschichte, Theologie) in die Prüfung entgegenzuwirken. Die Prüfungsanforderungen waren demgemäß (Nachweis über umfangreiches Fach- und Allgemeinwissen) relativ hoch. Je nach Qualifikationsnachweis erhielten die Prüflinge die volle oder eine eingeschränkte Lehrbefugnis (für alle Klassen oder auch nur für mittlere und/oder untere).

> In Bayern z.B. durfte, wer mit der Note III abschnitt, in der Regel nur in den unteren vier (ab 1878 fünf) Klassen des Gymnasiums unterrichten und hatte keine Chance, zum Gymnasialprofessor befördert zu werden. Die Abstufung nach Noten fiel hier mit der späteren Prüfungsordnung von 1912 weg, die nur noch eine einheitliche Lehrbefähigung auf der Grundlage eines achtsemestrigen Studiums kannte.

In den 70er Jahren wurden auch die höheren Realanstalten in die Prüfungsordnungen einbezogen. So wurde in Preußen - um den Lehrernachwuchs der Realschulen und höheren Bürgerschulen sicherzustellen - 1870 den Absolventen von Realgymnasien der Zugang zum höheren Lehramt in Mathematik, Naturwissenschaften und neueren Sprachen geöffnet. Ansonsten blieb jedoch (bis Ende des 19. Jahrhunderts) das Reifezeugnis eines Gymnasiums Voraussetzung für Zulassung zum Studium eines höheren Lehramts.

Die Entwicklung der höheren Lehrerbildung in den letzten Jahrzehnten ist durch eine schrittweise erfolgende Spezialisierung auf Fachgruppen und

Fächer hin gekennzeichnet (ersichtlich z.B. in der preußischen Prüfungsordnung von 1887). Weiterhin ist die Einführung einer "einheitlichen Lehrbefähigung" in der preußischen Prüfungsordnung von 1898 (die übrigens eine Allgemeine und eine Fachprüfung forderte) besonders hervorzuheben, wie auch die Tatsache, daß die berufspraktisch-pädagogische Ausbildung (in Bayern z.B. durch Bestimmungen von 1895, 1902 und 1912) forciert wurde.

> Die preußische Form der Ausbildung für das höhere Lehramt diente laut Bölling[245] in der zweiten Hälfte des 19. Jahrhunderts vor allem Sachsen, Baden, Hessen und den kleineren mittel- und norddeutschen Staaten zum Vorbild. In Württemberg und Bayern verlief die Entwicklung in mancher Hinsicht anders. Eine gewisse Annäherung erfolgte anfangs des 20. Jahrhunderts[246].

7.3.5 Entfaltung des Berufs- und Fachschulwesens

Vorbemerkung: Seit dem späten Mittelalter entwickelte sich das berufliche Ausbildungswesen in Handwerk und Handel, aber auch in Bergbau und Landwirtschaft vor Ort (d.h. im Betrieb) stetig weiter. Zur betrieblichen Ausbildung kamen im 18. Jahrhundert schulische Einrichtungen hinzu: auf unterer Ebene Industrieschulen (auch Armen- und Arbeitsschulen), auf mittlerer Ebene Realschulen, für höhere fachliche Bildung Fachschulen. Diese Schulen hatten jedoch - auf das Ganze der Berufserziehung gesehen - nur begrenzte Wirkung (wie übrigens auch die in der neuhumanistischen Bildungsreform erfolgte Trennung von Bildung und Ausbildung); denn die berufliche Nachwuchsschulung lag bis weit ins 19. Jahrhundert hinein bei den Berufsständen. Von dorther bezog die Berufsausbildung - deutlich sichtbar beim Handwerk - ihre verbindliche Norm.

In der zweiten Jahrhunderthälfte änderten sich (als Folge der liberalistischen Wirtschaftsauffassung und vergrößerten Gewerbefreiheit, des Verlusts der traditionellen (Lebens-)Gemeinschaft im Betrieb aber auch infolge neuer wirtschaftlich-industrieller Faktizitäten und Notwendigkeiten, wissenschaftlicher Fortschritte u.a.) die Bedingungen für den Erwerb spezifischer Berufsqualifikationen.

> Änderungen sowohl im Bereich von Berufsständen selbst (Strukturwechsel der handwerklichen Ordnungen, neue Gewerbeordnung) sowie das Aufkommen von neuen Industriezweigen und Arbeits- bzw. Produktionsweisen zogen entsprechende Konsequenzen bezüglich beruflicher Fähigkeiten und Fertigkeiten nach sich, die auf herkömmliche Weise nicht mehr in befriedigendem Maße erworben und vermittelt werden konnten. Das System beruflicher Qualifikationen forderte mehr und mehr entsprechende Schulen.

Die Entstehung von Berufs- und Fachschulen bzw. auf diesem Sektor sich anbahnende Wandlungen erfolgten vor allem aus praktischen Bedürfnissen der Wirtschaft. Diese benötigte Facharbeiter und Führungskräfte. Dazu kam aber noch ein außer-ökonomisches Moment: bei der Entwicklung von Berufs- und Fachschulen spielte zusätzlich auch - was speziell höhere Qualifikationen betrifft - das Berechtigungswesen eine Rolle (Verquickung von Bildungsabschlüssen und Berechtigungen, gesellschaftliche Wertschätzung höherer Abschlüsse)[247].

Der Druck der Industrialisierung zu einer Berufsausbildung, die der beginnenden technisch-wissenschaftlichen Zivilisation gerecht werden konnte, war im 19. Jahrhundert auf der Ebene der Facharbeiterausbildung noch sehr gering. (Zu einer systematischen Lehrlingsausbildung kam es erst gegen Ende des Jahrhunderts. Nur vereinzelt bildeten Betriebe im 19. Jahrhundert ihren Nachwuchs selbst aus.) Eine größere Nachfrage bestand hingegen nach Qualifikation für mittlere und höhere Positionen des technischen und kaufmännischen Managements[248].

Zu jenen Kategorien, die im 19. Jahrhundert das berufliche Ausbildungs- und Schulwesen darstellten, sind zu rechnen: die Fortbildungsschulen, welche sich zu Berufsschulen (Pflichtberufsschulen) weiterentwickelten und folgende Sparten bzw. Berufszweige umfaßten:
- Handwerk und Industrie (Gewerbe)
- Kaufmännisches (Handel, Verwaltung u.a.)
- Landwirtschaft

Dazu kamen branchenbezogene Fachschulen und Fachhochschulen.

> Zu dem hier gebrauchten Begriff "Berufsschule" ist folgendes zu beachten: An sich wird damit gegenüber der Schule für allgemeine Bildung (Erziehungsschule) eine Institution mit Nützlichkeitszweck (berufliche Ausbildung) bezeichnet. Die Berufsschule, wie sie sich in "Verlängerung" der Fortbildungsschule herausbildete, wollte nicht nur Berufs-"ausbildung" leisten, sondern auch Berufs-"erziehung" damit verbinden. Der Prozeß der Weiterentwicklung der Fortbildungsschule von 1870 bis 1920 stellt die Geschichte ihrer Reform dar, die zugleich den Werdensprozeß der Berufsschule markiert. Dabei können zwei Phasen unterschieden werden: eine Vorphase bis Ende des 19. Jahrhunderts und eine Hauptphase, in der sie ihre Ausgestaltung durch Georg Kerschensteiner (seit der Jahrhundertwende) erfuhr. Für diesen hatte Berufsschule primär die Funktion der Berufsbildung, d.h. nicht Vorbereitung auf einen bestimmten Beruf, nicht Sicherstellung des Lebensunterhalts, sondern: Vorbereitung auf das Berufsleben, Organgestaltung, Weckung des Arbeits- und Berufsethos sowie der Bereitschaft zum Dienst im Interesse der Gemeinschaft (staatsbürgerliche Gesinnung)[249].

Gewerbliches Schulwesen

Zum gewerblichen Schulwesen jener Zeit gehörten Gewerbeschulen verschiedener Art: gewerbliche Fortbildungsschulen, ferner gewerbliche Fachschulen (niedere und mittlere Fachschulen) sowie technische Lehranstalten (Polytechnische Schulen, technische Institute)[250].

a) Polytechnische Lehranstalten

wurden in Deutschland in den 20er und 30er Jahren unter verschiedenen Bezeichnungen (Technikum, Polytechnikum, Ingenieurschulen u.a.) gegründet (so in Berlin, Karlsruhe, München, Dresden, Kassel, Hannover, Stuttgart, Augsburg, Nürnberg, Braunschweig, Darmstadt). Stellten sie sich zunächst mehr als Handwerkerschulen vor, die junge Leute von 12 - 16 Jahren aufnahmen, so stiegen sie mehr und mehr zu Lehr- und Forschungsinstituten der Ingenieurwissenschaften auf. Ab 1868 wurden die meisten von ihnen in Technische Hochschulen umgewandelt. Die Zahl der Studierenden stieg in der zweiten Jahrhunderthälfte gewaltig an[251].

Das erste Polytechnikum in Deutschland entstand in Berlin. Dieses wurde 1821 unter der Bezeichnung "Technisches Institut" gegründet, 1826 für höhere Qualifikation erweitert und in "Gewerbeinstitut" umbenannt, 1866 zur "Gewerbeakademie" erhoben, 1879 mit der drei Jahre zuvor gegründeten Bauakademie zur "Technischen Hochschule" erweitert (mit 3800 Studierenden im Jahre 1900 gegenüber 110 Studierenden im Jahre 1846).

Die erste Erhebung zur Technischen Hochschule im Jahre 1868 erfuhr das Münchner Polytechnikum (gegr. 1827). Hier belief sich die Zahl der Studierenden auf 2300 im Jahre 1900 gegenüber 174 im Jahre 1846.

b) Fachschulen verschiedenen Niveaus

Mit dem Aufstieg der polytechnischen Lehranstalten zu wissenschaftlichen Hochschulen hinterließen diese eine Lücke bezüglich der von ihnen ursprünglich wahrgenommenen Aufgaben der "Gewerbeförderung": der Dekkung des vermehrten Bedarfs an "Technikern" (Träger handwerklichen und technischen Wissens für die Produktionstechnik), d.h. an qualifizierten Fachkräften unterhalb des akademisch gebildeten Ingenieurs. In diese Lücke stießen nun die neugegründeten Fachschulen vor.

Nach 1878 (also der Zeit, als die polytechnischen Lehranstalten zu Technischen Hochschulen aufrückten) wurde eine ganze Reihe von Fachschulen gegründet. In den 80er und verstärkt in den 90er Jahren wurde in Preußen und anderen Ländern ein differenziertes, branchen-spezifisches Fachschulsystem aufgebaut. Dieses umfaßte Fachschulen verschiedenen Niveaus (mit verschiedenen Zulassungsbedingungen) und bildete verschiedene Technikerkategorien und Funktionsträger des Wirtschaftslebens (mit verschiedenen Berechtigungen) aus[252]. Neben den vorindustriellen Fachschulen (welche für öffentliche Laufbahnen qualifizierten) gehörten diesem weitgespannten System auch gewandelte Fachschulen älteren Typs und neue Schulen des privaten Wirtschaftslebens zu.

Das Ziel der niederen Fachschulen bestand in der Ausbildung von mittleren Beamten (Werkmeistern) großer Betriebe und selbständigen Leitern kleinerer Betriebe. Mittlere Fachschulen dienten der Ausbildung von Technikern in großen Betrieben sowie von Unternehmern und Beamten mittelgroßer Betriebe. Höhere Fachschulen (wie z.B. höhere

Maschinenbau- und Technikerschulen) suchten ingenieurwissenschaftlichen Qualifikationsbedarf zu decken[253].

Ein Teil der Fachschulen machte insofern eine paradox erscheinende Entwicklung durch, als diese zu allgemeinbildenden Schulen wurden, wie z.B. ein Teil der auf mittlerer Qualifikationsebene angesiedelten preußischen Provinzialgewerbeschulen, der - um bei erhöhten Eintrittsbedingungen der zu Hochschulen entwickelten technischen Anstalten weiterhin deren Vorbereitungsschule sein zu können - sich zur Oberrealschule wandelte (während der andere Teil sich zu einer Maschinenbauschule mittlerer Qualifikationsebene umgestaltete)[254].

Mit der Entfaltung des gewerblichen Fach- und Berufsschulwesens kam es im 19. Jahrhundert auch zu ersten Ansätzen der Gewerbelehrer-Ausbildung an polytechnischen Lehranstalten; so zuerst 1834 am Polytechnikum Karlsruhe. Nach 1900 erfolgte sie in Kursen an Gewerbelehrer-Seminaren, aus denen um 1930 in Preußen und Bayern selbständige 4 - 6semestrige Berufspädagogische Institute wurden.

c) Gewerbliche Fortbildungsschulen

Im 19. Jahrhundert verstärkte sich aus verschiedenen Gründen (Überbrükkung der Zeit zwischen Schulpflicht und Berufseintritt, steigende Bedeutung fachlichen Wissens, Verbesserung der Lehrlingsausbildung durch Horizonterweiterung, Zerschlagung von Provinzialgewerbeschulen u.a.) die Tendenz zu einer Fortbildungsschule. Diese entstand aus älteren Ansätzen - religiösen und gewerblichen Sonn- und Feiertagsschulen (seit dem 16. und 17. Jahrhundert) sowie Abendschulen - schon in der ersten Hälfte des 19. Jahrhunderts. Sie bemühte sich anfangs um Verbreitung und Vertiefung von Allgemeinbildung. Zunächst meistens nur im Winter durchgeführt, wurde sie allmählich zu einer ganzjährigen Schule ausgebaut, die sowohl allgemeine als auch fachlich-berufliche Kenntnisse vermittelte. Die Betonung des Fachlich-Beruflichen wurde in der zweiten Jahrhunderthälfte bestimmend. Staatlich (durch die Gewerbeordnungen u.a.), kommunal (Neugründungen und Umwandlungen) und privat gefördert, nahmen die Fortbildungsschulen beruflicher Art im letzten Drittel des Jahrhunderts einen gewaltigen Aufschwung. Zahlreiche Städte und Gemeinden machten ihren Besuch (durch sog. Ortsstatut) zur Pflicht.

Das in diesen Fortbildungsschulen zur Geltung gebrachte Berufsprinzip fand nachdrückliche Unterstützung durch den Deutschen Verein für das Fortbildungsschulwesen (seit 1892) und den Deutschen Verein für das kaufmännische Bildungswesen (seit 1896).

Als regelmäßig wiederkehrende Unterrichtsfächer traten in allen Fortbildungsschulen Deutsch, Rechnen und Zeichnen hervor. Dazu kamen berufsspezifische Angebote. So hatte z.B. die sehr große Stuttgarter Fortbildungsschule 1876 u.a. noch folgendes im Plan: Modellieren, Maschinenlehre, Feinmechanik, Physik, Chemie, Geographie, Buchführung, Volkswirtschaftslehre, Französisch[255].

Aus diesen gewerblichen Fortbildungsschulen (auch "Gewerbeschulen" genannt) entstand dann im Zuge der Neuorganisierung des gewerblichen Ausbildungswesens durch Anregungen von Georg Kerschensteiner (dem "Vater der Berufsschule"), Aloys Fischer u.a. die allgemeine Pflichtberufsschule, welche anfangs des 20. Jahrhunderts Gestalt annahm und im Rahmen des dualen Systems (Berufsausbildung teils im Betrieb, teils in der Schule) sich zu einer eigenständigen, nach Berufszweigen gegliederten Schulart entwikkelte. (Gesetzliche Regelung der Berufsschulpflicht erst durch das Reichsschulpflichtgesetz von 1938.)

Kaufmännisches Schulwesen

Das kaufmännische Schulwesen des 19. Jahrhunderts umfaßte Fortbildungsschulen (mit kaufmännischem Zweig), Handelsschulen (als niedere und mittlere Fachschulen), höhere Wirtschaftsfachschulen (höheren Ingenieurschulen entsprechend) und Handelshochschulen (mit akademischer Grundlage).

Die industrielle Entwicklung stellte nicht nur technische, sondern auch neue ökonomische Aufgaben. Handel und Verwaltung bekamen erweiterte Dimensionen. Vermehrte Einbeziehung von Kenntnissen solcher Art in den Bereich der Lehre sowie der Förderung des Erwerbs darauf bezogener Qualifikationen erschienen als dringlich.

Der kaufmännisch-kommerzielle Unterricht erfolgte in Handelsschulen verschiedenen Ranges. Diese entwickelten sich rasch (schneller als technisch-gewerbliche Schulen) und fanden eine enorme Ausweitung (durch Revolutionierung der Wirtschaftsform und -struktur und wachsenden Bedarf an qualifizierten Kräften in Betrieben, Verwaltung, Banken, Versicherungen etc.).

> Ursprünge des kaufmännischen Bildungswesens führen zurück in die Stadt- und Ratsschulen des Mittelalters, alte Handelsunternehmen (Hanse, Fugger), Schreib- und Rechenschulen mit Buchführung im 16. Jahrhundert, Handelslehranstalten im 18. Jahrhundert[256].

Auf der unteren Ebene (der Lehrlingsausbildung) boten Fortbildungsschulen und später Berufsschulen allgemeine und fachbezogene Unterrichtsstoffe. Auf der mittleren Ebene brachte die kaufmännische Berufsausbildung bald anerkannte schulische Formen hervor: Lehrgänge an Fachschulen vermittelten Fertigkeiten und Informationswissen für spezielle kaufmännisch-wirtschaftliche Tätigkeiten. Höhere Eingangsvoraussetzungen und Berechtigungen waren mit dem Besuch höherer Fachschulen (den sog. höheren Wirtschaftsfachschulen mit ihrer Ausrichtung auf die Ausbildung mittlerer und gehobener Fachkräfte der Wirtschaft) verbunden. Unter der Nachfrage der Wirtschaft nach (höher)qualifizierten Führungskräften für das kaufmännische Management sowie dem Verlangen der Lehrer an kaufmännischen Fortbildungsschulen und mittleren und höheren Handelsschulen nach einer diesem Lehramt entsprechenden akademischen Ausbildung, entstanden gegen Ende des 19. Jahrhunderts (und anfangs des 20. Jahrhunderts) die auf wissenschaftlichem Niveau arbeitenden Handels- und Wirtschaftshochschulen[257].

> Solche Spezialhochschulen wurden Ende des 19. Jahrhunderts gegründet in Leipzig, Aachen, Wien; nach der Jahrhundertwende kamen andere hinzu in Köln, Frankfurt, Berlin, Mannheim, München, Königsberg, Nürnberg. Die meisten wurden - nachdem sie 1920 das Promotionsrecht erhalten hatten - den Universitäten gleichgestellt oder als Wirtschafts- und Sozialwissenschaftliche Fakultäten in diese eingegliedert.

Die wissenschaftliche Handelslehrerausbildung begann erst mit den ersten Gründungen von Handelshochschulen. Bis dahin und noch am Beginn des 20. Jahrhunderts mußten die kaufmännischen Berufsschulen vorwiegend auf Volks- und Realschullehrer mit Zusatzausbildung in kaufmännischen Fächern zurückgreifen und Kaufleute als Lehrer einsetzen[258].

Landwirtschaftliches Schulwesen

Wie bei anderen Sparten des beruflichen Ausbildungs- und Schulwesens kam es auch im landwirtschaftlichen Bereich (Land-, Garten-, Weinbau, Forstwirtschaft) zum Auf- und Ausbau von unterschiedlichen Schulzweigen[259].

Die Anfänge des landwirtschaftlichen Bildungs- und Ausbildungswesens reichen bis ins 18. Jahrhundert zurück. Um 1800 wurden die ersten Akademien und landwirtschaftlichen Fachschulen verschiedener Art gegründet. Auf akademischer Grundlage arbeitete die Landwirtschaftliche Hochschule Hohenheim (seit 1818). Als älteste Art niederer landwirtschaftlicher Schulen in der ersten Hälfte des 19. Jahrhunderts entstanden die Ackerbauschulen (1 - 2jährig), die aber meist wieder eingingen. Größeren Anklang fanden die ebenfalls zu den niederen Fachschulen zu rechnenden sog. Winterschulen (zunächst zwei Winterhalbjahre dauernd), die in Baden und Hessen in der ersten Jahrhunderthälfte und dann auch in den anderen Gebieten großen Anklang fanden und sich - besonders seit den 60er Jahren - in allen deutschen Ländern stark ausbreiteten.

> Diese Schulen waren für Söhne der Besitzer kleinerer und mittlerer Ackerwirtschaften bestimmt, von denen im allgemeinen keine höhere Bildung erstrebt wurde. Der Eintritt erfolgte nach Besuch der Volksschule. In einem Winterhalbjahr trat Pflanzenbau, im anderen Tierzuchtlehre in den Vordergrund. Daneben wurde in Chemie, Physik, Betriebs- und Wirtschaftslehre, Buchführung, Feldmessen und Nivellieren nebst Deutsch, Rechnen und Zeichnen unterrichtet. In der Regel waren aber nur die Gegenstände des Fachunterrichts für alle Winterschüler verpflichtend. Lehrer solcher Schulen unternahmen im Sommerhalbjahr oft Wanderlehrtätigkeit (Lehrerkurse und Vorträge)[260].

Im 19. Jahrhundert gab es auch zahlreiche Bemühungen, neben den Fachschulen auch der landwirtschaftlichen Fortbildungsschule zu größerer Verbreitung zu verhelfen, jedoch mit wenig Erfolg. Ihr Lehrplan machte Schwierigkeiten. Mit Rücksicht auf die landwirtschaftlichen Winterschulen vermied man es, sie speziell auf den kleinbäuerlichen Betrieb auszurichten. Auch anderen Landbewohnern sollte sie zur Fortbildung dienen. So wurde ihre Aufgabe mehr in Allgemeinbildung als in der Fachbildung gesehen[261].

In Norddeutschland waren ländliche Fortbildungsschulen weit zahlreicher als in Süddeutschland. In Preußen nahmen sie z.B. nach der Wende zum 20. Jahrhundert zu, in Bayern - infolge des dort erfolgten Wachstums der landwirtschaftlichen Winterschulen - sogar ab[262].

Eine geordnete landwirtschaftliche Lehre (mit Gehilfenprüfung) wurde ab 1900 für die männliche, ab 1918 auch für die weibliche Jugend eingerichtet.

Neben den genannten gab es noch eine größere Zahl spezieller Schulen niederer und höherer Art. Sowohl auf höherer wie niederer Ebene arbeiteten Brennerei-, Brauerei-, Gartenbau-, Obstbau-, Weinbau- und Waldbauschulen. Als ausgesprochen höhere landwirtschaftliche Fachschulen fungierten sog. Landwirtschaftsschulen, die theoretisch orientiert waren und Söhnen von wohlhabenden Landwirten und Gutsbesitzern neben der erforderlichen allgemeinen eine tüchtige Fachbildung geben wollten (mit dem Lehrplan: Religion, Deutsch, Französisch oder Englisch, Geschichte, Erdkunde, Mathematik, Naturwissenschaft, Landwirtschaft, Zeichnen, Feldmessen, Nivellieren). Sie wuchsen sich z.T. zu Realschulen aus[263].

Außerdem gab es Lehranstalten und Sonderkurse für Molkerei, Imker- und Geflügelzucht u.a.

Für Frauen und Landmädchen kamen im letzten Drittel des 19. Jahrhunderts noch sog. Haushaltungsschulen hinzu (Besuch nach beendeter Volksschulpflicht zum Erwerb von Kenntnissen und Fertigkeiten für die Führung eines ländlichen Haushalts - seit 1883 in Baden und sonst; auch als Wanderhaushaltsschulen). Seit der Jahrhundertwende gab es dann noch eine höhere Fachschule, die sog. Wirtschaftliche Frauenschule (mit dem Lehrziel der Ausbildung von Lehrerinnen, welche Mädchen in den oberen Klassen der Volksschulen und auch in Mittelschulen in Kochkunst, Gemüse- und Obstbau, Obst- und Gemüseverwertung, Buchführung, Gesundheitspflege u.a. unterrichten, mit dem Ziel auch, Frauen zur selbständigen Führung eines landwirtschaftlichen Betriebs zu befähigen).

Die Hauptanregung für die Gründung von Haushaltungsschulen ging von Baden und seit 1893 vom "Verein für Hauswirtschaftsschulen" in Frankfurt/M. aus. Die Gründung von Wirtschaftlichen Frauenschulen (die später Landfrauenschulen bzw. Frauenfachschulen hießen) wurde besonders gefördert vom 1895 zu Hannover gegründeten "Verein für wirtschaftliche Frauenschulen auf dem Lande".

Seit Anfang des 20. Jahrhunderts breiteten sich in Deutschland die von Skandinavien hergekommenen Landvolkshochschulen aus (ursprünglich am Bauernstand, später an der Landbevölkerung i.w.S. orientiert, so die Heimvolkshochschulen).

Die Lehrer an landwirtschaftlichen Fortbildungsschulen waren zunächst Volksschullehrer (mit Ergänzung der Vorbildung durch Kurse). Später führte man seminaristische Ausbildung für Hauptamtliche ein. Für landwirtschaftliche Fachschulen gab es akademisch gebildete Lehrer, daneben auch landwirtschaftliche Fachkräfte (Diplomlandwirte) mit pädagogischer Zusatzausbildung.

7.3.6 Übriges Schulwesen

Die außerordentliche Verzweigung des Schulwesens im 19. Jahrhundert erstreckte sich noch auf andere Zweige als die bislang aufgezeigten. Für das Bildungswesen wurde auch von Belang, daß Mädchenschulen in der letzten Jahrhunderthälfte einen beachtlichen Aufschwung nahmen und ein höheres Mädchenschulwesen entstand. Schließlich entwickelten sich in jenem Zeitraum auch noch Hilfs- und Sonderschulen der verschiedensten Art. Auch eine relativ weite Verbreitung des Kindergartens (Initiator Friedrich Fröbel, + 1852) war bis zum Ende des Jahrhunderts zu verzeichnen.

Mädchenschulwesen

Während noch im 16. und 17. Jahrhundert die Schulbildung der Mädchen gegenüber derjenigen der Knaben erheblich zurückgeblieben war und auch im 18. Jahrhundert - trotz vielfacher Forderung nach verstärkter Beteiligung der Mädchen an der Bildung (namentlich auch an der höheren Bildung) - ein unbefriedigender Zustand erhalten blieb, setzten Schulgründungen für Mädchen dann um 1800 in größerer Zahl ein[264].

> Auf der Ebene der Elementarbildung suchten zuvor Schulordnungen und die verschiedenerorts verfügte (wenn auch vielfach nicht durchgesetzte) "Schulpflicht" die Mädchen einzubeziehen; sie erwirkten allerdings nicht für alle Bevölkerungsschichten die Teilhabe an einem Mindestmaß von Schulbildung. Auch im Bereich des höheren Bildungswesens blieben die Mädchen weit im Hintertreffen: trotz der Bemühungen weiblicher Schulorden (katholischerseits), pietistischer Gründungen (Franckes Gynäzeum, Herrnhutisches Erziehungswesen), philanthropischer Initiativen (Aufnahme von Mädchen in manche Philanthropine) sowie der Gründung sonstiger höherer Erziehungsanstalten für Mädchen (z.B. École des Demoisselles in Stuttgart, Jungfernschule in Breslau, städtische Töchterschule in Nordhausen, Universitätstöchterschule in Göttingen, Industrietöchterschule in Blankenburg).

Im Volksschulbereich schlugen Reformbestrebungen in der ersten Hälfte des 19. Jahrhunderts auch auf die Mädchenbildung durch (Verfügung der Schulpflicht in gleicher Weise für beide Geschlechter, gleiche Unterrichtsfächer auch bei getrennten Klassen, d.h. Knaben- und Mädchenklassen). Von Bedeutung für das Mädchenschulwesen wurde auch der von Pestalozzi und seinen Anhängern nachdrücklich geforderte Gleichheitsanspruch in puncto Bildung von Jungen und Mädchen sowie das Aufkommen des weltlichen Lehrerinnenstandes im 19. Jahrhundert.

Im Verlaufe des 19. Jahrhunderts kam es auch zu Gründungen von Mädchenmittelschulen. In den "Allgemeinen Bestimmungen für die Mädchenmittelschulen" von 1894 wurden in Preußen erstmals verbindliche Stundentafeln für solche (6stufige Mädchenmittelschulen) festgelegt, die mit denen für Knabenmittelschulen von 1872 weitgehend übereinstimmten.

Das höhere Mädchenschulwesen nahm in der zweiten Jahrhunderthälfte, besonders in den letzten beiden Jahrzehnten (durch intensive Bemühungen der Frauenbewegung und der Städte) einen beachtlichen Aufschwung[265]. Gegen Ende des 19. Jahrhunderts hatte fast jede Stadt eine Mädchenschule. In Preußen wurde 1894 ein revidierter Normalplan für die höheren Mädchenschulen erlassen, der sozusagen ein öffentliches höheres Mädchenschulwesen konstituierte (wenn auch noch nicht zur Studienberechtigung führte). 1908 erhielt dieses dann eigene Organisationsformen und Lehrpläne.

Den preußischen Reformen von 1908 folgten andere Länder. Allenthalben war man bestrebt, die höheren Mädchenschulen den entsprechenden Knabenschulen anzugleichen. Um die Frage der weiblichen Leitung jener Schulen entbrannte ein heftiger Kampf.

> Zwischen der vollwertigen höheren Mädchenschule und der Volksschule standen - neben der bereits genannten Mädchenmittelschule - noch andere Zwischenstufen mit verschiedenen Namen (wie höhere Mädchenschule, bürgerliche Mädchenschule, Bürgerschule). In Ausbau und Leistung waren diese sehr verschieden.
>
> Ähnliche Ziele wie die Mittelschule verfolgten die in Bayern den obersten Klassen der Mädchenschule parallel laufenden Realklassen.

Hilfs- und Sonderschulwesen

Die Anfänge des Hilfs- und Sonderschulwesens gehen auf private Initiativen (von Lehrern, Ärzten und Geistlichen) zurück[266]. Behinderte und zurückgebliebene Kinder wurden zunächst in Nachhilfeklassen unterrichtet. Vereinzelt war das in der ersten, vermehrt in der zweiten Hälfte des 19. Jahrhunderts der Fall (Nachhilfeklassen z.B. in Halle 1859, Chemnitz 1860). Daneben kam es auch zur Gründung von Hilfsschulen bzw. Nachhilfeschulen (z.B. in Hallein 1816, Dresden 1867, Gera 1874, Leipzig und Braunschweig 1881, Dortmund und Halberstadt 1883). Solche Hilfsschuleinrichtungen (Hilfsschulen) konnten entweder selbständige Schulen sein (mit eigenem Leiter und eigenem Gebäude) oder angegliederte Schulen (die einer Normal-Volksschule zugehörten). Beide Organisationsformen von Hilfsschulen wurden durch den "Verband der Hilfsschulen Deutschlands" (seit 1898) außerordentlich gefördert. Seit dem letzten Jahrzehnt des 19. Jahrhunderts nahm ihre Zahl auffallend und rasch zu. Vor allem die größeren Städte richteten Hilfsschulen (später Sonderschulen genannt) verschiedener Art, d.h. unterschiedliche Behinderungsarten berücksichtigend, ein[267].

Eine Statistik von 1910/11 weist für Preußen 477 Hilfsschuleinrichtungen (davon 144 selbständige) aus; im übrigen Deutschland gab es damals 135 Hilfsschuleinrichtungen (davon 51 selbständige, 65 angegliederte, 19 Hilfsklassen)[268].

7.3.7 Hochschulen und Universitäten

Im 19. Jahrhundert gab es eine Reihe von Bildungseinrichtungen höheren Ranges, die durch Forschung und Lehre der Wissenschaft dienten und/oder für höhere (akademische) Berufe qualifizierten. Zumeist war das Reifezeugnis einer höheren Schule oder ein entsprechendes anderes Zeugnis (mittlere Reife o.a.), evtl. Praxisnachweis Bedingung für die Zulassung zum Studium, das dann mit einer Staatsprüfung oder akademischen Prüfung abschloß (z.T. Verleihung akademischer Grade und Privilegien).

Manche Bildungsanstalten führten die Bezeichnung "Akademie". Dieser Ausdruck war im 19. Jahrhundert mehrdeutig: es gab reine Forschungsanstalten dieses Namens (so die "Akademie der Wissenschaften" in Berlin, die Kgl. Akademie der Wissenschaften in München u.a.); auch Fachhochschulen nannten sich Akademie (z.B. Akademie für Landwirtschaft und Brauerei in Weihenstephan, Akademie der bildenden Künste und Akademie der Tonkunst in München, Akademie für Sozial- und Handelswissenschaften in Frankfurt/M.); selbst manche Fachschulen - die keinen Hochschulrang besaßen - hießen Akademie (z.B. Akademie für Landwirtschaft in Bayern).

Als Hochschulen mit den genannten Qualifikationsmerkmalen kommen in Frage: Technische Hochschulen, Berg-Hochschulen, Landwirtschaftliche Hochschulen, Forstakademien, Tierärztliche Hochschulen, Kunsthochschulen, Handels-Hochschulen, Philosophisch-Theologische Hochschulen.

Die meisten von diesen Schulen waren im 18. oder in der ersten Hälfte des 19. Jahrhunderts gegründet worden und erhielten in der zweiten Jahrhunderthälfte Hochschulrang.

Erhebungen zur Technischen Hochschule: München 1827, Aachen 1870, Dresden 1877, Braunschweig 1877, Darmstadt 1877, Berlin 1879, Hannover 1879, Karlsruhe 1885, Stuttgart 1890, Danzig 1904, Breslau 1910.

Bekannte Berg-Hochschulen: Clausthal 1864, Berlin 1876, Freiberg, Leoben (Österreich) 1894.

Landwirtschaftliche Hochschulen: Bonn-Poppelsdorf 1861, Berlin 1881, Weihenstephan 1895, Hohenheim 1904, Bromberg 1906.

Forsthochschulen: Aschaffenburg 1844, Eisenach und Tharandt (1850), Eberswalde und Hannover-München 1868.

Tierärztliche Hochschulen: Berlin, Hamburg, Dresden, München, Stuttgart, Wien.

Kunst-Hochschulen mit Hochschulrang: Berlin, München, Wien.

Handels-Hochschulen (als letzte Schulen in der Hochschulentwicklung fast alle im ersten Jahrzehnt des 20. Jahrhunderts zu diesem Rang aufgestiegen): Leipzig, Köln, Frankfurt/M., Berlin, Mannheim, München, St. Gallen (Schweiz).

Philosophisch-Theologische Hochschulen (als Spezialhochschulen für das Theologiestudium), auch Lyzeen genannt. Diese waren - wie etwa in Bayern ab 1830 - den Fakultäten der Universitäten gleichgestellt: z.B. die staatlichen Lyzeen zu Augsburg, Bamberg, Dillingen, Freising, Passau, Regensburg und das bischöfliche Lyzeum zu Eichstätt[269].

Ein Teil dieser Hochschulen stieg später zu Universitätsrang auf; manche Hochschulstudien wurden bestehenden Universitäten eingegliedert.

Was den universitären Bereich des Bildungswesens im 19. Jahrhundert angeht, kann folgendes vermerkt werden: der Universitätszugang wurde durch zwei Tatbestände erleichtert und umfangmäßig gesteigert, nämlich einmal durch die Gleichstellung von Gymnasium, Realgymnasium und Oberrealschule (in Preußen 1900, sonst bald danach) und die Berechtigung der Absolventen dieser Typen höherer Schulen, an Universitäten zu studieren; zum andern durch Eingliederung mancher hochschulmäßig betriebener Studienzweige (z.B. pharmazeutischer, forstwirtschaftlicher, wirtschafts- und sozialwissenschaftlicher Studien) als eigene Abteilungen, Institute oder Fakultäten in Universitäten sowie durch Erhebung einer Reihe von Hochschulen zu Universitäten bzw. in universitätsgleichen Rang. Was Idee und Gestalt der Universität betrifft, wandelten sich die alten Universitäten entsprechend der Humboldtschen Reform (Muster Universität Berlin, gegr. 1810); einige Neu- und Wiedergründungen (wie Bonn, Köln) richteten sich von vornherein in jenem Sinne aus (Prinzipien: Einheit von Forschung und Lehre, Verständnis von Wissenschaft als Prozeß, Gleichrangigkeit von Lehrenden und Lernenden, akademische Freiheit, Einheit der Wissenschaften in der Philosophie). Die so verstandene und gestaltete Universität blieb im großen und ganzen bis zum Ende des Zweiten Weltkriegs erhalten (wobei allerdings die Tendenz des Großteils der Studenten, auf bestimmte Berufe hin zu studieren, unübersehbar war)[270].

Um die Mitte des 19. Jahrhunderts wurden auch die österreichischen Universitäten nach deutschem Muster reformiert.

Gewisse Akzentverschiebungen gab es insofern, als die geisteswissenschaftlichen Studien (besonders Philosophie) zugunsten des Ausbaus naturwissenschaftlicher Fächer (mit entsprechender methodischer Orientierung) in der zweiten Jahrhunderthälfte zurücktraten. Dadurch kamen Spannungen auf, die sich dann im 20. Jahrhundert noch verschärften.

7.4 Rückschau

Seit dem zweiten Drittel des 19. Jahrhunderts - der Zeit der beginnenden Industrialisierung - setzte sich eine auf Welt und Leben bezogene Grundstimmung durch, die als optimistisch und realistisch apostrophiert werden kann. Wissenschaftliche Erkenntnisse und Möglichkeiten waren ebenso daran beteiligt wie Impulse und daseinsinterpretierende Akzentuierungen geistiger Strömungen wie Biologismus, Naturalismus, Materialismus, Historismus und Positivismus. Daneben gaben wirtschaftliche und soziale Veränderungen größeren Ausmaßes dem Weltverständnis und der Lebensgestaltung ein besonderes Gepräge: die Wandlung vom Agrar- zum Industriestaat, die Entwicklung der Technik ebenso wie die Bevölkerungsexplosion, die Gleichstellung des Bürgertums mit der Herrschaftsschicht, das Aufkommen des Vierten Standes und alle damit verbundenen Erscheinungen samt Nebeneffekten.

Der seit den 30er Jahren um sich greifende und die folgenden Jahrzehnte beherrschende realistische Zeitgeist mit seiner Tendenz zur Versachlichung aller Lebensgebiete schlug sich in Kunst, Wissenschaftsbetrieb und auch im pädagogischen Denken und Gestalten nieder. Letzteres zielte darauf ab, den veränderten und sich noch im Umbruch befindlichen Faktizitäten (d.h. geschichtlich-gesellschaftlichen Realitäten) gerecht zu werden. In den Schulen gewannen neue (besonders naturwissenschaftliche und technische) Gegenstände resp. Sachverhalte an Gewicht. Diese sowie gewisse schulpolitische Akzentsetzungen führten zu einer erheblichen Ausweitung schulischer Lehr- und Lerninhalte, zu starker Verzweigung des Schulwesens, aber auch zu harten "Status"-Kämpfen zwischen einzelnen Schultypen (speziell hinsichtlich gewährter bzw. vorenthaltener Berechtigungen). Daneben bekamen auch außerschulische Volksbildungsbestrebungen (Volksbildungsvereine) kräftige Impulse.

Die Entwicklung des Schulwesens im 19. Jahrhundert wurde stark durch die sozialen, politischen und weltanschaulichen Auseinandersetzungen mitbestimmt, vor allem im mittleren und höheren Schulbereich.

Der Ausbau des Elementar- bzw. Volksschulwesens ging seit den 30er Jahren rasant vor sich. Dem quantitativen Ausbau korrespondierte eine qualitative Verbesserung des Unterrichts (Erweiterung durch reale Wissensstoffe) und eine intensivierte Lehrerbildung. Reaktionäre Strömungen suchten - verstärkt nach der Märzrevolution von 1848 - liberalen u.a. aufklärerischen Tendenzen zu wehren, plädierten für eine Einschränkung des Unterrichtsstoffes, die einklassige Elementarschule (als Normalform) und eine radikal vereinfachte Lehrerbildung ("Stiehlsche Regulative" von 1854). Erst die "Allgemeinen Bestimmungen" von 1872 mit ihrer Neuordnung des preußischen Volksschulwesens ermöglichten wieder einen weiteren Ausbau der Volksschule und eine Niveauverbesserung der Lehrerbildung. Mit ihren organisatorischen Neuerungen (neben ein- auch mehrklassige Schulen), revidierten Stundentafeln und Lehrplanrichtlinien - die bis ins 20. Jahrhundert hinein wirksam wurden - führten sie zu einer gewissen Konsolidierung der

Volksschule als einer muttersprachlichen Schule mit allgemeinbildendem und auf das gesellschaftlich-berufliche Leben vorbereitendem Fächerkanon. Der vom Schulmeister zum Jugend- und Volksbildner aufsteigende Lehrer dieser Schule gewann an Sozialprestige.

Die außerordentliche Verzweigung des öffentlichen Schulwesens im 19. Jahrhundert (besonders in der zweiten Jahrhunderthälfte) manifestierte sich auch in der Etablierung neuer Schultypen. Dazu gehörte die 1872 durch staatliche Verfügung geschaffene Mittelschule (teils aus früheren Rektor-, Stadt-, Bürger-, Mittel-, Haupt- und höheren Knabenschulen hervorgegangen). Meist sechsklassig, suchte diese den Bedürfnissen der mittelständischen Bürgerschicht entgegenzukommen.

Eben auf diese Bevölkerungsgruppe war zunächst auch die Realschule zugeschnitten, die sich seit den 20er Jahren rasch ausbreitete. Realschulen dieser Zeit waren teilweise durch Umwandlung von Lateinschulen (als Folge der neuhumanistischen Gymnasialreform) entstanden; es gab aber auch Neugründungen. Um die Jahrhundertmitte bestand ein Nebeneinander verschiedener Formen von Realschulen. Preußen schuf daher 1859 eine feste Ordnung für das gesamte Realschulwesen, in der Realschulen I. und II. Ordnung unterschieden wurden. Während letztere eine mittlere Bildung boten und lediglich einen Wurzelzweig für die seit 1882 bestehende lateinlose Oberrealschule (Vollanstalt) abgaben, entwickelten sich erstere zu einer höheren Schule (allgemeinbildenden Charakters unter spezieller Akzentuierung von Realien), bauten sich zum Realgymnasium aus, wurden 1882 als Vollanstalt anerkannt und gewannen 1900 die Gleichstellung mit dem Gymnasium (wie auch die Oberrealschule).

Im höheren Bildungswesen vollzogen sich im zweiten und dritten Drittel des 19. Jahrhunderts unter gewandelten Anforderungen der Industriegesellschaft (und den damit verbundenen geistigen und sozialgeschichtlichen Konstellationen) eine unumgängliche Differenzierung und ein quantitativer Ausbau. Größere Veränderungen - im preußischen Gymnasiallehrplan von 1837 noch kaum ersichtlich - setzten sich erst allmählich durch. Sie betrafen einmal die Umschichtung im überkommenen Gymnasium selbst (Aufhebung der Trennung von Unter- und Oberbau zugunsten einer grundständigen 9jährigen Eliteanstalt, Gewichtsverlagerungen bei Unterrichtsfächern und Hinzunahme neuer Fächer), zum andern das Heraufkommen neuer Schultypen (Realgymnasium, Oberrealschule sowie Sonder- und Kurzformen der drei Grundtypen).

Für die Entwicklungen auf dem Gebiet des höheren Schulwesens waren mehrere Komponenten maßgebend: Modernisierungszwänge durch wissenschaftlichen und technischen Fortschritt, staatspolitischer Gestaltungswille, unterschiedliche Interessenlagen gesellschaftlicher Gruppen, die Eigendynamik der Bildungsinstitutionen sowie auch Rückwirkungen des Berechtigungswesens auf die Bildungsorganisation.

Wie stark weltanschauliche und sozialpolitische Interessen den Entwicklungsgang mitbedingten und mitbestimmten, läßt sich am Auf und

Ab reaktionärer und fortschrittlicher Tendenzwenden ablesen (vgl. die wechselnden Trends im Vormärz, in den Revolutionsjahren 1848/49 und nach der Revolution, den reformfreudigen Geist in den 70er Jahren, die Verzögerung der Bildungsexpansion in den 80er und 90er Jahren, den Reformeifer nach der Jahrhundertwende).

In der zweiten Jahrhunderthälfte kam viel Bewegung in das höhere Bildungswesen. Bis in die 80er Jahre hinein galt es, Modernitätsrückstände aufzuholen (Anpassung der Lehrpläne an ökonomische und sozialpolitische Bedingungen der modernen Gesellschaft, Berücksichtigung realistischer und technischer Faktizitäten), die Schulen auch als Vorbereitungsstätte für technische Lehranstalten "auszurüsten". Dazu kam die Notwendigkeit, einen in den 60er und 70er Jahren bemerkbaren Mangel an akademischen Nachwuchskräften zu beseitigen (Ausbau und Neugründungen höherer Schulen mit Sogwirkung auf untere Mittelschichten). Als Gegenwirkung angesichts eines sich in Folge einstellenden Überangebots an Akademikern erfolgte in den 80er und 90er Jahren seitens staatlicher Stellen eine Drosselung des Wachstumstempos. Ende des Jahrhunderts erfolgte außerdem hinsichtlich weltanschaulicher und bildungspolitischer Kämpfe um die Gestaltung der Schule ein Ausgleich der Interessengegensätze. Als Folge der Auseinandersetzung zwischen Humanismus und Realismus verlor das humanistische Gymnasium seine Vorrangstellung. Die Schullaufbahnen klassischer wie realistischer Prägung (mathematisch-naturwissenschaftlich oder neusprachlich) wurden gleichgestellt.

Die Lehrerbildung wurde auch umgestaltet: es erfolgten eine Trennung von Lehramt und geistlichem Amt (eigener Stand) sowie neue inhaltliche Festlegungen und auch Bestimmungen über Prüfungen und Lehrbefugnis.

Die noch im ersten Drittel des 19. Jahrhunderts praktizierte einseitige philologische Ausbildung wurde durch Einbeziehung auch allgemeinbildender Inhalte (seit den 30er Jahren) überwunden; sie nahm eine Wendung zu Spezialisierung auf Fachgruppen und Fächer hin (in den 80er und 90er Jahren). Dazu kam eine Forcierung der berufspraktisch-pädagogischen Ausbildung gegen Ende des 19. und anfangs des 20. Jahrhunderts.

Die Industrialisierung führte in der zweiten Hälfte des 19. Jahrhunderts auch zur Entfaltung des Berufs- und Fachschulwesens. Im Bereich des gewerblichen Schulwesens entwickelten sich Fortbildungs- und daraus hervorgehend später Pflichtberufsschulen dieser Sparte (Vermittlung allgemeiner und fachlich-beruflicher Kenntnisse), ferner niedere und mittlere gewerbliche Fachschulen branchenspezifischer Art (Ausbildung verschiedener Funktionsträger unterschiedlichen Niveaus im handwerklichen und technischen Bereich) sowie polytechnische Lehranstalten (Qualifizierung für höhere technische Berufe auf akademischem Niveau). Letztere wurden seit den 70er Jahren zumeist in Technische Hochschulen umgewandelt (mit Lehr- und Forschungsaufgaben) und erreichten am Jahrhundertende mit dem Promotionsrecht die rechtliche Gleichstellung mit den Universitäten.

Das kaufmännische Schulwesen baute sich ähnlich auf. Es umfaßte im 19. Jahrhundert Fortbildungsschulen (mit allgemeinen und fachbezogenen Unterrichtsstoffen für Lehrlinge), die sich später zu Pflichtberufsschulen weiterentwickelten, ferner Handelsschulen als niedere und mittlere Fachschulen (Vermittlung von Fertigkeiten und Informationswissen für kaufmännisch-wirtschaftliche Tätigkeiten auf mittlerer Ebene), höhere Handelsschulen bzw. höhere Wirtschaftsfachschulen (Ausbildung mittlerer und gehobener Fachkräfte der Wirtschaft) und Handelshochschulen (Qualifizierung auf akademischer Grundlage).

Das landwirtschaftliche Schulwesen erstreckte sich ebenfalls auf Schulen unterschiedlicher Funktion und verschiedenen Niveaus: zu den niederen Schulen gehörten im 19. Jahrhundert die Ackerbauschulen und die seit den 60er Jahren weit verbreiteten Winterschulen. Daneben arbeiteten eine Reihe spezieller Schulen sowohl auf niederer wie höherer Ebene (wie Brennerei-, Brauerei-, Gartenbau-, Obstbau-, Weinbau-, Waldbauschulen). Fachschulen höheren Niveaus waren die sog. Landwirtschaftsschulen (mit anspruchsvollem Lehrplan).

Für Frauen gab es Haushaltungssschulen und Wirtschaftliche Frauenschulen (als höhere Fachschulen).

Landwirtschaftliche Fortbildungsschulen waren in Norddeutschland in größerer Zahl vorhanden, in Süddeutschland seltener.

Das zuvor vernachlässigte Mädchenschulwesen erlebte im 19. Jahrhundert einen respektablen Aufschwung. Jetzt mehrten sich Schulgründungen. In der zweiten Jahrhunderthälfte kam es zur Errichtung von Mädchenmittelschulen und gegen Ende des Jahrhunderts entstand ein öffentliches höheres Mädchenschulwesen, das dann nach 1900 eine feste Organisation erhielt.

Schließlich entwickelten sich im 19. Jahrhundert (nach vereinzelten Einrichtungen im 18. Jahrhundert) noch Hilfs- und Sonderschulen der verschiedensten Art. Zunächst wurden Nachhilfeklassen für behinderte und zurückgebliebene Kinder gebildet, daneben entstanden Hilfsschulen (teils selbständig, teils an Normal-Volksschulen angegliedert). Vor allem im letzten Jahrzehnt des 19. Jahrhunderts nahmen sie - differenziert nach Behinderungsarten - rasch zu.

Im Bereich der Hochschulen und Universitäten gab es ebenfalls Neuerungen: ein Großteil von beruflichen Bildungseinrichtungen mit höheren Qualifikationsmerkmalen (Technische, Landwirtschaftliche, Philosophisch-Theologische, Tierärztliche Hochschulen; Forst-, Kunstakademien u.a.) erhielt in der zweiten Jahrhunderthälfte Hochschulrang. Manche Hochschulstudiengänge wurden auch Universitäten integriert. Die Universitäten selbst behielten ihre Prinzipien und weitgehend auch ihre Organisation in dieser Epoche bei. Eine mancherseits als "Krise" apostrophierte Veränderung gab es allerdings dadurch, daß geisteswissenschaftliche Studien zugunsten naturwissenschaftlicher zurückgingen.

Eine Gesamtschau der schulischen Entwicklung im 19. Jahrhundert läßt folgende Grundzüge erkennen: Es erfolgte die Grundlegung des modernen Schulwesens. Dieses wurde immer stärker in den damaligen Obrigkeits- und Verwaltungsstaat eingeordnet (staatliche Schulaufsicht, Intensivierung der staatlichen bzw. behördlichen Regelungen fast aller Aufgaben und Bereiche, wie Schulpflicht, Lehrpläne, Lehrstellenbesetzung, Schulunterhaltung u.a.). Die Schulaufsicht ging von der Kirche auf den Staat über (1872 Entzug der kirchlichen Schulaufsicht in Preußen). Das Volksschulwesen wurde planmäßig ausgebaut und gegen Ende des Jahrhunderts auf eine sichere Grundlage gestellt, die ihre stetige Entfaltung (auch in wirtschaftlicher Hinsicht) sicherte. Das höhere Schulwesen, über Jahrzehnte hinweg auf eine beamtete Geisteselite mit humanistischer Prägung hin konzipiert, erfuhr einen Strukturwandel; es nahm im letzten Jahrhundertdrittel vermehrt Aufgaben wahr, die der Zeitlage (Industriekultur, Wirtschaftssituation, Sozialgefüge) bzw. realistischer Orientierung entsprachen (Gleichstellung von humanistischer und realistischer Bildung). Praktische Bedürfnisse der Wirtschaft und Änderungen im Bereich von Berufsständen nötigten zu einem differenzierten Auf- und Ausbau des beruflichen Ausbildungs- und Schulwesens (Gliederung und Weiterentwicklung von Fachschulen, Entstehung von Berufsschulen als jüngstem Glied des Bildungswesens). Zeitweise heftige bildungs- und kulturpolitische Kämpfe beeinflußten die Entwicklung des Schulwesens insgesamt. Die im Miteinander und Widerstreit schulischer Mächte geschaffenen institutionellen Strukturen blieben bis heute zum großen Teil erhalten. Die Auseinanderentwicklung der Schultypen führte zu einer institutionellen Scheidung der Lehrerstände.

8. Pädagogische Tendenzen und Schulentwicklung im Zwanzigsten Jahrhundert

8.1 Streiflichter zur Zeit

Das 20. Jahrhundert wurde (bis heute) in geistig-kulturellem, gesellschaftlichem, wirtschaftlichem und politischem Bereich durch hier sich vollziehende Wandlungen erheblichen Ausmaßes geprägt. Für das Gesamtleben wurde wesentlich, daß Industrialisierung, Kollektivierung, Mechanisierung und Rationalisierung des Daseins sich nicht nur fortsetzten, sondern schnell ausweiteten. Das rasche Zivilisationswachstum brachte zwar äußerlich gesteigertes Leben (mehr Lebenssicherheit und -genuß), bedrohte aber das innere menschliche Dasein (Behinderung individualer Selbstgestaltung durch Versachlichung aller Lebensbezüge) und brachte das ganze Kulturleben (infolge Zurücksetzung der das Individual- wie Gesamtleben "tragenden" Werte) in eine schwere Krise[271].

Angesichts dieser Situation, die schon Ende des 19. Jahrhunderts bei manchen Denkern ein aus Kulturpessimismus resultierendes Dekadenzgefühl aufkommen ließ, wurde damals Kritik laut gegen den "Ungeist" des gesellschaftlichen Lebens, gegen positivistisches und materialistisches Denken, Vermassung, Bildungsphilistertum, Unechtheit des Lebens sowie Entfremdung des natürlichen Menschseins durch Verdinglichung und Verintellektualisierung (Unterdrückung vitaler Lebenskräfte, Verzicht auf Originalität und Kreativität).

Diese Kulturkritik, wie sie von Friedrich Nietzsche (+ 1900), Julius Langbehn (+ 1907), Paul de Lagarde (+ 1891) u.a. geübt wurde, zielte auf eine Erneuerung geistigen und kulturellen Lebens schlechthin, auf eine Entmaterialisierung des Weltbildes, auf die Schaffung eines "neuen" Menschen. In diesem Bestreben, dem eine akzentuierte Betonung des Wertes des Lebens zugrundelag, baute sie nicht nur eine Gegenposition im Verhältnis zu den primär und prinzipiell an technischer Weltbeherrschung orientierten Bemühungen auf; sie traf sich in ihrem genannten Grundanliegen auch mit zentralen Intentionen anderer Bewegungen und Strömungen: mit solchen der Wissenschaft und der Kunst. Hier wie dort bekundete sich ein Wandel des Lebensgefühls.

Dieses neue Lebensgefühl, das sich anfangs des 20. Jahrhunderts scharf ausprägte, erschien geradezu als Wendung zum inneren Menschen. Es dokumentierte sich in irrationalem Zugriff auf Leben und Welt, naturhafter Verbundenheit, Ursprünglichkeit bzw. Unmittelbarkeit des Erlebens, Innerlichkeit, Verlangen nach Selbstsein, urtümlichem Lebensausdruck u.a.

> Der angedeutete Wandel von einer mechanistischen und rationalistischen Einstellung gegenüber Welt und Leben zu einer Grundhaltung, welche die Wirklichkeit unter intuitivem, gefühlsmäßigem und "verstehendem" Zugriff zu erfassen und zu deuten versucht, läßt sich besonders deutlich an Veränderungen in der Kunst (Literatur, bildender und gestaltender Kunst, Musik), an Wandlungen in der Naturwissenschaft

wie auch in den Geisteswissenschaften (speziell in Psychologie und Philosophie) nachweisen.

Besonders auffallend war der Wandel naturwissenschaftlichen Denkens (Überwindung von Mechanismus, Positivismus, Materialismus). Die Psychologie lernte organisches, seelisches und geistiges Leben als Ganzheit begreifen (Struktur- und Ganzheitspsychologie); die Tiefenpsychologie entdeckte das Unbewußte als Faktor des Seelenlebens. Die Philosophie griff als Neukantianismus idealistische Gedankengänge, als Lebens- und Wertphilosophie das Irrationale wieder auf. In historischer Denkweise (Historismus) akzentuierte sie eine geschichtliche Schau des Lebens ("Geschichtlichkeit" als wesentliches Element menschlicher Existenz). Philosophisches Denken propagierte unter anderem Blickwinkel auch eine ganzheitliche Schau der Welt und des Menschen. Lebensphilosophie (Wilhelm Dilthey, + 1911, u.a.), Kulturphilosophie (Johan Huizinga, + 1945; Hans Freyer, + 1969; Oswald Spengler, + 1936; José Ortega y Gasset, + 1955; Eduard Spranger, + 1963 u.a.) und Existenzphilosophie (Karl Jaspers, + 1969; Martin Heidegger, + 1976; Jean Paul Satre, + 1980) zeigten je ein besonderes Interesse am Menschen (d.h. am inneren Menschen) bzw. an der Dynamik des Lebens.

Die in der Kunst (besonders der expressionistischen) und den Natur- wie Geisteswissenschaften beobachtbare verstärkte Hinwendung zum Menschen, die starke Beachtung irrationaler Kräfte im Daseinsvollzug sowie auch der optimistische Glaube, einen neuen Menschen hervorbringen und die Welt wesentlich ändern zu können, machte sich auch in pädagogischer Theorie und Praxis um die Jahrhundertwende und in der Folgezeit bemerkbar. Jene Grundtendenzen traten in der um 1900 einsetzenden reformpädagogischen Bewegung, die in verschiedenen Phasen und differenzierten Strömungen (z.T. bis in die Gegenwart) wirksam wurde, zutage.

In der zweiten Jahrhunderthälfte (nach dem Zweiten Weltkrieg) zeigte das geistig-kulturelle Leben - aufgrund äußerer und innerer Notlagen und Erschütterungen - z.T. andere Grundtendenzen. Leben und Welt gegenüber bekundete sich eine gewandelte Haltung: der früher optimistische Glaube an die Herbeiführung befriedigender Lebensverhältnisse in individual-personaler und gesellschaftlich-kultureller Sicht mußte einer skeptischen und nüchternen Betrachtung weichen. Irrationale Momente traten in den Hintergrund, konkret Faßbares und real Machbares interessierten in erster Linie. Das rationale Moment verstärkte sich wiederum und wurde zu einem wesentlichen Element des modernen Zeitgeistes: in der Bewertung gesellschaftlicher und kultureller Phänomene wurde (und wird) die Ratio ebenso zum Richtmaß wie für die Einschätzung der Lebensbezüge und der Gestaltung der Lebensbereiche (Eben daher hat man von einer "Dritten Aufklärung" gesprochen).

Daneben verstärkte sich - damit in gewissem Sinne zuzsammenhängend - die Wissenschaftsgläubigkeit. Die Zunahme weltweiter Informationen, das

Anwachsen, die Verkomplizierung und Dominanz industriekultureller Strukturen und "sekundärer Systeme" (H. Freyer) sowie die verstärkte Abdrängung des Menschen in die Anonymität forcierten das Verlangen, die dynamischen Kräfte des Gesamtlebens erkennen und sie in den Griff bekommen zu können. Die wachsende Bedeutung der Wissenschaft - vornehmlich der empirisch orientierten Disziplinen - lag zu gutem Teil daran, daß man von ihnen in steigendem Maße Orientierung zur Lösung bzw. Bewältigung der Lebensaufgaben zu erlangen hoffte, dies umso mehr, als alte (traditionelle) Maßstäbe, Lebens- und Ordnungsformen in Zweifel gezogen und z.T. zersetzt wurden. Freilich haben sich die Erwartungen an die Wissenschaft in mancher Hinsicht nicht erfüllt. Das Verlangen nach tieferem Welt- und Selbstverständnis, speziell das Streben nach Sinnerfüllung bzw. die "Suche nach Sinn" (V.E. Frankl) konnten durch jene "moderne" Art von Wissenschaftsbetrieb nicht hinreichend befriedigt werden. Es ist daher nicht verwunderlich, daß in den letzten beiden Jahrzehnten neue "Aufbrüche des Denkens" zu registrieren sind. Dafür können etwa die Wiederaufnahme metaphysischer Fragestellungen in der Philosophie[272] und der Rückgriff auf mystische Elemente in der bildenden Kunst als Beispiele gelten.

Neben den geistig-kulturellen Wirkkräften bestimmten auch wirtschaftliche, soziale und politische Tendenzen und Faktizitäten das Zeitgeschehen mit. Auch sie wirkten - sei es direkt oder indirekt - auf pädagogisches Denken und schulisches Gestalten ein. Umwälzungen des politischen Systems sowie wirtschaftliche Konjunkturen und Krisen (Krieg- und Nachkriegsnöte, Weltwirtschaftskrise) mit den jeweiligen sozialen Folgeerscheinungen änderten mehrmals die Rahmenbedingungen für die Bildungspolitik. Auch auf bildungstheoretische Erwägungen blieben solche nicht ohne Einfluß.

Unter genannten Aspekten ist auf die steigende wirtschaftliche und politische Bedeutung Deutschlands anfangs des 20. Jahrhunderts (Aufstieg zu einer der bedeutendsten Wirtschafts- und Militärmächte) hinzuweisen, ferner die Schwächung durch die Kriegsereignisse (Erster Weltkrieg 1914 - 1918) sowie auf die gewaltigen Schwierigkeiten der jungen deutschen Republik (Weimarer Zeit 1919 - 1933), sich nach außen zu festigen, sich gegen innere Widerstände (Antidemokraten) zu behaupten und mit der Wirtschaftskrise um 1930 fertig zu werden. Im Rahmen der parlamentarischen Kämpfe jener Zeit spielten die Schulkämpfe eine gewichtige Rolle.

Die Ablösung der Weimarer Republik durch die nationalsozialistische Diktatur (1933 - 1945) mit ihrer "Blut- und Boden"-Ideologie, Rassen- und Expansionspolitik brachte nur eine kurzfristige wirtschaftliche Besserung, um dann durch die Verstrickung des Landes in den Zweiten Weltkrieg (1939 - 1945) eine ungeheure Krisensituation auf vielen Lebensgebieten heraufzubeschwören: immense Personen- und Sachverluste und große soziale und seelische Nöte (Kriegstote, zerbombte Städte, zerstörte Industrie und Wirtschaft, Heere von Vertriebenen, Flüchtlingen und Evakuierten, viele hungernde und mittellose Menschen), dazu kam die Teilung Deutschlands (mit Unterstellung der Besatzungszonen unter den Alliierten Kontrollrat/Militärgouverneure). Auf bildungspolitischem Sektor brachte das Dritte Reich den Abbruch vorausgegangener Reformbemühungen zugunsten einer Begrenzung und Umpolung der Bildung im Sinne der nationalsozialistischen Ideenwelt.

Eine gesellschaftliche Erneuerung und wirtschaftliche (Wieder-)Gesundung erfolgte seit Ende der 40er Jahre. Die Bundesrepublik stieg (erneut) zu einer führenden Wirtschafts- und Industriemacht auf.

> Seit 1949 gewann die Bundesrepublik in steigendem Maße Selbständigkeit (eigene Regierung), 1955 volle Souveränität. Entscheidende Wirtschaftshilfe erhielt sie durch den "Marshall-Plan". Für die Nachkriegsentwicklung wurden u.a. wichtig ihre Aufnahme in den "Europarat" 1949 (politisch), die "Montan-Union" 1952 (wirtschaftlich), die "Westeuropäische Union"/"Nato" 1955 (militärisch).

Kennzeichnend für die Folgezeit sind: eine fortschreitende Differenzierung des gesellschaftlich-wirtschaftlich-technischen Lebens, eine zunehmende Mobilität, auffallender Verlust (bzw. Aufgabe) traditionsbedingter Bindungen, weitreichender Wertewandel, Suche nach und Erprobung von alternativen Lebensformen. Nicht zu übersehen sind Emanzipationsbewegungen, Ideologisierungsprozesse (besonders Ende der 60er und Anfang der 70er Jahre) und neuerdings auch wieder unterschiedlich motivierte Friedensbewegungen. Als Grundmaß der heutigen pluralen Gesellschaft scheint weithin eine demokratische und rationale Lebensweise zu gelten. Auf dem Bildungssektor sind der Ruf nach Chancengleichheit sowie die Bildungsexplosion bzw. -expansion zu registrieren. Sie markieren - wie vieles Genannte - Aufgaben der Bildungspolitik und handlungsorientierter Pädagogik.

8.2 Ansätze zur theoretischen Grundlegung und wissenschaftlichen Gestaltung der Pädagogik

Die geschichtliche Gesamtbewegung des 20. Jahrhunderts mit den gekennzeichneten Grundtendenzen fand im pädagogischen Bereich nicht nur Resonanz, sondern wurde hier wesentlich mitgetragen. Die komplizierte technische Verflechtung des Daseins mit den dadurch gegebenen zivilisatorischen Möglichkeiten einerseits, dem Ausgeliefertsein an recht verschiedene, z.T. anonym wirkende Mächte andrerseits sowie auch die Notwendigkeit, den einzelnen an der verantwortlichen Mitgestaltung des Gesamtlebens zu beteiligen und ihm sein Selbstsein zu sichern, verweisen auf pädagogische Aufgaben. Schon die am Beginn des Jahrhunderts nebeneinander entstandenen (in sich differenzierten) Teilströmungen, welche eine kraftvolle pädagogische Bewegung darstellten, dann aber auch die weiteren reformpädagogischen Bemühungen der Weimarer Zeit und diejenigen der zweiten Jahrhunderthälfte suchten dem einzelnen als Menschen (seiner Seins- und Bedürfnisstruktur) gerecht zu werden, ihn in die Sozial-, Kultur- und Zivilisationswelt zu integrieren und zur Partizipation und Mitgestaltung daran zu qualifizieren.

Dieses neue erzieherisch gemeinte Wollen entfaltete sich auf verschiedenen Ebenen und Handlungsfeldern (Kindergarten, Schule, Jugendarbeit, Volksbildungsarbeit) als pädagogische Praxis. Zugleich aber bemühte man sich um eine theoretische Fundierung solcher Arbeit bzw. um theoretische Klärung pädagogischer Probleme. Dies um so mehr, als allenthalben die Rückständigkeit der Pädagogik und das Fehlen eines Theoriekonzepts mit verläßlichen Aussagen über Grundverhältnisse im Erziehungsfeld und über Grundsätze pädagogischen Handelns beklagt wurde. Zwar hatten Friedrich Ernst Daniel Schleiermacher und Johann Friedrich Herbart sich schon im 19. Jahrhundert um eine wissenschaftliche Gestaltung der Pädagogik bemüht; ihre Versuche wurden allerdings mehr als Impulse zu weiteren Bemühungen aufgenommen denn als akzeptable bzw. befriedigende Begründungen pädagogischen Handelns und Gestaltens.

Schleiermacher gründete die Pädagogik auf eine umfassende Geschichts- und Kulturphilosophie. Letzterer obliegt, das geschichtlich-gesellschaftlich-kulturelle Leben in seinen Strukturen und Lebensformen aufzuklären und in diesem Zusammenhang (aufgrund spekulativ und empirisch gewonnener Erkenntnisse) auch den Erziehungsvorgang verständlich zu machen: als jene spezifische Kulturtätigkeit, in der die Individualität herausgebildet und der einzelne in die menschlichen Gemeinschaften hineingebildet wird[273].

Herbart stellte die Pädagogik, um ihr wissenschaftliche Geltung zu verschaffen, auf zwei Pfeiler: auf die Ethik (die ihr das Ziel zeigen) und auf die Psychologie (die sie über Mittel und Wege zur Realisierung des Ziels aufklären sollte). Wie Schleiermacher ging er von dem Gedanken aus, es müsse einen obersten Zweck der Erziehung geben; aus diesem könne eine pädagogische Theorie abgeleitet werden[274].

Aus dieser Grundkonzeption des Herbartianismus entwickelte sich die Pädagogik als Wissenschaft zu Beginn des 20. Jahrhunderts zunächst zweispurig: als spekulativ verfahrende "normative Pädagogik" (Betonung des Seinsollenden, des Aufgabencharakters der Erziehung) und als experimentell oder deskriptiv vorgehende "empirische Pädagogik" (Betonung des Seienden, des erfahrungsmäßig Gegebenen).

Diese beiden Konzeptionen wurden in der Folgezeit in gewisser Weise modifiziert durch Otto Willmann (+ 1920), der zunächst eine sozialwissenschaftliche, später dann eine philosophische Begründung (normativer Ansatz) vornahm[275], sowie durch Wilhelm Dilthey (+ 1911), das Haupt der geisteswissenschaftlichen Pädagogik, und seinen engeren und weiteren Schülerkreis[276].

Laut Willmann obliegt der wissenschaftlichen Pädagogik die Aufgabe, das pädagogische Phänomen (Erziehungsgeschehen) als eine spezielle gesellschaftliche Tätigkeit zu klären. In seiner frühen Schaffensperiode hielt er eine Erfüllung dieser Aufgabe aufgrund einer sozialwissenschaftlichen Analyse und historisch-vergleichenden Betrachtung der "Tatsache" Erziehung für möglich. In seinen (späteren) Hauptwerken begegnet dann eine gewandelte Auffassung: eine Erfassung und Inter-

pretation des pädagogischen Geschehens einschließlich seiner Sinn- und Zielbestimmung ergibt sich nur im Zusammenhang mit einem universellen Lebensverständnis und der Daseinsauslegung als solcher. Diese gewährt nur die Philosophie (i.S. der Metaphysik als Prinzipienlehre = Ideenlehre). Diese ist Grundlage der Pädagogik. Aus den von ihr aufgewiesenen Ideen ("Gütern") ergeben sich Ziele und Normen pädagogischen Handelns. Diese Ideen bilden den Schlüssel zur Bestimmung der "Fundamentalbegriffe der Erziehungswissenschaft"[277].
Nach Dilthey ist die Pädagogik eine geisteswissenschaftliche (d.h. auf ein Objekt der geschichtlich-gesellschaftlichen Welt bezogene) Einzelwissenschaft: und zwar eine praktische Wissenschaft, die dem Handeln dient. Als solche muß sie die Erziehung als geschichtliches Phänomen im Zusammenhang der Kulturbereiche begreifen. Innerhalb dieser Kulturbereiche hat Erziehung eine das Gesamtleben fördernde Funktion, aus der sich sowohl ihre Struktur wie auch ihre Sinnorientierungen und Ziele ergeben bzw. bestimmen. Demnach kann, was Erziehung soll, nur aus der geschichtlich geprägten Erziehungswirklichkeit (wo jene Funktion konkreten Ausdruck gefunden hat - sie verweist übrigens auf die Teleologie des Seelenlebens zurück) "verstehend" herausgelesen, also hermeneutisch ermittelt werden. Grundlage und Ausgangspunkt der Pädagogik (pädagogischer Theorie) ist die "Erziehungswirklichkeit"(als geschichtliche Größe). Aufgabe der wissenschaftlichen Pädagogik ist demnach, jene hermeneutische Ermittlung zu leisten. Das bedeutet: die geschichtlich gewordenen Strukturen eines praktischen Zusammenhanges von Erziehungsnormen und Fakten gilt es zu analysieren; von da aus erscheint es möglich, einer vorgegebenen Praxis ein besseres Verständnis ihrer selbst zu eröffnen und so Handlungsorientierung zu leisten[278].

Im 20. Jahrhundert wurden die Bemühungen um eine wissenschaftliche Pädagogik verstärkt: die angesichts der allgemeinen Lebens- und Kulturbewegung auch der Pädagogik bescheinigte "Krise" (Krise des Erziehungs- und Bildungsideals, der Schule und der pädagogischen Denkform) nötigte ebenso dazu wie die Umgestaltung von Erziehung und Unterricht aufgrund neuer Forschungsergebnisse (philosophische Einsichten in Strukturen des Menschen, psychologische Erkenntnisse über das Seelenleben). Dazu kam der Wunsch, die Pädagogik im Kreis der anerkannten Wissenschaften "hoffähig" zu machen. Nicht zuletzt jedoch war es auch der pädagogische Enthusiasmus anfangs des 20. Jahrhunderts, der nach einer theoretischen Fundierung und Orientierung verlangte.

Die genannten Gründe und Bestrebungen, vornehmlich die weithin erhobene Forderung nach einer wissenschaftlichen Begleitung, Führung und Überprüfung des regen pädagogischen Lebens führte zu einer Reihe unterschiedlicher Denkrichtungen und Forschungsansätze. Solche waren nicht nur an bestimmten Wissenschaftsauffassungen orientiert, sondern fußten z.T. auch auf weltanschaulichen Standpunkten. So konkurrierten schon in der ersten Jahrhunderthälfte philosophisch gerichtete Positionen verschiedenster Art (neukantianische, neuthomistische, kultur- und wertphilosophische, existenzphilosophische Richtungen etc.) mit empirischen Ansätzen (experimentellen, deskriptiven, soziologisch akzentuierten Richtungen), geisteswissenschaftlich-historischen Konzepten (differierenden Schwerpunktsetzungen im Umkreis der Dilthey-Schule) und weltanschaulichen wie politischen Grundorientierungen (auf Welt- und Menschenbild, Geschichts-, Gesellschaftsverständnis usw. beruhend). Freilich standen die genannten Denkformen und methodischen Ansätze der Pädagogik oder Erziehungswissenschaft nicht einfach nebeneinander; sie griffen z.T. auch ineinander über. Es gab auch Vermittlungsversuche zwischen normativ-spekulativer (philosophischer) und empirisch-erfahrungswissenschaftlicher Ausrichtung.

Während in den ersten Jahrzehnten des 20. Jahrhunderts mehr philosophische Grundorientierungen - im Dritten Reich auch eine politische Perspektive - überwogen, setzte sich in der zweiten Jahrhunderthälfte (nach einer zeitweisen Dominanz geisteswissenschaftlicher Denkweise) vermehrt eine empirische Ausrichtung durch. Seit der sog. "realistischen Wendung" - von Heinrich Roth 1962 konstatiert resp. proklamiert[279]-fanden und finden die klassischen Methoden der empirischen Sozialforschung in der Pädagogik vermehrt Anwendung. Methodenaspekte traten in den Vordergrund.

Neben den früher sich um eine empirische Pädagogik bemühenden Autoren Aloys Fischer (+ 1937), Rudolf Lochner (+ 1978), Friedrich Winnefeld (+ 1968) sind als heutige Vertreter zu nennen Heinrich Roth, Wolfgang Brezinka, Lutz Rößner, Felix von Cube, Karl Josef Klauer u.v.a.

Sozusagen als Gegenschlag zu einer einseitig sich entwickelnden empiristisch-positivistischen Forschungspraxis und in Rückbesinnung auf die notwendige Verschränkung von Empirie und Hermeneutik, sind - seit den 70er Jahren - eine (gesellschafts-)kritische Ausrichtung und eine erneute "Alltagswende" (mit verstärkter Orientierung an Strukturen der menschlichen Alltags- und Lebenswelt sowie an geisteswissenschaftlichen Denkformen und Forschungsmethoden) festzustellen. So bei Ansätzen der sog. kritischen Pädagogik.

Solche Ansätze kritischer Pädagogik sind keineswegs einheitlich: manche gehen mehr von gesellschaftspolitischen (teils ideologisch bestimmten) Grundthesen aus, andere argumentieren mehr kommunikationstheoretisch oder vernunftkritisch. Es gibt auch Positionen, die auf Vermischung verschiedener Theorieelemente beruhen (wie solchen aus Psychoanalyse, Rollentheorie, Interaktionismus, Curriculumtheorie, Marxismus u.a.)[280]. Gleichwohl lassen sich heute zwei dominante Ausprägungsformen kritischer Pädagogik ausmachen: der neomarxistisch-emanzipatorische Ansatz (Hauptvertreter: Klaus Mollenhauer, Herwig Blankertz (+ 1983), H.-J. Gamm) und der kritisch-kommunikative Ansatz (Hauptvertreter: Klaus Schaller).
Wo die geschichtliche und gesellschaftliche Bestimmtheit der Prinzipien und Normen des erzieherischen Geschehens herausgestellt wird -

wie bei manchen Positionen kritischer Pädagogik unübersehbar -, kann mit gewissem Recht auch von normativer Pädagogik gesprochen werden. Es gibt ganz verschiedenartige normative Konzepte. Anderer Art als die zuletzt genannten sind z.B. die transzendentalkritische Pädagogik kantischer Herkunft (Vertreter: Paul Natorp (+ 1924), Alfred Petzelt (+ 1967), Marian Heitger, Wolfgang Fischer), die normative Pädagogik auf neuscholastischer Grundlage (Hubert Henz) sowie religiös orientierte Richtungen.

Eine Zwischenstellung zwischen quantitativen und qualitativen Forschungsmethoden nimmt die Handlungsforschung - auch als Aktionsforschung oder aktivierende Sozialforschung bezeichnet - ein, welche als unmittelbar auf erkannte Probleme bezogene Forschung Aufklärungs- und Praxishilfe leisten, direkte Veränderung bestehender sozialer Verhältnisse im betreffenden Praxisfeld herbeiführen will.

Der Forscher ist hier zugleich Beobachter wie aktiver Teilnehmer der Aktionen, die sowohl durch praktische wie auch durch wissenschaftliche Fragestellungen angeregt sein können[281].

8.3 Pädagogische Reformbewegungen und ihre Leitmotive (Erste Jahrhunderthälfte)

Im Zusammenhang mit einem sich zu Anfang des 20. Jahrhunderts in verschiedenen Lebensbereichen offenbarenden Wandel des Lebensgefühls (Rückwendung zum Menschen, Streben nach irrationaler Tiefe in der Lebensdeutung und Lebensgestaltung, Verlangen nach naturhaftem und seelischem Erleben, Bedürfnis nach Kreativität und schöpferischem Ausdruck etc.) entstanden in Deutschland innerhalb kurzer Zeit neben- und nacheinander verschiedene reformerische Bemühungen um eine Erneuerung von Lebensformen, Erziehung und Schule. Insbesondere waren diese auf eine Wandlung der herkömmlichen Schule bzw. des Schulwesens gerichtet. Aus ihnen wurden pädagogische (Teil-)Strömungen, welche die sog. reformpädagogische Bewegung bildeten und in den ersten drei Jahrzehnten unterschiedlich akzentuierte theoretische Impulse lieferten sowie praktische Maßnahmen initiierten. Manche ihrer Ideen wurden in der Reformphase nach 1945 - wenn auch in modifizierter Form - wiederaufgenommen.

Mitbedingt durch die geschichtlichen Wandlungen des Industriezeitalters, die Gesellschaftsstruktur und kulturellen Trends suchten sie unter Anregung durch allgemeine kulturkritische Erneuerungsbestrebungen[282] und unter dem Bewußtsein der erzieherischen Verantwortung auf die Herausforderungen der modernen Welt pädagogische Antworten zu geben.

Zu den wichtigsten Strömungen bzw. Richtungen der reformpädagogischen Bewegung (Reformpädagogik)[283] zählen: Jugendbewegung, Kunsterziehungsbewegung, Pädagogik "vom Kinde aus", Arbeitsschulbewegung. Dazu kommen spezifische praktische Versuche zur Umgestaltung des Schullebens, wie sie in der Landerziehungsheimbewegung, in Lebensgemeinschaftsschulen, Waldorfschulen, Jena-Plan-Schulen sowie auch in Berthold-Otto-Schulen und Montessori-Schulen unternommen wurden. Auf eine grundlegende äußere Schulreform tendierte die Einheitsschulbewegung. Im außerschulischen Bereich strebte die Volksbildungsbewegung eine geistige Erneuerung des ganzen Volkes durch neue Formen der Erwachsenenbildung an[284].

Die pädagogische Bewegung der ersten Jahrzehnte des 20. Jahrhunderts läßt trotz ihrer Differenzierung in genannte Teilströmungen ein einendes Moment erkennen: die entschiedene Parteinahme für den Menschen und der leidenschaftliche Protest gegen eine als "ungeistig" empfundene Lebens-, Kultur- und Bildungswelt. Inhalt dieser pädagogischen Bewegung war eine prononcierte Frontstellung gegen sinnentleerte Traditionalismen und defizitäre Erscheinungen, insonderheit gegen die Auswüchse und Verzerrungen pädagogischen Denkens und Gestaltens (in der vorangegangenen Epoche). Solchen glaubte man vor allem auf schulischem Sektor entgegenwirken zu müssen. Angegriffen wurden hier besonders die lebensfremde, einseitig rational ausgerichtete, in Formalismus erstarrte "Lehrer-, Buch- oder Paukschule", wie sie sich unter positivistischen und historizistischen Zeittendenzen sowie der Dominanz des Herbartianismus im 19. Jahrhundert herausgebildet hatte. Verschiedene Strömungen der Reformpädagogik lassen sich geradezu als Gegenbewegung gegen Vorgefundenes verstehen. Gegen den pädagogischen Intellektualismus und Mechanismus wandte sich besonders die Kunsterziehungs- und Arbeitsschulbewegung. Der Zerspaltung und Veräußerlichung von Erziehung und Unterricht wollten die Bemühungen um Gesamtunterricht wehren. Gegen die Überformung des Kindes seitens der Kultur- und Erwachsenenwelt machte die Jugendbewegung und die Pädagogik "vom Kinde aus" Front. Spezielle Akzentuierungen zeigten auch die Landerziehungsheimbewegung (Naturnähe, erziehende Lebensgemeinschaft, Koedukation), die Frauenbewegung (gleiche Bildungschancen und bessere Berücksichtigung weiblicher Eigenheiten), Volksbildungsbewegung (alle Schichten erfassende Bildungsangebote, Gegenwirkung zu drohender Vermassung).

8.3.1 Reformpädagogische Hauptströmungen

In Skizzierung der Grundanliegen wichtiger reformpädagogischer Richtungen sollen die wesentlichen Perspektiven und Akzentuierungen eines neuen pädagogischen Gestaltungswillens herausgestellt werden.

Jugendbewegung

In dieser um die Wende zum 20. Jahrhundert entstandenen Bewegung bekundete sich im Aufbruch der jungen Generation die Ausformung eines neuen Daseinsstils. Jugendliche begannen, sich aus der kulturellen Umklammerung seitens der Erziehungsträger zu befreien, sich von den als

selbstverständlich geltenden bürgerlichen Lebensformen (Familie, Schule, Betrieb, Kirche) zu lösen und ihre Sehnsüchte und Vorstellungen außerhalb der traditionellen Lebensbereiche zu verwirklichen. In einer Reihe von Jugendbünden (wie Wandervogel, Bund deutscher Wanderer, Freideutsche Jugend, Pfadfinderbund, Jungdeutscher Bund, Deutschnationaler Jugendbund, Deutsche Freischar, in evangelischen und katholischen Bünden usw.) schlossen sich Jugendliche zur Realisierung ihrer Ziele zusammen, die auf dem Hohen Meißner (1913) mit der Leitformel umschrieben wurden, "aus eigener Bestimmung, vor eigener Verantwortung, mit innerer Wahrhaftigkeit (das) Leben zu gestalten".
Grundzüge der Jugendbewegung (mit ihrer radikalen Aufbruchstimmung in der Vorkriegsphase, ihrer nüchterneren Entwicklungsphase nach dem Ersten Weltkrieg und der Phase sozialen resp. sozialpädagogischen Engagements seit den 20er Jahren bis zu ihrer gewaltsamen Auflösung bzw. ideologischen "Umpolung" im Dritten Reich) waren: Verteidigung des Eigenrechts der Jugend, Abhebung von der älteren Generation, Ablehnung traditioneller Lebens-, Zivilisations- und Kulturgüter, Distanz zu Staat und Politik, Suche nach eigener Lebensgestaltung und in diesem Rahmen auch Neugestaltung des Verhältnisses zu Natur, Sozialwelt, Heimat, Volk und Kultur (Rückkehr zum Natürlichen, Urwüchsigen, Echten - Leben und Erleben in freigewählten und mitgestalteten Gemeinschaften - Entwicklung eines eigenen Umgangs- und Ausdrucksstils, wie z.B. in Wandern, Fahrten, Kleidung, Musizieren - Hinwendung zu und Freude an heimatlicher Welt, Volkstum und Volkskultur, Propagierung eines natürlichen Verhältnisses der Geschlechter).

Die pädagogische Bedeutung dieser Bewegung beruht im besonderen auf folgenden Momenten: Verinnerlichung des Menschseins und Weckung des Sinns für schöpferisch-irrationales Leben, Verdeutlichung und auch Befriedigung von Bedürfnissen Jugendlicher, Idee der Selbsterziehung der Jugend, Gemeinschafts- und Gruppengedanken, Betonung des Musischen. Neben Wirkungen dieser Art - die auch in die Schule einstrahlten - gingen von der Jugendbewegung und ihren Zielsetzungen auch kräftige Anstöße für die Arbeit auf sozialpädagogischem Gebiet aus (besonders im Bereich der Jugendpflege, Fürsorgeerziehung), ebenso für die Arbeit der Erwachsenenbildung (Gemeinschafts-, Volksbildung - Volkshochschulbewegung)[285].

Kunsterziehungsbewegung

In der Kunsterziehung als einer weiteren reformpädagogischen Grundströmung vereinigten sich zwei Motive: ein ästhetisch-erzieherisches und ein didaktisch-unterrichtliches. Ersteres zielte darauf ab, dem Kulturzerfall und der Selbstentfremdung des Menschen durch "Kunsterziehung" mittels der bestimmenden Elemente Kunst, Literatur, Musik und Gymnastik entgegenzuwirken. Letztgenanntes Motiv war auf eine Reformierung des Zeichen- und Werkunterrichts sowie die Einbringung musischer Elemente (anderer Art) in die Schule - teilweise in Verbindung mit "Arbeitsschul"-Gestaltung - bezogen. War das Konzept der Kunsterziehung in jenem (erstgenannten) Sinne auf die allgemeine Erziehung (einschließlich kultureller Erneuerung) im Medium der Kunst gerichtet, so hier (im letztgenannten) auf die Erneuerung der Schule aus dem Geist der Kunst.

In Verbindung beider Motive sollte Kunsterziehung eine ästhetische, künstlerische und gestalterische Komponente aufweisen; sie mußte bestimmt sein teils vom Objektiven der Kunst, teils vom Subjektiven des künstlerischen Erlebens und Gestaltens.

Die Kunsterziehungsbewegung setzte um 1890 ein und war verbunden mit den Namen Julius Langbehn, Ferdinand Avenarius, Konrad Lange, Alfred Lichtwark, Heinrich Wolgast, Carl Götze, Ernst Weber, Fritz Jöde, Leo Weismantel, Gustav Britsch u.a.. In ihrer ersten Phase (bis ca. 1903) war die Hinführung zur großen Kunst (Wertschätzung des Kunstwerks, Gewinnung eines ästhetischen Urteils, Hebung allgemeiner Geschmackskultur) sowie die Erziehung zu ästhetischer Genußfähigkeit (ästhetischem Erleben) Kernanliegen. In der zweiten Phase stand die Weckung und Entfaltung der schöpferischen Kräfte des Kindes im Mittelpunkt (Entwicklung musisch-schöpferischer Kräfte durch praktisches Tun im Zeichen-, Musik-, Turn-, Literatur- und Sprachenunterricht)[286].

Die Kunsterziehungsbewegung gewann großen Einfluß auf das gesamte Schulleben. Starken Auftrieb erhielten vor allem Deutsch und die musischen Fächer. Richtungweisend für eine Erziehung "hin" zur Kunst, "durch" die Kunst, und "im Geiste" der Kunst, waren drei große Kunsterziehungstage mit den Schwerpunkten Bildende Kunst (Dresden 1901), Sprache und Literatur (Weimar 1903), Musik und Gymnastik (Hamburg 1905).
Die umfassende Zielsetzung der Kunsterziehung (die Erneuerung von Leben und Erziehung durch Kunst) war sicher so hoch gegriffen, daß die Wirklichkeit hinter dem Anspruch zurückbleiben mußte. Die Forderung nach Hinführung des Kindes zur Kunst, zu ästhetischem Erleben und nach Entfaltung seiner Kräfte durch eigenschöpferisches Tun (unter Beachtung "ganzheitlicher" Bildung gegenüber intellektualistischer Verengung) ist auch heute noch gültig, wie die damit verbundene Notwendigkeit, "musische" Fächer und Inhalte in der Schule nicht ungebührlich zu beschneiden[287].

Pädagogik "vom Kinde aus"
Diese Richtung innerhalb der Reformpädagogik forderte in Anlehnung an pädagogische Ideen Rousseaus und Pestalozzis, die gesamte Erziehung vom Kind her und auf das Kind hin auszurichten. Alle Maßstäbe des Erziehens müssen dem Kinde selbst - so lautete das Postulat - entnommen werden, nicht seiner Umwelt. Seine Kräfte, Interessen und Bedürfnisse sollten die Maßnahmen und Aktivitäten in den verschiedenen Lebens- und Erziehungsfeldern bestimmen. Erziehung meint demnach nicht Vermittlung oder Erwerb gewisser von außen herangetragener Stoffe oder Inhalte, meint nicht die Eingewöhnung in die Lebensformen und Wertvorstellungen der jeweiligen Sozial- und Kulturwelt. Erziehung ist nicht "Fremdformung", sondern Hilfe zur "Selbstentwicklung" der Wesensnatur des Menschen. Letz-

terer trägt sein Gestaltungsprinzip in sich (auch das Kind als vollwertiger Mensch). Als oberstes und durchgängiges Erziehungsprinzip hat demnach die Selbstbestimmung zu gelten. Auch in der Schule muß danach verfahren werden. Nicht irgendwelche fixen Stoffe, kulturellen Normen oder vorgefaßten Fernziele der Erwachsenen dürfen hier das Geschehen bestimmen, sondern die "Wachstumsziele" der Schüler. Diese werden als den Altersphasen inhärente Komponenten angesehen. Was sich von daher regt, nach Gestaltung drängt, gibt den Maßstab ab für Methode, Leistungsbewertung und Lehrgut. Der Lehrer ist - so gesehen - nicht Wissensvermittler, nicht Autoritätsperson ("Autorität" wird eher dem Kind zugeschrieben), seine Funktion gleicht eher der eines "Gärtners"; er ist mehr auf "Wachsenlassen" denn auf zielbestimmte Regulierung bedacht. Von ihm wurde verlangt: Anerkennung der "Persönlichkeit" des Schülers, Berücksichtigung kindlicher Wesensart, Förderung unumschränkter Selbstentfaltung.

Neben solchen grundlegenden Elementen des Schullebens wurden für das Unterrichtsgeschehen noch folgende Forderungen herausgestellt: Verzicht auf festen Lehr- und Stundenplan, Einbau von Sachunterricht in die Erlebnisse der Schüler, Förderung gemeinsamer Arbeit, Berücksichtigung spezieller Interessen und Begabungen, viel Beschäftigung im Freien, Verzicht auf Zeugnisse, Strafen und Belohnungen. An die Stelle einer Lehrgutvermittlung und beziehungsfremden, scharf getrennten Unterrichtsfächern sollte das neue Konzentrations- und Integrationsprinzip der Gliederung der Lehrinhalte nach Interessenszentren (Ovide Decroly), Lebenseinheiten, Projekten und Gesamtvorhaben (Gesamtunterricht - Berthold Otto) treten. Bei der Beschäftigung damit sollte das Prinzip der konzentrischen Kreise sowie dasjenige der Kindgemäßheit (Anpassung an das altersgemäße Welt- und Lebensverständnis) berücksichtigt werden.

Die besonders von Ellen Key, Ludwig Gurlitt, Johannes Gläser, dem Hamburger Wendekreis" u.a. vertretene Richtung war teils radikal individualistisch gerichtet; andere, wie z.B. Berthold Otto und Wilhelm Paulsen, brachten auch gesellschaftsreformerische Ideen in sie ein. Eine spezifische Ausprägung der Pädagogik "vom Kinde aus" begegnet bei Maria Montessori sowie in John Deweys Konzept einer child - centered school(1915)[288].

> Die weitgehende Fehleinschätzung der kindlichen Individualität der Macht der Methode, der Bedeutung von (Lehrer-)Autorität und der Kultur mit den daraus resultierenden Vereinseitigungen wurden häufig an dieser reformpädagogischen Richtung kritisiert[289].

Arbeitsschulbewegung

Die Arbeitsschulbewegung als reformpädagogische Richtung zeigte verschiedene Ausprägungsweisen. Gemeinsam war den meisten, daß sie die Selbsttätigkeit und Aktivität des Schülers als wesensnotwendiges Erziehungs- und Bildungselement (gegenüber dem rezeptiven Lernverhalten in der alten Lehrer-, Lern- und Buchschule) anerkannten und methodisch berücksichtigten. Neben dieses methodische Prinzip trat ein didaktisch-inhaltliches: gefordert (und teils verwirklicht) wurde eine besondere Art schulischer Gestaltung, deren Lerninhalte neben der Orientierung an Persönlichkeits- resp. Charakterbildung auch auf berufliche Anforderungen sowie auf Erwartungen an soziales und staatsbürgerliches Verhalten bezogen waren.

Die in Deutschland bekanntesten Vertreter des Arbeitsschulgedankens - dessen Wurzeln in die Werkschule des 17. Jahrhunderts, Industrieschulen des 18. Jahrhunderts sowie auf Forderungen der Philanthropen, Pestalozzis, Marx' u.a. zurückreichen - waren Georg Kerschensteiner (+ 1932), Hugo Gaudig (+ 1923) sowie dessen Schüler Otto Scheibner (+ 1961). Als Vertreter der sog. bürgerlichen Richtung betonten sie den Bildungswert sowohl der handwerklichen wie der geistigen Arbeit. Kerschensteiner (der "Vater der Berufsschule") rückte vor allem die Bedeutung der körperlich-manuellen Arbeit (Handarbeit) für die individuelle Formung (Persönlichkeitsbildung) und die sittliche Erfüllung der späteren Aufgaben im Berufs- und Gemeinschaftsleben in den Vordergrund. Arbeitsunterricht wurde als Fach (Werkstättenunterricht für Knaben, Schulküchenunterricht für Mädchen, Laborunterricht etc.) wie als Prinzip gefordert. Er sollte vor allem Arbeitserlebnisse vermitteln, Arbeitstugenden (arbeitssittliche bzw. ethische Haltungen) einspielen und selbsttätiges, sachgemäßes Erarbeiten der verschiedenen Kulturgüter ermöglichen. Gaudigs Generalthema war die Persönlichkeitsbildung und der spezifische Beitrag der Schule bzw. des Unterrichts hierzu. Die individuelle Entfaltung der Persönlichkeit erfordert seiner Überzeugung nach geistig-methodische Arbeit. Die Schule, die solche fördert und in die Grundformen des geistigen Arbeitens einweist, ist für ihn "Arbeitsschule" (= Schule der "freien geistigen Tätigkeit" der Schüler). Diese lehrt nicht nur Arbeitstechniken und die den verschiedenen Stoffen entsprechenden Arbeitsweisen; sie bildet vor allem methodisches Denken, methodisch selbständiges Tun und Transferleistungen heraus (was im späteren Leben auf vielen Sektoren gebraucht wird). Der Lehrer ist hier nur Organisator des freien kindlichen Schaffens. (Die Forderung Gaudigs "Der Schüler muß Methode haben!" ist dann erfüllt, wenn er weiß, wann, warum und wie er 'das' tut, und wenn er die erlernte Technik selbständig an neuen Stoffen bzw. Arbeitsgebieten anwenden kann. "Selbsttätigkeit" ist laut Gaudig die "freie Arbeit des Schülers, die aus eigenem Antrieb, auf eigengewählte Ziele hin, mit eigener Kraft und auf eigenen Wegen geschieht".) Scheibner arbeitete den methodischen Typus der "freien geistigen Schularbeit" im Anschluß an Gaudig aus und zeigte die Grundformen bzw. einzelnen Phasen des Arbeitsvorganges auf. Er unterschied fünf Stufen des Arbeitsprozesses: 1. Setzung des Ziels, 2. gemeinsame Erwägung der Arbeitsmittel, 3. Plan für den Weg, 4. Ausführung der einzelnen Arbeitsabschnitte, 5. Erfassung, Prüfung und Auswertung der Arbeitsergebnisse. Er meinte, diesem allgemeinen Arbeitsprinzip stehe jedes Gebiet offen.

Eine ganz andere Erscheinungsform der Arbeitsschule begegnet in der sog. Produktionsschule des dritten Jahrzehnts, deren Ziel es war, Erziehung mit materieller Produktion zu verbinden, das Schulkind (und die Schule) in den wirtschaftlichen Produktionsprozeß einzugliedern. Der Gesellschaftsbezug (mit sozialistischer Einfärbung) trat dabei deutlich zutage. Die Arbeitsschule fand hier - wiewohl das Prinzip der Selbsttätigkeit anerkannt war - sozusagen eine gesellschaftskritische und soziale Begründung, so bei Robert Seidel (Zürich) und den "Entschiedenen Schulreformern". Letztere wollten das Erziehungs- und Bildungswesen in sozialistischem Geiste umformen und suchten den Gedanken der Produktionsschule mit den Forderungen der Lebensgemeinschaftsschulen und der "elastischen Einheitsschule" zu verbinden (führende Köpfe: Paul Oestreich, Franz Hilker, Fritz Karsen, Siegfried Kawerau, Elisabeth Rotten).

Der Gedanke der Selbsttätigkeit und Aktivität des Schülers spielte auch noch in anderen Ausprägungen des Arbeitsschulgedankens eine Rolle: so im Modell sittlich-religiöser Taterziehung bei Franz Xaver Weigl, mit besonderer Akzentuierung in der Jena-Plan-Schule Peter Petersens, in den Montessori-Schulen, ferner auch in ausländischen Erneuerungsbewegungen, wie den von John Dewey ausgehenden amerikanischen Schul- und Unterrichtsplänen, die als Projekt-Plan (William Heard Kilpatrick) und als Dalton-Plan (Helen Parkhurst) auch in Deutschland Beachtung und teilweise Verwendung fanden. Zur Arbeitsschulbewegung sind auch die "Tatschule" Adolphe Ferrières (Frankreich/Schweiz), der interessengebundene Unterricht Ovide Decrolys (Belgien) und die sozialistische Produktionsschule Pavel Petrovič Blonskijs zu rechnen[290].

Landerziehungsheimbewegung

Die am Ende des 19. Jahrhunderts aus der kultur-, schul- und erziehungskritischen Bewegung erwachsene Landerziehungsheimbewegung wollte für eine "innere Schulreform" besonders der höheren Schule wirken. Sie propagierte eine ganzheitliche, natürliche und doch kulturbetonte Erziehung in und durch die "Schulgemeinde". Ihre Entwicklung läßt drei Hauptrichtungen erkennen. Hermann Lietz (+ 1919) verkörperte den Anfang der Landerziehungsheimbewegung und gab dieser in seinem "Gründungsaufruf" für das "Deutsche Landerziehungsheim" bei Ilsenburg/Harz (1898)[291] die Leitlinien vor: das Landerziehungsheim sollte nicht nur Unterrichtsanstalt sein, sondern in leiblicher, charakterlicher und geistiger Hinsicht erziehen, praktisch wie wissenschaftlich und künstlerisch ertüchtigen. Folgende Mittel schienen dafür geeignet: Erziehung (Erziehungsstätte) auf dem Lande; Gemeinschaftserziehung (Zusammenleben, -spielen und -arbeiten von Schülern und Erziehern); streng hygienische Lebensweise; Abwechslung zwischen wissenschaftlicher und körperlicher Arbeit; Erholung in Kunstübung und Spiel; Pflege des sittlich-religiösen und vaterländischen Sinnes in allen Unterrichtsfächern; die Interessen der Schüler berücksichtigender wissenschaftlicher Unterricht mit praktischen Übungen.

Die zweite Phase der Landerziehungsheimbewegung wurde eingeleitet durch die Weiterentwicklung des Lietzschen Modells und die Gründung der "Freie Schulgemeinde" Wickersdorf/Thüringen 1906 durch Gustav Wyneken

(+ 1964) mit seiner Idee von einer neuen "Jugendkultur". Die dritte Phase - und damit auch eine dritte Hauptrichtung - begann mit der 1910 erfolgten Gründung der "Odenwaldschule" bei Heppenheim/Bergstraße durch Paul Geheeb (+ 1961). Für diese wurde neben der hier praktizierten neuen Unterrichtsgestaltung dann auch - wie beim Wynekenschen Modell - die "Schulgemeinde" charakteristisch mit ihrer konsequent durchgeführten Mitverantwortung und Mitverwaltung der Schüler, ferner die Mitwirkung von Eltern und Mitarbeitern und die Koedukation. Die weitere Entwicklung zeigt Abspaltungen von den genannten drei Hauptrichtungen. Zu bedeutenderen Landschulheimen sind u.a. zu rechnen diejenigen von Schondorf am Ammersee (E.Reisinger), am Sölling (Th.Lehmann), Marquartstein (H.Harleß), die "Freie Werk- und Schulgemeinde" in Letzlingen (B.Uffrecht), die "Schule am Meer" (M.Luserke) und "Schloß Salem" (K.Hahn). Die deutsche Landerziehungsheimbewegung hatte - vor allem durch Initiativen Kurt Hahns (des Initiators der Kurzschulen) und Paul Geheeb (der für den Unterricht neue Maßstäbe setzte) - entsprechende Heimgründungen zur Folge[292].

Weitere Schulkonzepte (der 20er Jahre)

Schulreformen wurden auch noch in verschiedenen anderen Institutionen erprobt bzw. durchgeführt: so in Lebensgemeinschaftsschulen, Einheitsschulen, Freien Waldorfschulen, Jena-Plan-Schulen, Montessori-Schulen (in denen z.T. auch Elemente der Arbeitsschulbewegung akzentuiert wurden).

Das Modell der Lebensgemeinschaftsschule, welches in den 20er Jahren zunächst in Berlin und Hamburg, dann auch in anderen Städten verwirklicht wurde, war durch erlebnispädagogisches und sozialistisches Gedankengut mitbestimmt. Ihre Initiatoren arbeiteten bewußt auf einen Strukturwandel der Gesellschaft durch "Demokratisierung" hin. Versucht wurde der Abbau schulischen Eigenlebens zugunsten einer Annäherung von Schule und Lebenswelt. Triebfeder der Schularbeit sollte die erziehende Lebensgemeinschaft sein. Der Unterricht wurde als Arbeits-, Gesamtunterricht oder als Projektmethode durchgeführt im Sinne einer Bewältigung von Lebensaufgaben. Als Unterrichtsprinzipien fanden Selbständigkeit, Selbstverantwortung und Selbstregierung Beachtung. Die Begründung dieser (sozialistisch inspirierten) Lebensgemeinschaftsschule[293] erfolgte durch Paul Oestreich u.a. Mitglieder des Bundes entschiedener Schulreformer[294].

Auch die Einheitsschule fand gerade im letztgenannten Kreis aktive Förderer, besonders in der Form einer "elastischen Einheitsschule", d.h. einer allumfassenden, autonomen Volksbildungs- und Volkserziehungsgemeinschaft vom Kindergarten bis zur Hochschule: einer Schule, die nicht starr und geschlossen sein durfte, sondern den auftretenden Begabungen und Interessen der Schüler entsprechend in sich gegliedert und somit anpassungsfähig sein mußte. Sie sollte Chancengleichheit verwirklichen und zugleich eine produktive Lebensgemeinschaftsschule unter Ausschluß aller Völker-, Rassen- und Konfessionsverletzung sein[295]. Auch andere Vorkämpfer einer Einheitsschule in dieser Zeit setzten sich für Chancengleichheit aller und die Differenzierung nach Begabungen in einem einheitlichen, organisatorische Trennungen (nach Klassen und Konfessionen) aufhebenden Schulsystem ein (besonders der Deutsche Lehrerverein, Georg Kerschensteiner und Johannes Tews, langjähriger Generalsekretär der Gesellschaft zur Verbreitung von Volksbildung)[296]. Der hier vertretene Gedanke einer Demokratisierung des Bildungswesens wurde in der Reichsschulkonferenz (1920) lebhaft erörtert und nach 1945 in der Gesamtschul-Diskussion erneut aufgegriffen[297].

Als eine spezifische Art Einheitsschule wurde und wird die Freie Waldorfschule (die vom Kindergarten bis zur Reifeprüfung besucht werden kann) gestaltet. Nach Grundsätzen des Welt- und Menschenbildes (Anthroposophie) Rudolf Steiners (+ 1925) aufgebaut, sucht sie nachdrücklich individuelle Begabungen und schöpferisches Geistesleben zu fördern. Neben geistes- und naturwissenschaftlichen Inhalten sollen musische Schwerpunkte eine ganzheitliche Entfaltung fördern. Dementsprechend ist die Schule nicht nach Alter, sondern nach Entwicklungsstufen gegliedert (Lehrplan mit Siebenjahreszyklen). Eine Differenzierung in abgegrenzte Fächer setzt erst im 8. Schuljahr ein. Da die erlebenden und gestaltenden Fähigkeiten besonders angesprochen werden sollen, überwiegt bei den Unterrichtsfächern das plastisch-malerische, rhythmisch-musikalische und praktische Element. Streßsituationen und Notendruck werden vermieden (Ersetzung des Notenzeugnisses durch Elternbriefe mit Schülercharakteristik). Weitere Besonderheiten sind: kollegiale Selbstverwaltung durch die Lehrerschaft, aktive Mitarbeit der Eltern, Waldorfschulverein als Wirtschaftsträger[298].

Einer der bedeutsamsten Versuche einer Neugestaltung des Schullebens (unter Einbezug des Ertrags verschiedener reformpädagogischer Richtungen) liegt in der von Peter Petersen (+ 1952) begründeten Jena-Plan-Schule vor. Hier wurde ein weithin anerkanntes Modell einer Gemeinschaftserziehung entwickelt, in deren Rahmen individuelle Entwicklungshilfe geleistet wird. In der Schule als Lebensstätte sollte das Kind Güte, Liebe, Opfer- und Hilfsbereitschaft, Entscheidungsnotwendigkeit und sittliche Verbindlichkeit erfahren und verwirklichen. Schulleben als Gemeinschaftsleben galt Petersen als Garant der Charakter- bzw. echter Menschenbildung (Erziehungsziel). Dementsprechend mußte sich der Unterricht dem Schulleben als der primären erzieherischen Wirkkraft unterordnen. Das kommt sowohl im Schulorganisations- wie im Wochenarbeitsplan zum Ausdruck: Im Mittelpunkt steht die Schule als Lebensgemeinschaft. Die Schulgemeinschaft ist in drei Stammgruppen (nach Altersstufen) statt nach Jahrgangsklassen gegliedert: Unter- (1.-3.Schj.), Mittel- (4.-6.Schj.), Ober- (7.-8.Schj.), Jugendlichengruppe (9.-10.Schj.). Dem dadurch entstehenden Bildungsgefälle wird motivierende Kraft zugesprochen. Übergänge sind fließend. Der Unterricht vollzieht sich nach einem Wochenarbeitsplan (mit Kern-, Kurs- und Feierstunden).

> Der Jena-Plan kennt keine Lehrfächer im üblichen Sinne. Systemzusammenhänge, Kulturtechniken und Künste werden in sog. "Kursen" erarbeitet (Einführungs-, Übungs-, Wahl-, Niveaukurse). Der Kern des

Unterrichts umfaßt drei Bereiche: Gott, Natur und Menschenleben. Anknüpfend an Ganzheiten des Lebens vollzieht sich die Schularbeit weitgehend als Gesamtunterricht (als Epochal- und Blockunterricht betrieben); Klassenunterricht, besonders als Frontalunterricht wird abgelehnt. Gruppierende und individualisierende Unterrichtsformen stehen im Mittelpunkt. Als Grundformen des Bildungserwerbs gelten: Spiel, Lehrgang (Gespräch), Werkgestaltung und Feier. Starke Betonung erfährt das Freiheits- und Spontaneitätsprinzip. Die Funktion des Lehrers ist - nachdem Ziel und Richtung des "Vorhabens" klar sind - die eines Beraters und Helfers[299].

Zu den Schulmodellen, die neue Wege der Erziehung suchten und praktizierten, gehören auch (die heute noch als Privatanstalten fungierenden) Montessori-Schulen. Solche fußen auf Grundsätzen und Arbeitsmitteln, die von der italienischen Ärztin und Anthropologin Maria Montessori (+ 1952) entwickelt und von Montessorianern umgesetzt resp. schulisch verwertbar gemacht wurden[300]. Vor allem die Erziehungsmethode Montessoris, die weltweite Beachtung gefunden hat (besonders in Holland, USA, Indien, auch in Deutschland), bestimmt den Charakter der Montessori-Schulen. Diese Methode zielt primär auf die "normale" Entwicklung des Kindes. Sie basiert auf der Grundthese, daß jedes Kind einen eigenen Bauplan und kosmisch-göttliche Triebkräfte für seine gesunde Entwicklung in sich trägt. Je nach Entwicklungsstufe hat es bestimmte Bedürfnisse, die unter günstigen Bedingungen zu "freier" (d.h. nicht von Erwachsenen geführter) konzentrierter, ausdauernder Tätigkeit bzw. zu spontanen Selbstäußerungen veranlassen. Dieses Phänomen - also die Konzentration aller Aktivitäten auf eine zielgerichtete Arbeit (= Polarisation der Aufmerksamkeit, auch "Montessori-Phänomen" genannt), veranlaßt durch "Gegenstände", die das Innere bewegen - ist nach Montessori Angelpunkt für die Entwicklung der Persönlichkeit wie für alles Lernen (sachgebundene Arbeit).

Als Erziehungsziel gilt Montessori die Entwicklung der Persönlichkeit durch Selbsttätigkeit und zwar nach Seiten des Geistes, des Gemütes und der körperlichen Kräfte.

Auf der genannten Erkenntnis baut Montessori ihre Methode auf. Diese soll die Entfaltung des Montessori-Phänomens gewährleisten. Entscheidend dabei ist, (innere) Bedürfnisse des Kindes zu heben und es so mit (äußeren) Gegenständen zu konfrontieren, daß sie das Innere bewegen, zur Beschäftigung mit ihnen anreizen. Aufgabe des Erziehers muß es demnach sein, die jeweiligen Bedürfnisse des Kindes aufzuspüren, die rechte äußere Umgebung zu schaffen und geeignete Betätigungsmittel bereitzustellen bzw. Lerngegenstände zu offerieren.

Im frühen Kindesalter ist laut Montessori das von ihr gesammelte und z.T. selbst geschaffene "didaktische Material" (Montessori-Material)[301] für die normale Entwicklung förderlich. Dieses bildet verschiedene Sinne und fordert zur Selbsttätigkeit und Selbständigkeit heraus. Seine Verwendung geschieht insbesondere in der Vorschulerziehung resps. in Montessori-Kinderhäusern.

In der Bundesrepublik wird vor allem in Grundschulklassen nach Montessoris Ideen gearbeitet (Gymnasialzüge sind selten). Die Kinder werden - ähnlich wie in Jena-Plan-Schulen in Gruppen zusammengefaßt, Jahrespensen sind aufgehoben, freie Einzelarbeit und Arbeit in Interessengruppen stehen im Vordergrund. Die Arbeitsbereiche entsprechen im allgemeinen den sonst üblichen Schulfächern. Die Arbeit innerhalb der Fächer erfolgt weitgehend nach Projekten. Grundsätze der Montessori-Schule sind: Freiheit, Aktivität, Sachgebundenheit, dienendes Helfen, periphere Belehrung. Großes Gewicht wird auf Individualisierung gelegt, zugleich aber auch soziale Erziehung akzentuiert (nicht zuletzt auch durch musische Tätigkeiten, Feste und Feiern)[302].

Eine Analyse der genannten reformpädagogischen Strömungen hinsichtlich ihrer Stoßrichtung und Grundmotive ergibt folgendes: Mit unterschiedlicher Akzentuierung traten zwei Richtkomponenten reformerischen Bemühens zutage, nämlich "innere" Reformen (auf Inhalte, Methoden und Erlebnis- bzw. Umgangsformen wie z.B. im Schulleben - bezogen) und "äußere" Reformen (auf organisatorische Änderungen bezogen). Das Interesse an "inneren" Reformen überwog jedoch dabei. Was die allgemeinen Tendenzen bzw. Grundmotive anbelangt[303], war jenen - vor allem in schulreformerischer Absicht - dieses gemeinsam: sie rückten grundsätzlich den Menschen in den Mittelpunkt und berücksichtigten seine (des Schülers) Bedürfnisse (Betonung des Menschlichen, Respektierung der Individualität, Anerkennung des Jugendalters als Lebensstufe eigenen Rechts); sie suchten der Gesamtheit der menschlichen Kräfte (Kopf, Herz, Hand) gerecht zu werden (statt einseitig intellektuell zu verschulen) und tendierten auf Persönlichkeitsentfaltung durch Selbstgestaltung. Weitere Grundzüge reformpädagogischen Bemühens liegen darin, die Eigenstruktur der verschiedenen Lebensbereiche in der Schule voll zur Geltung zu bringen (z.B. Eigenstruktur und Eigenwert musischer Fächer), aus der Schule einen wirklichen pädagogischen Lebensraum ("Lebensstätte des Kindes") zu machen, einen mehr auf Selbsttätigkeit und Eigenverantwortlichkeit abzielenden Lern- und Umgangsstil zu praktizieren. An die Stelle des autoritären Lehrerregimes früherer Zeit sollte ein unmittelbar persönliches Verhältnis des Erziehers zum Schüler treten (Lehrer als Partner, Helfer, Führer; Zuwendung zum einzelnen Schüler). Soziale und politische (staatsbürgerliche) Verantwortung zu wekken mittels Gemeinschaftserlebens galt als unverzichtbare Erziehungsaufgabe.

Solche allgemeine Tendenzen und entsprechende Praktiken verweisen zugleich auf Erträge der Reformpädagogik. Insgesamt gesehen war diese reich an Produktivität und Dynamik pädagogischer Ideen und Initiativen. Sie hat sich in Deutschland vor allem im Kindergarten und in der Volksschule ausgewirkt. Verwandte Bestrebungen gab es auch im Ausland (vgl. z.B. éducation nouvelle" in Frankreich, "attivismo" in Italien, "progressive education" im anglo-amerikanischen Raum). Wiewohl gewisse Ideen und Gestaltungen auch derzeit noch bedeutsam und keineswegs überholt sind, erscheinen manche Motive, Begründungen und Vorschläge der Schulreformen einseitig oder gar utopisch, vor allem solche, die nicht auf gründlichen theoretischen Vorüberlegungen beruhten, sondern pädagogischem Enthusiasmus entsprangen, aktuelle Nöte schnell beheben wollten, ohne die (epochebedingten) Grenzen pädagogischen Handelns mitzubedenken. (Einseitigkeiten lagen z.B. in übertriebenem Individualismus, stark emotional gefaßtem Gemeinschaftsbegriff, antirationalem Denken, anthropologischen Fehleinschätzungen der "Kindesnatur" und übersteigerten Erwartungen in die Macht der Methode.)

8.3.2 Bildungstheoretische Implikationen der Kultur- und Wertpädagogik

Für die Zeit zwischen den beiden Weltkriegen sind zwei bemerkenswerte Tatsachen zu registrieren: der Gesamtstil der Erziehung in Haus und Schule befand sich in einer tiefgreifenden Umgestaltung, wobei reformerische Bemühungen sich merklich ausweiteten. War die Reformbewegung zuvor eine vorwiegend deutsche Angelegenheit, so wurde sie jetzt - zweite Welle - ein wirklich europäisches (und amerikanisches) Phänomen. Psychologische und soziologische Erkenntnisse (Jugend-, Charakter-, Milieukunde, Konstitutionslehre u.a.) trugen wesentlich dazu bei. Dazu kam eine - und das ist ein zweiter beachtenswerter Vorgang - besonders in Deutschland erfolgende Beeinflussung pädagogischen Denkens und Gestaltens von seiten der Kultur- und Wertphilosophie (sowohl von der neukantianischen wie der historisch-geisteswissenschaftlichen Linie her). Die sich etablierenden Richtungen der (deutschen) Kultur- und Wertpädagogik akzentuierten dann spezifische Aufgaben der Erziehung, auch der Schulerziehung.
Die Ergänzung bisheriger Sichtweisen durch neue Perspektiven brachte eine nochmalige Betonung der Aktivität des Kindes und Jugendlichen, der Erlebnispädagogik, der Ganzheitsbemühungen, der Orientierung an der Gemeinschaft u. dgl.

Kulturpädagogik

Der Terminus Kulturpädagogik bezeichnet jene Richtung der deutschen Pädagogik, in der das Erziehungsgeschehen bzw. der Bildungsprozeß als Vermittlung von Mensch und Kultur (i.S. eines geschichtlich-objektiv Gegebenen) gedeutet werden.

> Ansätze zu kulturpädagogischem Denken sind alt. Die hier gemeinte kulturpädagogische Richtung ist jedoch erst unter Anregung der verstehenden geisteswissenschaftlichen Denkweise bei Wilhelm Dilthey und vor allem unter dem Einfluß der viel umfassenderen "Wendung zum Objekt" überhaupt - welche die Philosophie der ersten Jahrzehnte unseres Jahrhunderts charakterisierte - entstanden. Bedeutende Vertreter waren: Bruno Bauch, Georg Kerschensteiner, Theodor Litt, Herman Nohl, Eduard Spranger u.a.
> Grundgedanken der Kulturpädagogik: Kultur ist der Gesamtbestand der

> Kulturgüter, die als solche durch den menschlichen Geist erzeugt wurden. In diesen Kulturgütern ist die geistige Energie der Menschheit gleichsam "niedergelegt". Kultur bedarf jedoch zu ihrem Weiterleben im Wechsel der Generationen ständig neuer Träger. Daher müssen die heranwachsenden Menschen mit ihr in Berührung kommen. Sie müssen im Umgang mit ihr als Erlebende, als daran Arbeitende den niedergelegten geistigen Gehalt wieder verlebendigen, selbst davon erfüllt werden und nach Möglichkeit als Weiterschaffende den Bestand der Kultur vervollkommnen und vermehren[304].

In kulturpädagogischer Sicht wird also das pädagogische Geschehen vornehmlich von objektiven Gehalten ("Kulturgütern" wie Sprache, Kunst, Sittlichkeit etc.) her gesehen und erklärt: der Erziehungs- resp. Bildungsprozeß ist jener Vorgang, in dem durch Verlebendigung kultureller Gehalte das Subjekt zur Persönlichkeit gestaltet wird und (wieder) kulturerhaltend und kulturschaffend hinauswirkt in die Gemeinschaft und Kulturwelt[305].

Wertpädagogik

Die Betrachtung der "Kulturgüter" und der Umgang mit ihnen verweist auf einen nicht zu übersehenden Sachverhalt: diese sind nicht einfach Dinge, Sachen oder Stoffe; es handelt sich bei ihnen um werthaltige Objekte bzw. um "objektive Werte", und die Auseinandersetzung mit ihnen löst "Werterlebnisse" aus. Schließlich tendiert alle Erziehung aufgrund ihrer 'Sinn'-Orientierung auf "Wertvollzug" (Verwirklichung des als sein-sollend Erkannten). Um diesen Sachverhalt zu verdeutlichen, bediente man sich des von der Wertphilosophie übernommenen Wertbegriffs.

> Wesentliche Fragen einer Wertphilosophie - und damit einer Wertpädagogik - erstrecken sich auf die "objektiven Werte" (auch sozio-kulturelle Wertwelt), die "subjektiven Werte" (Wertvorstellungen, Wertbewußtsein des Menschen) und den "Wertvollzug" (Verwirklichung der Werte im Kulturvollzug).

Diejenige pädagogische Richtung, welche sich den Wertbegriff als Grundbegriff der Erziehungstheorie zu eigen machte, die genannten Fragen anging, speziell das Problem zu lösen suchte, wie sowohl die pädagogische Handlung als auch ihre Zielsetzung werttheoretisch erfaßt werden können, nannte man Wertpädagogik.

Wertpädagogik deckt sich im allgemeinen mit Kulturpädagogik. Sie betont einen gewissen Universalismus, da sie alle Wertarten (vitale, sachliche, soziale, ästhetische, theoretische, ethische, religiöse Werte - vgl. Wertrangordnungen) zu ihrem Recht kommen lassen will, sich sozusagen als Anwalt der alle Wertarten umfassenden Gesamtkultur versteht (Hauptvertreter: Jonas Cohn, Georg Kerschensteiner, Theodor Litt, Richard Meister, Herman Nohl, Eduard Spranger, Siegfried Behn, Franz Xaver Eggersdorfer).

> Über die Erfaßbarkeit einer objektiven Rangordnung der Werte und Güter gingen unter den Wertpädagogen (wie auch unter Wertphilosophen) die Meinungen auseinander. Starke Gegensätze bestanden in der

Frage intellektueller oder emotionaler (gefühls-, willensmäßiger) Werterfassung. Darüber allerdings bestand Einigkeit, daß sittliches Leben eine Rangordnung der Zwecke nach ihrem Wert fordert, um im Handeln (Konflikt) zwischen Wert und Unwert, höherem und niederem Wert richtig entscheiden zu können. Wertpädagogen plädierten allesamt für eine Persönlichkeitsbildung, wobei Persönlichkeit nur im Zusammenhang mit werterfüllter Lebenshaltung gesehen wurde. Um zu solcher zu ermächtigen - war die Meinung - müßten Werte einsichtig und verstehbar gemacht werden.

Jeder Mensch braucht nach Überzeugung der Wertpädagogen Werte, an denen er sich im Handeln orientiert. Wertgeladene Gegenstände und Situationen und die Beschäftigung mit ihnen bilden ein Wertbewußtsein aus. Durch Erleben besonders der höheren Werte soll er sittlich selbständig werden (d.h. aus freier Einsicht den Normen sich verpflichtet fühlen). Von daher fällt Licht auf Wesen und Funktion von Erziehung und Bildung. Laut Spranger wurzelt alle Bildung in "Wertempfänglichkeit und Wertgestaltungsfähigkeit". Der Erziehungs- und Bildungsvorgang besteht seiner Meinung nach darin, daß Kulturwerte vom Geist des Kindes aufgenommen und erlebt werden, daß sie in die Gesinnungs- und Schaffenskräfte eingehen und - innerlich bejaht - zu Motiven des Handelns werden[306].

Die sich hier aufdrängende Frage, wie objektive Kulturwerte "in der Seele gegenwärtig" werden, wie sie sich transformieren in subjektive Individualwerte, aus denen heraus der Mensch denkt, handelt, empfindet und lebt, haben neben Spranger auch Kerschensteiner intensiv beschäftigt. Nach Spranger ist dazu eine Auswahl des Kulturgutes erforderlich (denn nicht jedes Kulturgut läßt sich in einen Bildungswert überführen). Dazu eignen sich nur solche Kulturgüter, die sowohl zur Anlage als auch zum Lebenskreis des Kindes in Beziehung gesetzt werden können. Was dafür in Frage kommt, ist vom Erzieher bzw. Bildner zu prüfen und zu entscheiden. Dazu ist auch die Kenntnis der "Lebensformen" bzw. des Typs, der beim jeweiligen Kinde vorherrscht, nötig. (Die Psychologie bietet diesbezüglich Hilfe)[307].

Auch Kerschensteiner, dessen Bildungstheorie ebenfalls auf den Begriffen der Kultur und des Wertes fußt, sieht einen ähnlichen Zusammenhang zwischen Persönlichkeitsgestaltung (Bildung) und der Umwandlung objektiver Kulturwerte in subjektive, das Handeln bestimmende Werte. Die Kräfte des Menschen entfalten sich seiner Meinung nach nur durch das Ergreifen der großen Kulturgüter und -werte (Sprache, Recht, Religion, Kunst, Wissenschaft usw.). Jedes Kulturgut hat eine eigene geistige Struktur. Nur wenn diese der inneren Struktur des Menschen ähnlich ist, kommt Bildung zustande (Grundaxiom des Bildungsprozesses)[308].

Da nach den genannten u.a. Autoren[309] nur Werte den Menschen zur Menschlichkeit führen bzw. Wertverwirklichung die Voraussetzung für die Persönlichkeitsgestaltung ist, müssen - so wird gefolgert - dem Heranwachsenden objektive Wertforderungen "verstehen" gemacht und dazu angeleitet werden, ihnen handelnd gerecht zu werden. Aufgabe des Erziehers (und der Schule) hat es demnach zu sein - unter Berücksichtigung der Möglichkeiten (Begabung) des Kindes wie der Kultur - resp. Wertwelt -, Hochwerte des Kulturlebens nahezubringen, ein inneres Verhältnis zu ihnen zu schaffen und damit den Wertsinn zu wecken, der zum Engagement (Akt) motiviert. Methodisch gesehen verläuft der Weg so: Wertbegegnung, Werterlebnis (Erfassung des Wertsinns), Wertverwirklichung.

Im Zusammenhang mit der Frage nach dem Kultur- und Bildungsgut (seiner Auswahl) stellte sich auch das Problem einer Erziehung im Geiste des deutschen Volkstums und der Völkerverständigung. Beides wurde für die praktische Schularbeit von Kultur- und Wertpädagogik zu einer Forderung erhoben. Die Beschäftigung mit nationalem Kulturgut sollte einerseits Bildungswirkung auslösen (durch die ihm immanenten geistig-seelischen Formkräfte), und sie sollte andrerseits auch die Weitergabe von Sprache, Literatur, Kunst, Sitte und Lebensstil gewährleisten. Von nationalen Gütern her konnte und sollte dann in vergleichenden Blicken auf Kulturgüter fremder Nationen auch der Sinn für deren Eigenart und Werthaftigkeit erschlossen werden. Man erblickte darin in gewissem Sinne einen Beitrag zur Annäherung zwischen den Völkern: eine Vorbedingung für Völkerversöhnung, Völkerbund und Weltfrieden.

8.4 Schulpolitik und Schulentwicklung bis 1945

8.4.1 Schulpolitische Grundvorstellungen und konkrete Maßnahmen in der Zeit vor dem Ersten Weltkrieg

Eine Vergegenwärtigung grundlegender bildungspolitischer und schulreformerischer Vorstellungen um die Jahrhundertwende und in der Folgezeit läßt folgendes erkennen: Die staatliche Schulpolitik der Wilhelminischen Zeit (Kaiserreich 1871-1918) war im sogenannten "Kaiser-Erlaß" Wilhelm II. von 1889 klar gekennzeichnet und wurde auch bis zu dessen Abdankung (1918) nicht grundlegend revidiert[310]. Der Schule wurde darin aufgetragen, reichstreue (monarchisch gesinnte) Bürger zu erziehen, innerliche Aneignung der religiösen Wahrheiten und Christenpflichten zu leisten, gegen "sozialdemokratische Irrtümer" gefeit zu machen. Der Katalog der Lehr- und Lerninhalte sollte neben den auf Bildung des Charakters und auf Bedürfnisse des Lebens bezogenen Gegenständen auch vermehrt geschichtliches Wissen (samt Geschichte der neuesten Zeit und Kenntnissen der vaterländischen Geschichte), nationales Kulturgut aufnehmen. Ferner sollten Grundsätze der Volkswirtschaft und sozialpolitische Inhalte vermittelt werden.

Neben den schulpolitischen Tendenzen staatlicher Stellen waren die Vorstellungen politischer Parteien in der genannten Ära relevant[311]. Sozialistische Schulpolitik und solche bürgerlich demokratischer (konservativer und liberaler) Kräfte äußerten sich nicht nur in kontroversen Standpunkten, sie führten auch zu lebhaften Kämpfen innerhalb des Parteienspektrums.

Das sozialistische Bildungs- und Schulprogramm (besonders von der Sozialdemokratischen Partei Deutschlands vertreten) sollte auf drei Ebenen seiner Verwirklichung zugeführt werden: durch theoretische Grundlegung in Schriften und Aufsätzen, parlamentarische Initiativen und außerparlamentarische Aktivitäten zur Unterstützung oder Initiierung schulreformerisch orientierter Massenbewegungen[312]. Durchtragende Gedanken einer Forderung nach einer sozialistischen Erziehung waren: die Kritik des Klassencharakters der herkömmlichen Gesellschaft mit ihren Bildungsprivilegien (Bevorzugung der herrschenden, Benachteiligung der niederen Schichten); das Postulat einer einheitlichen und gleichen (öffentlichen, unentgeltlichen, weltlichen bzw. laisierten, koedukativen) Bildung für alle, Einführung des Arbeitsunterrichts in den Schulplan[313].

Die programmatischen Äußerungen der bürgerlichen Parteien zur Schulpolitik lassen sich unter folgenden wesentlichen Forderungen zusammenfassen: Bekämpfung sozialdemokratischer (sozialistischer) Bestrebungen und Eindämmung ihres Einflusses auf die Arbeiterschaft, Apologie bestehender (gesellschaftlicher) Verhältnisse, Betonung der Loyalität gegenüber dem Staat (bzw. der Regierung), Erziehung zu nationaler und religiöser Gesinnung (christl. Charakter der Schule), Notwendigkeit staatsbürgerlicher Erziehung (Georg Kerschensteiners Konzeption!), weitgehendes Festhalten am Besitzprivileg höherer Bildung bei gleichzeitigem Eintreten für ein einheitliches Volksbildungssystem[314].

In der Forderung nach einem einheitlichen Volksbildungssystem wie auch im Eintreten für eine realwissenschaftliche Orientierung und eine wissenschaftliche Lehrerbildung trafen sich sozialistische und bürgerliche Vorstellungen weitgehend.

Was die schulreformerischen Maßnahmen in den letzten Jahrzehnten des Zweiten Deutschen Reiches angeht, muß - ehe solche in concreto aufgezeigt werden - bemerkt werden, daß die deutsche Reichsverfassung von 1871 keine gesetzgeberische Zuständigkeit des Reiches für Erziehung und Schule vorsah. Solche blieb den einzelnen Bundesstaaten (Ländern) vorbehalten. Aber auch keines der größeren Länder hatte ein einheitliches Gesamtschulrecht (Schulgesetz). In Preußen und Bayern gab es nur Einzelgesetze und Verordnungen (während einige kleinere Länder allgemeine Volksschulgesetze hatten, wie Sachsen, Württemberg und Baden). Bedeutungsvolle das Schulwesen tangierende Aktivitäten des Reiches sind eigentlich nur darin zu sehen, daß dieses eingriff, um die weitverbreitete Kinderarbeit abzuschaffen (Kinderarbeitsgesetz 1903) und Arbeitsschutz für Jugendliche anzubahnen (Gewerbeordnungsnovellen 1878 und 1908, Hausarbeitsgesetz 1911)[315].

Einige für das gesamte Reichsgebiet zuständige Institutionen, wie die sog. Reichsschulkommission (seit 1875, nur mit relativ unbedeutenden Fragen befaßt, wie z.B. Zeugnisanerkennung) und das Zentralinstitut für Erziehung und Unterricht (ab 1914, eigentlich nur eine "Sammel-, Auskunfts- und Arbeitsstelle"), waren für die Schulentwicklung weniger wichtig.

Die gesamtgesellschaftliche und geistesgeschichtliche Lage um 1900 samt dem damit verbundenen Wandel im Weltverständnis und Lebensgefühl warf eine Reihe pädagogischer Probleme auf, die nicht zuletzt im Schulbereich neue Aufgaben und Lösungen nahelegten. Die in den oben kurz dargestellten reformpädagogischen Bewegungen sich bekundenden Grundanliegen artikulieren solche. Allerdings kamen diese erst nach dem Ersten Weltkrieg voll zum Durchbruch. Im ersten und zweiten Jahrzehnt zeigten die Kultusverwaltungen noch eine recht verhaltene Einstellung zu Reformen, wenngleich sich gegenüber der Bildungsdrosselung zu Ende des 19. Jahrhunderts jetzt eine aufgeschlossenere Haltung breit machte, man zwar bewährtes Altes zu bewahren suchte, aber auch gewisse Neuerungen nicht scheute. Aufs Ganze gesehen wurde schon im ersten Jahrzehnt die Schulstruktur offener und die in den 80er und 90er Jahren gebremste Bildungsexpansion setzte sich fort.

Beachtliche Fortschritte zeigten sich im Kindergartenwesen, das - dank verstärkter Aufnahme Fröbelscher Impulse - sich seit dem Ende des 19. Jahrhunderts kräftig entfaltete. Auch das Volksschulwesen wurde inhaltlich und organisatorisch weiter ausgebaut, ebenso das Lehrerseminar (Schaffung eines einheitlichen Lehrplans für Präparande und Seminar mit sechs Jahresklassen im Anschluß an die Volksschule für Preußen, 1903). Die 8jährige Schulpflicht wurde (nach 1900 auch in Süddeutschland) durchgesetzt. Dem nachhaltigen Ruf nach pädagogischer Fachaufsicht aus Reihen der Lehrerschaft wurde nicht in befriedigender Weise entsprochen, die geistliche Schulaufsicht bestand vielerorts (wenn auch in staatlichem Auftrag) bis 1918 weiter. Neben den unteren Klassen der Volksschule bestanden die bisher (vor allem im nördlichen Deutschland) schon als Zubringer für höhere Schulen fungierenden sog. Vorschulen weiter. Diese waren - wie auch die mancherorts eingerichteten besonderen Vorklassen als Eingangsstufen - standesmäßig geprägt.

Das mittlere Schulwesen bildete sich ungleichmäßig aus. Im norddeutschen Bereich erfuhr es - unter dem Einfluß des Aufblühens von Handel und Gewerbe - eine Festigung und Ausweitung. Der preußische Mittelschulerlaß von 1910 stellte nachdrücklich den wesenseigenen, selbständigen Charakter der Mittelschule heraus, kennzeichnete sie als besonderen Schultyp allgemeinbildender Art, der auf die mittleren Berufe des praktischen Lebens vorbereiten soll und gab ihr eine feste Ordnung. Die Mittelschule wurde auf 9 Klassen erweitert (mit Englisch als obligatorischer und Französisch als fakultativer Fremdsprache) und führte zur "mittleren Reife".

> Die Mittelschule trat in verschiedenen Formen auf (Differenzierung im Hinblick auf Berufswahl der Schüler, Geschlecht und Übergangsmöglichkeit in höhere Schule): anstelle des allgemeinen Lehrplans konnten noch weitere treten, und zwar ein solcher, der in der Oberstufe die Berufe in Handel, Verkehr und Gewerbe berücksichtigte, ein besonderer Plan für Mädchenmittelschulen, ein weiterer, der auf den Übergang zu einer höheren Knaben- oder Mädchenschule vorbereitete und noch einer, der den späteren Wechsel ins humanistische Gymnasium vorsah[316].

Im süddeutschen Raum fand die preußische Mittelschule wenig Nachahmung. Ähnliche Formen mittlerer Schulen gab es allerdings in Württemberg; in Baden existierten noch Bürgerschulen (bis 1918).

Nach einer schulstatistischen Erhebung von 1911 gab es in Preußen 632, im Deutschen Reich 914 Mittelschulen.

Das schulpolitisch wichtigste Ereignis für das höhere Schulwesen war die Brechung des Gymnasialmonopols Ende des 19. Jahrhunderts. Die Erringung der formellen Gleichberechtigung der Realgymnasien und der Oberrealschulen 1900/1901 in Preußen und bald darauf auch in anderen deutschen Staaten brachte nicht nur neue Lehrpläne, welche die Eigenart der Grundformen unterstrichen, sondern führten auch zu einer raschen Zunahme besonders der "realen Anstalten" (mit enormer Steigerung ihrer Schülerzahl) und zur Entwicklung von Zwischenformen (Reformgymnasium, Reform-Realgymnasium). Die damit verbundenen Versuche, das höhere Schulwesen offener und flexibler zu gestalten, ließen dieses trotz rasanter äußerer Entwicklung in einer Vielzahl nebeneinanderstehender, in sich relativ unbeweglicher Schultypen erstarren. Festgefahrene Strukturen konnten auch durch reformpädagogische Initiativen (wie sie z.B. in der Einheitsschulbewegung und der Landerziehungsheimbewegung gestartet wurden) nicht verhindert werden[317].

Die Entwicklung der höheren Schulen ließ im Reich zwar ziemlich einheitliche Grundtendenzen erkennen, zeitlich und inhaltlich gab es jedoch erhebliche Unterschiede. So zeigten etwa Realgymnasium und Oberrealschule in Bayern ein etwas anderes Profil als in Preußen; beide Schultypen entstanden in Bayern auch später und erlangten hier erst 1914 die volle Gleichberechtigung für die Universitätsstudien; außerdem nahmen sie zahlenmäßig dem humanistischen Gymnasium gegenüber damals nur eine Randstellung ein. Manche schwerwiegenden Abweichungen, die es zwischen einzelnen (auch anderen) deutschen Ländern gab, wurden übrigens durch wechselseitige Absprachen sowie durch gegenseitige Anerkennung von Bildungsgängen, Zeugnissen und Berechtigungen gemildert (z.B. Vereinbarung aller deutschen Länder über die gegenseitige Anerkennung der Reifezeugnisse von 1909)[318].

Im höheren Schulwesen wirkte sich, was ebenfalls bedeutsam erscheint, durch das Heraufkommen des bloß einzelwissenschaftlich orientierten Fachlehrers eine Umstrukturierung der Lehrerschaft aus. Die Lehrerbildung suchte dem Rechnung zu tragen, indem sowohl ihre Inhalte, wie auch die Lehramtsprüfung zum höheren Schuldienst zwei Schwerpunkte aufwiesen: einen wissenschaftlichen und einen pädagogischen.

Respaktable Fortschritte sind im höheren Mädchenschulwesen zu verzeichnen. Dieses erfuhr im ersten Jahrzehnt des 20. Jahrhunderts seine größte Regelung. Vor allem wurden (nicht zuletzt dank permanenter Aktivitäten der Frauenbewegung und des Deutschen Vereins für das höhere Mädchenschulwesen) die öffentlichen höheren Bildungswege ausgebaut. Nachdem 1901 in Baden zum erstenmal Frauen zum Universitätsstudium zugelassen worden waren (in Heidelberg und Freiburg), bahnte sich eine Gleichberechtigung im akademischen Berufsfeld an. In verschiedenen Ländern wurden die höheren Mädchenschulen neu geordnet. Preußen ging mit einer umfassenden Neugestaltung (eigenen Lehrplänen und Organisationsformen) voran. Die "Neuordnung des Höheren Mädchenschulwesens" 1908 brachte folgende Regelung: Grundform war die "Höhere Mädchenschule" mit 10 Jahrgangsklassen vom 6.-16. Lebensjahr. Auf diese konnten 2 Abteilungen ("Lyzeum") aufgesetzt werden: a) die zweijährige Frauenschule (auf hausfrauliche und soziale Tätigkeiten ausgerichtet) oder b) die dreijährige wissenschaftliche Abteilung, die mit einem daran anschließenden einjährigen Mädchenseminar aufs Lehramt an Volks-, mittleren und höheren Schulen vorbereitete. Neben dem Lyzeum gab es noch die "Studienanstalt", die nach dem 7. oder 8. Schuljahr von der höheren Mädchenschule abgabelte und in 5- oder 6jährigem Kursus zur vollen Hochschulreife führte[319].

> Diese Studienanstalt konnte in verschiedenen Formen gestaltet werden: als 6jähriger gymnasialer oder realgymnasialer Kursus oder als 5jähriger Oberrealschulkursus[320].
>
> Lehrgegenstände des preußischen Lyzeums waren: Religion, Deutsch, Französisch, Englisch, Geschichte und Kunstgeschichte, Erdkunde, Rechnen und Mathematik, Naturkunde (= wissenschaftliche Fächer) - Schreiben, Zeichnen, Nadelarbeit, Singen, Turnen (= technische Fächer). Die Lehrgegenstände der Studienanstalt waren denjenigen der Knabenanstalten (in Form von Oberrealschulkursen, realgymnasialen oder gymnasialen Kursen) angeglichen[321].
>
> Um die Mädchenbildung haben sich als führende Persönlichkeiten in der Frauenbewegung und durch sonstige Aktivitäten Helene Lange (+ 1930) und Gertrud Bäumer (+ 1954) sehr verdient gemacht[322].

Diesen preußischen Mädchenschulreformen folgten Sachsen (1910), Bayern (1911), Hessen (1913), Württemberg (1914). Die süddeutschen Staaten sowie Sachsen und Hessen wichen im Ausbau allerdings teilweise von den preußischen Regelungen ab[323].

Die Hilfs- und Sonderschulen, seit dem Ende des 19. Jahrhunderts sich rasch ausbreitend (vor allem im norddeutschen Raum), nahmen auch nach der Jahrhundertwende in ganz Deutschland erheblich zu, wie durch amtliche Statistiken über Hilfsschuleinrichtungen belegt ist. Ihre Blütezeit erlebten die Hilfsschulen allerdings erst nach dem ersten Weltkrieg (im Dritten Reich fanden sie dann ein jähes Ende).

Im beruflichen Ausbildungs- und Schulwesen setzte sich der stark differenzierende Ausbau fort. Dem äußeren Aufschwung entsprach ein an die Wirksamkeit des Deutschen Vereins für das Fortbildungsschulwesen, Oskar Paches und vor allem Georg Kerschensteiners geknüpfter innerer: nach Kerschensteiners Plänen entstand durch Verknüpfung von allgemeinem Fortbildungsunterricht und Berufsbildung die sog. Pflichtfortbildungsschule, die als allgemeine Berufsschule sich in ganz Deutschland durchsetzte (auch auf dem Lande). Entsprechend dem wirtschaftlichen Aufschwung machten auch die Fachschulen verschiedener Sparten und Ebenen gewaltige Fortschritte. Die Reichsgewerbeordnung von 1900 "förderte" deren Errichtung. (Teils schlossen sich solche zusammen, wie z.B. die technischen zum Deutschen Ausschuß für das technische Schulwesen, 1908.)

Im Hochschulbereich ist ein Anwachsen und eine strukturelle Vielfalt zu verzeichnen: besonders auffällig ist das Wachstum der Technischen Hochschulen, der Handels- und anderer Fachhochschulen. Mit großzügigen räumlichen Erweiterungen (z.B. Institute, Kliniken) ging eine fortschreitende Spezialisierung (infolge des Heraufkommens neuer Einzelwissenschaften) und eine Ausdehnung des Lehrbetriebs in den Seminaren einher. An den Universitäten (seit 1913 noch Münster, 1914 Frankfurt/M. als weitere Universitäten) herrschte Massenandrang. Deren fortschreitende Spezifizierung und positivistische Orientierung, ihr Verlust des Promotions- und Forschungsmonopols u.a. lasteten ihr eine "Krisensituation" an.

8.4.2 Schulpolitik und Neuerungen in der Weimarer Republik

Nach dem Ersten Weltkrieg brachten starke Demokratisierungsbestrebungen politische Neuordnungen[324] die auf das Schulwesen nicht ohne Einfluß bleiben konnten. Mit der Einführung der republikanischen Staatsform erfolgte zwar keine grundlegende Veränderung aller Lebens- und Machtverhältnisse - die Herrschaft traditioneller Mächte (wie Wirtschaft, Staats- bzw. Verwaltungsapparatur, Kirche, Militär) und die Besitzverhältnisse wurden nicht ernsthaft gefährdet -, gleichwohl kam gerade in die Bildungspolitik viel Bewegung. Von mancher Seite setzte man nämlich in das Schulwesen größte Erwartungen und Hoffnungen, daß von ihm eine alle Standesschranken überwindende Erneuerung des gesellschaftlichen Lebens ausgehen könnte. Kein Wunder also, wenn die staatstragenden Parteien der damaligen Zeit dem Bildungswesen schlechthin und der Schule im besonderen größte Aufmerksamkeit schenkten und eine Reihe von Schulartikeln in die Weimarer Reichsverfassung von 1919 (Art. 10,142-150,174) aufnahmen. Diese zielten auf schulische Veränderungen innerer und äußerer Art ab.

> Was die Verfassung zu "Bildung und Schule" festlegte, war antizipativ auf eine noch zu schaffende neue gesellschaftliche Wirklichkeit ausgelegt. Wesentliche Anregungen der pädagogischen Reformbewegung der ersten beiden Jahrzehnte waren in die mit jenen Artikeln vorgegebenen Rahmenbestimmungen über die organisatorische Neugestaltung und den Bildungsgehalt des Schulwesens eingegangen. Ziel war, das Bildungssystem gemäß den zentralen reformpädagogischen Prinzipien und Tendenzen zu modernisieren. Als wesentlich erachtet wurde ferner, entsprechend den Grundsätzen eines demokratischen Rechts- und Verfassungsstaats, die Klassentrennung zwischen höherem und niederem Bildungswesen zu überwinden, dieses auf breiter Front zu öffnen, nicht mehr die Herkunft zum Maßstab für die Bildungslaufbahn zu machen, sondern unter dem Motto "Aufstieg des Tüchtigen" allen

Bevölkerungsschichten Bildungsbeteiligung auf allen Stufen zu ermöglichen, allen gleiche Bildungschancen zu sichern (auch Mädchen bzw. Frauen und Kindern aus den unteren sozialen Schichten)[325].

Bezüglich der strukturellen und inhaltlichen Gestaltung eines fortschrittlichen Schulwesens gab es bereits im Vorfeld der Erörterungen um die Verfassung, speziell der auf die Schule bezogenen Bestimmungen und auch später beim Ringen um umfassende gesetzliche Regelungen in einem allgemeinen Schulgesetz (welches dann doch nicht zustande kam) heftige Kontroversen. Diese waren begründet in den zum Teil stark divergierenden Positionen der Koalitionsparteien (Sozialdemokratische Partei, Zentrum, Deutsche Demokratische Partei), Kirchen und Lehrerverbänden. Das bildungspolitische Grundproblem war, die Bildungsverfassung mit dem Prinzip der parteienstaatlichen Demokratie in Einklang zu bringen, die Spannung zwischen politischem Pluralismus und der Suche nach einer allen Kräften akzeptabel erscheinenden Schule zu lösen[326].

Die sich als besonders "fortschrittlich" gebenden Parteien und Lehrergruppen forderten eine einheitliche, staatlich getragene und konfessionsfreie Schule sowie eine einheitliche (Volksschul- und Gymnasiallehrer gleicherweise umfassende) wissenschaftliche Lehrerbildung. Andere Postulate, bezüglich derer die Stellungnahmen der Interessengruppen weniger brisant und kontrovers waren, betrafen die Reichskompetenz für das Schulwesen, die Schulpflicht, die Fachaufsicht, den (Beamten-)Status der Lehrer, die Pflichtmäßigkeit der Fortbildungsschule, die Einführung von Staatsbürgerkunde (Politische Bildung) und Arbeitsunterricht als Lehrfächer, Erziehungsbeihilfen u.a.

Was die in Art. 10 WRV festgelegte Reichkompetenz für das Schulwesen angeht, versuchten die einen diese zu benutzen, um einzelstaatliche Schulreformen zu bremsen (Zentrumspartei), andere hingegen dazu, in Einzelstaaten geschaffene Tatsachen im ganzen Reich durchzusetzen (SPD). Für die faktische Schulentwicklung im deutschen Raum wurde belangvoll, daß jene Kompetenz praktisch schon gegen Mitte der 20er Jahre aufgegeben wurde und die Länder ihre Schulangelegenheiten allein regelten.

Die hauptsächlichsten Streitpunkte bei den Auseinandersetzungen um die Schule betraf das Organisationsprinzip der Schule (Einheitsschule ohne soziale und konfessionelle Trennung der Schüler mit einem einheitlichen Lehrerstand oder Beibehaltung der strengen Dreigliedrigkeit[327], eines vertikal gegliederten Schulsystems, Bindung der Schullaufbahn an Sozialstatus der Eltern oder an Leistung und Begabung der Kinder)[328]; sodann drehte sich der Konflikt um die Anhebung der Volksschule und um deren Charakter (konfessionelle oder weltliche Schule) sowie um die spezifische Funktion der Grundschule (ihre Aufgabe betreffs sozialer Integration und Zuteilung auf weiterführende Schulen, Stellung zur Volksschuloberstufe).

Die hier angesprochene Funktion der Grundschule, Zuteilungen an weiterführende Zweige bzw. Stufen des Bildungssystems vorzunehmen, sozusagen in Schullaufbahnen einzuweisen, betrifft das "pädagogische Problem" der Auslese und der Einfädelung in den richtigen (der jeweiligen "Begabung" gemäßen) Bildungsgang: eine Thematik, die sowohl die Frage nach der Legitimation eines mehrgliedrigen (vertikalen) Schulwesens wie nach der "Objektivierung" der Übergangsauslese aufwirft. Diese Fragen blieben dann bis in die 70er Jahre ein immer wieder aufgegriffenes Diskussionsthema.

Neben den Kontroversen um das Organisationsprinzip der Schule und die Verbesserung der Volksschulbildung waren die Auseinandersetzungen um die Konfessionalität der Volksschule von höchster Brisanz. Diese dauerten die gesamte Weimarer Republik über an und überragten an Intensität und Umfang alle anderen schulpolitischen Konflikte (nicht zuletzt deshalb, weil dieser Konflikt auch als ein solcher über inhaltliche Bildungserweiterung oder -begrenzung verstanden werden kann)[329].

Die Einigung auf eine "für alle gemeinsame Grundschule" und auf die Simultanschule als Normalschule war dann auch das Kernstück des sog. Weimarer Schulkompromisses. Im einzelnen konnte man sich auf folgende wesentliche Bestimmungen (als Gegenstände des Schulkompromisses der Koalitionsparteien) einigen:

a) Innere Schulreform:
- Die christliche Simultanschule ist die Regelschule. Bekenntnis- und Weltanschauungsschulen (= bekenntnisfreie bzw. weltliche Schulen) können auf Antrag der Eltern zugelassen werden. (Diese waren als Ausnahmen gedacht, sollten aber mit der Simultanschule gleichrangig sein.)
- Über die Teilnahme am Religionsunterricht (= ordentliches Lehrfach der Simultan- und Bekenntnisschulen) und an kirchlichen Verrichtungen entscheiden die Erziehungsberechtigten.
- Staatsbürgerkunde und Arbeitsunterricht sind Lehrfächer. Alle Erziehung soll im Geiste deutschen Volkstums und der Völkerversöhnung erfolgen. Die Empfindungen Andersdenkender sollen nicht verletzt werden.

b) Äußere Reform:
- Das öffentliche Schulwesen ist organisch auszugestalten. Auf einer für alle gemeinsamen Grundschule baut sich das mittlere und höhere Schulwesen auf. Maßgebend für den Aufbau ist die Mannigfaltigkeit der Lebensberufe, für die Aufnahme in eine bestimmte Schule nur die Anlage und Neigung des Kindes (nicht Status oder Bekenntnis der Eltern).
- Private Vorschulen und Vorschulklassen (bisher Einrichtungen zur Vorbildung für mittlere und höhere Schulen) werden aufgehoben.
- Das Privatschulwesen wird eingeschränkt.
- Es besteht Schulpflicht bis zum vollendeten 18. Lebensjahr. Pflichtschulen sind die achtjährige Volksschule und die sich anschließende Fortbildungsschule.
- Die Lehrerbildung ist nach den Grundsätzen der höheren Bildung reichseinheitlich zu regeln.

- Das gesamte Schulwesen steht unter der Aufsicht des Staates. Die Schulaufsicht wird durch hauptamtliche Fachkräfte ausgeübt[330].

Die genannten Postulate der Verfassung bedurften allerdings noch ihrer Realisierung, also der Umsetzung in die Schulwirklichkeit. Noch handelte es sich bei ihnen erst um Verfassungs-"normen", nicht schon um Verfassungs-"wirklichkeit"[331]. Wie schwierig es war, ihnen eine rechtliche Basis zu geben, zeigt die Tatsache, daß die schulpolitische Gesetzgebung der Weimarer Koalition eng begrenzt blieb. Das einzige verkündete Reichsschulgesetz von grundlegender Bedeutung war das sog. Grundschulgesetz vom April 1920. Auch die Bemühungen der Reichsschulkonferenz vom Juni 1920 konnten in jener Hinsicht nicht viel bewirken.

> Die Reichsschulkonferenz war eine vom Reichsinnenministerium einberufene Versammlung von 600 Fachvertretern aller pädagogischen Richtungen, Institutionen und Verbänden (Vertreter der Ministerien aus dem Reich und den Ländern, Repräsentanten der Schularten bzw. -typen u.a. Bildungseinrichtungen, der Kirchen und Weltanschauungsgruppen, des Handwerks und der Industrie, der Jugend- und Frauenvereinigungen und namhafte Wissenschaftler und Schulreformer). Dieses Gremium behandelte vom 11. bis 19. Juni 1920 in 17 Arbeitsgruppen die pädagogischen Grundfragen der damaligen Zeit. Die Verhandlungen sollten einer umfassenden Reichsschulgesetzgebung vorarbeiten, durch konstruktive Planungen den Weg zu einer großen Schulreform ebnen[332].

Die der Reichsschulkonferenz zugedachte Funktion eines pädagogisch legitimierten Wegweisers vermochte sie nicht zu erfüllen: sie konnte keinen Bildungsgesamtplan als Konferenzergebnis vorlegen, noch konnte sie - trotz guter "Standortbestimmung" und Einflußnahme auf gewisse Entwicklungen (z.B. Lehrerbildung) - die Bildungspolitiker zu umfassenderen gesetzgeberischen Maßnahmen im Schulbereich veranlassen.

Ein Teil politisch verantwortlicher Kräfte - so auch die Reichsregierung - unternahm immer wieder neue Anläufe, notwendig erscheinende Neuerungen per Gesetz in die Wege zu leiten. So wurden dem deutschen Reichstag drei Entwürfe für ein zu erstellendes Reichsschulgesetz vorgelegt (1921, 1925, 1928); sie fanden jedoch keine parlamentarische Mehrheit. Infolge großer weltanschaulicher Gegensätze, Verschlechterung der finanziellen Lage und der allgemeinen politischen Verhältnisse sowie des Widerstandes der Länder[333] konnte das Reich keine größeren bildungspolitischen Aktivitäten mehr entfalten. Es verzichtete praktisch auf seine länderübergreifende Kompetenz in Schulangelegenheiten, indem es "die Aufgaben... des Schul- und Bildungswesens den Ländern nach Maßgabe näherer reichsrechtlicher Vorschriften zu selbständiger Regelung und Erfüllung" überließ[334]. Die Ordnung des Schulwesens fiel dann in den einzelnen Ländern in macher Hinsicht unterschiedlich aus, wobei nicht nur divergierende bildungspolitische, weltanschauliche und pädagogische Zielstellungen den Ausschlag gaben, sondern auch finanzielle Gesichtspunkte.

Besonders reformfreudig zeigten sich Thüringen, Sachsen und Hamburg, wo einige Vorstellungen der Einheitsschulbewegung durchgesetzt wurden (wie übereinandergesetzte Stufen, Koedukation, weitgehende Selbstverwaltung). Recht zurückhaltend war man in Bayern. Von den Neuregelungen bezüglich der Grundschule und einigen Reformen für Leibesübungen, Musik und Mädchenbildung abgesehen, änderte sich das Schulwesen wenig. Man verzichtete hier auf einige Typen höherer Schulen, die seinerzeit anderwärts eingeführt wurden (Aufbauschulen, Deutsche Oberschulen) und auf eine Neugestaltung der Lehrerbildung. Den Kirchen wurden weiterhin - durch Konkordate zugesicherte - Einflußnahmen auf das Schul- und Universitätswesen gewährt. In Preußen steuerte man einen mittleren Kurs zwischen Reformeifer und Konservatismus. Für die Unter- wie Oberstufe der Volksschule wurden neue Richtlinien erlassen, die Lehrerbildung gehoben, das mittlere und höhere Schulwesen durch neue Bestimmungen reformiert[335].

Als Beispiel für stark abweichende Regelungen kann die kostenintensive Lehrerbildung angeführt werden. Als Mindestforderung einigte man sich mit Ausnahme Bayerns und Württembergs auf das Abitur als Voraussetzung für den Zugang zum Lehramt. Jeder Versuch, die Akademisierung der Lehrerbildung reichsgesetzlich zu regeln, scheiterte an den befürchteten Folgelasten. Gleichwohl wurde die Volksschullehrerbildung nachhaltig verbessert. So wurden erhebliche Änderungen durchgesetzt in Hessen, Sachsen, Thüringen, Hamburg, Braunschweig, Mecklenburg-Schwerin (mit pädagogischem Studium an einer Universität oder Technischen Hochschule) sowie in Preußen und Baden (mit pädagogischem Studium an der Pädagogischen Akademie). In Bayern und Württemberg hielt man hingegen an der herkömmlichen Berufsvorbereitung der Lehrer in Präparandenanstalten und Lehrerseminaren fest[336].

Um auseinanderstrebende Meinungen und Entwicklungen in Grenzen zu halten und sowohl im Schul- wie im Hochschulwesen so weit als möglich Einvernehmen zu erzielen, wurde das Instrument der Ländervereinbarung der einzelnen Kultusverwaltungen geschaffen, das dann später in der Kultusministerkonferenz (KMK, seit 1948) eine Fortsetzung fand. Die als Steuerungsinstrument genannter Art fungierenden Organe in der Weimarer Zeit waren der Reichsschulausschuß (1919-1923) und der Ausschuß für das Unterrichtswesen (1924-1934). Die von diesen getroffenen Vereinbarungen (ca. zwei Dutzend) zeigen die Tendenz zu "einheitlichen" Gestaltungen[337].Einschneidende Neuerungen konnten sie indes nicht zuwege bringen[338].

Das bildungspolitische Programm der Weimarer Zeit konnte bei weitem nicht eingelöst werden. Gleichwohl gab es eine Reihe konkreter Reformmaßnahmen, die nicht zu gering eingeschätzt werden dürfen[339].
Im Volksschulbereich war das von der verfassunggebenden Deutschen Nationalversammlung verabschiedete Reichsgrundschulgesetz von 1920 eine bedeutende Leistung. Indem die Grundschule - als Teil der Volksschule - nicht nur zu deren Unterstufe, sondern zugleich zur einheitlich Basis für

das gesamte (auch das mittlere und höhere) Schulwesen erklärt und als solche gesetzlich verankert wurde, bekam sie als Normalschule für alle Kinder erhebliches Gewicht (zumal die bisherigen Vorschulen und Vorschulklassen aufgeklärt wurden)[340]. Die in Preußen 1921 erlassenen "Richtlinien zur Aufstellung von Lehrplänen für die Grundschule" und in Fortsetzung davon die "Richtlinien zur Aufstellung von Lehrplänen für die vier oberen Jahrgänge der Volksschule" von 1922 - die z.T. für andere Länder richtungsweisend wurden - bedeuteten eine entscheidend neue Grundlegung des Unterrichts für die jeweiligen Altersstufen. Hier wie dort spiegeln sich pädagogische Tendenzen der reformpädagogischen Bewegung[341]. Unter der Aufnahme von dorther kommender Impulse erhielt die Volksschule dann ihre innere Gestalt.

> Der in den genannten Richtlinien angebotene erweiterte Lehrplan enthielt folgende Lehrgegenstände für die Grundschule: Religion, Heimatkunde bzw. heimatkundlicher Anschauungsunterricht, Deutsche Sprache, Rechnen, Zeichnen, Gesang, Turnen, Nadelarbeit (für Mädchen). Der Lehrplan für die Volksschuloberstufe enthielt zusätzlich: Geschichte und Staatsbürgerkunde, Erdkunde, Naturkunde, Raumlehre, Werkunterricht (für Knaben)[342].

Das Ergebnis der schulpolitischen Dispute der Befürworter und Gegner der Konfessionsschule war - da weder ein geplantes Reichsvolksschulgesetz noch ein Reichsschulgesetz zustande kamen - die Aufrechterhaltung der bestehenden Verhältnisse. Die Verwirklichung der Simultanschule als Normalschule (wie vom Verfassungsgeber geplant) konnte aufgrund der "Sperrklausel" (Art. 174 WRV)[343] nicht reichseinheitlich durchgesetzt werden. Bekenntnisschulen bestanden daher in einem Großteil der Länder fort.
Relativ wenig Veränderungen gab es im mittleren Schulwesen[344]. Die im Jahre 1910 in Preußen durchgeführte Neuordnung des Mittelschulwesens mit der betonten Differenzierung im Hinblick auf die Berufswahl der Schüler und einen möglichen Anschluß an die höhere Schule brachte im norddeutschen Raum und auch sonst, wo dieser Schultyp in genannter Richtung weiter ausgestaltet wurde, starken Zuzug. Nach dem ersten Weltkrieg gab es dann Stimmen, welche die Existenzberechtigung mittlerer Bildung - Mittel- und Realschule - bestritten (z.B. Eduard Spranger)[345]; sie fanden aber wenig Gehör. Die historische Entwicklung knüpfte jedenfalls an die vorhergehende Form des mittleren Schulwesens an. So stimmten die preußischen Mittelschulbestimmungen von 1925 in ihren Aussagen über Unterrichtsfächer und Zielstellungen mit dem Erlaß von 1910 weitgehend überein[346]. Neu war, daß der Schulbesuch um ein Jahr verlängert und die einzelnen Unterrichtspläne noch weiter nach Knaben- und Mädchenklassen differenziert wurden. Für alle Zweige wurde die Allgemeinbildung zur schulischen Hauptaufgabe erklärt[347].

Für das mittlere Schulwesen wurde noch eine Vereinbarung der Länder über die "mittlere Reife" (1931) wichtig. Letztere - so der Länderbeschluß - kann auf verschiedenem Wege (u.a. auch in der Mittelschule) erworben werden und qualifiziert für den Eintritt in Berufe oder Laufbahnen der mittleren Stufe des Berufsaufbaus.

Diese Regelung betraf vor allem jene Länder, die wie Preußen eine eigenständige Mittelschule eingerichtet hatten (so Anhalt, Bayern, Braunschweig, Freistaat Danzig, Mecklenburg, Oldenburg, Saarland, Thüringen). Über keine eigenständige Mittelschule verfügten damals Baden, Bremen, Hessen, Lippe, Lübeck und Sachsen[348].

Das höhere Schulwesen der Weimarer Zeit war durch eine starke Zersplitterung gekennzeichnet. Seine Reform war noch schwieriger als in anderen Bereichen, weil einerseits die weltanschaulichen und parteipolitischen Gegensätze hier besonders hart aufeinanderprallten und andrerseits immer größere Bevölkerungsteile an höherer Bildung zu partizipieren suchten (elitäre Ansprüche traditioneller Bildungseliten immer weniger realisierbar erschienen).

Nach 1918 gewannen gegenüber der traditionellen Elite aus Adel, Besitz- und Bildungsbürgertum die unteren Mittelschichten weiter an Boden. Die Anteile der Kinder aus mittleren Beamten- und Angestelltenfamilien vor allem und (in geringerem Maße) auch aus Arbeiterfamilien stieg prozentual erheblich an. Der früher so bedeutsame Zusammenhang von Besitz und Bildung wurde offensichtlich brüchig. Nicht nur der Strukturwandel und die Schülerströme im höheren Schulwesen lassen dies erkennen, sondern auch Gegebenheiten im universitären Bereich (wie z.B. Werkstudententum, Durchsetzung der Mensa-Verpflegung, Studentenwohnheime, studentische Wirtschaftshilfe und Darlehenskassen u.a.)[349].

Wiewohl sich die tatsächlichen Reformen der höheren Schule entgegen hohen Erwartungen in Kreisen von Bildungspolitikern, Lehrer- und Schülerschaft in engeren Grenzen hielt, gab es doch - gewissermaßen infolge genannter Faktizitäten - Umschichtungsprozesse organisatorischer Art (i.S. eines elastischeren Aufbaus und besserer Übergänge) wie auch inhaltlicher Art (i.S. der Akzentuierung bestimmter Lehrgegenstände des Fächerkanons, teils mit parteiischen, nationalen und völkischen Einfärbungen). Verschiedenerseits erhobene Ansprüche suchte man zu befriedigen, indem die traditionellen drei Grundtypen höherer Schule durch einen vierten ergänzt wurden: die heftig umkämpfte "Deutsche Oberschule" (1922) mit zwei (neueren) Fremdsprachen und besonderem Schwerpunkt in den deutschkundlichen Fächern[350].

Neben diesem neuen grundständigen Typ wurden ferner sog. Aufbauschulen geführt (in Hessen, Hamburg, Thüringen seit 1920, in Preußen seit 1922) eine Spezialform, die nach der 6. oder 7. Klasse den Übergang von der Volksschule ermöglichte (wichtig für besonders Begabte, Spätbegabte und Landkinder) und in sechs Jahren zur Hochschulreife führte. Diese Kurzform konnte in verschiedener Gestalt eingerichtet werden. Meistens wurde sie als verkürzte "Deutche Oberschule" geführt.

Hinsichtlich der preußischen Neuordnung des höheren Schulwesens 1924/25 (besonders durch den zuständigen Ministerialrat im preußischen Kultusministerium Hans Richert initiiert und vorangetrieben)[351] wurde belangvoll, daß die Richtlinien für die Lehrpläne von 1925 für alle höheren Schulen das "kulturkundliche Prinzip" als verbindlich erklärten, d.h. die "Pflege des deutschen Kulturgutes" als gemeinsamen Kern des Unterrichts postulierten. (Mit dieser Forderung, Deutschkunde zum Kern der gesamten höheren Bildung zu machen, wurde dem Ziel der sog. Deutschkunde-Bewegung entsprochen.)

Da man zur Verwirklichung des genannten Prinzips den Typ der "Deutschen Oberschule" als den geeignetsten ansah, kam 1925 über diesen eine Vereinbarung der deutschen Länder zustande. Außer in Thüringen und Bayern fand er überall Eingang.
Bayern führte übrigens damals auch die Aufbauschule nicht ein. Bezüglich der Typen höherer Schulen gab es hier noch andere charakteristische Unterschiede im Vergleich zu anderen Regionen: die Fächerschwerpunkte der drei älteren Typen waren in Bayern besonders scharf ausgeprägt, humanistische Gymnasien weit in der Überzahl; Realgymnasien nahmen eine absolute Randstellung ein (Oberrealschulen wurden dagegen in den 20er Jahren zahlreicher); private, speziell kirchliche Anstalten, hatten einen besonders hohen Anteil am höheren Schulwesen. Manche Reformtendenzen (wie Deutschkundebewegung, Entlastungs- und Auflockerungsbestrebungen u.a. reformpädagogische Bemühungen, die damals auch in die höheren Schulen eindrangen) wurden z.T. reservierter aufgenommen, Bestrebungen Kerschensteiners hingegen stark beachtet[352].

Ein bemerkungswerter Fortschritt im höheren Schulwesen wurde auf dem Sektor der Mädchenbildung erreicht. Diese hatte im ersten und zweiten Jahrzehnt in den meisten deutschen Staaten eine Regelung gefunden. Die Lehrpläne der einzelnen Länder zeigten dabei starke Verschiedenheiten. In der Weimarer Zeit nahm das höhere Mädchenschulwesen an den allgemeinen Reformen teil.

Preußen verfügte 1923 eine Neuordnung, dergemäß sich auf die Grundschule entweder eine 6jährige Mittelschule aufbaute oder ein 6jähriges Lyzeum, das sich allerdings nach 3jährigem Besuch gabelte in a) ein Oberlyzeum und b) eine Studienanstalt. (Ähnliche Regelungen trafen Mecklenburg-Schwerin, Oldenburg und Braunschweig).
Andere Staaten, wie Bayern, wo das Mädchenschulwesen 1924 neu geregelt wurde (indem die praktisch ausgerichtete "Mädchenmittelschule"[353]neben das wissenschaftlich ausgerichtete "Lyzeum" trat), aber auch Württemberg, Baden, Sachsen und Hamburg kannten kein Oberlyzeum. An dessen Stelle trat - so in Bayern - seit 1927 eine 3jährige Mädchenoberrealschule. Hier gab es zudem seit 1928 das grundständige humanistische Gymnasium sowie Realgymnasium für Mädchen[354].

Die neuen, aus den Reformen jener Zeit hervorgegangenen Schulen wurden auch für Mädchen eingerichtet: so die Deutsche Oberschule (1924) und die Aufbauschule. 1926 entstanden (zur Pflege des "Weiblichen" bzw. des

Frauenschaffens) die ersten "Frauenoberschulen". Auch diesbezüglich gab es in den einzelnen Ländern Lehrplanunterschiede.

Betrachtet man alle Formen des höheren Schulwesens, die grundständigen Typen, Reformanstalten und Aufbauschulen mit ihren jeweiligen Gabelungen und Kombinationsformen nach Wahl und Folgen von Fremdsprachen, einschließlich der verschiedenen Varianten des Mädchenschulwesens, dazu noch die vielfältigen Abwandlungen der Länder, so ergibt sich ein Spektrum von über 40 Formen.
Angesichts dieser verwirrenden (mit der Demokratisierung und sozialen Öffnung des Bildungssystems einhergehenden) Vielfalt nahm sich eine seit Ende der 20er Jahre feststellbare erneute Bildungsbegrenzung recht seltsam aus. Diese stand in Zusammenhang mit einer "Krisensituation", welche sich seinerzeit ankündigte und seit 1930 verschärfte. Düstere Berufsaussichten infolge eines Überangebots an "Akademikern" erzeugten ein Krisenbewußtsein, das durch veränderte demographische und ökonomische Rahmenbedingungen (Geburtenrückgang, Weltwirtschafts- und Finanzmisere, Verknappung des Stellenmarktes) noch verstärkt wurde[355].

Das Berufs- und Fachschulwesen wurde in der Weimarer Ära weiter ausgebaut. Die in Weiterentwicklung der Fortbildungsschule etablierte Pflichtberufsschule gewann ihre Gestalt. Die gemäß Reichsschulkonferenz sich durchsetzende neue Bezeichnung "Berufsschule" (seit 1921) charakterisiert auch deren inneren Umbau, bei dem - wie bei den nach berufsorientierten Fachrichtungen gegliederten Fachschulen - wirtschaftliche Interessen stärker hervortraten. Ein das Berufsschulwesen betreffender Gesetzentwurf des Reiches gelangte nicht zur Verabschiedung.

Auch der Hochschulbereich erfuhr zwischen 1918 und 1933 einen weiteren Ausbau. Neben neuen Fachhochschulen verschiedener Art wurden neue Pädagogische Akademien geschaffen, so in Preußen ab 1926 unter Kultusminister Carl Heinrich Becker (bis 1930 auf 15 Anstalten angewachsen, dann 1932 aus Spargründen wieder auf 8 reduziert).

Die neue akademische Lehrerbildung dieser Institutionen wurde stark durch Eduard Spranger, Carl Heinrich Becker und Johannes von den Driesch geprägt. Die Pädagogischen Akademien sollten als "Bildner"-Hochschulen neben solider wissenschaftlicher Bildung die berufsethische und charakterliche Formung akzentuieren.

Die Universitäten wurden 1919 durch Neugründungen in Hamburg und Köln vermehrt. Sie sahen sich herausgefordert, den Massenandrang, die an sie gestellten Berufsansprüche und die rasante Spezialisierung der Wissenschaften zu bewältigen. Reformbestrebungen auf universitärem Sektor erstreckten sich teils auf philosophische Vertiefung (als Gegengewicht gegen die fortschreitende Spezialisierung), teils auf Demokratisierung bzw. Ausweitung der Selbstverwaltung (größere Rechte an Nichtordinarien, Einrichtung des "Asta"). Seit 1923/24 wurde die Zulassung zum Studium aufgrund von Ergänzungsprüfungen Begabter verfügt.

Einige außerschulische pädagogisch relevante Entwicklungen in der Weimarer Republik betrafen den sozialpädagogischen Bereich und die Erwachsenenbildung. Für den Sektor Jugendhilfe kam es zu einigen wichtigen gesetzlichen Regelungen: dem Jugendwohlfahrtsgesetz von 1922, dem Jugendgerichtsgesetz von 1923 und dem Gesetz zur Bewahrung der Jugend vor Schund- und Schmutzschriften von 1926. Die Erwachsenenbildung als ein bestimmender Bestandteil der Volksbildungsbewegung wurde seit 1918 kräftig ausgebaut (Entstehung von Volkshochschulen, Volksbüchereien). Entscheidenden Anteil daran hatte der sich solchen Aufgaben widmende "Hohenrodter Bund" (von 1923 bis 1933)[356].

8.4.3 Schule unter dem Einfluß nationalsozialistischer Indoktrination

Ende der Weimarer Republik war eines der drängendsten bildungspolitischen Probleme, der Überfüllung von höheren Schulen und Hochschulen Herr zu werden. Man fürchtete die Gefahr eines "geistigen Proletariats", das zum Nährboden für Radikalismus und Gewalt werden könnte. Lösungen jenes Problems wurden sowohl in der verschärften Auslese für die höhere Schule als auch in der Aufwertung der Volks- und Mittelschulen, der Berufs- und Fachschulen (Umleitung von Schülerströmen in den "Mittelbau des Bildungswesens") gesucht[357]. An solche auf Dämpfung der Bildungskrise bzw. Abschwächung der akademischen Überfüllungskrise durch entsprechende Steuerungsmaßnahmen angelegte restriktive Politik knüpften die nationalsozialistischen Machthaber an, gaben aber der angestrebten Problemlösung einen ganz anderen Akzent. Mit dem "Gesetz gegen die Überfüllung deutscher Schulen und Hochschulen" (1933) wurde nicht einfach eine generelle Bildungsbegrenzung (Reduzierung des Hochschulzugangs und des Frauenstudiums) bezweckt, sondern auch ein strategisches Prinzip verfolgt: die "Neuordnung von Volk und Staat". Nicht "individualistische" Bildungsvorstellungen und Ansprüche sollten künftig Richtschnur für die Bildungspolitik und Bildungsinstitutionen sein (wie noch im Weimarer Staat), sondern ein neues "nationales Leben in Volk und Staat".

Reichsinnenminister Wilhelm Frick führte 1933 vor den Kultusministern der deutschen Länder u.a. aus: Vieles ist zu tun, "um die weit in die Vorkriegszeit hineinreichende kulturpolitische Fehlentwicklung zu beseitigen und die Form unserer Kulturorganisation mit der wirklichen Lage und den Bedürfnissen von Volk und Staat in Übereinstimmung zu bringen". Und an gleicher Stelle führte er zur spezifischen Funktion der Schule aus: "Die nationale Revolution gibt der deutschen Schule und ihrer Erziehungsaufgabe ein neues Gesetz: Die deutsche Schule hat den politischen Menschen zu bilden, der in allem Denken und Handeln dienend und opfernd in seinem Volke wurzelt und der Geschichte und dem Schicksal seines Staates ganz und unabtrennbar zu innerst verbunden ist"[358].

Die nationalsozialistischen Neuordnungsvorstellungen fanden insofern relativ schnell Widerhall, als der Abbau staatlicher Sozial- und Bildungsleistungen im Gefolge der Weltwirtschaftskrise breite Massen enttäuscht und verbittert hatte, die von einer neuen politischen Ära eine grundsätzliche Besserung ihrer beruflichen und sozialen Lage erwarteten. Dazu gehörten nicht nur Mittel- und Unterschichtengruppen, welche sich um ihre Aufstiegshoffnungen betrogen sahen, sondern auch breite Kreise der Lehrerschaft, besonders der Volksschullehrerschaft. (Letztere hat nicht nur die ersehnte Statusverbesserung nicht erreichen können, sondern nach 1930 noch einen beträchtlichen Verlust von Einkommens- und Versorgungsleistungen hinnehmen müssen, was einen Loyalitätskonflikt mit dem Verfassungsstaat und den Parteien der Weimarer Koalition zur Folge hatte)[359].

> Wie stark jener Konflikt einerseits und die Zuversicht auf bessere Verhältnisse in einem neu geordneten Staat (gemäß den gegebenen "Heilversprechungen") war, kommt in der Tatsache zum Ausdruck, daß schon im Mai 1933 ungefähr ein Viertel aller Lehrer der NSDAP beigetreten war (zu einer Zeit, als diesbezüglich noch kein Zwang ausgeübt wurde). So ist es auch erklärlich, daß die Gleichschaltung der Lehrerschaft (hinsichtlich schulischer Ziel- und Aufgabenstellungen) ziemlich reibungslos verlief und bei der "erzwungenen" Unterordnung der verschiedenen Lehrerverbände unter den Dachverband der "Deutschen Erziehergemeinschaft" nachhaltiger Widerstand eigentlich nur vom Philologenverband ausging[360].

Eine Verdeutlichung der zentralen Funktion der Schule - wie sie oben mit dem Hinweis auf ihren Beitrag zu einer "neuen Ordnung" als einer zu realisierenden politischen Wirklichkeit angedeutet wurde - muß beachten, wie das Verhältnis von Politik und Pädagogik im Nationalsozialismus verstanden wurde. Diesbezüglich ist die Grundposition eindeutig: Pädagogik und Erziehungshandeln wurden dem Primat der Politik unterstellt. Für die Grundlinien der Politik wurde die nationalsozialistische Partei bzw. Weltanschauung verantwortlich gemacht. Ihr sollten sowohl die Prinzipien wie die Zwecke staatlich-politischen Handelns entnommen werden. Wie die neue Ordnung von Volk und Staat auszusehen habe, sollte durch sie bestimmt und grundgelegt werden. Sie sollte auch letztlich maßgebend sein für die neue Erziehungsordnung (von der die Schule - laut Reichserziehungsminister Bernhard Rust - "ein Teil" ist).

Grundanliegen der nationalsozialistischen Erziehung[361] war die Ausrichtung auf die nationalsozialistische Weltanschauung und die Herbeiführung einer ihr gemäßen Denk- und Willenshaltung. Die pädagogische Zielstellung - an der sich Schule und außerschulische Erziehungsmächte orientieren sollten - war von der Parteiideologie (Mythos von Blut und Boden, geschichtliches Sendungsbewußtsein des "nordischen" Menschen, Führerprinzip und Dominanz des Staatszwecks) abgeleitet: Zentrales Anliegen der Erziehung sollte sein, den "deutschen Menschen" heranzubilden, der leistungsfähig und hingabebereit sei für Volk und Vaterland (bzw. für deren Repräsentanten:

den Führer). Erziehung und Bildung waren demnach ganz auf die Volksgemeinschaft und die von der Staatsführung gesetzten Zwecke auszurichten. Die Individualität trat dahinter ganz zurück (nach dem Motto: "Du selbst bist nichts, dein Volk ist alles!") Lebenserfüllung des einzelnen wurde nur in Zusammenhang gesehen mit dem Dienst an Volk und Staat (bzw. Führer).

> Die genannte Ziel- und Aufgabenstellung wird in einem Erlaß des Reichserziehungsministers Rust im Hinblick auf die Schule 1938 so formuliert: "Die deutsche Schule ist ein Teil der nationalsozialistischen Erziehungsordnung. Sie hat die Aufgabe, im Verein mit anderen Erziehungsmächten des Volkes, aber mit den ihr eigentümlichen Erziehungsmitteln, den nationalsozialistischen Menschen zu formen... Bildung als eigentümliche Aufgabe der Schule erschöpft sich nicht in der Entfaltung der individuellen Kräfte des einzelnen. Durch die Vermittlung des Bildungsgutes gliedert sie den jungen Menschen in die geschichtliche Gemeinschaft seines Volkes ein, durch die Vermittlung tatsächlicher Kenntnisse und Fertigkeiten befähigt sie ihn, das Leben zu meistern... (Der wahre Nationalreichtum Deutschlands liegt) in der Tüchtigkeit seiner Männer und Frauen. Aufgabe der deutschen Schule ist es darum, Menschen zu erziehen, die in echter Hingabe an Volk und Führer fähig sind, ein deutsches Leben zu führen, ihre geistigen Kräfte zu entfalten und zur höchsten Leistungsfähigkeit zu entwickeln, damit sie an ihrer Stelle die Aufgaben meistern, die Deutschland gestellt sind..."[362].

Ausrüstung für den Dienst am deutschen Volk und Vaterland bestimmten dann auch Rangfolge und Wert bzw. Einschätzung der zu verwirklichenden erzieherischen Teilziele. An der Spitze des nationalsozialistischen Erziehungsprogramms stand die körperliche Erziehung; es folgte die Bildung des Charakters und erst an dritter Stelle kam die wissenschaftliche Schulung. Rein geistige Inhalte und Zielsetzungen traten demnach gegenüber körperlicher Ertüchtigung und geforderten charakterlichen Kerntugenden (als wichtigste galten: Mut, Härte, Entschlossenheit, Zähigkeit, Durchsetzungskraft, Opferbereitschaft für das Ganze usw.) zurück[363]. Geschichtlich-politischer Bildung wurde unter den Bildungsinhalten die Hauptrolle zugesprochen. Im Schulunterricht gewannen neben den Leibesübungen Deutsch, Geschichte und Biologie (mit Rassenlehre) besonderes Gewicht. Die Politisierung der Erziehung im aufgezeigten Sinne äußerte sich auch darin, daß nationaler Fanatismus, Wehrerziehung, Geringschätzung fremder Rassen, Feinddenken, Völkerhaß und absoluter Gehorsam gegenüber der politischen Führung als wesentliche Teilelemente eines zu verwirklichenden Erziehungsprogramms galten. An der Herstellung einer einheitlichen politischen Haltung und Willensrichtung ("Gleichschaltung" im Denken, Fühlen und Wollen) sollten alle Erziehungsmächte und -institutionen mitwirken: die Schule, nationalsozialistische Jugendbünde und Parteiorganisationen, Arbeitsdienst, Wehrmacht u.a.[364].

Den Versuchen, die weltanschauliche Ausrichtung zu generalisieren, entspricht es, daß das ganze Schulwesen äußerlich und innerlich vereinheitlicht wurde[365]. Zentralisierung (unter Berücksichtigung des Führerprinzips) und größtmögliche Gleichschaltung auf verschiedenen Ebenen wurde durchgesetzt von der Kultusverwaltung über die Universitäten bis hin zur Volksschule. So wurde 1934 ein für ganz Deutschland zuständiges Reichserziehungsministerium geschaffen. Die Regelung der Schulangelegenheiten wurde wieder vollständig in gesamtstaatliche Regie übernommen; die Länder als politische Hoheitsträger wurden beseitigt, das Länderschulwesen (nach preußischem Muster) gleichgeschaltet.

Die Schule wurde allerdings zunächst nicht unmittelbar der revolutionären Umgestaltung unterworfen. Erst allmählich suchte man sie gemäß den genannten Grundsätzen - im Sinne einer Vereinheitlichung (Reduzierung der Typenvielfalt, Festlegung einheitlicher Lehrpläne, Normierung der Lehr-/Lerninhalte und Schulbücher) und zentralistischer Verwaltung und Kontrolle - neu zu ordnen. Die entsprechenden gesetzlichen Regelungen wurden vor allem ab 1938 erlassen. Den Einfluß unkontrollierbarer oder nationalsozialistischen Ideen gegenläufiger Erziehungsmächte (wie Familie, Kirche, private Schulen, Heime und Reformpädagogen) suchte man möglichst zurückzudrängen. In diesem Zusammenhang muß die Schließung fast aller Versuchs- und Privatschulen als eine einschneidende schulpolitische Maßnahme gewertet werden.

Im Volksschulbereich wurde die neue Linie mehr ihrem inhaltlichen Sinne entsprechend, weniger im organisatorischen Bereich verfolgt (wenngleich auch organisatorische Maßnahmen getroffen wurden)[366]. Wie andere Schulen wurden Volksschulen natürlich als ein Glied nationalsozialistischer Erziehungsordnung und als Instrument weltanschaulich-politischer Indoktrination angesehen. Die Wandlungen, die hier nach 1933 erfolgten, bezogen sich zunächst auf Einzelmaßnahmen für verschiedene Unterrichtsfächer (z.B. Geschichte, Biologie, Vererbungs- und Rassenlehre, Leibeserziehung). Ab 1937/38 gab es umfassende für das ganze Reich gültige Regelungen für Schulorganisation und Lehr- bzw. Unterrichtsinhalte. Besonders einschneidend für die Volksschule wurden das sog. Reichsschulpflichtgesetz von 1938 (das für die Volksschule eine einheitliche Dauer von 8 Jahren bestätigte) und die Richtlinien von 1939[367]. Letztere legten die nationalsozialistische Ausrichtung der Erziehung und des Unterrichts bis in Einzelheiten hinein fest[368].

> Erwähnenswert erscheint noch, daß die Staatsführung schon bald nach der Machtübernahme die (wenigen) "weltlichen" Schulen aufhob, die "Bekenntnisschulen" jedoch (durch konkorditäre Abmachungen) zunächst bestehen ließ, dann aber - nach einer Kehrtwendung - ab 1935 massiv deren Umwandlung in Gemeinschaftsschulen betrieb (bis 1941 dieses Ziel erreicht war)[369].

Mit zu den tiefgreifendsten Eingriffen gehörte die innerhalb weniger Jahre mehrmalige Umgestaltung der Lehrerbildung. Zunächst war man um die Umstrukturierung der Lehrinhalte im nationalsozialistischen Sinne besorgt. 1935 erfolgte dann eine radikale Neuordnung, indem auch der organisatorische Rahmen geändert wurde: es wurde nunmehr eine 4semestrige (akademische) Lehrerbildung im ganzen Reich an sog. Hochschulen für Lehrerbildung durchgeführt (von 1935-1941). Diese neuen Hochschulen wurden aus kulturellen Zentren (wo zuvor die Lehrerbildung angesiedelt war) in kleine Landstädte verlagert; außerdem fand im Lehrkörper ein weitgehender Personalaustausch statt. (Etwa 60 % republiktreuer, besonders liberal und sozialistisch gesinnter Dozenten verloren ihre Lehrbefugnis.)[370].

Von 1937-1939 wurde diesen Hochschulen ein obligatorisches Grundstudium von 2 Semestern auch für die Gymnasiallehrerstudenten übertragen (deren anschließendes Fachstudium dann an der Universität absolviert wurde). 1939 wurde neben dem über das Reifezeugnis möglichen Zugang zum Lehrerstudium - wegen Lehrermangels - noch ein zweiter, einfacherer Weg zur Lehrerprüfung eröffnet: durch 4jährige Aufbaulehrgänge für Volksschulabsolventen. 1940 wurde das Hochschulstudium für Lehrer auf 3 Jahre verkürzt.

Im Jahre 1941 wurde die akademische Lehrerbildung ganz abgebaut. Damals erfolgte eine Umwandlung der Hochschulen wie auch der Aufbaulehrgänge in 5klassige Lehrerbildungsanstalten (Einrichtungen mit streng ideologisch durchstrukturiertem Internatsbetrieb, für "Jungen" und "Mädel" getrennt)[371]. Ende 1942 waren im Reichsgebiet bereits 160 solcher Anstalten in Betrieb genommen. Zugangsvoraussetzung war der erfolgreiche Besuch von Volks- oder Mittelschule.

Daneben liefen noch 1jährige Abiturientenausbildungsgänge, ab 1940 auch Schulhelferkurse von 3 Monaten für Aspiranten mit mittlerer Reife. (Die rücksichtslose Bildungsbegrenzung in der NS-Zeit hatte zu einem Abiturientenmangel geführt, der im Bereich der Lehrerbildung besonders spürbar wurde und zu solchen Lösungen zwang. Dazu kam die Meinung der Parteikanzlei, Lehrer müsse jeder werden können, der durch die Volksschule hindurchgegangen sei)[372].

Auf dem Gebiet des mittleren Schulwesens kam es 1939 zu einer Neuordnung, die eine rigorose Vereinheitlichung und Nivellierung brachte. Man ließ nur noch einen Plan für alle Schulen des 6klassigen Typs zu. Daneben wurde ein vierstufiger (an das sechste Schuljahr anschließender) Aufbauzug an der Volksschule als Einrichtung der Mittelschule voll anerkannt. Die Lehrbücher wurden nach parteipolitischen Gesichtspunkten korrigiert. Als Schwerpunktfächer galten nun Deutsch, Geschichte, biologische Lebenskunde (einschließlich der Rassenlehre) und Leibeserziehung.

Eine einschneidende Änderung erfolgte dann wieder 1942, als die österreichische Form des mittleren Schulwesens für das ganze Reich verbindlich gemacht wurde und zwar unter der Bezeichnung "Hauptschule". Diese "Pflichtausleseschule" (über die Aufnahme entschied die abgebende Volksschule, unter Umständen auch gegen den Willen der Eltern) sollte auf den Eintritt in die mittleren Berufe, die Fachschulen und Lehrerbildungsanstalten vorbereiten.

Den Lehrplan dieser Schule übernahm man aus den Mittelschulbestimmungen von 1939 und ließ die letzten beiden Jahrgänge einfach fort.

D.h. die Schuldauer wurde um zwei Jahre gekürzt (erstreckte sich nur noch bis zum 14. Lebensjahr).

Mit der Verkürzung der Schulzeit dieser zur Hauptschule umgewandelten Mittelschule wurde das Bildungsangebot stark reduziert und damit eine bedenkliche Entwicklung eingeleitet (vergleichbar den restaurativen Tendenzen der "Stiehlschen Regulative")[373].

Im höheren Schulwesen begann 1936 die organisatorische Umgestaltung mit der Verkürzung des höheren Bildungsgangs ("aus bevölkerungspolitischen Gründen") von 9 auf 8 Jahre. Ihren Höhepunkt erreichte sie in der 1938 verfügten Neuordnung mit radikaler Vereinheitlichung der Schultypen. Die "Deutsche Oberschule" (mit der Sprachenfolge Englisch/Latein und einer Gabelung in der Oberstufe in einen naturwissenschaftlich-mathematischen und einen sprachlichen Zweig) setzte sich als Haupttyp im ganzen Reich durch. Diese konnte grundständig oder als Aufbauschule (auf dem sechsten Schuljahr aufbauende Kurzform) geführt werden. Humanistische Gymnasien wurden nur noch in Ausnahmefällen (wenn besondere Traditionsgründe vorlagen) geduldet. Ihr Gesamtanteil betrug etwa 10 %. Für alle Schulen wurde ein geänderter Lehrplan mit extrem starker Zentrierung im deutschkundlichen und leibeserzieherischen Bereich bestimmend[374].

Spezielle Ziele verfolgte das nationalsozialistische Regime mit der gesamten Mädchenbildung. Unter scharfer Abhebung von der Jungenbildung wollte man diese eindeutig auf die "deutsche Frau und Mutter" ausrichten, die wissenschaftliche Bildung einschränken und dazu die speziellen Frauenschulen ausbauen. Jene Orientierung sollte auch in der Oberschule für Mädchen (die laut Erlaß von 1938 als zweite Grundform neben die Oberschule für Jungen trat) statthaben. Diese hatte eine einheitliche Unter- und Mittelstufe, bot ab dem 10. Schuljahr aber zwei Varianten: die hauswirtschaftliche Oberstufe (mit Englisch) und die sprachliche Oberstufe (mit zwei Fremdsprachen)[375].

Wurden bisherige Typen des Schulwesens im Dritten Reich reduziert, so entstanden andrerseits - neben dem staatlichen Schulwesen und außerhalb des traditionellen Berechtigungswesens - auch neue Schulen: die nationalsozialistischen Auslese- und Eliteschulen. Zu diesen gehörten die Nationalpolitischen Erziehungsanstalten (Napola = 8klassige Oberschulen, seit 1933), die Adolf-Hitler-Schulen (6klassige Aufbauschulen, seit 1936) sowie andere Stätten "weltanschaulicher Schulung", wie Reichsschulen und Ordensburgen der NSDAP. Diese orientierten sich allesamt an der neuen Zielrichtung (Parteiideologie) und sollten der Nachwuchsförderung in Partei- und Staatsämtern dienen[376].

Auf die Schulentwicklung hatten die genannten internatsmäßig aufgezogenen Erziehungsanstalten kaum Einfluß. Sie waren nicht sehr zahlreich (ca. 50 Internate), fungierten nur wenige Jahre, wurden von einem nur geringen Prozentsatz von Schülern besucht und blieben offensichtlich auch hinter den eigenen Erwartungen zurück[377].

Veränderungen im Berufs- und Fachschulwesen hielten sich im Rahmen.

Durch das genannte Reichsschulpflichtgesetz (1938) erhielt die Berufsschule ihre rechtliche Grundlage. Die Pflichtberufsschule wurde unter fachlich-beruflicher Gliederung einheitlich geordnet: mit zweijährigem Pflichtbesuch für landwirtschaftliche Berufe und dreijährigem Pflichtbesuch für alle anderen Berufe. Zahlreiche Fachschulen erhielten die Berechtigung, zur speziellen Hochschulreife zu führen. Die Berufsausbildung wurde nicht nur vereinheitlicht, sondern auch im Sinne von Berufslenkung gesteuert. Die Lehrerbildung dieses Bereichs wurde - vorhandene Ansätze fortführend - an "Berufspädagogischen Instituten" (für Gewerbelehrer)[378] und an "Staatsinstituten für den landwirtschaftlichen Unterricht" (für landwirtschaftliche Berufs- und Fachlehrer) in hochschulmäßiger Form organisiert.

Auch die Hochschulen blieben vor dem Zugriff des nationalsozialistischen Regimes nicht verschont. Ihnen wurde aufgetragen, die Wissenschaft politisch-nationalen Zielen dienstbar zu machen, die nationalsozialistische Weltanschauung wissenschaftlich zu untermauern und zu einer ihr entsprechenden Haltung zu erziehen. Ihr altes Selbstverwaltungsprinzip (kollegiale Verwaltung) wurde weitgehend aufgehoben; an seine Stelle trat das Führerprinzip der Rektoren. Der wissenschaftliche Nachwuchs wurde den nationalsozialistischen Beamtengesetzen unterworfen, die studentischen Verbindungen (teils verboten, teils zur Selbstauflösung gezwungen) durch den NS-Studentenbund ersetzt[379].

Neben der Indoktrination im Schulbereich stand die außerschulische Gemeinschaftserziehung. Wurde die Schule beauftragt, durch Mittel der Belehrung mit der Ideen- und Gedankenwelt des Nationalsozialismus vertraut zu machen und die Ausrichtung auf die Dogmatik des Systems zu leisten, so sollten außerschulische (politische) Organe diesbezüglich vor allem im emotionalen Bereich wirksam werden.

> Parteigebundene Erziehungsmächte ("Kampforganisationen der Bewegung") von der "politischen Jungmannschaft" bis hin zur "Sturmabteilung" (SA) bekamen einen ausdrücklichen Erziehungsauftrag. Ihre Funktion sollte die Schule unterstützen und ergänzen, gegebenenfalls auch nicht-erwünschten Erziehungseinwirkungen (z.B. seitens Eltern, Lehrern, Kirchen) gegenzusteuern.

Gemeinsame Ausmärsche, Fahrten, Sportveranstaltungen, Wettkämpfe, Feste und Feiern - größte Bedeutung wurde dabei dem "Lagerleben" zugemessen - sollten ganz bewußt an jugendliche Bedürfnisse und Interessen anknüpfen und mittels der auf diesem Wege erzeugten Begeisterung zur Aufnahme des im Rahmen solcher Veranstaltungen propagierten Ideenguts veranlassen.

> Aktivitäten solcher Art wurden teils von der SA, weitgehend auch von nationalsozialistischen Jugendorganisationen initiiert. Jungvolk bzw. Jungmädel (10-14jährige) und Hitlerjugend (HJ.) bzw. Bund Deutscher Mädel (BDM.) (14-18jährige) suchten den romantischen, sportlichen und weltanschaulich-politischen Einschlag der Jugendbewegung zu verei-

nen. Die weitaus meisten deutschen Jugendlichen gehörten diesen nationalsozialistischen Jugendorganisationen an, nachdem fast alle anderen Jugendverbände aufgelöst oder verboten waren.

Die in der politisch (z.T. auch soldatisch) ausgerichteten Staatsjugend mit ihren Teilorganisationen erfolgende Beeinflussung in genannter Art wurde mit mehr oder minder sichtbarer Systematik betrieben. Sie setzte sich im Reichsarbeitsdienst und Wehrdienst mit ihren Schulungskursen fort, erst recht in der SA und politischen Schulungszentren für Führungsnachwuchs und Parteikarrieren.

Betrachtet man die Schulentwicklung im Dritten Reich im Zusammenhang des Werdens der Schule im ganzen, kann die Feststellung getroffen werden: weder schulpolitisch noch organisatorisch kam es zu "revolutionären Fortschritten". Propagandistisch wurde zwar der Eindruck erweckt, seit 1933 habe sich das deutsche Schulwesen in einem planmäßigen Prozeß grundsätzlicher Erneuerung (i.S. eines generellen Fortschritts) befunden. Die Wirklichkeit blieb jedoch hinter dem sozialrevolutionären Anspruch zurück. Schulorganisatorische Reformen, die den gesellschaftlichen und zeitgeschichtlichen Gegebenheiten Rechnung getragen (nicht bloß ideologischen Tendenzen entsprochen) hätten, kamen nicht zustande. Ansätze zu einer sozialen Öffnung des Bildungssystems, wie sie noch in der Weimarer Republik erreicht worden waren, wurden eher wieder zerstört. Die innere pädagogische Reformbewegung - als liberal, demokratisch, leistungshemmend verdächtigt - kam fast zum Stillstand; der Aufbau einer geschlossenen Erziehungstheorie kam wegen innerer Widersprüchlichkeiten des Systems und der Vermengung gültiger und anerkannter pädagogischer Grundsätze mit weltanschaulicher Dogmatik nicht zustande. Eine fortschrittliche Neugestaltung des Schulwesens wurde nicht nur durch das Fehlen einer widerspruchsfreien schulpolitischen Gesamtkonzeption behindert, sondern auch noch durch Kompetenzstreitigkeiten zwischen Staats- und Parteiinstanzen (die gelegentlich durch "Führerbefehle" geschlichtet wurden)[380].

8.5 Konzeptionen und Realisierungen in der Zeit nach dem Zweiten Weltkrieg (Zweite Jahrhunderthälfte)

8.5.1 Bildungspolitische Maßnahmen in der Aufbauphase der Nachkriegszeit - Wiederherstellung des dreigliedrigen Schulsystems

Mit dem vollständigen Zusammenbruch des politisch-gesellschaftlichen Lebens bei Kriegsende war auch das Schulwesen in Deutschland in Unordnung geraten. Infolge der allgemein herrschenden Notlage konnte es nur langsam wieder aufgebaut werden. Dabei mußten im "äußeren" Bereich materielle Probleme angegangen werden, wie Knappheit an Schulgebäuden und -einrichtungen, Unterrichtsmaterialien, steigende Schülerzahlen, Lehrermangel. Im "inneren" Bereich galt es, den Lehrkörper, die Fächer und Schulbücher von nationalsozialistischen Ideen zu säubern und durch unverfängliche Zielstellungen und Bildungsgüter zu ersetzen.

Parallel zu den Wiederaufbaubemühungen regten sich bildungspolitische Bestrebungen[381] seitens verschiedener Reformkräfte (unterdrückte Organisationen und Gruppierungen der NS-Zeit und Einzelpersonen), die im Rahmen eines Neuaufbruchs auch Veränderungen der Schulstruktur und eine grundlegende Revision der Lehr- und Lerninhalte forderten (wobei manche Reformer tiefgreifende Neuerungen als strategische Mittel einer für wünschenswert erachteten Gesellschaftsreform ansahen).

> So gab es starke sozialistische Vorstellungen und im nördlichen Deutschland - Berlin, Hamburg, Bremen, Schleswig-Holstein - auch einige Reformansätze zwischen 1946 und 1948, die den Einheitsschulgedanken wiederbelebten, Integration und Entkonfessionalisierung voranzutreiben versuchten, dann aber doch infolge einer raschen Wiederherstellung traditioneller Schulformen, der Isolierung von Reformkräften und der Besatzungspolitik der Alliierten scheiterten[382].

Zu den Bemühungen, unter Berücksichtigung bewährter Strukturen und des situationsgemäß Machbaren ungeordnete Verhältnisse möglichst schnell zu beseitigen, und zu den Tendenzen, eben jene Verhältnisse als Chance zur Einführung struktureller und inhaltlicher Neuerungen zu nutzen, kamen unterschiedliche Einflüsse der Besatzungsmächte (Anstöße und Vorschriften des Alliierten Kontrollrats). Diese drängten vor allem auf Wiederherstellung eines "ordnungsgemäßen" Schulbetriebs und eine grundlegende Demokratisierung (Reedukation/Umerziehung), waren weniger an neuen Reformen interessiert.

> Die anglo-amerikanischen Besatzungsmächte postulierten ein Umerziehungsprogramm, das nicht nur negativ die Säuberung von NS-Ideologie vorsah, sondern auch positiv als Vorschrift zum Aufbau eines sozial gerechten Schulsystems verstanden sein sollte[383]. In diesem Sinne wurde gefordert: die Verwirklichung chancengleicher Bildung bei Unentgeltlichkeit des Unterrichts in einem integrierten stufenartigen Bildungswesen (comprehensive educational system) unter Betonung staatsbürgerlicher Erziehung sowohl in einem eigenen Schulfach wie auch durch eine demokratische Gestaltung des gesamten Schullebens. Die Lehrerbildung sollte insgesamt auf universitärem Rang erfolgen[384].

Manche Impulse der Alliierten stießen in den meisten Ländern auf Ablehnung (so der Vorschlag, das traditionelle vertikal gegliederte Schulsystem zugunsten einer einheitlicheren, stärker horizontalen Ordnung abzubauen und die Grundschule auf sechs Jahre zu verlängern), andere schienen durchaus akzeptabel, entsprachen auch den Vorstellungen der deutschen Länder (bzw. den maßgeblichen Kultusverwaltungen), die - in Schul- und Kulturfragen wieder selbständig - noch Ende der 40er Jahre Reforminitiativen ergriffen[385]. Die Verantwortlichen einigten sich schließlich auf die Demokratisierung der Schule unter Anknüpfung an republikanische, nicht-sozialistische Traditionen der deutschen Schulreform (der 20er Jahre). In der Grundtendenz, beim Wiederaufbau des westdeutschen Bildungswesens an pädagogische Bestrebungen der Weimarer Zeit anzuknüpfen und bei den lagebedingten, regional unterschiedlichen Kompetenzen entstanden nach 1945 in zahlreichen Punkten schulorganisatorische und inhaltliche Abweichungen. Diese warfen insofern Koordinierungsprobleme auf, als sie die Freizügigkeit und die wechselseitige Anerkennung und Vergleichbarkeit der Bildungswege erschwerten.

Solche Abweichungen betrafen z.B. Schuldauer (Schulpflicht 8 oder 9 Jahre, Abitur mit 12 oder 13 Schuljahren), Schuljahrsbeginn, Ferien, Bezeichnung der Schulen und Klassen, die Schultypen und Schulübergänge, die Sprachenfolge, die Zensuren, die Anerkennung von Prüfungen und Versetzungen, Fragen der Schulgeld- und Lernmittelfreiheit u.a.[386].

Da es in schul- und bildungspolitischen Angelegenheiten keine Bundeskompetenz gab - das Grundgesetz der Bundesrepublik Deutschland (1949) wies die Kulturhoheit den Ländern zu[387]-, wurde die 1949 geschaffene "Ständige Konferenz der Kultusminister der Länder der Bundesrepublik" (KMK) für die Abstimmung und Lösung zahlreicher (gemeinsamer) Probleme immer wichtiger. Der Weg der Schulpolitik und -entwicklung wurde in den folgenden Jahrzehnten von der KMK weitgehend markiert. Für die Aufbauphase des nachkriegszeitlichen Schulwesens[388] wurde das Länderabkommen von 1955 (Düsseldorfer Abkommen "Zur Vereinheitlichung auf dem Gebiet des Schulwesens") recht bedeutungsvoll. Fast alle obengenannten Punkte (Abweichungen) wurden einbezogen und für 10 Jahre unkündbare Regelungen getroffen. Die Vereinbarungen fielen konsolidierend und konservierend aus: sie setzten einem "zehnjährigen 'Schulchaos' ein Ende"[389] und normierten die Schulltypen des dreigliedrigen Schulsystems (vereinheitlichende Typenbezeichnungen) unter Einschränkung von abweichenden Schulversuchen[390].

Während nach 1948 Wiederaufbau und Erweiterungsbau größeren Ausmaßes betrieben worden waren (freilich in den Bundesländern den gegebenen Verhältnissen entsprechend in unterschiedlichem Ausmaß), stagnierte der materielle Ausbau in den 50er Jahren[391]; der innere Ausbau hingegen wurde durch eine Reihe von bildungspolitischen Maßnahmen - im Rahmen des Wiederaufbaus des herkömmlichen Schulsystems unter Vornahme einzelner Korrekturen - weiter vorangebracht.

Solche Maßnahmen betrafen: sachgerechtere Aufnahmeverfahren für weiterführende Schulen, Erleichterung der Übergänge vom mittleren in das höhere Schulwesen, beginnende Konzentration und Verbesserung des ländlichen Schulwesens, Beschränkung der Unterrichtsgegenstände auf Wesentliches und Exemplarisches, Einschränkung der Prüfungsfächer und stofflichen Anforderungen beim Abitur, Verwirklichung der Schulgeldfreiheit. Dazu kam eine Neuregelung der Lastenverteilung zwischen Kommunen und Land[392].

Der Erfolg solcher Maßnahmen (u.a. Steigerung der Abiturientenquote gegenüber der Anzahl von Sextanern) mag mit dazu beigetragen haben, daß sich gegen Ende der 50er Jahre die Bildungsdiskussion wieder verstärkte und sich in der Folgezeit zunehmend ausweitete. Damals vollzog sich in

Erziehungsverständnis und Sinngebung der Schule ein gewisser Wandel. Aus der Überzeugung, der Mensch in der modernen mobilen, technischen und pluralen Gesellschaft brauche andere Inhalte zur Lebensgestaltung und -bewältigung als der traditionsbestimmte Mensch früherer Epochen, setzten verstärkt Bemühungen um eine Neugestaltung des Erziehungs- und Bildungswesens ein. Solche Tendenzen mit entsprechenden neuen Akzentsetzungen für eine Schulreform spiegeln sich in den Gutachten und Empfehlungen des "Deutschen Ausschusses für das Erziehungs- und Bildungswesen".

> Der "Deutsche Ausschuß für das Erziehungs- und Bildungswesen", ein durch Bund und Länder berufenes Gremium von 35 Persönlichkeiten (fast nur Bildungsexperten), hatte die Aufgabe, zu wichtigen Fragen der Schule und ihrer Entwicklung durch Empfehlungen, Gutachten und Erklärungen jenseits des Parteienstreits Stellung zu nehmen. Er arbeitete von 1953-1965 und wurde vom "Deutschen Bildungsrat" abgelöst. Seine insgesamt 30 Gutachten, Stellungnahmen und Empfehlungen reichen vom Kindergarten über die Grundschule, die Förderstufe, die Hauptschule, die Höhere Schule bis zur Lehrer- und Erwachsenenbildung[393].

Besonders der von dem genannten Expertengremium 1959 vorgelegte "Rahmenplan zur Umgestaltung und Vereinheitlichung des allgemeinbildenden öffentlichen Schulwesens" (kurz: Rahmenplan)[394] löste lebhafte Auseinandersetzungen um eine moderne bzw. "zeitgemäße" Schule aus. Die Reformdiskussion wurde mit ihm wiedereröffnet; er markierte sozusagen einen Wendepunkt in den schulpolitischen Erörterungen[395]. Im Unterschied zu den eher pragmatischen und partikularen Veränderungen, auf die sich der "innere Ausbau" des Schulwesens der 50er Jahre richtete, stellte der Deutsche Ausschuß - unter der Diagnose, das deutsche Schulwesen sei den zeitgeschichtlichen Wandlungen der letzten 50 Jahre nicht nachgekommen - das gesamte allgemeinbildende Schulwesen (außer Berufsschul- und Hochschulwesen) als ein zu änderndes Bildungssystem zur Disposition. Er faßte die bildungspolitischen Vorstellungen der 50er Jahre nicht nur zusammen, sondern reflektierte sie bildungs- und gesellschaftspolitisch und setzte sie in ein einheitliches Organisationsmodell (das alte Strukturen aufbrach) um. Dieses akzentuierte (neben der individualen) in besonderer Weise die gesellschaftliche Funktion der Bildung.

Aus gesellschaftspolitischen Gründen suchte der Deutsche Ausschuß die bildungsexpansiven Tendenzen (im Rahmen einer geänderten Schulorganisation) zu fördern. An der Dreigliedrigkeit des Schulsystems hielt er (mit Rücksicht auf die arbeitsteilige Gesellschaftsverfassung) fest, forderte aber mehr Durchlässigkeit und individuell angepaßte Bildungsgänge. Seine Veränderungs- (bzw. Umstrukturierungs-)vorschläge, die sowohl dem vermehrten Bildungsbedarf der Gesellschaft, größerer sozialer Gerechtigkeit und der Begabungsförderung dienen sollten, betrafen:

- Aufwertung der Volksschuloberstufe zur Hauptschule durch Ausbau (Schulzeitverlängerung, Stofferweiterung)

- Einführung einer zweijährigen Förderstufe (im Anschluß an die Grundschule, mit gemeinsamem Unterricht für alle und Sonderkursen: zwecks Verbesserung von Ausleseprozessen und zur Begabungsweckung)
- Differenzierung der höheren Schule in Gymnasium (mit naturwissenschaftlichem, sprachlichem, evtl. musischem Zweig) und Studienschule (ohne Förderstufe, für "Hochbegabte")

Der Schulaufbau sollte so aussehen: Grundschule (1.-4.Schj.), Förderstufe (5.-6.Schj.), Hauptschule (7.-9./10.Schj.), Realschule (7.-10./11.Schj.), Gymnasium (7.-13.Schj.), Studienschule (5.-13.Schj.). Diese Plan-Vorstellungen stießen teils auf Zustimmung (z.B. SPD, FDP, Teile der Lehrerschaft), teils auf Ablehnung (z.B. Deutscher Industrie- und Handelstag, Deutscher Philologenverband)[396]. Manche, dem Rahmenplan gegenüber kritisch oder verneinend eingestellte Institutionen und Organisationen, legten (sozusagen im Gegenzug) eigene Vorschläge zur Neugestaltung des Erziehungs- und Bildungswesens vor: so die Arbeitsgemeinschaft deutscher Lehrerverbände (1960/1962)[397], das Deutsche Institut für Bildung und Wissen (1960/1964)[398], der Verband der Katholischen Lehrerschaft Deutschlands (1959/1966)[399].

Ein praktischer Ertrag der genannten Vorschläge war in den frühen 60er Jahren noch nicht auf breiter Front sichtbar, gewisse "Ergebnisse" deuteten sich allerdings an: die bildungspolitische Neuorientierung seit Ende der 50er Jahre führte dazu, daß ein wachsender Anteil von Schülern eine längere Ausbildung und zunehmend höhere (weiterführende) Bildungsgänge durchliefen. Diese sich ausweitende Bildungsbeteiligung erfuhr durch das Zusammentreffen mit einem sich damals einstellenden Bevölkerungszuwachs um die Mitte der 60er Jahre (= Beginn der Bildungsreformphase) eine bemerkenswerte Beschleunigung. Diese innerhalb der bestehenden Strukturen des Schulwesens sich vollziehende Bildungsexpansion wurde in der Folgezeit noch verstärkt durch bildungspolitische Aktivitäten, die - von ganz anderen Ausgangsbedingungen und Motiven her - eine grundlegende Umstrukturierung der Schule und eine Veränderung ihrer Inhalte erstrebten[400].

8.5.2 Neue Konzepte und Aktivitäten in der Reformphase - Bildungsreform durch Bildungsplanung

Die Frage nach den verstärkten Anstößen für die genannte Bildungsexpansion sowie die Ausgangspunkte und handlungsleitenden Motive qualitativer Bildungsreformen seit der Mitte der 60er Jahre kann mit dem Hinweis auf folgende Sachverhalte[401] beantwortet werden: Veränderungen in der Wirtschaftslage der Bundesrepublik erforderten (um das erreichte Wachstum aufrechtzuerhalten und technische Fortschritte zu sichern) genügend hochqualifizierte Arbeitskräfte. Entsprechende Bedarfsfeststellungen konstatierten diesbezüglich ein Defizit (besonders hinsichtlich technischer Intelligenz und Lehrern). Das veranlaßte Georg Picht, 1964 das

Schlagwort von der "Deutschen Bildungskatastrophe" zu prägen und Maßnahmen zum Abbau dieses Defizits zu fordern [402]. Unter der von ihm und anderen verdeutlichten bildungsökonomischen Perspektive ergaben sich zwei Konsequenzen: Erhöhung der Zahl der Abiturienten durch verschiedene Maßnahmen (z.B. Einführung von Aufbauformen, Erleichterung von Übergängen, Mobilisierung brachliegender "Bildungsreserven" u.a.) sowie Verstärkung der Bildungsplanungsaktivitäten.

Ein weiteres Faktum, das Bildungserweiterung und qualitative Bildungsreform nahelegt, war die durch empirische Sozialforschung aufgedeckte "soziale Diskriminierung", d.h. die bildungsmäßige Benachteiligung bestimmter Bevölkerungsgruppen (Mädchen, Landbewohner, Katholiken, Arbeiterkinder)[403]. Die Beseitigung jeglicher Zurücksetzung bzw. Unterprivilegierung unter dem Motto "Bildung als Bürgerrecht für alle" (Ralf Dahrendorf)[404] wurde zu einer sozialpolitisch motivierten Forderung mit dem weithin verfochtenen Ziel vermehrter Chancengleichheit[405].

Die sich um die Mitte der 60er Jahre ändernde bildungspolitische Szene mit der betonten Hervorkehrung des gesellschaftlichen Charakters des Erziehungs- und Bildungswesens und der vor allem unter bildungsökonomischen und sozialpolitischen Perspektiven forcierten Reformphase - zu der u.a. in erheblichem Maße Ergebnisse der in den frühen 60er Jahren ausgeweiteten Bildungsforschung beigetragen haben - führte seitens der Kultusverwaltungen und KMK nicht nur zu Entscheidungen bzw. Beschlüssen, die in tatsächlich verwirklichte Neugestaltungen umgesetzt wurden; die genannten Faktizitäten bewirkten auch die Konstituierung des Deutschen Bildungsrats (1965).

> Der Deutsche Bildungsrat, eine durch Bund-Länder-Abkommen (als Nachfolger des Deutschen Ausschusses für das Erziehungs- und Bildungswesen) gegründete Institution, wurde beauftragt, Bedarfs- und Entwicklungspläne für das gesamte deutsche Bildungswesen unterhalb des Hochschulbereichs (für diesen war der Wissenschaftsrat zuständig) zu entwerfen, Vorschläge für die Struktur des Bildungswesens zu machen und den Finanzbedarf zu errechnen. Er setzte sich zusammen aus einer beschlußfassenden Bildungskommission (mit kooperativer Dreiheit von Sachverständigen, Repräsentanten der Gesellschaft, Vertretern der Verwaltung) und einer zur Stellungnahme berechtigten Regierungskommission (mit Vertretern des Bundes, der Länder und kommunaler Spitzenverbände). Der Deutsche Bildungsrat fungierte von 1965-1975. (Nach seiner Auflösung wurden Teilbereiche seines Auftrags von der Bund-Länder-Kommission übernommen.) Von seinen veröffentlichten 61 Gutachten und über 15 Empfehlungen wurde der "Strukturplan für das Bildungswesen" am bekanntesten [406].

Das von der Bildungskommission des Deutschen Bildungsrats mit dem "Strukturplan für das Bildungswesen" (1970) vorgelegte Reformkonzept zielte auf eine grundsätzliche Neuordnung des gesamten Bildungsbereichs (neue Strukturen sowie neue Zielsetzungen und veränderte inhaltliche Anforderungen)[407]. Als integrierendes Gesamtkonzept umfaßte der Plan alle

Stufen des Bildungswesens vom Elementarbereich über den Primar- und Sekundarbereich bis zur Weiterbildung und begriff auch die Lehrerbildung als das "Schlüsselproblem der Bildungsreform" mit ein.

Leitender Gesichtspunkt und damit umfassendes Bildungsziel sollte die Befähigung des einzelnen zu individuellem und gesellschaftlichem Leben, zur Wahrnehmung seiner (Grund-)Rechte und Pflichten sowie zur freien Berufswahl sein. Eine weitere Zielkomponente sollten die Anforderungen der Gesellschaft an den einzelnen abgeben. Demokratisierung unter Herstellung größtmöglicher Chancengleichheit galt im Sinne einer Verklammerung solcher individualer und sozialer Zielkomponenten gewissermaßen als generelle Leitlinie. Dieser entsprachen bestimmte "Grundsätze" und "Elemente" der intendierten Neugestaltung[408]: Kompensation von Lerndefiziten, Individualisierung, Differenzierung, vielfältige Beratung, ständige Weiterbildung. Ferner wurden gefordert: Wissenschaftsbestimmtheit der Lerninhalte bzw. Bildungsgegenstände und der Lernmethoden und zwar für alle (keine Unterschiede mehr im Sinne von volkstümlicher, praktisch-theoretischer und theoretischer Bildung), gezielte Förderung des Lernens, Integration von allgemeiner und beruflicher Bildung (bei Ablehnung von getrennten, rein theoretischen und rein praktischen Bildungsgängen). Weitere Postulate prinzipieller Art waren: Neugestaltung der Curricula (der Lernziele, -inhalte, -verfahren, -zielkontrollen) und im Organisationsbereich die Durchlässigkeit der Bildungsgänge, die Mitwirkung der Beteiligten und die Wandlungsfähigkeit des Bildungssystems.

Unter Hinweis auf die Notwendigkeit und bestmögliche Chancen der Verwirklichung genannter Prinzipien und Forderungen sowie auch unter Respektierung von Ergebnissen der modernen Begabungs- und Bildungsforschung[409] empfahl der Deutsche Bildungsrat für den äußeren Aufbau der Schule eine horizontale Gliederung (Stufensystem anstelle des bisherigen vertikalen, nach Schultypen getrennten Systems), wobei jede Stufe an die individuellen Lernvoraussetzungen der vorhergehenden anknüpfen sollte.

> Das Organisationsmodell des Strukturplans unterschied folgende Lernbereiche (Stufen): Elementarbereich (3.-4. Lj., Zuständigkeit des Kindergartens), Primarbereich (mit 2 Stufen: Eingangs- und Grundstufe, 1.-4. Schj., bisher Grundschule), Sekundarstufe I (5.-10. Schj., dabei 5. und 6. Schj. als Orientierungsstufe, mit zunehmender Differenzierung nach Neigungen und Begabungen[410]; Abschluß Abitur I), Sekundarstufe II (11.-13. Schj., Differenzierung nach studien- und berufsbezogenen Bildungsgängen; Abschluß Abitur II mit studien- bzw. berufsbezogener Profilierung), Weiterbildung (i.S. von Fortsetzung oder Wiederaufnahme organisierten Lernens nach einer ersten Bildungsphase, als vierter Sektor des Gesamtbildungswesens Fortbildung, Umschulung und Erwachsenenbildung umspannend)[411].
> Analog zur Organisierung des Schulwesens nach Schulstufen und Ausbildungsgängen sollte dem vorgelegten Plan zufolge auch die Ausbildung der Lehrer als Stufenlehrer bzw. als Lehrer für bestimmte Studiengänge neu gestaltet werden[412].

Der Strukturplan bestimmte seit seinem Erscheinen die bildungspolitische

Diskussion in der Bundesrepublik und wurde zur Orientierungshilfe für manche Reformvorhaben. Er fand weitgehende Zustimmung bei der sozialliberalen Regierungskoalition und in manchen Kultusverwaltungen. Teile von ihm (z.B. stärkere Integration von Allgemein- und Berufsbildung, quantitative Ausbauziele, Verankerung bundesweit integrierter Schulkonzepte - Gesamtschule, Orientierungsstufe - und entsprechende (Stufen-)Lehrerausbildung) stießen in konservativen u.a. Kreisen auf Reserviertheit bzw. Ablehnung.

> Der Bericht der Bundesregierung zur Bildungspolitik (Bildungsbericht '70) mit Aussagen zur Planung des künftigen Schulwesens (als eines integrierten und differenzierten Schulsystems) beruhte im wesentlichen auf den Vorstellungen des Strukturplans[413]. Ferner wurde er zur Grundlage für die Beratungen der Bund-Länder-Kommission für Bildungsplanung über den "Bildungsgesamtplan". In letzteren fand er terminologisch und teilinhaltlich Eingang (1973). In welcher Hinsicht er Schwachstellen zeigt, Korrektur und Ergänzung verlangt, wurde u.a. von Wilhelm Arnold herausgestellt[414].

Die Tatsache, daß dieses Reformkonzept schließlich nur in Ansätzen verwirklicht wurde, ist nicht bloß einer zunehmenden Polarisierung im politisch-weltanschaulichen Kräftefeld zuzuschreiben, sondern auch dem Umstand, daß sich schon in den frühen 70er Jahren eine instabile Wirtschafts- und Finanzentwicklung ankündigte sowie krisenhafte Erscheinungen (wie Leistungsdruck in der Schule, Überfrachtung mit Lernstoffen und Schulexperimenten, Konkurrenzkampf, Schulangst, Schulkrankheiten u.a.) als Folgeprobleme der Bildungsexpansion und Schulreform bemerkbar waren.

Einige neue Perspektiven, indirekt auch in Richtung Erziehungs- und Bildungsverständnis, eröffnete der von der Bund-Länder-Kommission für Bildungsplanung und Forschungsförderung (kurz: Bund-Länder-Kommission, BLK) vorgelegte "Bildungsgesamtplan" (1973).

> Die Bund-Länder-Kommission wurde 1970 aufgrund eines Verwaltungsabkommens zwischen Bund und Ländern eingesetzt. Sie ist das Gesprächsforum für alle Bund und Länder gemeinsam berührende Fragen des Bildungswesens und der Forschungsförderung. Ihre hauptsächlichste Aufgabe besteht in der Aufstellung und Fortschreibung eines langfristigen Reformplans ("Bildungsgesamtplans") mit ergänzenden mittelfristigen Stufenplänen sowie der Feststellung des hierfür notwendigen Finanzbedarfs (gemeinsames Bildungsbudget). Die BLK koordiniert Teilpläne von Bund und Ländern, bereitet vordringliche Maßnahmen vor, entscheidet über die Durchführung von Modellversuchen im Bildungswesen und beschließt über Haushalts- und Wirtschaftspläne der von Bund und Ländern gemeinsam finanzierten Forschungseinrichtungen. Es können nur Empfehlungen verabschiedet werden, die den Regierungschefs vorgelegen haben. Für die Ausführung der Bestimmungen besteht keine Gewähr. Die BLK gibt Jahresberichte heraus.

Der Bildungsgesamtplan entwickelte - ausgehend von zahlreichen bildungs-

politischen Initiativen der Länder - das Konzept einer langfristigen und überregionalen bildungspolitischen Gesamtreform (erstes übergreifendes Bildungsplankonzept der Länder und des Bundes für Ausbau und Gestaltung des Bildungswesens bis zum Jahre 1985)[415]. Leitlinien für dieses umfassende Reformkonzept gaben vor allem die Empfehlungen des Deutschen Bildungsrats (besonders der Strukturplan) und des Wissenschaftsrats[416] (ein von Bund und Ländern 1957 gegründetes Beratungsgremium für Hochschul-, Wissenschafts- und Forschungsfragen)[417]. Der Plan enthält die Grundsätze und bildungspolitischen Zielvorstellungen, "nach denen die organisatorischen und inhaltlichen Reformen" im Bildungswesen eingeleitet und verwirklicht werden sollen[418]. Er beschränkt sich im wesentlichen auf Grundsatzentscheidungen und ein quantitatives Entwicklungsprogramm.
Als generelle Zielstellung aller qualitativen Reformen und quantitativen Ausbaupläne wird ein Bildungswesen angesehen, "das unter Berücksichtigung der gesamtgesellschaftlichen Entwicklung den Anspruch des einzelnen auf Förderung und Entfaltung seiner Begabungen, Neigungen und Fähigkeiten erfüllt und ihn dadurch befähigt, sein persönliches, berufliches und soziales Leben selbstverantwortlich zu gestalten"[419]. Von dieser Zielstellung her werden als integrierte Leitprinzipien des künftigen Bildungswesens Chancengleichheit und Leistungsfähigkeit bei zentraler Orientierung aller Reformen am Grundsatz der Einheitlichkeit des gesamten Bildungswesens angesehen. Als Mittel zur Verwirklichung dieser Prinzipien wird die Reform der Curricula sowie die Differenzierung und Individualisierung des Bildungsangebots angesehen[420]. Als weitere Grundsätze werden wissenschaftsnahe Ausbildung, Praktizierung des Kurssystems und lebenslanges Lernen betont. Hinsichtlich der Organisationsstruktur wird gefordert, die horizontale Gliederung stärker zu realisieren, die vertikale aber nicht zu beseitigen.

> Das Bildungswesen sollte sich im Sinne eines horizontalen Stufenschemas nach folgenden sechs Bereichen (nicht nach Institutionen!) gliedern: 1. Elementarbereich (3.-4. Lj., mit familienergänzender Erziehung und Bildung; die Zuordnung der 5jährigen zum Elementar- oder Primarbereich soll durch Modellversuche geklärt werden); 2. Primarbereich (1.-4. Schj., mit grundlegenden und weiterführenden Lernzielen); 3. Sekundarbereich I (5.-10. Schj., mit Orientierungsstufe im 5. und 6. Schj. und folgenden verschiedenen Organisationsformen in vertikaler und horizontaler Differenzierung mit gleichwertigen Bildungsabschlüssen auf dieser Ebene); 4. Sekundarbereich II (11.-12./13. Schj., mit selbständigen aber gleichwertigen berufsbezogenen und studienbezogenen Bildungsgängen, deren organische Zusammenfassung in Modellversuchen erprobt werden soll); 5. Tertiärer Bereich (mit Ausbildungsgängen im Anschluß an den Sekundarbereich II entweder a) in Hochschulen oder b) in sonstigen Ausbildungsstätten mit berufsqualifizierenden Bildungsgängen); 6. Weiterbildung (als Fortsetzung oder Wiederaufnahme organisierten Lernens nach Abschluß einer ersten Bildungsphase und der Aufnahme einer Berufstätigkeit)[421].

Auf die genannten Probleme erstrecken sich die Reformkonzeptionen, ebenso auf eine postulierte stufenbezogene Lehrerausbildung; außerdem beziehen sich Reformmaßnahmen auf finanzielle Bildungsförderung, außerschulische Jugendbildung, Innovationen und Beratung im Bildungswesen, Forschungsförderung und Bibliotheken[422].

Die Bestimmungen des Bildungsgesamtplans wurden bisher nicht erfüllt. Während anfangs ein Grundkonsens über die meisten Empfehlungen, die in ihm enthalten sind, bestand, entzündete sich seit Mitte der 70er Jahre zunehmend eine Diskussion über die bildungspolitischen Implikationen der vorgeschlagenen Reformen. Die Realisierungsmöglichkeit und die Effektivität aufgestellter Planziele wurden vielfach skeptisch beurteilt. Nicht nur, daß der Plan Schwachstellen aufweist, auch die finanzpolitische Absicherung der Planziele war und ist keineswegs gegeben. (Er wurde schon 1974 von den Finanzministern der Länder als unfinanzierbar erklärt.) Seine Fortschreibung in den 80er Jahren bereitete und bereitet immer wieder Schwierigkeiten. Unter sachlichen Perspektiven wurde besonders die Überbetonung quantitativer und struktureller Fragen gegenüber inhaltlich-curricularen Problemen bemängelt, ebenso der Versuch, die menschliche Bildung überhaupt zu planen [423].

Erhebliche Meinungsverschiedenheiten über schulorganisatorische Konsequenzen des Plans bestanden im besonderen in Fragen der Ausgestaltung des Sekundarbereichs I, so etwa betreffs Funktion und Zuordnung der Orientierungsstufe, in der Einschätzung der Gesamtschule (deren Erprobung in Schulversuchen gefordert wurde), ferner auch bezüglich einer neuen schulstufenorientierten Lehrerbildung.
Besonders lebhaft und strittig gestaltete sich die Auseinandersetzung um die Einführung der Gesamtschule (als Regelschule), wobei politisch-ideologische Frontstellungen und Argumente zuweilen dominant erschienen[424]. Die auf den Einheitsschulgedanken zurückreichende Idee von der Gesamtschule fand seit 1955 eine wachsende Anhängerschaft (speziell unter Volksschullehrern und in SPD-Kreisen). Ein Großteil der schulpolitischen Kontroversen von 1965 bis in die 80er Jahre hängt mit dem Versuch mancher Reformer (besonders sozialdemokratischer und nahestehender Kräfte) zusammen, die Gesamtschule auf der Ebene bundeszentraler Planungen zu verankern und schrittweise durchzusetzen[425]. Die durch die Planungen der Bund-Länder-Kommission angestoßenen Stellungnahmen zur Gesamtschule waren (und sind) kontrovers[426]. Hinsichtlich ihrer Zielstellungen und Begründung werden besonders pädagogische, sozialpolitische, bildungspolitische und ökonomische Gesichtspunkte angeführt.
Nach Ansicht der Befürworter sprechen folgende Argumente für dieses Schulorganisations-Modell:
- wirksamere individuelle Leistungsförderung und Hebung des generellen Bildungs-/Ausbildungsniveaus
- Kooperation und Interaktion von Schülern verschiedener Begabung und sozialer Herkunft
- egalisierende Vorbereitung auf gemeinsame Aufgaben in der Gesellschaft

- Abbau der Ungleichheit der Bildungschancen
- Erhöhung der Anzahl der Jugendlichen mit gehobenen Abschlüssen
- Grundlegung sozialer und demokratischer Verhältnisse in Staat und Gesellschaft
- Ersparnisse durch Raum- und Personalgewinn
- Austausch von Erfahrungen didaktischer , methodischer und pädagogisch-psychologischer Art.

Die Gegner der Gesamtschule bringen folgende Argumente zur Erhärtung ihrer Position vor:

- Eventuelle Verwischung der Begabungs- und Interessensrichtungen (samt der Gefahr der Senkung des persönlichen und gesellschaftlichen Bildungs-/Ausbildungsniveaus)
- Verschärfung des Konkurrenz- und Prestigedenkens sowie Verstärkung schichtenspezifischer Auswahl/Auslese durch das Kurssystem
- nachteilige Folgen durch Fehlen eines Klassenverbands
- Unüberschaubarkeit des Mammutsystems Gesamtschule und reduzierte pädagogische Wirksamkeit
- Überforderung der (im Bereich gleicher Leistungsforderungen) voll austauschbaren Lehrer, dazu Spannungen innerhalb der Kollegien
- enormer ökonomischer Aufwand (Raum-, Sach-, Personalausstattung), besonders bei Einrichtung und Gestaltung der Gesamtschule als "Ganztagsschule"

Die über die Modellversuche mit der Gesamtschule bekanntgewordenen Ergebnisse werden teils positiv, teils negativ interpretiert. Bei unvoreingenommener Betrachtung der Sachlage zeigt sich, daß die hochgeschraubten Erwartungen, die in sie gesetzt wurden (Herstellung größerer Chancengleichheit durch Beseitigung von Bildungsbarrieren und Demokratisierung, Verbesserung der Lernbedingungen, Aufschub der Laufbahnentscheidungen, innere Differenzierung mit horizontaler Durchlässigkeit, Ersetzung sozialer Auslesemechanismen durch flexible Formen, Förderung sozialen Verhaltens etc.), in mancher Hinsicht nicht erfüllt wurden. Das führte dazu, daß unter Berücksichtigung der Faktizitäten bei Wissenschaftlern, Lehrern, Politikern und Verwaltungen - die ihr zunächst vorbehaltlos zustimmten - sich vielfach eine wirklichkeitsnähere Einschätzung ergab. Hans Haenisch/Helmut Lukesch kamen aufgrund einer Vergleichsuntersuchung unter dem Leistungsgesichtspunkt zu dem Ergebnis: "Die Frage, welches Schulsystem besser ist (das dreigliedrige oder die Gesamtschule - Vf.) kann - selbst wenn man sich auf den Schulleistungsaspekt beschränkt - heute nicht mit Sicherheit beantwortet werden"[427]. Josef Hitpaß kommt durch seine Forschungen zu dem Urteil, die Gesamtschule sei "weder überlegen noch gleichrangig"[428]. Zu bedenken ist dabei freilich, daß es bei Vergleichsuntersuchungen wegen der nur schwer vergleichbaren Voraussetzungen und Ziele kaum zu "eindeutigen" Ergebnissen kommen wird. Die weitere Entwicklung der Gesamtschule hängt wohl (wenigstens teilweise) mit der "Bewältigung" der schwierigen Probleme zusammen, die sich aus der gemeinsamen Unterrichtung von Schülern mit unterschiedlichen Begabungen und Schulzielen ergeben.

Mit den im Strukturplan und im Bildungsgesamtplan entwickelten Konzeptionen sind die bildlungspolitischen Schwerpunkte und Zielvorstellungen der (Schul-)Reformdiskussion in der unmittelbaren Gegenwart markiert (die dann freilich mit dem Abklingen der Reformphase um die Mitte der 70er Jahre zumindest zum Teil Modifizierungen erfuhren und vor neuen "realitätsbezogeneren" Erörterungen und Maßnahmen zurücktreten mußten.

> Unklare wirtschaftliche Entwicklungen und andere, dringlichere sozialpolitische Projekte (Bewältigung von negativen Folgeproblemen der Bildungsexpansion, Arbeitslosigkeit, Renten- und Gesundheitssicherung usw.) führten dazu, daß gewisse bildungspolitische Intentionen und Maßnahmen andere "Gewichtungen" erfuhren.

Neben den aufgezeigten Reformprogrammen und damit in Beziehung stehenden Aktivitäten ist noch auf einige in der Reformphase (d.h. Mitte der 60er bis Mitte der 70er Jahre) tatsächlich verwirklichte Maßnahmen aufmerksam zu machen. Außer der kontinuierlichen Ausweitung der Haushaltsansätze für Unterricht und Wissenschaft sowie der Ausweitung der Kapazitäten durch Neubauten sind hier Vereinbarungen oder Abkommen zwischen den Ländern bzw. auf KMK-Ebene zu nennen, die von der Erweiterung von und dem erleichterten Zugang zu Bildungsgängen (mit qualifizierten Abschlüssen) über Vereinheitlichung von Bildungsbereichen und Eröffnung neuer Bildungswege (z.B. Zweiter Bildungsweg) bis zur inhaltlichen Modernisierung der Lehrangebote reichen. Zu den wichtigsten Vereinbarungen (Reformmaßnahmen) solcher Art sind zu rechnen[429]:

- das Hamburger Abkommen (zur Vereinheitlichung des Schulwesens, 1964)
- die Vereinbarung zur Vereinheitlichung des Ingenieurwesens (1964)
- die Rahmenvereinbarung über die Errichtung von Berufsaufbauschulen (1965)
- Vereinbarungen zur einheitlichen Ordnung des Fachschulwesens (ab 1966)
- das Abkommen zur Vereinheitlichung auf dem Gebiet des Fachhochschulwesens (1968)
- die Rahmenvereinbarung über die Fachoberschule (1969)
- die Empfehlung zur Hauptschule (1969)
- die Vereinbarung zur Arbeit in der Grundschule (1970)
- die Vereinbarung zur Neugestaltung der gymnasialen Oberstufe in der Sekundarstufe II (1972)
- die Empfehlung zur Ordnung des Sonderschulwesens (1972)

Wichtig ist auch der Staatsvertrag der Länder über die Vergabe von Studienplätzen (seit Mai 1973 in Kraft).

8.5.3 Neuordnung des Bildungswesens im Schul- und Hochschulbereich - Realgeschichtliche Entwicklungen

An der Neuordnung des Bildungswesens der Nachkriegszeit waren mehrere Kräfte beteiligt: der Alliierte Kontrollrat (erste Nachkriegsjahre), die durch Bund-Länder-Abkommen berufenen Gremien mit ihren Reformvorschlägen, die KMK und die gesetzgeberische Tätigkeit der einzelnen Bundesländer. Gemäß verschiedener weltanschaulicher Voraussetzungen, politischer Verhältnisse und unterschiedlicher Möglichkeiten kam es zu einer Vielfalt reformerischer Ansätze, Neugestaltungsprogrammen und konkreten Veränderungen. Neben differenten Entwicklungstendenzen und realgeschichtlichen Neugestaltungen im Wiederaufbau und Ausbau des bundesrepublikanischen Schulwesens gab es auch solche von (relativ) weitgehend einheitlicher Art. Diese sollen hier skizziert werden.

8.5.3.1 Neuerungen im Bereich des Volksschulwesens (Grund- und Hauptschulen)

Im ersten Nachkriegsjahrzehnt war man im Volksschulbereich bemüht, der vielfach herrschenden Notsituation (Schulraumbedarf, Lehrermangel, fehlende Unterrichtsmaterialien etc.) Herr zu werden und einen geregelten Unterrichtsbetrieb sicherzustellen. Hinsichtlich der Lehrpläne und Unterrichtsinhalte orientierte man sich an der Zeit vor 1933. Als Bildungsidee propagierte man die "volkstümliche Bildung" im Sinne Eduard Sprangers.

> Volkstümliche Bildung wird hier verstanden als eine "Bildung, die praxisbezogen, konkret und heimatgebunden ist, sich durch Teilnahme an und im Umgang mit Dingen vollzieht, dem Denken des einfachen, handwerklich geschulten Menschen entspricht und zu einem harmonischen Welt- und Menschenbild führt. 'Volkstümliche Bildung' soll durch Pflege des gesunden Menschenverstandes in eine vereinfachte Geisteswelt einführen, die sich wesentlich von der wissenschaftlichen Welt des Gebildeten unterscheidet"[430].

Ganz allgemein wurde in den Schulen besonderer Wert auf die Humanisierung der Kinder durch Gestaltung ihres Gemeinschaftslebens gelegt, sodann wurde die Erziehung zu staatsbürgerlicher Verantwortung und demokratischer Lebensweise nachdrücklich erstrebt[431]. Schulgesetze und Lehrpläne resp. Richtlinien verschiedener Bundesländer betonten den Primat der Gemeinschaftserziehung und der Erziehung zu sozial-sittlicher sowie demokratischer Gesinnung.

Im zweiten Nachkriegsjahrzehnt bahnte sich eine gewisse Tendenzwende im Erziehungs- und Bildungsverständnis an. Angesichts der Forderungen seitens der fortschreitenden Technisierung und der sich rasch wandelnden pluralistischen Gesellschaft suchte man die Schule stärker den Ansprüchen der Zeit zu öffnen. Das gilt für die Schule generell, aber eben auch für die Volksschule und hier vor allem für die Volksschuloberstufe. Die alte Zielvorstellung von der "volkstümlichen Bildung" konnte bei einer nun geforderten Ausrichtung an der Arbeits- bzw. Berufswelt und einer darüber noch hinausgreifenden Weltorientierung keineswegs mehr bestimmend sein. Rational-technisches Denken und Ausweitung der Lehr- und Lerninhalte erschienen als unumgängliche Konsequenz für die Erneuerung einer die Zeichen der Zeit respektierenden (eben "zeitgemäßen") Schule.

Die neuen auf die Schule zukommenden Aufgaben bedingten einen Strukturwandel: zwischen 1955 und 1966 vollzog sich eine Entwicklung, die auf stärkere organisatorische Durchgliederung, eine inhaltliche Ausweitung und

Niveauhebung (Arbeitslehre, Sozialkunde, Englisch), Verlängerung der Pflichtschulzeit (9. evtl. 10. Schj.) hinauslief.

> Dieser Prozeß, also die notwendigerweise sich vollziehende strukturelle Wandlung der Schule aufgrund gewandelter wirtschaftlich-technischer und sozial-kultureller Entwicklungen, d.h. globaler Vorgänge, ist kein spezifisch deutsches, sondern ein internationales Phänomen[432].

Beachtenswerte Neuerungen betrafen vor allem:
- die Einführung von Mittelpunktschulen
- die Simultanisierung der Schule
- Veränderung der Lerninhalte in der Grundschule
- die Neuordnung bzw. Konzeption der Volksschuloberstufe als "Hauptschule"

Die Einführung der Mittelpunktschulen (auch "Dörfergemeinschaftsschulen" und "Verbandschulen") stand im Zusammenhang mit einer seit den 50er Jahren propagierten und vorangetriebenen Landschulreform. Sie brachte in der Mitte der 60er Jahre eine Beseitigung der "Zwergschulen" auf den Dörfern und die Schaffung zwei- oder mehrzügiger Schulen. Dadurch sollten auch den Kindern auf dem Lande durch einen spezialisierten bzw. gegliederten Unterricht bessere Bildungschancen geboten werden.

Im Zuge der Errichtung von Mittelpunktschulen wurde auch die im politischen Raum ohnehin kontrovers diskutierte Frage der "Entkonfessionalisierung der Volksschule", d.h. der Aufhebung der Konfessionsschulen zugunsten von Simultanschulen (Gemeinschaftsschulen für Kinder verschiedener Konfessionen) neu belebt und einer Lösung zugeführt. Zwischen 1965 und 1970 wurden die öffentlichen Hauptschulen allgemein simultanisiert; im Bereich der Grundschule bestanden zunächst beide Systeme (Konfessions- und Simultanschule) noch nebeneinander, aber auch hier war die Bekenntnisbindung bei Abschluß der Landschulreform (um 1970) fast überall aufgehoben. (Realschulen und Gymnasien, soweit sie nicht in kirchlicher Trägerschaft standen, waren ohnehin überkonfessionell angelegt.)

Was die Gestalt der Grundschule angeht, blieb diese bis 1960 ziemlich unangefochten, dann aber wurden ihre Prinzipien und Inhalte mehr und mehr kritischer Erörterung unterzogen. Gefragt wurde, ob die erlebnis-, heimatkundliche und gesamtunterrichtliche Ausrichtung weiterhin tragfähig sein kann, ob nicht sachlogische Strukturen auch schon auf dieser Stufe mehr Beachtung finden müßten. Letzteres wurde bejaht und eine elastischere Gestaltung der Grundschule gefordert (in Richtung Auflockerung bzw. stärkerer Gliederung und didaktisch-methodischer Formation). Seit 1965 zeigten sich Ansätze, die sich gegen das gesamtunterrichtliche Grundkonzept richteten und eine stärkere Sach- und Fachorientiertheit forderten. Der ehemals "volkstümliche" Unterricht sollte durch "vorwissenschaftliches Lernen" überwunden, Lehr- und Lernziele aus dem wissenschaftlichen (verstärkt aus dem naturwissenschaftlichen) Bereich einbezogen werden. Diese Sach- und Fachorientierungen unter Aufnahme von Elementen des Fachunterrichts setzte sich dann bis in die unmittelbare Gegenwart fort. Ihren Auswüchsen und Übertreibungen wird allerdings in neuester Zeit gegengesteuert (wie z.B. im neuen bayerischen Grundschullehrplan (1982), der die Orientierung am Kind und seinen Bildungsbedürfnissen in den Mittelpunkt stellt und (vernachlässigte) erzieherische Aspekte wieder stärker betont)[433].

Ein Problem, das Mitte der 60er Jahre zu lebhaften Diskussionen führte, war das der "Einschulung". Während noch Mitte der 50er Jahre viele Pädagogen wegen des häufigen Auseinanderfallens von Einschulungsalter und Schulreife für eine Heraufsetzung des Einschulungsalters (statt 6. vollendetes 7. Lj.) plädierten, wurde jetzt unter dem Aspekt der Leistungssteigerung und mit dem Argument einer sinnvolleren Ausnützung der günstigen Lernphasen die Herabsetzung bzw. Vorverlegung des Einschulungsalters (auf das vollendete 5. Lj.) gefordert[434]. Auch die Einführung von Vorschulklassen und Möglichkeiten der Kooperation mit dem (neu zu gestaltenden) Kindergarten wurden erörtert. Darüber hinausgreifend wurde die sog. "basale Bildungsförderung" ein vieldiskutiertes Thema; und es wurden Vorschuldidaktik-Programme entworfen, die z.T. (wegen Vermeidung von "Verfrühung") abgelehnt wurden[435].

Im großen und ganzen wurden Veränderungen in der Grundschule mehr als Einzelprobleme aufgefaßt. Forderungen nach einer Gesamtreform in ihrem Bereich gab es nicht [436].
Einschneidender als die Veränderungen in der Grundschule war die zwischen 1964 und 1970 vollzogene Neuordnung der Volksschuloberstufe. Großen Anteil daran hatte der Deutsche Ausschuß für das Erziehungs- und Bildungswesen, so besonders mit seinen Empfehlungen "Zum Ausbau der Volksschule" (1957), dem sog. "Rahmenplan" (1959), den "Empfehlungen zum Aufbau der Förderstufe" (1962) und den "Empfehlungen zur Hauptschule" (1964)[437]. Interessant ist vor allem, daß er die Oberstufe der Volksschule als "Hauptschule" konzipierte. Als solcher wurde ihr eine neue Funktion zugewiesen: sie sollte durch Aufnahme neuer Inhalte (Arbeitslehre, Sozialkunde, moderne Fremdsprache), Einbeziehung differenzierter Arbeitsformen (Kern-Kursunterricht, wissenschaftsorientiertes Lernen) zu einer "Jugendschule" (mit jugendgemäßem Stil) umgestaltet werden: einer Schule, die in kritisch-rationaler Weise zur Auseinandersetzung mit der modernen Arbeitswelt und anderen Lebensbereichen anleitet, eine differenziert-spezialisierte Ausbildung in Verbindung mit einer "Allround-Orientierung" vermittelt und zu einem qualifizierten Abschluß führt. Sie wurde unter dieser Zielsetzung als eigene "höhere" Schule (neben Gymnasium und Realschule) konzipiert und eingerichtet. Durch Verlängerung der Schulzeit auf 9 Jahre (später waren 10 Jahre vorgesehen) sollte ihr Ausbau sowie auch die Möglichkeit eines natürlichen Übergangs in das berufsbildende Schulwesen verwirklicht werden. Um die dazu nötigen organisatorischen, inhaltlichen und regionalen Umstrukturierungen durchzuführen, waren umfangreiche gesetzliche Regelungen nötig. Nachdem einige Bundesländer (Schleswig-Holstein, Hamburg, Berlin) das 9. Schuljahr bereits 1950 eingerichtet hatten, folgten die meisten anderen um 1960. Besiegelt wurde diese Entwicklung durch die bundeseinheitliche Festlegung im sog. Hamburger

Abkommen von 1964 (das zur Vereinheitlichung auf dem Gebiete des deutschen Schulwesens auch noch einige andere Regelungen traf, wie z.B. über einheitlichen Schuljahrsbeginn, Einschulungsalter, Ferienordnung, Bezeichnung der Schulformen, Notenstufen, Förderstufe u.a.)[438].

Die mit den entsprechenden Maßnahmen eingeleitete Modernisierung der alten Volksschul-Oberstufe, ihre als Hauptschule versuchte Anpassung an die Bedürfnisse der modernen Arbeitswelt, im besonderen auch an die soziale Demokratie, wurden mit den Kultusministerkonferenz-"Empfehlungen zur Hauptschule" (1969) weiterbetrieben. Nunmehr wurde sie als "Sekundarschule" mit "neuen Aufgaben" (Eingliederung ins kulturelle, soziale, politische und wirtschaftliche Leben) auf ein erweitertes und erhöhtes Niveau gebracht, das auch im Fächerkanon (erhöhte Anteile für Sachunterricht, Naturwissenschaft, Mathematik und Fremdsprache) und bezüglich der Verfahren bereichert wurde[439].

> Als Beispiel für eine damalige Hauptschulstundentafel sei diejenige Bayerns von 1970 gewählt. Sie weist für die Jahrgangsstufen 7-9 folgende Fächer aus: Religionslehre, Deutsch, Englisch (Leistungskurs A und B), Mathematik (Leistungskurs A und B), Physik/Chemie, Biologie, Erdkunde, Geschichte, Arbeits- und Soziallehre, Musik, Kunsterziehung, Leibeserziehung (dazu Angebote: Physik/Chemie als Leistungskurs, Ergänzungsunterricht, Neigungskurse)[440]. Das sich ergebende didaktische Zentralproblem, wie die angestiegene Stoffülle zu bewältigen sei, wurde - auch im Hinblick auf diese sich ebenso bei anderen Schultypen stellende Frage - beantwortet unter Hinweis auf das Prinzip der exemplarischen Lehre (Martin Wagenschein) und das Prinzip der kategorialen Bildung (Wolfgang Klafki)[441].
> In letzter Zeit wird bezweifelt, ob die Hauptschule ihrem Anspruch gerecht wird. Ihre intellektuelle Ausrichtung bei gleichzeitiger Vernachlässigung emotionaler und sozialer Erziehung wird ebenso bemängelt wie ihre stoffliche Überladung und die unzulängliche Vorbereitung auf die Arbeits- und Lebenswelt[442].

Exkurs: Lehrerbildung

Die Lehrerbildung wurde in der Nachkriegszeit ebenfalls verändert und zwar dem Umfang wie dem Inhalt nach. Infolge Lehrermangels in den ersten Nachkriegsjahrzehnten schuf man Anreize durch Kurzlehrgänge, Sonderprüfungen und Gehaltsverbesserungen. Veränderungen ergaben sich durch Niveauanhebungen an den entsprechenden Ausbildungsstätten, Intensivierung wissenschaftlicher Studien sowohl im erziehungswissenschaftlichen Bereich wie auch in der Fachdidaktik (zugleich als Voraussetzung für Studiengänge mit akademischen Abschlüssen: Dr. paed., Magister, Diplompädagoge), Einrichtung von Ausbildungsseminaren für einen Vorbereitungsdienst und Ermöglichung von Spezialisierung (Ablösung des All-round-Lehrers). Allgemein war man der Überzeugung, Lehrerbildung müsse auf akademischer Basis erfolgen. Das zeigte sich sowohl an den entsprechenden Maßnahmen nach Kriegsende wie dann auch an der seit

1958 erneut aufgenommenen und diskutierten Frage nach dem geeigneten Ort (Lehrerbildung an eigenständigen Institutionen oder Einbindung in bestehende Hochschulen?).

In der Regel knüpfte man nach 1945 mit der Lehrer(aus)bildung für verschiedene Schularten an die Konzepte der 2Oer Jahre an. Daß man auch für den Volksschul- und mittleren Bildungsbereich, wo diesbezügliche Neuerungen am auffälligsten waren, Niveauanhebung und Besserung nachdrücklich verfolgte (u.a. durch die Aktivitäten der Lehrerverbände unterstützt), läßt sich an folgendem erkennen[443]: In Hamburg wurde bereits 1945 die universitäre Ausbildung von Volks- und Mittelschullehrern wieder aufgenommen (6semestriges Studium am Seminar für Erziehungswissenschaft und am Pädagogischen Institut). Nordrhein-Westfalen und Niedersachsen setzten die Tradition der Pädagogischen Akademie an den alten Standorten fort. Eigenständige Pädagogische Hochschulen zur Ausbildung von Volksschullehrern wurden in Berlin, Bremen, Holstein, Rheinland-Pfalz, Saarland und Baden-Württemberg eingerichtet. Bayern kehrte zur Form der Lehrerbildungsanstalten vor 1933 zurück, nahm aber noch Ende der 4Oer Jahre eine Modifizierung vor.

Seit den 5Oer Jahren erfolgte eine stufenweise Statusanhebung der Volksschul- und Mittel-(Real-)schullehrer, verbunden mit einer Niveauverbesserung ihrer Ausbildung bzw. Ausbildungsstätten, die bis 198O in den meisten Bundesländern mit ihrer vollen Integration in Universitäten bzw. Gesamthochschulen zum Abschluß kam.

> Als erstes Bundesland gliederte Bayern 1958 seine Institute für Lehrerbildung äußerlich den Universitäten Erlangen, München und Würzburg an und integrierte sie bis 1972 zunächst als geschlossene Abteilung, später nach Fächern. Hessen ersetzte seine Pädagogischen Institute seit 1958 durch "Hochschulen für Erziehung" an den Universitäten Frankfurt und Gießen und wandelte diese 1966 in Abteilungen der Universität um. In den übrigen Ländern erhielten die Pädagogischen Hochschulen zwischen 1965 und 1971 zunächst den Status von wissenschaftlichen Hochschulen, nachdem die Studiendauer überall auf sechs Semester angehoben worden war. Ende der 6Oer Jahre kam es überdies zur Entkonfessionalisierung der Lehrerbildung (wo es solche noch in bekenntnismäßiger Form gab, wie in Bayern, Rheinland-Pfalz, Baden-Württemberg, Saarland, Nordrhein-Westfalen). Diese war u.a. auch eine Voraussetzung für die dann im Laufe der 7Oer Jahre erfolgte Integration der Lehrerbildung in die Universität. Letztere geschah unter dem Prinzip "Verwissenschaftlichung des Lehrerberufs". Auch andere Lehrerkategorien erreichten - wie unten noch zu zeigen sein wird - eine unter diesem Etikett erstrebte Hochschulausbildung universitären Rangs (Sonder- und Berufsschullehrer). Die Gymnasiallehrerausbildung wurde bereits lange auf dieser Basis betrieben, erfuhr allerdings in der Nachkriegsphase (nach zuerst erfolgter Anknüpfung an Formen vor 1933) strukturelle Änderungen.

Eigenständige Pädagogische Hochschulen sind heute nur noch in Baden-

Württemberg und Schleswig-Holstein vorhanden. Daneben gibt es die (de jure den Landesuniversitäten gleichgestellte) Erziehungswissenschaftliche Hochschule Rheinland-Pfalz (mit zwei Abteilungen).

Neben den Bemühungen um eine Verbesserung des mehr äußeren, d.h. institutionell-organisatorischen Rahmens der Lehrerbildung konzentrierten sich die öffentliche, bildungspolitische und wissenschaftliche Diskussion und entsprechende konkrete Maßnahmen seit den 60er Jahren in starkem Maße auf die innere Gestaltung und den Zusammenhang zwischen Weiterentwicklung des Schulsystems und Lehrerbildung[444]. Eine Neuordnung der Lehrerbildung erschien aus mehreren Gründen unerläßlich (Komplexität der Erziehungs- und Bildungsaufgaben, wachsende Differenzierung erziehungswissenschaftlicher Disziplinen und ihrer Nachbarwissenschaften, neue Erkenntnisse über Begabung und Lernen sowie über Methoden des Lehrens und Erziehens u.a.). Weithin bekundete sich Einigkeit über folgende Forderungen: das Lehrerstudium müsse berufsbezogen und wissenschaftlich betrieben werden; es sollte die "Befähigung zum professionellen Lehrer" ermöglichen; es habe eine Gliederung in fachwissenschaftliche, erziehungswissenschaftliche, didaktische und gesellschaftswissenschaftliche Studien stattzufinden; und schließlich müsse eine berufspraktische Ausbildung hinzutreten. Ihre für alle Lehrer gemeinsame Grundstruktur habe sich - darin stimmten auch die Schulreformpläne (Rahmenplan 1959, Strukturplan 1970, Bildungsgesamtplan 1973) überein - aus den künftigen Berufsaufgaben des Lehrers (Erziehen, Lehren, Beraten, Urteilen, Innovieren etc.) zu ergeben.

> Dieses an den Berufsaufgaben des Lehrers orientierte (weithin akzeptierte) Konzept brachte für alle bisherigen Studiengänge entscheidende Veränderungen: für Lehrer an Gymnasien waren ihm zufolge Erziehungswissenschaft, Fachdidaktik und Schulpraxis einzubeziehen; für die bisherigen Volksschullehrer erhielten Fachwissenschaften ein eigenes Gewicht; auch veränderten sich die Relationen zu den anderen (bisher im Zentrum gestandenen) Elementen Erziehungswissenschaft, Fachdidaktik und musische Ausbildung. Die sich ergebende Erweiterung der Studieninhalte sollte nicht durch eine Verlängerung des Studiums, sondern durch ein neues Ausbildungskonzept verwirklicht werden[445].

Um 1970 gab es starke Tendenzen, die Neuordnung der Lehrerbildung unter dem Gedanken der "Integration" zu betreiben. Entsprechende Forderungen hießen: gleiche Ausbildung für die Lehrer aller Schularten, Ausbildung aller Lehrer an gleichen Institutionen, Zusammenfassung beider Phasen (Studienphase und Vorbereitungsdienst) in einem "einphasigen" Modell. Allerdings kam es bis heute zu keiner bundeseinheitlichen Regelung (Unterschiede betreffen: Lehrämter, Studiendauer, Differenzierungs- und Spezialisierungsmöglichkeiten).

> Verschiedene Konzepte wurden und werden propagiert resp. praktiziert[446]:
>
> 1. ein einheitliches Lehramt für alle (einphasiger Ausbildungsgang mit 8 Semestern)

2. zwei Lehrämter: "Grundlehramt" (6 Semester) und "erweitertes Lehramt" (8 Semester)
3. zweiteiliges Lehramt mit verschiedener Studienzeit und differenziert a) nach Schulstufen (Primarstufe, Sekundarstufe I und II) oder b) nach Schularten (Grund-, Haupt-, Real-, Sonder-, Berufsschule und Gymnasium. Letztgenanntes Modell ist in den meisten Ländern verwirklicht). Lehrer an Gymnasien behaupten immer noch eine "Sonderstellung"[447].

Das gesamte Spektrum der Lehrerbildung war um 1975 nicht bloß durch die Reformvorschläge der genannten Gremien und die eingeleiteten Maßnahmen auf den angeführten Sektoren verändert, sondern auch durch das Faktum, daß die Ausbildungsgänge der Sonderschullehrer sowie der Berufs- und Fachschullehrer ausgebaut waren. Die weitere Gestaltung der Lehrerbildung hängt wohl von der Einschätzung und dem weiteren Verlauf der Schulentwicklung ab[448].

8.5.3.2 Neuerungen im Bereich des mittleren Schulwesens (Mittel- bzw. Realschulen)

Die Entwicklung des mittleren Schulwesens der Nachkriegszeit verlief ziemlich rasant und breitenwirksam. Der seit 1942 die mittlere Bildung repräsentierende Schultypus (damals "Hauptschule" genannt) wurde 1945 abgeschafft und die Mittelschule preußischer Prägung (gemäß den Bestimmungen von 1925) wieder eingerichtet. Auch in jenen Ländern, in denen sie zuvor kaum existierte, breitete sie sich nun rasch aus. Im ganzen Bundesgebiet wurde sie zahlenmäßig immer mehr ausgebaut und erreichte in den 50er und vor allem den 60er Jahren (Zeit der "Bildungsexpansion") die höchste Zuwachsrate aller Schultypen.

> Allein in der Zeit von 1958 bis 1968 stieg ihre Schülerzahl um 141 % an; die Zahl der hauptberuflichen Mittel- bzw. Realschullehrer erhöhte sich im gleichen Zeitraum von 12 686 auf 28 885. 1968 lag die Zahl der Abgänger aus Realschulen bei 11 % der Altersgruppe. Zu diesem Zeitpunkt (Ende der 60er Jahre) näherten sich die Einschulungsraten dieser Schulart der Größenordnung nach denjenigen der höheren Schulen an[449].

Hinsichtlich der Organisationsform gingen die bundesrepublikanischen Länder anfangs unterschiedliche Wege. Es bildeten sich seit den späten 40er Jahren immer mehr zwei verschiedene Formen von Mittelschulen heraus: eine 6stufige, welche auf die 4. Volksschulklasse aufbaute, und eine 4stufige im Anschluß an die 6. Volksschulklasse. Manche dieser Schulen waren eigenständig (mit eigenem Schulleiter und Lehrerkollegium), andere bildeten einen sog. Mittel- oder Realschulzug an einer Volksschule.

> Der hier gemeinte Schultyp wurde eine zeitlang uneinheitlich benannt. In Hamburg hieß er "Technische Oberschule", in Berlin "Oberschule technischen Zweiges", in Nordrhein-Westfalen "Realschule", anderswo

"Mittelschule". 1955 wurde als bundeseinheitliche Bezeichnung "Mittelschule" festgelegt, und ab 1964 (Hamburger Abkommen) hießen dann alle mittleren Schulen einheitlich "Realschulen".

Die KMK legte 1953 die Stellung der Mittelschulen im Schulaufbau fest (einheitliche Gliederung: 6stufige Schule bei insgesamt 10 Jahren Schuldauer) und verband damit Richtlinien für die Ordnung der Prüfung für das Lehramt an Mittelschulen[450]. Man billigte ihnen einen eigenständigen Bildungsauftrag zu, der in einer anderen Schulart nicht in gleicher Weise erfüllt werden könnte.

Zur inhaltlichen Bestimmung der Bildungsziele und zur Begründung ihres Standorts im Bildungswesen wurde hier und auf verschiedenen Diskussionsebenen auf ihre spezifischen Funktionen hingewiesen: sie sei "bestimmt für gutbegabte Kinder, die mit praktischer Veranlagung eine größere Fähigkeit zum Erwerb theoretischer Erkenntnisse verbinden"[451], sie könne für manche Berufe in besonderer Weise qualifizieren (für gehobene praktische Berufe in Handel, Handwerk, Industrie, Verwaltung sowie für pflegerische, soziale, technisch-künstlerische und hauswirtschaftliche Berufe), und sie sei in der Lage, für bestimmte Sparten eine fachspezifische Weiterbildung bis in den Hochschulbereich hinein zu eröffnen. Man argumentierte hier also berufssoziologisch (d.h. unter Hinweis auf spezifische Bedürfnisse des Lebens und der Wirtschaft), begabungstypologisch (d.h. unter Hinweis auf notwendige Berücksichtigung von Begabungsunterschieden) und didaktisch-lehrplanmäßig (d.h. unter Blickrichtung auf ihr Endziel: Fortsetzung der Bildung in den fachspezifischen Hochschulbereich hinein)[452].

Der unter solchen Perspektiven betonte eigene Bildungsweg (keine "Zubringerfunktion" für höhere Schulen) wurde auch im "Rahmenplan" des Deutschen Ausschusses von 1959 (dieser benutzte die Bezeichnung "Realschule") als solcher anerkannt. Dort wurde dieser Schultyp als eigenständige Form des Schulwesens mit speziellem Bildungsauftrag gekennzeichnet (ähnlich im sog. "Bremer Plan" der Arbeitsgemeinschaft Deutscher Lehrerverbände, worin diese Schule allerdings "Real-Oberschule" hieß). Das Hamburger Abkommen (1964) stufte die Realschule ebenso ein.

Hier wurde verbindlich bestimmt, daß die 6- oder 4klassige Realschule die Normalform darstelle, aber auch eine Aufbauform (im Anschluß an die 7. Klasse der Hauptschule) zulässig sei.

Im "Strukturplan" des Deutschen Bildungsrats (1970) sowie im "Bildungsgesamtplan" der Bund-Länder-Kommission (1973) begegnet eine andere Wertung der Realschule. Dort sind ihre Lerngegenstände einem vorgesehenen Stufenschema gemäß dem Sekundarbereich I zugeordnet. Der Gedanke eines eigenen Bildungsganges, der anderen Bildungsgängen gegenüber qualitativ verschieden ist, wurde damit in Frage gestellt[453].
Die gegenwärtige Realschule mit ihren in der Regel 6 Klassen (in Bayern im allgemeinen 4 Klassenstufen nach dem 6. Schj. der Hauptschule) sucht sowohl den sozial-ökonomischen Bedürfnissen als auch den Begabungs- und Interessenunterschieden gerecht zu werden, indem sie ein differenziertes

Lehr- und Lernangebot macht: vor allem durch die in manchen Ländern vorhandene Wahlmöglichkeit zwischen einem technisch-naturwissenschaftlichen, einem geschichtlich-sozialkundlichen und einem lebenskundlich-sozial-pflegerischen Zweig . Ihr erfolgreicher Abschluß ("mittlere Reife") berechtigt zum Besuch von Fachoberschulen, Höheren Fachschulen, Ingenieurschulen, zum Übertritt in die gymnasiale Oberstufe und eröffnet den Zugang zum mittleren und gehobenen Beamtendienst[454].

Die Realschullehrerausbildung ist uneinheitlich geregelt. Es gibt den direkten Weg: Hochschulstudium (Schwerpunkte: erziehungswissenschaftliche und fachliche Ausbildung) als erster Ausbildungsabschnitt und Vorbereitungsdienst in Bezirksseminaren als zweiter Abschnitt (Schwerpunkt: schulpraktische Ausbildung). Zweiter Weg: über das Lehramt an Grund- und Hauptschulen.

8.5.3.3 Neuerungen im Bereich des höheren Schulwesens

Auf dem Sektor des höheren Schulwesens wurde die Entwicklung in der Nachkriegszeit - von den auch andere Schularten bedrückenden Notlagen und der "Säuberung von NS-Ideologie" abgesehen - anfangs stärker von der Zunahme der Schülerzahl bestimmt als von inhaltlichen Reformen. Bald aber drängte das bereits in der Weimarer Zeit diskutierte und jetzt wieder neu aufgetauchte Problem nach einer Lösung, wie denn ein pluralistisches Bildungsangebot (das sowohl der Stoffülle wie sozialen Bedürfnissen gerecht werde) gesichert werden könne. Die "Tübinger Beschlüsse" (1951) zu den Themen Fächerkonzentration, Stoffbeschränkung, Verbesserung von Unterrichtsgestaltung und Lerneffizienz[455] lenkten die Aufmerksamkeit verstärkt auch auf die Struktur des höheren Schulwesens, die zunehmend unter Experten und anderen Interessentengruppen diskutiert wurde. Die Frage, ob ein begrenztes Spektrum fester Schultypen (gymnasialer Zweige) oder aber eine auf die höhere Schule beschränkte "elastische Einheitsschule" mit reicher Binnendifferenzierung dafür geeigneter sei, wurde in folgender Weise entschieden: Zunächst hielt man - gemäß dem "Düsseldorfer Abkommen" zur Vereinheitlichung auf dem Gebiete des Schulwesens (1955)[456]- an der Typengliederung des Gymnasiums mit altsprachlichem, neusprachlichem und mathematisch-naturwissenschaftlichem Zweig fest. Die Tradition der Deutschen Oberschule wurde hier nicht wieder aufgenommen; ebenso verschwanden aus der Schulgeschichte alle Lehranstalten mit gymnasialem Lehrplan, die nicht zur Hochschulreife führten, also die sog. Pro-Anstalten (Progymnasien, Rektoratsschulen)[457].

Hielt man damals also noch an den drei tradierten gymnasialen Schultypen bzw. Schulzweigen fest, so schritt man später zunächst zu einer Modifizierung und schließlich zur Aufhebung der Typengliederung fort[458].

Weiterreichende Regelungen brachten die "Saarbrücker Rahmenvereinbarung" der Kultusministerkonferenz zur Ordnung des Unterrichts auf der Oberstufe der Gymnasien (1960) sowie die "Stuttgarter Empfehlungen" zur didaktischen und methodischen Gestaltung der Oberstufe der Gymnasien (1961)[459]. An den überkommenen und normierten Schultypen wurde auch hier noch festgehalten. Inhaltliche Veränderungen wurden insofern eingeleitet, als eine Verminderung der Zahl der Pflichtfächer (im Sinne der Konzentration und Vertiefung) erfolgte und eine Reihe von Pflichtfächern in Wahlpflichtfächer oder freiwillige Unterrichtsveranstaltungen umgewandelt wurden (Sprach- u.a. Fächer). Überdies wurde die Möglichkeit eröffnet, eines der Kernpflichtfächer (bei den sprachlichen Typen: Mathematik, bei den mathematisch-naturwissenschaftlichen Typen: die Fremdsprache) bereits mit der 11. oder 12. Klasse abzuschließen (Stufenabitur). Diese Auflockerung des Bildungskanons (mit der Ermöglichung von "exemplarischem Lernen" und von Neigungsdifferenzierung) führte allerdings auch dazu, daß bislang noch nicht kanonisierte Bildungsstoffe in das Gymnasium Eingang fanden. Als Konsequenz ergab sich eine Vermehrung der Typen (musisches, sozialwissenschaftliches, wirtschaftskundliches Gymnasium usw.) sowie die Einrichtung von Anstalten mit mehreren Zügen.

> Die Saarbrücker Vereinbarung wurde heftig umstritten. Kritik wurde insbesondere an den Bestimmungen zur "Gemeinschaftskunde", zum sog. Stufenabitur und der Zurückdrängung bzw. Beschränkung mancher Unterrichtsgebiete (wie naturwissenschaftlicher Unterricht) geübt. Gleichwohl wurde sie in weiten Kreisen als bedeutender Reformschritt gewertet.

Die Entwicklung des höheren Schulwesens in den 6Oer Jahren führte also nicht zum Abbau der Schultypen, sondern zu deren Vermehrung. Es bot sich das Bild einer Typenvielfalt. (In Nordrhein-Westfalen z.B. existierten um 197O etwa 15 verschiedene Gymnasialformen.) Gegenläufige Tendenzen suchten hingegen von institutionellen Verfestigungen (wie sie in den Typen vorliegen) wegzukommen und eine noch größere Auflockerung und Vielfalt der Bildungswege in einem weiten, offenen System zu erreichen. In diese Richtung weisen sowohl das sog. "Hamburger Abkommen" (1964) wie auch die Empfehlung der Bildungskommission des Deutschen Bildungsrats "Zur Neugestaltung der Abschlüsse im Sekundarschulwesen" (1969); weitgehende Verwirklichung fanden sie dann in den Maßgaben resp. Bestimmungen zur gymnasialen Oberstufenreform von 1972 (in Kraft getreten 1976).

Das zwischen den Ländern geschlossene "Hamburger Abkommen" (eine Neufassung resp. Weiterbildung des "Düsseldorfer Abkommens" mit bundeseinheitlichen Regelungen über Schulpflichtzeit, Ferien, Schulartbezeichnungen, Sprachenfolge, Förderstufe, Hauptschule, Zweiten Bildungsweg u.a.) suchte die Typenstruktur des Gymnasiums weiter aufzuweichen und zwar durch eine Erhöhung der Durchlässigkeit der Mittelstufen mittels gesenkter Sprachenanforderungen, durch Zulassung von gymnasialen Aufbauformen (besondere Aufbauklassen oder -züge neben normalen Organisationsformen), durch Zulassung von fachgebundener Hochschulreife (neben allgemeiner Hochschulreife).
Eine weitgehende Angleichung des Unterrichts in den bisher recht unterschiedlichen gymnasialen Lehrgängen (speziell auch in den Oberklassen)

brachte dann die von den Kultusministern getroffene "Vereinbarung zur Neugestaltung der gymnasialen Oberstufe in der Sekundarstufe II" (1972). Der seit längerer Zeit eingeleitete Prozeß einer Ent-Typisierung des höheren Schulwesens - der übrigens auch Grundtendenzen des "Strukturplans" (1970) und des "Bildungsgesamtplans" (1973) entsprach - kam damit zu einem vorläufigen Abschluß. Die allgemeine Einführung der neugestalteten gymnasialen Oberstufe im Jahre 1976 brachte eine radikale Veränderung des deutschen Gymnasiums.

Die Neugestaltung der Oberstufe (Umwandlung zur Kollegstufe) ist als der bedeutendste Teil der Gymnasialreform - zu der auch die Ausweitung und Differenzierung der gymnasialen Unter- und Mittelstufe gehört[460] - anzusehen. Mit der erfolgten Umstrukturierung wurden mehrere Ziele verbunden: eine stärkere Orientierung des Unterrichts an den Anforderungen des gesellschaftlichen Lebens, eine adäquate wissenschaftliche Ausrichtung durch didaktische und methodische Änderungen (bessere Vorbereitung auf das Hochschulstudium), eine Überwindung der ausschließlichen Ausrichtung des Gymnasiums auf das Hochschulstudium durch eine berufspraktische Öffnung, eine bessere Berücksichtigung individueller Möglichkeiten und Bedürfnisse (Begabung, Interessen, Leistungsvermögen). In Verfolgung solcher Zielstellungen wurden die Klassenverbände der bisherigen Klassen 11 - 13 aufgelöst und ein System von Grund- und Leistungskursen geschaffen. Ein für alle Schüler verbindlicher Kernbereich umfaßte nunmehr die Fächer Deutsch, Mathematik, eine Fremdsprache, ein naturwissenschaftliches Fach, ein gesellschaftliches Fach sowie Sport. Dieses Pflichtangebot wurde durch vier Wahlkurse ergänzt. Das Abitur wird in vier Fächern abgelegt, unter denen zwei Leistungsfächer sind (eines der geforderten Leistungsfächer muß eine Fremdsprache oder Mathematik oder ein naturwissenschaftliches Fach sein).

Diese Oberstufenreform, die nicht nur eine starke Differenzierung, sondern den Schülern relativ große Freiheit in der Lehrplangestaltung brachte, stieß auf mannigfaltige Kritik. Widerspruch riefen vor allem folgende Maßnahmen bzw. Sachverhalte hervor: die Auflösung des Klassenverbandes, das zu starke Abweichen der neuen Lehrinhalte von den alten im Hinblick auf Bildungswirksamkeit, die Fächerauswahl der Schüler unter dem Gesichtspunkt des Erwerbs guter Noten, die mangelnde "Reife" für den Zugang zu manchen Hochschul-Studiengängen, die Überforderung von Schülern und Lehrern durch "Verwissenschaftlichung" der Schulbildung, vorhandene Grenzen bei der Wahlfreiheit der Kurse (z.B. Nichtzustandekommen infolge zu geringer Beteiligung/Nachfrage), ungenügende materielle Voraussetzungen für "universitätsähnliche" Gestaltung des Schulbetriebs (Fehlen von Bibliotheken, Aufenthaltsräumen u.a.). Andererseits wurde und wird die neugestaltete Kollegstufe auch positiv bewertet[461]: sie gilt als quantitativ viel bedeutsamer als die seit den 60er Jahren in einigen Ländern eingeführte Gesamtschule (bis 1976 ca. 230 in der Bundesrepublik). Die Reform brachte eine Modernisierung der Bildungsinhalte und Unterrichtsmethoden. Mit dem Verzicht auf eine Gliederung zugunsten eines Systems von Grund- und Leistungskursen, bewirkte sie eine elastische Neuordnung ("offenes System" mit Erleichterung des Weges zum Abitur), deren Folgen noch nicht voll abzusehen sind[462].

Es gibt auch Modelle, die über die genannten Forderungen hinausgehen, indem sie die Loslösung der Kollegstufe von der gymnasialen Mittel- und Unterstufe vorsehen: so die von Herwig Blankertz entwickelte Konzeption in Nordrhein-Westfalen (Ziel: konsequente Integration allgemeinbildender und berufsbildender Lehrgänge; Verpflichtung für Gesellschaftslehre und Deutsch bei sonst freier Kursentscheidung) und Hartmut von Hentigs "Bielefelder Modell" (sowohl auf Breitenerweiterung/Berufsbezug wie auch auf Höhenerweiterung/Vorbereitung auf spezialisiertes Fachstudium ausgerichtet)[463].

In manchen Ländern wurde in den letzten Jahren versucht, aufgetretene Mängel der Oberstufenreform zu korrigieren. So wurde z.B. in Bayern im Rahmen einer neuen gymnasialen Schulordnung (1983) eine Revision der Kollegstufe eingeleitet. Deren entscheidendes Motiv ist, unter Beibehaltung des Grundsystems der Kollegstufe (individuelle Schwerpunktbildung bei weitgefächertem Wahlangebot bzw. Curriculum) eine Stärkung der Allgemeinbildung - die weithin als unbefriedigend bemängelt wird - zu bewirken. Dies soll geschehen durch eine Rückkehr zu bzw. eine engere Bindung an jenen "Kern von Fächern", deren Gegenstand bei sachgerechtem Unterricht und hinreichender Aneignung Allgemeinbildung vermittelt und zugleich zur Studierfähigkeit führt. Diese Kernfächer sind: Deutsch, Geschichte, Mathematik, eine Fremdsprache und eine Naturwissenschaft; sie sollen möglichst kontinuierlich bis zum Abitur betrieben werden[464].

Die Gymnasiallehrerausbildung erfolgte in der ersten Nachkriegszeit wieder in den vor 1933 entwickelten Formen. Ihre zunächst einseitig betonte wissenschaftliche Ausrichtung (8semestriges Studium mit zwei bis drei Fächern sowie Philosophie - in manchen Ländern wahlweise auch Psychologie, Soziologie oder Politikwissenschaft - und Pädagogik) erfuhr später durch eine verbesserte praktische Ausbildung im Vorbereitungsdienst (Referendariat mit 18 bis 24 Monaten Dauer) eine wesentliche Verbesserung. Dazu trugen verschiedene KMK-Beschlüsse bei. Die in den 70er Jahren mancherorts geplanten oder unternommenen Versuche, von der schulartbezogenen Lehrerbildung zur Stufenlehrerausbildung überzugehen (vgl. die Lehrerbildungsgesetze von Bayern und Nordrhein-Westfalen von 1974), setzten sich nicht durch, ebensowenig die vieldiskutierte "einphasige Lehrerausbildung" (d.h. die Zusammenfassung von Studium und Vorbereitungszeit)[465].

8.5.3.4 Neuerungen im Bereich des Sonderschulwesens

Im Bereich des Sonderschulwesens wurden in der Nachkriegszeit erhebliche Fortschritte erzielt. Diese betreffen quantitative und qualitative Verbesserungen des Unterrichts, günstigere Lehrer-Schüler-Relationen und Veränderungen in der Sonderschul-Lehrerbildung.

Die Aufgabe der Sonderschulen besteht vor allem darin, die durch die vorhandene körperliche oder geistige Behinderung bedingte Auswirkung auf das Lernen und auf die personale Entfaltung durch entsprechende Maßnahmen positiv zu beeinflussen. Durch entsprechende Methoden und Formen von Unterricht und Erziehung sollen die durch die Behinderung gegebenen Erschwernisse gemindert werden: es sei, daß durch variierte und spezifizierte Arten des Vorgehens und Gestaltens bestimmte Grenzen, welche durch die Behinderung gesetzt sind, berücksichtigt werden oder daß bestimmte Sinnesgebiete oder geistige bzw. körperliche Fähigkeiten besonders intensiv geschult resp. geübt werden. In manchen Fällen sind auch therapeutische Maßnahmen angezeigt[466].

Wie sehr das Interesse an der optimalen Förderung Behinderter durch entsprechende spezielle Lernhilfen gewachsen war, zeigte sich sowohl an der in den 60er Jahren verstärkten Diskussion um entsprechende institutionelle Einrichtungen, als auch an deren raschem Anwachsen in jener Zeit. Zur Organisation der Sonderschulen wurden verschiedene Äußerungen, Gutachten und Empfehlungen vorgelegt: von der Kultusministerkonferenz, dem Deutschen Bildungsrat, dem Deutschen Gewerkschaftsbund, dem Deutschen Handwerkskammertag u.a.. Drei Dokumente haben dabei die geschichtliche Entwicklung entscheidend mitbestimmt: das Gutachten der KMK von 1960, die Empfehlung der KMK von 1972 und die Empfehlung des Deutschen Bildungsrats von 1973 (in denen zwei ganz verschiedene Leitgedanken entwickelt wurden)[467].

Die Phase des Aufbaus des Sonderschulwesens wurde 1960 in dem vom Schulausschuß der KMK erstatteten "Gutachten zur Ordnung des Sonderschulwesens"[468] charakterisiert. Sein Grundtenor war: Vorantreibung des Ausbaus des Sonderschulwesens und Wahrung der Eigenständigkeit der Arbeit in dieser Schulart.

> Die Auswahl der Lehrgehalte sollte nach der Relevanz für das Leben der Behinderten unter den sozio-kulturellen Gegebenheiten ermittelt werden (nicht durch Auswahl der Gehalte aus anderen Schularten), wobei das generelle Ziel eines selbstverantwortlichen Handelns mündiger Menschen so weit als möglich angestrebt sein sollte.

Noch 1970 ermittelte die KMK einen beträchtlichen Fehlbedarf an Sonderschulplätzen, obwohl zwischenzeitlich eine erhebliche Anzahl sonderpädagogischer Einrichtungen (mit regional erheblichen Unterschieden) entstanden waren. Ausgehend von einer Bestands- und Bedarfsanalyse legte dann die KMK ihre "Empfehlung zur Ordnung des Sonderschulwesens" (1972) vor[469]. Ihrer Grundtendenz nach kann sie als gradlinige Fortsetzung des Gutachtens von 1960 angesehen werden, denn diese "Empfehlung zielt auf die Vereinheitlichung und den Ausbau der bestehenden Einrichtungen im Sonderschulwesen. Sie geht dabei vom gegenwärtigen Stand aus und weist die in der augenblicklichen Situation gegebene Möglichkeit einer Weiterentwicklung auf"[470]. Hier wurde sehr stark auf die individuale Dimension der Behindertenerziehung (individuelle Lernförderung ohne Berücksichtigung der sozialen Integration) abgehoben[471]. Das entsprach der Generallinie, die damals auch in der Praxis verfolgt wurde. Ebenso gingen die den Empfehlungen zugrundeliegenden Vorstellungen über die Differenzierung und Ausweitung dem praktisch eingeleiteten Trend konform, nämlich für die einzelnen Behinderungsarten (Beeinträchtigungen) separate Schulen zu haben: Schulen für Blinde, Sehbehinderte, Gehörlose, Sprachbehinderte, Lernbehinderte, Geistigbehinderte, Körperbehinderte, Kranke und Gesundheitsgefährdete, Verhaltensgestörte und sonstige Behinderte. Wie die faktische Entwicklung zeigt, entstanden in den 60er und anfangs der 70er Jahre viele spezialisierte Sonderschulen, wobei diejenigen für Lernbehinderte weit an der Spitze lagen (und noch liegen), gefolgt von solchen von Geistigbehinderten und Verhaltensgestörten. (Die sich aus zu starker Spezialisierung und der Einrichtung von Zwergschulen ergebenden Nachteile und Gefahren wurden freilich auch erörtert.)

> Den Stand des Ausbaus der Sonderschulen in der Bundesrepublik im Jahre 1973 sollen folgende Daten verdeutlichen. In den einzelnen Ländern gab es diese Anzahl von Sonderschulen: Baden-Württemberg 529, Bayern 366, Berlin-West 60, Bremen 24, Hamburg 70, Hessen 238, Niedersachsen 254, Nordrhein-Westfalen 698, Rheinland-Pfalz 165, Saarland 51, Schleswig-Holstein 138.
> Nach Behinderungsarten teilten sich die Sonderschulen folgendermaßen auf: Schulen für Lernbehinderte 1873, Geistigbehinderte 282, Verhaltensgestörte 161, Körperbehinderte 87, Sprachbehinderte 59, Kranke und Gesundheitsgefährdete 42, Gehörlose, Blinde 19, Hörbehinderte 18, Sehbehinderte 14, sonstige Behinderte 33.
> Im ganzen Bundesgebiet waren dies zusammen 2593 Schulen mit 24608 Klassen und 378122 Schülern[472].

Nur ein Jahr nach der KMK-Empfehlung veröffentlichte der Deutsche Bildungsrat neue Vorschläge "Zur pädagogischen Förderung behinderter und von Behinderung bedrohter Kinder und Jugendlicher" (1973)[473]. Hiermit wurde eine völlig neue Konzeption (eine Art Alternativplan) unterbreitet. Unter dem Stichwort "schulische Integration" empfahl genanntes Gremium eine weitmögliche gemeinsame Beschulung von Behinderten und Nichtbehinderten. Die dafür vorgesehenen Organisationsformen sollen "Kooperative Schulzentren" sein, die in einen Verbund mit allgemeinen Schulen treten. Die Empfehlung plädierte für ein flexibles Schulsystem mit Übergängen nach allen Seiten, beginnend mit der Früherziehung des behinderten Kleinkindes und Übergängen während der Schulzeit auch zu sonderpädagogischen Einrichtungen außerhalb der allgemeinen Schulen[474]. Mit dem Modell des "Kooperativen Schulzentrums" liegt der bislang weitestgehende Versuch vor, das Anliegen individueller Förderung mit dem Anliegen sozialer Integration zu verbinden.

> Der Unterschied der hier vorliegenden Konzeption zu den seit etwa 1970 erörterten Plänen einer weitgestreuten Integration von Behinderten in das allgemeine Schulwesen-vornehmlich im Bereich von Gesamtschulen - besteht darin, daß dieser neue Vorschlag lediglich den Verbund von jeweils einer Regelschule mit einer Schule für "nur" eine Behinderungsart und für die Integration als solche gestufte Organisa-

tionsformen (Vollintegration, Teilintegration, gemeinsame Aktivitäten außerhalb des eigentlichen Unterrichts) vorsah[475]. Daß diese Empfehlung noch nicht verwirklicht ist, bleibt bei den großen Schwierigkeiten (von institutionell-organisatorischen Problemen bis zur Entwicklung differenzierter Curricula bei heterogener Schülerschaft reichend) nicht zu verwundern.

Bis heute hat das Modell des Kooperativen Schulzentrums die Konzeption der eigenständigen Sonderschulen nicht ablösen, deren Realität nicht gefährden können. Gleichwohl scheint die Weiterentwicklung im Bereich des Sonderschulwesens dahin zu tendieren, nicht nur eine weitere Vermehrung von Schulen für spezifische Behinderungen in bisheriger Weise zu betreiben, sondern behinderten Kindern auch in allgemeinen Schulen verstärkt Hilfe zu bieten (auch unter Einsatz von Sonderschullehrern)[476].

Die Sonderschul-Lehrerausbildung umfaßt neben allgemeinen Lehrerstudien noch Pädagogik, Psychologie und Soziologie der Behinderten, spezielle Behindertenpädagogik(en), schädigungsspezifische medizinische Hilfswissenschaften sowie differentielle Fachdidaktiken und -methoden.
Während in der Weimarer Zeit mancherorts Institute für berufsbegleitende Sonderschullehrerbildung in Jahreskursen gegründet worden waren (Berlin, Halle, Hannover, Mainz, München), von denen im Dritten Reich einige wieder geschlossen wurden, erfolgte nach 1945 ein beachtlicher Ausbau. Heilpädagogische Institute wurden zumeist an Pädagogischen Hochschulen oder Universitäten für ein postgraduales Studium von 2 bis 4 Semestern auf- oder ausgebaut, seit 1969 auch für ein grundständiges Studium (4 Semester Basis-, 4 Semester Spezialstudium). Heute findet die Sonderschullehrerbildung fast überall auf universitärer Ebene statt. Manche Sonderpädagogische Institute sind auf einige Studienrichtungen spezialisiert. Die erfolgreich abgeschlossene Sonderschullehrerprüfung ermöglicht den Erwerb der Lehrbefähigung für zwei Sonderschulformen. Auch das Diplom kann in Sonderpädagogik erworben werden. Ferner ist Sonderpädagogik Promotionsfach[477].

8.5.3.5 Neuerungen im Bereich des Berufs- und Fachschulwesens

Das Berufs- und Fachschulwesen erfuhr seit 1945 eine außerordentliche Differenzierung und Spezialisierung. Die durch rapide Fortschritte der Industrialisierung und Technisierung bedingte Veränderung der Berufssituation (gewandelte arbeitsmarktliche Lage) brachte eine weitere Aufgliederung der beruflichen Bildung. Solche sollte berufliche Qualifizierung und Lebenshilfe bieten und zugleich sozio-ökonomischen Interessen dienlich sein (enge Verflechtung mit der Wirtschaft).

Die berufliche Bildung umfaßt Berufsausbildung, berufliche Fortbildung und berufliche Umschulung. Im Bereich des beruflichen Schulwesens sind zu unterscheiden: Berufsschulen als Pflichtschulen (für Jugendliche in Berufsausbildung oder einem Arbeitsverhältnis sowie Arbeitslose) und weiterführende berufliche Schulen (die in gehobene berufliche Laufbahnen einmünden oder als Durchgangsstationen für ein Weiterstudium - bis zur Universität - dienen). Zu letztgenannter Kategorie gehören: Berufsaufbauschulen, Berufsfachschulen, Fachschulen, Fachakademien, Fachoberschulen, Berufsoberschulen[478].

Das berufsbildende Schulwesen präsentierte sich in der Nachkriegszeit in Westdeutschland organisatiorisch, inhaltlich und verwaltungsmäßig recht uneinheitlich. Nicht nur betriebliche und staatliche Maßnahmen kollidierten im Interessenstreit, sondern auch die Kompetenzteilung zwischen Bund und Ländern. Allerseits jedoch war man um einen Ausbau beruflicher Schulen bemüht. In den 50er Jahren kam sichtbare Bewegung in diesem Schulsektor auf (u.a. durch die in der Erziehungswissenschaft geführte Diskussion über das Verhältnis von Allgemein- und Berufsbildung und durch Empfehlungen der KMK zum Ausbau von Ingenieurschulen); erst recht aber entwickelte sich seit den 60er Jahren im Zuge der Bildungsexpansion auch für Berufs- und Fachschulen eine günstige Konjunktur. Eine ganze Reihe von Verlautbarungen von amtlichen und offiziösen Stellen und entsprechende eingeleitete Reformmaßnahmen führten zu Neuerungen.

Erwähnt seien besonders die KMK-Vereinbarungen zur Vereinheitlichung des Ingenieurwesens (1964), welches die Akademisierung der höheren Fachschulen einleitete (1969/70 durch Fachhochschulgesetze der Länder durchgesetzt), ferner die Vereinbarungen über die Errichtung von Berufsaufbauschulen (1965, zur Fachschulreife führend), zur einheitlichen Ordnung des Fachschulwesens (ab 1966), zur Vereinheitlichung auf dem Gebiet des Fachhochschulwesens (1968) sowie über die Fachoberschule (1969, zur Fachhochschulreife führend). Dazu kamen richtungweisende Gutachten des Deutschen Ausschusses über das Berufliche Ausbildungs- und Schulwesen (1964) und des Deutschen Bildungsrats zur Lehrlingsausbildung (1969). Und schließlich wurde 1969 das seit einem halben Jahrhundert geforderte Berufsbildungsgesetz erlassen.

Heftige Diskussionen wurden in den 60er Jahren um das "richtige" Konzept der Berufsbildung geführt. Die Problematisierung der Lehrlingsausbildung (berufliche Erstausbildung) griff auch auf die Berufsschule über. Beide gerieten ins Kreuzfeuer der Kritik. Gefragt wurde: Kann der Betrieb die pädagogischen und fachlichen Anforderungen einer Lehrlingsausbildung noch erfüllen? Zumindest für Kleinbetriebe wurde dies in Abrede gestellt. Die Schule mußte sich fragen lassen, ob sie aufgrund ihres Charakters als Teilzeitschule ihrer Funktion (d.h. allgemeinbildenden und berufsbezogenen Unterricht zu bieten) überhaupt nachkommen kann. Auch dies wurde vielfach verneint. Damit wurde das "duale Ausbildungssystem" (die gleichzeitige Ausbildung in einem Betrieb oder vergleichbarer Einrichtung und an ein bzw. zwei Tagen in der Berufsschule) selbst in Frage gestellt.

Mancherorts gab es Versuche, die Lehrlingsausbildung durch größere Betriebseinheiten, mehr Innungswerkstätten, Lehrwerkstätten, Werkberufsschulen, bessere pädagogisch-personelle Betreuung u.a. zu verbessern. Eine wirksamere Schulbildung suchte man durch Erhöhung der wöchentlichen Stundenzahl (zwei Tage statt früher einem) und eine Ausweitung der Bildungsinhalte im religiös-sittlichen und musischen Bereich zu erreichen.

Größere Effizienz der beruflichen Bildung erwarteten (und erwarten) weite Kreise durch die sog. "Berufsgrundbildung" (mit "didaktischer Gelenkfunktion" zwischen vorberuflich-allgemeiner und beruflicher Fachbildung). Durch sie soll eine breite berufliche Grundbildung, sozusagen als Basis für mehrere verwandte Einzelberufe vermittelt werden. Die seit einiger Zeit bestehende Einrichtung des "Berufsgrundbildungsjahres" soll diesem Zweck dienen. Ihre institutionell-organisatorische Form hat sie im "Berufsgrundschuljahr" (man spricht auch von "Berufsgrundschule") gefunden: einer einjährigen Vollzeitschule, die der spezifizierten (auf ganz bestimmte Berufe abzielenden) Ausbildung vorgeschaltet wird[479]. Wiewohl das Berufsgrundschuljahr inzwischen vielerorts praktiziert wird, herrscht das "duale System" (trotz aller Kritik daran) noch vor.

Dem genannten neuen Konzept der Berufsbildung liegt ein ganzes Bündel von berufspädagogischen, bildungs- und beschäftigungspolitischen Reformmotiven zugrunde: man erstrebt Entspezialisierung; die Ausbildung soll auf einen größeren Rahmen hin orientiert sein; komplexere Berufsfelder sollen den fachlich-didaktischen Organisationsrahmen abgeben. Inhaltlich sollen die einem Berufsfeld zugehörenden gemeinsamen Grundfertigkeiten und -kenntnisse erworben werden, die als Fundament den Zugang zu einer möglichst großen Zahl von "verwandten" Ausbildungsberufen eröffnen[480]. Schwierigkeiten ergeben sich dabei in der Entwicklung entsprechender Curricula, speziell in der Bestimmung derjenigen Lern- und Qualifikationselemente, die tatsächlich als fundamental für die Berufsausbildung gelten können[481].

Die Reform der beruflichen Bildung ist gesellschaftspolitisch heftig umstritten. Eine gesetzliche Grundlage bildet das Berufsbildungsgesetz von 1969, das bereits nivelliert und ergänzt wurde[482]. Dieses Gesetz regelt die Berufsbildung in fast allen Berufs- und Wirtschaftszweigen.

Das Gesetz, welches eine bundeseinheitliche Grundlage für die berufliche Ausbildung, Fortbildung und Umschulung schaffen, Inhalte und Ziele dafür der wirtschaftlichen, technischen und gesellschaftlichen Entwicklung anpassen und den Erwerbstätigen ein Höchstmaß an beruflichen und sozialen Chancen im Arbeitsleben erschließen soll, enthält Bestimmungen zu: Berufsausbildungsverhältnis, Ordnung der Berufsbildung (samt Prüfungswesen) und Institutionen der außerschulischen beruflichen Bildung[483].

Wichtig ist die Verteilung der gesetzlichen Zuständigkeit: für die betriebliche Berufsbildung ist der Bund zuständig (er erläßt bundeseinheitliche Ausbildungsordnungen), die schulische Berufsbildung (organisatorisch und inhaltlich) ist Angelegenheit der Länder. Diese erlassen eigene Gesetze über das berufliche Schulwesen (in Bayern z.B. trat ein solches 1972 in Kraft). Daher gibt es länderbedingte Unterschiede der Berufsschule hinsichtlich der Wochenstundenzahl, der Fächer und Fächerbezeichnungen, der Zeugnisordnungen sowie der Lehrpläne. Gleichwohl zeigt man sich um eine Vereinheitlichung des Schulwesens auch auf diesem Sektor bemüht, wie verschiedene Vereinbarungen der Kultusministerkonferenz und Vorschläge anderer Gremien zeigen. Erwähnt sei hier der zwischen Bund und Ländern ausgehandelte Beschluß über ein "Verfahren für die Abstimmung für Ausbildungsordnungen und Rahmenpläne..." (1974), ferner der von der Bund-Länder-Kommission für Bildungsplanung vorgelegte "Stufenplan zu Schwerpunkten der beruflichen Bildung" (1975) und die Errichtung eines "Bundesinstituts für Berufsbildung", welches durch ein ausgedehntes Forschungsprogramm einen Beitrag zur Lösung der vor uns liegenden Probleme leisten soll[484]. Auch auf die Vorstellungen und Bemühungen der Bundesregierung, die in verschiedener Form publik gemacht werden, sei hier hingewiesen[485].

Bezüglich der realen Organisation der Berufsschulen, die sich unter dem Einfluß der genannten Intentionen herausgebildet hat, ist folgendes zu registrieren[486]: Die Berufsschulen sind nach Fachrichtungen differenziert. Dabei unterscheidet man heute[487] gewerblich-technische, kaufmännisch-verwaltende, hauswirtschaftlich-pflegerische, landwirtschaftliche und bergbauliche Berufsschulen. Was die organisatorische Ordnung angeht, finden sich folgende Formen oder Typen (Organisationsformen): nach Berufsgruppen spezialisierte Schulen in Großstädten (z.B. für Holz-, Metallgewerbe), nach Wirtschaftszweigen aufgebaute Schulen in Mittelstädten (z.B. für Baugewerbe) und mehrere Wirtschaftszweige umfassende Kreis- oder Verbandschulen. (Daneben gibt es für Splitterberufe regionale und überregionale Schulangebote.)

Für die organisatorische Neuordnung sind nicht nur die schulischen Organisationsformen (Typen von Berufsschulen) sondern vor allem auch die Bildung von Fachklassen, d.h. die Zusammenfassung von Berufsschülern eines Ausbildungsberufes (z.B. Elektriker) oder von weniger eng zusammengehörigen Ausbildungsberufen (z.B. kaufmännische Berufe) nach Ausbildungsjahren wichtig. Die sich dadurch ergebende Stufung entspricht nicht mehr dem früher üblichen Jahrgangsklassenverband.

> Stundenzahl und Inhalte sind nicht einheitlich geregelt. Durchschnittlich umfaßt der Unterricht 8 Stunden (bei einem allgemein erstrebten Umfang von 12 Stunden) und teilt sich dann so auf: 5 Stunden berufsbezogener Unterricht (z.B. Werkkunde, Fachkunde, Wirtschaftsrechnen), 3 Stunden allgemeiner Unterricht (Deutsch und Politik, ergänzt durch Religion und Sport).

Weitere angestrebte (da und dort auch verwirklichte) Reformmaßnahmen betreffen die Auflösung der bisherigen Fächer in Kurse (Lehrgänge) sowie die Ausbildung im Blocksystem[488].

Für den Ausbau der berufsbezogenen Bildungswege der Nachkriegszeit wurde auch der Aufbau des sog. "Zweiten Bildungsweges" bedeutsam. Dieser wurde vor allem zu dem Zweck geschaffen, spät erkannten oder erst in der Berufsbewährung hervorgetretenen Begabungen gerecht zu werden und diesem Personenkreis eine Möglichkeit zu höherer bildungsmäßiger und beruflicher Qualifikation (bis hin zur Erlangung der Hochschulreife) zu eröffnen. In den 50er und besonders den 60er Jahren wurden an ihn viele Erwartungen hinsichtlich reformatorischer Alternativen zum tradierten und etablierten Bildungswesen geknüpft. Andere Motive für die Forcierung seines Ausbaus waren damals der Wille zur Herstellung von "Chancengleichheit" sowie auch der Arbeitskräftemangel bei gleichzeitiger Nachfrage nach höher Qualifizierten. Zu den Einrichtungen des Zweiten Bildungsweges gehören sowohl solche, die nach abgeschlossener Berufsausbildung oder in berufsbegleitender Form außerhalb des eigentlichen beruflichen Ausbildungs- und Schulwesens höhere Bildungsabschlüsse ermöglichen (wie Abendrealschulen, Abendgymnasien, Abendtechnikerschulen, Telekollegs, Kollegs als Vollzeitschulen), wie auch solche, die im Bereich des beruflichen Ausbildungs- und Schulwesens selbst den Einstieg auf höhere Stufen allgemeiner und fachlich-beruflicher Bildung vermitteln (wie z.B. die sich in verschiedene Fachrichtungen gliedernde Berufsaufbauschule mit dem Abschluß der "Fachschulreife", die Fachoberschule mit dem Abschluß der "Fachhochschulreife", die Berufsoberschule mit dem Abschluß "fachgebundener Hochschulreife")[489].

Während einerseits ein ganzes System von Aufbauzügen auf den verschiedensten Stufen der berufsbezogenen Bildungswege an höhere allgemeine Bildungsgänge heranführte, bemühte sich andrerseits zur gleichen Zeit die reformierte gymnasiale Oberstufe, einen besseren Weg in die Berufswelt zu eröffnen. Darin spiegelt sich in gewisser Weise auch das Bemühen um eine Neuordnung des Verhältnisses von Berufsbildung und Allgemeinbildung.

Die Ausbildung der Lehrer an beruflichen Schulen gestaltete sich in der Zeit nach 1945 recht uneinheitlich und unübersichtlich. Die Unterschiede betreffen nicht nur Abweichungen zwischen den Bundesländern, sondern auch zwischen den beruflichen Schulen (Gewerbe-, Handels- und Landwirtschaftslehrer).
Die Gewerbelehrerausbildung für den gewerblich-technischen Bereich (anfangs des 20. Jahrhunderts in Kursen, dann in der Weimarer Zeit entweder an eigenständigen Berufspädagogischen Instituten oder Hochschulen betrieben, in der NS-Zeit wieder auf Fachschulebene zurückgeführt)gewann in der Nachkriegszeit wieder akademischen Rang. Seit den 50er Jahren wurde sie mehr und mehr in die wissenschaftlichen Hochschulen integriert (in Technische Hochschulen und Universitäten). Sie umfaßt heute folgende Abschnitte: Betriebspraxis, 8semestriges Studium an einer wissenschaftlichen Hochschule und den 18-24monatigen Vorbereitungsdienst (Referendariat). Die Ausbildung schließt mit der Zweiten Staatsprüfung ab. Die Zulassung von Fachhochschulabsolventen (seit 1970) führte zu erheblich abweichenden Aufbaustudiengängen. Neben den akademisch gebildeten Gewerbelehrern gibt es noch sog. Werkstattlehrer (Handwerks- und Industriemeister mit mehrjähriger Berufspraxis und zusätzlich absolvierten Ausbildungsgängen).

Die Diplom-Handelslehrerausbildung für den kaufmännischen Bereich (mit der Gründung von Handelshochschulen anfangs des 20. Jahrhunderts von diesen übernommen und später in den wirtschafts- und sozialwissenschaftlichen Fakultäten der Universitäten bei 6semestrigem Studium durchgeführt) wurde 1953 koordiniert und 1968 (durch eine neue Rahmenordnung für die Prüfung der Diplom-Handelslehrer) z.T. umgestaltet. Die Ausbildung der Diplom-Handelslehrer verbindet wirtschaftswissenschaftliche und pädagogische Studien. An das heute 8semestrige Hochschulstudium (mit Diplomprüfung) schließt sich ein 18-24monatiges Referendariat an. Die Ausbildung endet mit der Zweiten Staatsprüfung. Sie berechtigt zum höheren Lehramt (Studienrat). Daneben gibt es im Bereich kaufmännischer Schulen noch zwei weitere Lehrämter: Lehrer des gehobenen Lehramts (Handelsschulrat) mit 6semestrigem Studium und einer Prüfung für das Lehramt an kaufmännischen Berufs- und Berufsfachschulen, sodann sog. Technische Lehrer (für fachpraktischen Unterricht wie Steno, Maschinenschreiben etc.) mit ebenfalls kürzerer Ausbildung.

Die Ausbildung für Landwirtschaftslehrer (zu Beginn des Jahrhunderts in seminaristischer Form durchgeführt, im Dritten Reich zunächst an Hochschulen für Lehrerbildung (landw. Abteilung) und ab 1942 an Staats- und Reichsinstitute für den landwirtschaftlichen Unterricht verlegt) entwickelte sich nach 1945 eigenständig. Es entstanden eine ganze Reihe von Institutionen in der Bundesrepublik, die seit 1960 aufgrund gesetzlicher Regelungen z.T. wieder verschwanden. Heute werden landwirtschaftliche Berufs- und Fachschullehrer(innen) zumeist teils in 6-, teils in 8semestrigen Studiengängen in hochschulmäßiger Form ausgebildet. Verschiedene Universitäten/Technische Universitäten bieten spezifische Fachrichtungen (Ernährungswissenschaft, Hauswirtschaft, Feld- und Gartenbau etc.) an, deren Studium z.T. mit dem Diplom abgeschlossen werden kann[490].

8.5.3.6 Neuerungen im Bereich des Hochschulwesens

Die Neuordnung im Hochschulbereich (Universitäten u.a. Hochschulen) verlief seit 1945 in den einzelnen Bundesländern verschieden. In der Aufbauphase nach 1945 gab es zunächst keine umwälzenden Veränderungen. Bemerkenswert erscheint allerdings der Versuch, die inzwischen im wissenschaftlichen Betrieb um sich greifende spezialistische Verengung durch stärkere Beachtung der menschlichen Bildung und eine mehr allgemeinere geistige Orientierung ("Studium generale", Ringvorlesung, Grundlagenforschung, wissenschaftstheoretische Fachvertiefung u.a.) zu überwinden. Zu registrieren ist auch die Suche nach Mitteln und Wegen, das immer rascher anwachsende Wissen auf allen Gebieten zu bewältigen (Bestrebungen zur Beschränkung auf das Wesentliche/Exemplarische)[491].

Größere Veränderungen auf dem Hochschulsektor gab es dann ab den 60er Jahren. Damals erachtete man eine Reform aus verschiedenen Gründen für nötig: die Ausweitung und Spezialisierung der Wissenschaft sowie ihre Bedeutung für das technische und gesellschaftliche Leben verlangten eine Modernisierung. Im Bereich der Lehre hielt man einen stärkeren Berufsfeldbezug und ein besseres Methodenwissen für angebracht. Drastisch steigende Studentenzahlen ließen eine Differenzierung des Hochschulsystems und eine Änderung der Personalstruktur geboten erscheinen.

Die damit zusammenhängenden Reformtendenzen und -maßnahmen veränderten sowohl den Umfang wie das Profil der Hochschulen. Die dem stürmischen Wirtschaftswachstum folgende Bildungsexpansion betraf nicht bloß die weiterführenden bzw. höher qualifizierenden Schulen im sekundären Bereich, sondern auch im tertiären. Man muß demnach auch von einer Expansion des Hochschulwesens sprechen.

Expansive Tendenzen im Hochschulbereich - weniger ein Reflex der universitären Forschungsrichtung als eine Reaktion auf verstärkten Zustrom von starken Abiturientenjahrgängen auf Universitäten u.a. Hochschulen - führten im tertiären Bereich zu folgenden Entwicklungen: Ausweitung bestehender Ausbildungsinstitutionen, strukturelle Verschiebungen innerhalb der von traditionellen Institutionen angebotenen Fachrichtungen, Neugründung von zusätzlichen Ausbildungseinrichtungen, fortschreitende hierarchische Stufung der Ausbildungsgänge im Hochschulbereich, Aufwärtsbewegungen innerhalb dieser Hierarchie (Akademisierung höherer fachlicher Ausbildungsinstitutionen)[492].

Bei der Ausweitung des Hochschulsektors durch Neugründungen sticht die seit den 60er Jahren erfolgte Einrichtung Pädagogischer Hochschulen besonders hervor. Starke Studentenströme (besonders auch Frauen) ergriffen die hier gebotene Chance eines akademischen Studiums, sozusagen als Alternative zum Universitätsstudium. Auch technische Hochschulen galten - allerdings schon länger - als echte Alternative hierzu[493].

> Die expansive Entwicklung läßt sich besonders gut an den Veränderungen der Personalstruktur im Hochschulbereich, speziell am Anwachsen der Kapazitäten verdeutlichen: in der Zeit von 1961 bis 1974 erhöhte sich die Zahl des wissenschaftlichen Personals um das Vierfache (wobei der "Mittelbau" am stärksten ausgebaut wurde), insbesondere im Bereich der Lehre. Als recht einschneidende reformerische Maßnahme ist auch die Ausweitung des Mitbestimmungsrechts in den Hochschulgremien (stärkere Beteiligung von Assistenten, Anteil von Studenten und Beteiligung von nicht-sachkompetenten Hochschulangehörigen) zu werten.

Die genannten Tendenzen und Entwicklungen - besonders auch der Streit um die Mitbestimmung in Forschung und Lehre - führten zwischen 1969 und 1976 zu umfassenden gesetzlichen Aktivitäten der Länder und des Bundes. Dabei ging es darum, gewisse Entwicklungen zu steuern, als notwendig erachtete Maßnahmen zu fördern oder einzuleiten, wobei auch den Problemen Rechnung getragen werden sollte, die sich in den 60er und den ersten 70er Jahren aufgetan resp. verstärkt hatten.

Hier wären Probleme zu nennen, wie die kritische Einstellung der Studenten u.a. auch zur Hochschule und ihrem Betrieb (Studentenrevolte), Verlagerung von Studienreformfragen in die Richtung von Demokratisierung und Gruppenkompetenz, Probleme der Lehrkörperzusammensetzung, Fragen der Neugliederung der Binnenstruktur (Fachbereiche statt Fakultäten), Zuordnung von Studiengängen und Hochschulbereichen zu neuen Organisationsformen (Gesamthochschulen)[494].

Starke Impulse für den Ausbau des Hochschulwesens gingen vom deutschen "Wissenschaftsrat" aus.

Der Wissenschaftsrat, ein 1957 aufgrund eines Verwaltungsabkommens zwischen Bund und Ländern gegründetes Beratergremium, hat die Aufgabe, auf der Grundlage der von Bund und Ländern vorgelegten Pläne einen Gesamtplan für die Förderung der Wissenschaften zu erarbeiten, jährlich ein Dringlichkeitsprogramm aufzustellen und Empfehlungen für die Verwendung der Mittel des Bundes und der Länder zur Förderung der Wissenschaft zu geben. Er besteht aus einer wissenschaftlichen Kommission und einer Verwaltungskommission. Ihm gehören 39 Mitglieder an. Bisher hat er zahlreiche Empfehlungen zu Hochschul- und Studienreform, Personal- und Finanzbedarf, Ausbau der Forschungseinrichtungen usw. vorgelegt und dadurch Hochschulpolitik und Bildungsplanung stark beeinflußt[495].

Im Jahre 1970 legte der Wissenschaftsrat umfassende Empfehlungen zur Struktur und zum Ausbau des Hochschulwesens vor. Aus der voraussichtlichen quantitativen Entwicklung wie sie durch Vorausberechnungen steigender Studentenzahlen sich abzuzeichnen begann, leitete er damals eine erhebliche Ausweitung der Hochschulen ab. Er schlug außerdem die Einrichtung von 3jährigen Studiengängen zur Anpassung an die künftigen gesellschaftlichen Bedürfnisse und zur Förderung der Durchlässigkeit die Zusammenfassung der verschiedenen Hochschultypen in Gesamthochschulen vor[496].

Mit dem Inkrafttreten des Hochschulbauförderungsgesetzes aus dem gleichen Jahr wurde dann auch ein beachtlicher Ausbau im Hochschulwesen in Gang gebracht. Während schon im vorausgegangenen Jahrzehnt eine Ausweitung der Pädagogischen Hochschulen angekurbelt worden war, die jetzt z.T. in die Universitäten integriert wurden, teils auch als eigenständige Institutionen eine Statusverbesserung erreichten (wie z.B. die Erziehungswissenschaftliche Hochschule Rheinland Pfalz), kam es in den 70er Jahren zu mehr Neugründungen und zu einem zügigeren Ausbau auch von Universitäten. Desgleichen machte die Akademisierung höherer Fachschulen rasche Fortschritte, wie die Ausweitung des Fachhochschulwesens bezeugt.

Im Zuge der Bildungsexpansion und der Strukturveränderungen der 60er Jahre hatte auch die fachliche Bildung Hochkonjunktur. Es kam zur Niveauanhebung höherer Fachschulen. Solche (wie Ingenieurschulen, Werkkunstschulen, Höhere Fachschulen für Sozialarbeit/Sozialpädagogik) erhielten 1971 durch Landesgesetze den Status von "Fachhochschulen". Als solchen wurde ihnen ein erweiterter Auftrag zuteil: sie sollten durch praxisbezogene Lehre eine auf wissenschaftlicher Grundlage beruhende Bildung, die zu selbständiger Tätigkeit im Beruf befähigt, vermitteln. Außerdem sollten sie Fort- und Weiterbildung anbieten sowie anwendungsbezogene Forschung betreiben[497].

Neue Zukunftsprognosen betreffs tatsächlich zu erwartender künftiger Studentenzahlen und knapper werdender Geldmittel (durch wirtschaftliche Rezession) sowie auch einsetzende Kritik an einer überproportionierten Ausweitung des Hochschulbaus unter gleichzeitiger Banachteiligung anderer Bildungsbereiche führten dann in eben diesem Jahrzehnt noch zur Abstoppung oder Reduzierung mancher bereits eingeleiteter Reformmaßnahmen. Der schwierigen Situation im Studienbereich suchte man durch eine Begrenzung der Studienplätze aufgrund eines "Numerus clausus" Herr zu werden.

Neben der seit 1973 geregelten und seither mehrfach geänderten Vergabeordnung für Studienplätze ("Zentralstelle für die Vergabe von Studienplätzen" - ZVS - in Dortmund) wurden seither auch noch andere Maßnahmen zur Studienbeschränkung in manchen Bereichen getroffen. Neben der verstärkten Aufklärung über künftige Berufsaussichten kann hier vor allem auf den Abbau von Lehrerbildungskapazitäten (Schließung von Hochschulen und Hochschulabteilungen, Stellenreduzierung) verwiesen werden.

Freilich sollte mit solchen Maßnahmen nicht ein Ende der Studienreform im Hochschulbereich eingeleitet werden. Daß man weithin an Verbesserungen und Weiterentwicklungen - wenn auch in vernünftigem und realisierbarem Rahmen - interessiert war, zeigt das "Hochschulrahmengesetz" des Bundes (1976). Von diesem gingen nachhaltige Effekte auf das Hochschulwesen aus, nicht zuletzt wegen seines Einflusses auf die Ländergesetzgebung. Es handelt sich hier um ein Gesetz, das in erster Linie der Vereinheitlichung und Abstimmung der bundesdeutschen Hochschulen dienen wollte. Zu seinen Grundanliegen gehören aber auch Wahrung der Chancengleichheit, Förderung der kritischen wissenschaftlichen Leistung, Mitverantwortung und Mitbestimmung, aktueller und zukunftsweisender Stand von Forschung und Lehre, Aktualisierung und Weiterentwicklung der Hochschulen selbst, Neuordnung der Personalstruktur.

Neben solchen Grundanliegen geht dieses Rahmengesetz auf spezielle Aufgaben, Zulassung, Mitglieder, Organisation und Verwaltung ein. Zu seinen Schwerpunkten gehören einmal die Bestimmungen über die Einführung von Regelstudienzeiten (zur Straffung und Verkürzung des Studiums). Einen weiteren Schwerpunkt bilden die Vorschriften über die Studienreform. Mit ihnen sollte eine seit längerem geforderte Veränderung der Studieninhalte und der Studiengänge eingeleitet werden. Eine solche Veränderung wurde in mehrfacher Hinsicht gefordert: unter gesellschaftlichem (politischem) berufsfeldorientiertem, interdisziplinärem und methodischem Aspekt. Aus gesellschaftlicher Sicht sollte das Studium befähigen, den Anforderungen der demokratischen, hochindustrialisierten, mobilen und egalitären

Gesellschaft möglichst gerecht zu werden. Der berufliche Ausbildungsauftrag wurde hervorgekehrt mit dem Verlangen, Hochschulausbildung stärker auf die Berufswelt, auf Tätigkeitsfelder auszurichten, sozusagen "professionals" heranzubilden. Damit war auch verbunden der Appell nach einer Revision der Inhalte ("Entrümpelung" des Lernstoffs). Gleichzeitig wurde auf die Notwendigkeit "integriert" angelegter Studiengänge (keine zu enge Spezialisierung) unter Beachtung interdisziplinärer Aspekte aufmerksam gemacht. Auch auf die Verbindung von Wissenschaft und beruflicher Praxis (Vermittlung von Theorie und Praxis) wurde Anspruch erhoben[498].

Zur (Prüfung und) Erfüllung solcher Erwartungen wurden von der Kultusministerkonferenz Studienreformkommissionen eingesetzt. (Solche setzen sich zusammen aus Hochschullehrern, Studenten und Angehörigen verschiedener Berufsverbände). Deren Empfehlungen sollen der generellen Zielstellung dienen, in der Bundesrepublik zu einer im Grundsätzlichen übereinstimmenden neuen Struktur der Studiengänge zu kommen[499].

Im Jahre 1985 erfolgte eine Änderung des Hochschulrahmengesetzes von 1976. Deren Ziel war es, einige Fehlentwicklungen im Hochschulwesen zu korrigieren, vor allem, den Hochschulen mehr Freiräume für die Gestaltung ihrer Studienordnungen und damit mehr Möglichkeiten zum Wettbewerb untereinander zu schaffen. Außerdem sollte der Einsatz von Drittmitteln (auch aus der Wirtschaft) für Forschungsprojekte erleichtert, die Chancen des wissenschaftlichen Nachwuchses (speziell auch der Wissenschaftlerinnen) verbessert, die Position der Professoren bei der Wahl der Hochschulleitung gestärkt, die Einrichtung von Studiengängen für Hochbegabte ermöglicht und die Universität auf Dauer gefestigt werden[500].

8.6 Rückschau

Die Entwicklung des Gesamtlebens verlief und verläuft im 20. Jahrhundert außerordentlich vielgestaltig und spannungsreich. Gegen die im Gefolge der Industrialisierung um sich greifende mechanistische und rationalistische Denkweise und der damit einhergehenden Versachlichungstendenz auf den verschiedensten Lebensgebieten erhoben sich Gegenkräfte: diese suchten der Zerspaltung und Veräußerlichung des Lebens und der Bedrohung des inneren Menschseins zu wehren; sie erstrebten eine Entmaterialisierung des Weltbildes zugunsten einer einheitlichen und ganzheitlichen Schau der Welt und setzten sich tatkräftig für eine stärkere Hinwendung zum (inneren) Menschen - unter Beachtung der Gesamtheit seiner Daseinsbezüge und Kräfte (auch der irrationalen) - ein. Solche Grundanliegen, denen ein neues Lebensgefühl und eine neue Bewertung des Daseins entsprachen, zeigten sich in der Kulturkritik, verschiedenen Wissenschaften und in der Kunst. Spezifischen Ausdruck gewannen sie in den reformpädagogischen Grundströmungen der ersten Jahrzehnte des 20. Jahrhunderts. Optimismus machte sich breit hinsichtlich der Hervorbringung eines "neuen" Menschen und der Machbarkeit der Dinge.

In der zweiten Jahrhunderthälfte traten z.T. wieder andere Tendenzen und

Forderungen in den Vordergrund. Der optimistische Glaube an eine durchgreifende Erneuerung des geistigen und kulturellen Lebens und die relativ rasche Herbeiführung besserer Lebensverhältnisse war durch politisch-gesellschaftliche Ereignisse (Krieg u.a. Erschütterungen) einer nüchternen Betrachtung gewichen. Irrationale Aspekte interessierten kaum; Realität und Rationalität wurden zu wesentlichen Elementen eines neuen Zeitgeistes. Dazu kam eine wachsende Wissenschaftsgläubigkeit. In manchen Kreisen ist diese freilich in unseren Tagen auch wieder erschüttert durch die Einsicht, daß Wissenschaft nicht zur Lösung aller wichtigen Lebensprobleme beitragen und keineswegs hinreichende Maßstäbe für gültige Lebens- und Ordnungsformen setzen kann. (Man beachte neuere Tendenzen zu metaphysischem Denken und zur Verwendung mystischer Elemente in der bildenden Kunst.)

Außer den genannten Wirkkräften geistesgeschichtlicher und kultureller Art wurden auch noch wirtschaftliche, soziale und politische Faktizitäten (wirtschaftliche Konjunkturen und Krisen, demographische Entwicklungen, Wandlungen im Bildungsverhalten sozialer Gruppen, strukturelle Veränderungen und Spannungen im politischen Kräftefeld, Wechsel politischer Systeme etc.) bedeutsam, gaben sie doch wesentliche Rahmenbedingungen für die Bildungspolitik ab und beeinflußten erzieherisches Denken (Theorie) und Gestalten (Praxis) nachhaltig.

> Man betrachte nur den Wandel der Erziehungs- und Bildungsauffassung im Spiegel der Diskussionen um schulische Ziel- , Inhalts- und Organisationsfragen von der frühen Reformphase über die Schulkämpfe der Weimarer Zeit, der NS-Indoktrinations-Ära und der Schulreformdiskussion der Nachkriegszeit (Curriculumrevision, Struktur- und Bildungsgesamtplan) bis zur "Reform der Reformen".

Die geschichtliche Gesamtbewegung des 20. Jahrhunderts mit den genannten Grundtendenzen gewann im pädagogischen Bereich nicht nur eine entsprechende Ausprägung, sie erfuhr durch pädagogische Initiativen auch beachtliche Impulse. Sowohl die Situation des Menschen angesichts der fortschreitenden Verdinglichung der Kultur und der Versachlichung aller Lebensbereiche wie auch die Sorge um das geistige und sozial-kulturelle Leben als solches ließen pädagogische Aufgaben und Forderungen erkennen. So entstand schon in den ersten Jahrzehnten dieses Jahrhunderts eine pädagogische Bewegung, die in ihren Teilströmungen (Jugendbewegung, Kunsterziehungsbewegung, Pädagogik "vom Kinde aus", Arbeitsschulbewegung, Landerziehungsheimbewegung, Einheitsschulbewegung u.a.) unter je spezifischen Akzentuierungen gegen Mängel früherer Pädagogik (in Theorie und Praxis) ankämpfte und im besonderen den Menschen in den Mittelpunkt rückte, menschliche (kindliche) Bedürfnisse berücksichtigte, die Gesamtheit seiner Kräfte (Kopf, Herz und Hand) zu bilden unternahm. Vor allem im schulischen Bereich war man um die Beseitigung von Defiziten bemüht. Hier suchte man auch die Eigenstrukturen der verschiedenen Sach- und Lebensbereiche hervorzukehren, auf Selbständigkeit, Selbsttätigkeit und Eigenverantwortlichkeit des Schülers zu dringen, ein neues Lehrer-Schüler-Verhältnis anzubahnen und das Schulleben überhaupt erlebnisträchtiger zu gestalten. Auch das Engagement für das soziale Ganze wurde geweckt.

> Wesentlich auf Persönlichkeitsbildung waren speziell die kultur- und wertpädagogischen Reformansätze der Weimarer Zeit gerichtet. Der Umgang mit Kulturgütern als Bildungsgüter und Wertträger sollte werterfüllte Lebenshaltung garantieren. Zugleich sollte die Hinwendung zu werthaltigen Objekten (geistigen Objektivationen) aber auch Engagement für diese anbahnen und so die Weitergabe kultureller Gehalte (Werte) und die Erneuerung der Kulturgemeinschaft sicherstellen.

Die initiierten und durchgeführten reformpädagogischen Maßnahmen sollten nicht nur aktuellen Notwendigkeiten und pädagogischer Begeisterung entspringen. Man forderte vielmehr weithin ihre wissenschaftliche Fundierung. Aus diesem und anderen Gründen gab es verstärkte Bemühungen um die theoretische Grundlegung und wissenschaftliche (Aus-)Gestaltung der Pädagogik. Verschiedene Konzeptionen resp. Denkrichtungen und Forschungsansätze traten diesbezüglich in Konkurrenz zueinander (philosophische, empirische, geisteswissenschaftlich-historische, weltanschaulich-politische, kritische u.a. Positionen, auch verschiedene Mischformen), wobei entweder mehr gegenständlich-inhaltliche oder mehr methodische Fragen im Vordergrund standen.

> Auch heute spielen bei der Diskussion um die Grundlegung pädagogischen Geschehens und die Legitimation erzieherischen Handelns wissenschaftstheoretische und -methodologische Fragen eine wesentliche Rolle.

Die Schulentwicklung in der Weimarer Republik war gekennzeichnet durch das Bemühen, unter Überwindung von Standesgesichtspunkten einen einheitlich-organisatorischen Aufbau des Bildungswesens zu leisten, gleiche Bildungschancen zu verwirklichen, Ideen der reformpädagogischen Bewegung zu verwirklichen. Trotz Aufstellung schulpolitisch bedeutsamer Prinzipien in der Weimarer Verfassung machte deren Realisierung erhebliche Schwierigkeiten. Das Reich kam über Ansätze zu größeren gesetzlichen Regelungen nicht hinaus und überließ die schulischen Angelegenheiten (samt Lehrerbildung) den Ländern. Als wichtigste schulpolitische Leistung kann das 1920 erlassene Grundschulgesetz gelten, durch das die Grundschule - unter Aufnahme reformpädagogischer Tendenzen - als obligatorische Schule für alle ihre innere Gestalt gewann. Auch die darauf aufbauenden Volksschulklassen erfuhren eine begrenzte Anhebung (Abbau inhaltlicher Bildungsbegrenzung).

Das mittlere Schulwesen weitete sich aus (besonders die norddeutsche Mittelschule); mehr noch war das bei höheren Schulen der Fall: diese erfuhren starken Zugang, vor allem aufgrund einer sozialen Öffnung der höheren Bildung (erhöhte Bildungsbeteiligung von Kindern aus der Mittel- und Unterschicht). Auffallend sind Neuordnung und Ausbau der höheren Mädchenbildung. Insgesamt zeigte das höhere Schulwesen eine ländermäßige Zersplitterung und eine allgemein starke Differenzierung: zu den traditionellen Grundtypen kam die sog. Deutsche Oberschule (mit besonderem Schwerpunkt in den deutschkundlichen Fächern); daneben gab es Reformanstalten und Aufbauschulen. Das Berufsschulwesen erfuhr (wie auch das Fachschulwesen) einen gewissen inneren Umbau (durch stärkere Beachtung wirtschaftlicher Interessen). Im Hochschulbereich kam es zu einigen Neugründungen (Universitäten, Fachhochschulen, Pädagogische Akademien). Infolge Massenandrangs, verstärkten Berufsbildungsforderungen und fortschreitender Spezialisierung verschärften sich die Probleme der Hochschule. Für den Bereich der Jugendhilfe wurde der Erlaß des Reichsjugendwohlfahrtsgesetzes (1922), für die Volksbildungsbewegung die Entstehung von Volkshochschulen bedeutsam.

Das Schulwesen des Dritten Reiches zeigte gewisse innere Widersprüchlichkeiten, die teils dem Fehlen eines schulpolitschen Gesamtkonzepts, teils der Unstimmigkeit des Systems und seinen Indoktrinationstendenzen zuzurechnen sind. Zentrales Anliegen aller Erziehung war die Ausrichtung auf die NS-Weltanschauung. Sie sollte den "deutschen Menschen" (voll engagiert für Volk und Vaterland bzw. seinen "Führer") hervorbringen. Von dieser Zielstellung wurden die Teilziele und deren Rangfolge, auch die schulischen Erziehungs- und Lernziele sowie -inhalte, abgeleitet. Alle Unterrichtsgehalte - unter nachdrücklicher Akzentuierung der körperlichen Erziehung, des biologisch-rassekundlichen, des deutschkundlichen und des geschichtlichen Gebiets - wurden politisiert. Methodisch-didaktische Reformen wurden als unzeitgemäße Humanitätsduselei abgetan. Das Schulwesen insgesamt erfuhr eine starke Zentralisierung, Typenreduzierung und Nivellierung. Die Schulbücher wurden im NS-Geiste vereinheitlicht und reglementiert, die Lehrerbildung erheblich zurückgenommen (Abbau hochschulmäßiger Berufsbildung), die Lehrerverbände gleichgeschaltet.

Die Volksschule erhielt ihre Ausrichtung durch die dem Reichspflichtschulgesetz (1938) folgenden Richtlinien von 1939. Einschneidender war die rigorose Vereinheitlichung und Niveausenkung im mittleren Schulwesen (ab 1942 Umwandlung in "Hauptschule") und die inhaltliche und organisatorische Umgestaltung im höheren Bildungsbereich (Erhebung der "Deutschen Oberschule" zum Haupttyp mit extremer Zentrierung im deutschkundlichen und leibeserzieherischen Bereich, daneben Einrichtung von Aufbauschulen und nur in Ausnahmefällen Zulassung von humanistischen Gymnasien). Das Fach- und Berufsschulwesen (besonders das landwirtschaftliche) wurde gefördert. Die Hochschulen sollten sich in den Dienst einer "kämpferisch-politischen Wissenschaft" stellen; ihre Selbstverwaltung wurde durch Einführung des Führerprinzips beschnitten.

Neben dem öffentlichen Schulwesen sollten nationalsozialistische Auslese- und Eliteschulen der Nachwuchsförderung in Partei- und Staatsämtern dienen und sog. "Kampforganisationen der Bewegung" außerschulische Jugend-"formung" leisten.

Die Zeit nach dem Zweiten Weltkrieg brachte Konzeptionen und Neuerungen mannigfaltiger Art. Zunächst war man bestrebt, in einer Zeit innerer und äußerer Not wieder einen geordneten Schulbetrieb aufzubauen. Bestimmende Momente waren dabei u.a. die Anknüpfung an pädagogische Bestrebungen der 20er Jahre, die unterschiedlichen Einflüsse der Besatzungsmächte, partikularistische bzw. föderalistische Akzentuierungen. Die wichtigsten Organisationsprinzipien bei der Wiederherstellung des desolaten Schulwesens in der ersten Nachkriegsphase waren Dreigliedrigkeit (von Volks-, Mittel- und Höherer Schule), vertikaler Schulaufbau, wechselseitige Undurchlässigkeit der drei Schularten.

Wiewohl die ersten 15 bis 20 Jahre der Nachkriegszeit ohne größere Experimente und Konfrontationen verliefen, regten sich doch Kräfte, die eine zeitgerechte Neugestaltung des Erziehungs- und Bildungswesens (inhaltlich und strukturell) forderten und sich dafür engagierten. In den 50er Jahren traten - nach z.T. divers geführten Diskussionen um Bildungsziele und -inhalte in den späten 40er Jahren - allerwärts Vereinheitlichungs- und Modernisierungstendenzen zutage (u.a. gefördert angesichts der Auseinandersetzungen um die Konfessionsschule und in Abwehr separatistischer Bestrebungen); man zeigte sich von der Notwendigkeit einer auf breiter Basis durchzuführenden Bildungsplanung überzeugt. Verschiedene neu geschaffene länderübergreifende Gremien bzw. Institutionen (Kultusministerkonferenz, Deutscher Ausschuß für das Erziehungs- und Bildungswesen, Wissenschaftsrat) sollten in diesem Sinne wirken.

> U.a. wurde ihnen aufgetragen, Wege zu weisen, drohende Zersplitterung des Bildungswesens zu verhindern sowie bildungspolitische Maßnahmen zu koordinieren.

Modernisierungsbestrebungen zeigten sich z.B. in der Einrichtung von Versuchsschulen, der Erprobung didaktischer Neuansätze in Reformen der gymnasialen und der Volksschul-Oberstufe.

Seit den späten 50er Jahren begannen sich Erziehungsverständnis und schulische Funktionsbestimmung zu wandeln: pädagogisches Bemühen sollte stärker - so lautete das Postulat - an den Bedingungen der modernen (technisierten, dynamischen und pluralen) Gesellschaft sowie den von daher kommenden "Anforderungen" orientiert sein. In Zusammenhang damit stand eine zunehmende öffentliche Kritik am Schulwesen und einer reformscheuen Bildungspolitik. Kritisiert wurden vornehmlich das dreigliedrige Schulsystem (als "aufstiegshemmend"), das Fehlen einer den lebensweltlichen Gegebenheiten adäquaten wissenschaftsbezogenen (Aus-)Bildung, die zu früh erfolgende Auslese für weiterführende Bildungswege, die ausbleibende bzw. nur mangelhafte Realisierung sozialer Gerechtigkeit. Der Deutsche Ausschuß suchte unter dem Eindruck solcher Monita - vor allem im sog. "Rahmenplan" (1959) - Mängel dieser Art abzubauen, setzte sich für größere Durchlässigkeit, individuell angepaßte Bildungsgänge (Berücksichtigung moderner Begabungsforschung), stärkerer Ausrichtung an der modernen Arbeits- und Berufswelt ein und schlug ein Schulorganisationsmodell vor. Die durch den Rahmenplan ausgelösten breiten Diskussionen beeinflußten die Bildungspolitik und die um die Mitte der 60er Jahre beginnende und starke Wellen schlagende Reformphase.

An der Initiierung dieser Reformphase zwischen 1965 und 1973/74 waren auch andere Faktoren beteiligt: so die in den 60er Jahren sich rasch ausweitende Bildungsforschung (mit bildungsökonomischen und bildungssoziologischen Perspektiven). Diese machte vor allem einige Sachverhalte deutlich, die dann u.a. auch zu Ausgangspunkten für Reformversuche wurden: den durch die damaligen Schulen nicht hinreichend aufgebrachten "Bedarf an hochqualifizierten Arbeitskräften" (bei gleichzeitig "brachliegenden Bildungsreserven") sowie die bildungsmäßige Unterrepräsentation von einigen Bevölkerungsgruppen ("soziale Diskriminierung" von Arbeiterkindern, Landkindern, Mädchen, Katholiken).

Der Zeitraum zwischen 1965 und 1975 war durch eine gesamtstaatliche Bildungsplanung und -politik unter den Leitbegriffen von Chancengleichheit und Demokratisierung gekennzeichnet. Die damals durchgeführten Bildungsreformen waren Teil eines längerfristigen Prozesses der Bildungsexpansion innerhalb weitgehend traditioneller, aber modifizierter Strukturen. Weiterreichend noch als die tatsächlich eingeleiteten Maßnahmen waren die vom Deutschen Bildungsrat im sog. "Strukturplan" (1970) zusammengefaßten Ansprüche an eine umfassende Bildungsreform. Hauptanliegen dieses Neuentwurfs für eine zeit- und sozialgerechte Gestaltung des Bildungswesens waren: Chancengleichheit, adäquate Berücksichtigung individueller und gesellschaftlicher Interessen, die durchgängige Grundkonzeption des wissenschaftsbestimmten Lernens und ein horizontal, d.h. nach Stufen gegliedertes Bildungswesen. Der von der Bund-Länder-Kommission vorgelegte "Bildungsgesamtplan" (1973) eröffnete einige neue Perspektiven (indirekt auch in Richtung Erziehungs- und Bildungsverständnis); er beschränkte sich im wesentlichen auf Grundsatzentscheidungen und ein quantitatives Entwicklungsprogramm; bezüglich des Aufbaus des Bildungswesens knüpfte er an das Organisationsmodell des Strukturplans (ihn in einigen Punkten ergänzend) an. Seine Gliederung umfaßt: Elementar-, Primar-, Sekundar-, Tertiär- und Weiterbildungsbereich. Zwischenzeitlich aufgetretene finanzielle Schwierigkeiten und bildungspolitische Dissense ließen bislang manche Reformvorhaben unverwirklicht und manche Probleme ungelöst. Gemachte Erfahrungen und neue Erkenntnisse zwangen in gewisser Hinsicht auch zu einer Revision überstürzter und überzogener Reformen.

Was hervorstechende konkrete Maßnahmen zur Neuordnung des Bildungswesens in der Nachkriegszeit, speziell Veränderungen im Schul- und Hochschulbereich der letzten dreißig Jahre betrifft, ist auf folgende Faktizitäten zu verweisen: Im Bereich der Volksschule bezogen sich die Neuerungen vor allem auf die Einführung von Mittelpunktschulen im Zuge der Landschulreform, die Simultanisierung und die Neuordnung der Volksschuloberstufe zwischen 1964 und 1970 (Neukonzeption als "Hauptschule" durch Modernisierung, Fächerausbau und Bereicherung der Verfahren). In der Grundschule kam es zur Veränderung von Lerninhalten (stärkere Sach- und Fachorientierung, vom "volkstümlichen" zum mehr "vorwissenschaftlichen" Lernen).

Im Bereich des mittleren Schulwesens erfolgte eine rasche Ausbreitung im ganzen Bundesgebiet (mit höchster Zuwachsrate aller Schultypen in den 50er und 60er Jahren). Zunächst bildeten sich verschiedene Formen von Mittelschulen (mit unterschiedlichen Bezeichnungen) heraus: 4- und 6stufige Formen und eine Aufbauform (nach dem 6. Schj.); teils waren sie selbständig, teils bildeten sie einen sog. Mittel- und Realschulzug an einer Volksschule. Ab 1955 wurden sie bundeseinheitlich "Mittelschulen" und ab 1964 "Realschulen" genannt. Sie gewannen Anerkennung als eigener Bildungsgang bzw. eigenständige Form des Schulwesens mit speziellem Bildungsauftrag (besonders durch Festlegung der KMK 1953). Durch ihr differenziertes Lehr- und Lernangebot (verschiedene Zweige mit Wahlmöglichkeiten entsprechend Begabungen und Interessen) und der Öffnung zu weiteren Bildungswegen konnten sie ihre "Stellung" ausbauen. (Heute ist diese Schulart allerdings nicht unangefochten.)

Recht einschneidende Veränderungen gab es seit 1945 auf dem Sektor des höheren Schulwesens. Die Frage nach Bewältigung der Schülerzahlen wich bald derjenigen nach bestmöglicher Sicherung eines pluralistischen Bildungsangebots (Bemächtigung der Stofffülle und Befriedigung sozialer Bedürfnisse). Der Beibehaltung der bisherigen Typengliederung (in gymnasiale Zweige) wurde (zunächst) der Vorrang gegeben vor einer binnendifferenzierten "Einheitsschule". Die Deutsche Oberschule sowie die sog. Pro-Anstalten wurden fallengelassen. In den 60er Jahren erfolgte dann eine Modifizierung der Typengliederung (im Zusammenhang mit einer Auflockerung des Bildungskanons und gleichzeitiger Aufnahme neuer Bildungsstoffe). Die Tendenz zu einem weiten und offenen System von Bildungswegen setzte sich in der Folgezeit fort und führte schließlich zur Aufhebung der Typengliederung in der Neugestaltung der gymnasialen Oberstufe. Die Oberstufen- bzw. Kollegstufenreform (1976) brachte die bereits länger eingeleitete (- auch vom Struktur- und Bildungsgesamtplan intendierte -) Ent-Typisierung des Gymnasiums. Es erfolgte eine radikale Umstrukturierung: Auflösung der Klassenverbände und Schaffung eines Systems von Grund- und Leistungskursen (verpflichtender Kernbereich und Wahlkurse).

> Ziele dieser in ihrer Bildungswirksamkeit mancherseits bezweifelten und kritisch bewerteten gymnasialen Oberstufenreform waren: größere gesellschaftliche Bedarfsorientierung, bessere Individualisierung, stärkere wissenschaftliche Ausrichtung und Erhöhung der Studierfähigkeit, breitere berufspraktische Öffnung.

Das Bildungsverständnis des modernen Gymnasiums (Verbindung von allgemeiner Menschenbildung mit Wissenschaftspropädeutik) wurde bislang wegen der damit verbundenen Schwierigkeiten und der Auslesefunktion noch nicht befriedigend realisiert ("Krise des Gymnasiums").

Starke Förderung erhielt in den letzten Dezennien das Sonderschulwesen. Seit den 60er Jahren ist ein rasches Anwachsen sonderpädagogischer Einrichtungen zu verzeichnen (mit beträchtlichen regionalen Unterschieden). Impulse der KMK (1960 und 1972) trugen wesentlich dazu bei. Die Grundkonzeption beim Ausbau war damals "individuelle" Lernförderung (entsprechend der jeweiligen Beeinträchtigung) zu leisten und deshalb für die einzelnen Behinderungsarten separate Schulen zur Verfügung zu haben. Die faktische Entwicklung (Einrichtung vieler spezialisierter Sonderschulen) folgte bis Anfang der 70 Jahre dieser Intention. In der Folgezeit wurde ein neuer Akzent gesetzt: man erstrebte eine Verbindung von individualer Förderung mit sozialer Integration. Diese völlig neue Konzeption wurde vom Deutschen Bildungsrat (1973) propagiert und für ihre Verwirklichung wurden "Kooperative Schulzentren" als angemessene Organisationsform vorgeschlagen. Bis heute konnte die Empfehlung dieses neuen Modells der Beschulung Behinderter jedoch weder die Konzeption noch die Realität der eigenständigen Sonderschulen ersetzen. Allerdings geht die Tendenz in der weiteren Entwicklung des Sonderschulwesens dahin, behinderten Kindern auch in allgemeinen Schulen nötigen Beistand zu leisten.

Das berufliche Ausbildungs- und Schulwesen der Nachkriegszeit - im Dritten Reich weitgehend vereinheitlicht und reguliert - bot inhaltlich und organisatorisch zunächst ein uneinheitliches Bild. In den 50er und verstärkt in den 60er Jahren kam es zu beachtlichen Differenzierungen und Spezialisierungen und auch zu Vereinheitlichungen (durch Deutschen Ausschuß, KMK und Ländergesetze). Lebhafte Kontroversen gab es in den 60er Jahren um das beste Konzept beruflicher Bildung, wobei sowohl die Lehrlingsausbildung wie auch die Berufsschule heftiger Kritik unterworfen und das "duale System" in seiner Funktionsfähigkeit bezweifelt wurde. Mancherseits wurde ein neues Konzept der Berufsbildung propagiert und verwirklicht (Verbindung von vorberuflich-allgemeiner und beruflicher Fachbildung). Diesem liegen berufs-, bildungs- und beschäftigungspolitische Reformaspekte zugrunde (breite berufliche Grundbildung als Basis für Spezialisierungen[501], Konfrontation mit komplexeren Berufsfeldern als Orientierungsrahmen für die Eröffnung des Zugangs zu "verwandten" Ausbildungsberufen). In der Reformphase wurde dieses Konzept - unter Bemühungen um Integration und Gleichstellung von Allgemein- und Berufsbildung - u.a. auch tendenziell im Struktur- und Bildungsplan vertreten. Gegenwärtig herrscht das duale System immer noch vor. Dieses konnte durch verbindliche Ausbildungsordnungen für alle Ausbildungsberufe durch organisatorische Veränderungen (Berufsgrundbildung, Stufenausbildung, Block- bzw. Phasensystem, doppeltqualifizierende Lehrgänge, Ausbau von überbetrieblichen Lehrgängen) verbessert werden. Die Reform beruflicher Bildung ist gesellschaftspolitisch heftig umstritten, ebenso das eine gesetzliche Grundlage bietende Berufsbildungsgesetz (1969).

Das gegenwärtige berufliche Schulwesen umfaßt Pflichtberufsschulen (nach Fachrichtungen bzw. Wirtschaftszweigen und Berufsgruppen differenziert) und weiterführende berufliche Schulen (für höhere Qualifikationen). Infolge fehlender Ausbildungsplätze und Jugendarbeitslosigkeit ist das berufliche Bildungs- und Ausbildungssystem insgesamt ein "bildungspolitischer Dauerbrenner".

Im Hochschulbereich brachten die 40er und 50er Jahre keine einschneidenden Neuerungen, abgesehen von Bemühungen, spezialistischer Verengung zu wehren und das anwachsende Wissen (auch methodisch) zu bewältigen.

In den 6Oer Jahren erschien eine Reform unerläßlich: nötige Modernisierung des Wissenschaftsbetriebs und rapides Anwachsen von Studentenzahlen (Bildungsexpansion) zwangen zu strukturellen Veränderungen (Ausweitung und Differenzierung des Hochschulsystems, Neugliederung der Binnenstruktur, Änderung der Personalstruktur, Ausweitung des Mitbestimmungsrechts, Akademisierung höherer fachlicher Ausbildungsinstitutionen).

Richtungsweisende Impulse für den Ausbau und die innere Gliederung des Hochschulwesens gingen vom Wissenschaftsrat aus (umfassende Empfehlungen 197O). Der verstärkte zügige Ausbau in den 7Oer Jahren wurde durch das Hochschulbauförderungsgesetz von 197O angekurbelt. Neben der Ausweitung von Universitäten vollzog sich ein beträchtliches Anwachsen von Fachhochschulen und die Etablierung einiger Gesamthochschulen. Die wirtschaftliche Rezession zwang im letzten Jahrzehnt zur Reduzierung geplanter und eingeleiteter Reformmaßnahmen. Die schwierige Situation im Studienbereich suchte man u.a. durch die Einführung des "Numerus clausus" zu bewältigen.

Wirksame Einflüsse auf das Hochschulwesen gingen seit den späten 7Oer Jahren vom "Hochschulrahmengesetz" des Bundes (1976) mit seiner Formulierung des generellen Auftrags und seinen Bestimmungen über Organisationsstruktur und spezielle Aufgaben bis hin zu Veränderung der Studieninhalte und Studiengänge aus. Dieses Gesetz (voraussichtlich wird es bald geändert) wirkte auf die Ländergesetzgebung und regional durchgeführte Reformen ein.

Statt eines Nachworts:
Resümierende Verdeutlichung leitender Gesichtspunkte der Schulreform in der zweiten Jahrhunderthälfte - Bilanz - Zukunftsperspektiven

Das Thema "Schulreform" beschäftigte schon seit mehr als 200 Jahren öffentliche (staatliche, politische, kirchliche u.a.) Kreise und Stellen sowie auch theoretisch und praktisch orientierte Pädagogen. Verstärkt ist dies in unserem Jahrhundert der Fall. Es kam - gerade in den letzten Jahrzehnten - zu einer bisherige Ausmaße sprengenden Bildungsexpansion und zu reformerischen Forderungen und Maßnahmen (sowohl innerer wie äußerer Reformen): unter "ideeller" und "reeller" Beteiligung unterschiedlicher Interessengruppen. Wo liegen die Gründe und welches sind die Leitgedanken schulischer Reformbemühungen dieser Zeit?

Man wird wohl dieses feststellen können: Zeitgeschichtliche Ereignisse (besonders der Kriegs- und Nachkriegszeit) bewirkten einen allgemeinen Neuaufbruch mit Signalwirkung auf verschiedene Teilbereiche menschlichen Daseins. Eine weithin durchschlagende Fortschritts- und Wissenschaftsgläubigkeit und die dem technischen Denken eignende Überzeugung von der Machbarkeit der Dinge nährten das Verlangen nach einem umfassenden und tiefgreifenden Umbruch der Lebensverhältnisse und -bereiche. Durch gezielte Planung erhoffte man bessere Umstände zu erreichen und die Zukunft bewußt beeinflussen zu können. Der solcher Geisteshaltung gemäße Trend, alles anders und besser machen zu wollen, setzte sich auch bezüglich der Schule durch. Dazu kamen noch der Kassandraruf von der deutschen "Bildungskatastrophe" (Georg Picht), der Hinweis auf die Abhängigkeit des beruflichen und sozialen Status vom Schulbesuch (Helmut Schelsky), die Aufforderung, Bildung als Bürgerrecht anzusehen und allen zu gewähren (Ralf Dahrendorf) sowie der bildungspolitische Wille, durch Planung soziale Demokratie zu verwirklichen[502].

In Konsequenz der propagierten Neuansätze zur Schaffung einer neuen und zeitgemäßeren Schule ergab sich eine auffällige Abwendung von der Tradition. Bisherige Eigenarten und Strukturen wurden teils in Frage gestellt, teils modifiziert, teils auch durch andere ersetzt. Die frühere kirchlich-konfessionelle Bindung des Schulwesens wurde endgültig beseitigt, die traditionelle Dreigliedrigkeit und überkommene schulische Inhalte heftig kritisiert, zentrale Begriffe wie Erziehung und Bildung neu definiert oder gar durch andere - wenigstens zur Kennzeichnung bestimmter schulischer Prozesse oder Resultate - ersetzt[503].

Die Abkehr von der Tradition ging mit einer allgemeinen Reformeuphorie einher. Deren markanteste Kennzeichen sind Planungsdenken und Wissenschaftsbezug. Das Bestreben ging dahin, das Schulwesen als ein einheitliches, vielfältig gegliedertes und durchstrukturiertes Gesamtsystem zu konzipieren (was sich z.B. beim Rahmen-, Struktur- und Bildungsgesamtplan, aber auch an anderen Schulreformplänen nachweisen läßt). Dazu sollten wissenschaftliche Forschungen, Begleitungen, Erklärungen usw. hilfreich sein.

Die unterschiedlichen Reformmaßnahmen lassen sich unter vier Kategorien fassen: sie sind quantitativer, struktureller, inhaltlicher und methodischer Art[504]. Die quantitativen Veränderungen betreffen: Schulzeitverlängerung (9. und z.T. 10. Schuljahr), Errichtung neuer Schulen aller Schularten (neben Ausweitung des Volksschul-, mittleren und höheren Schulwesens, zudem Ausbau des beruflichen Ausbildungs- und Schulwesens - auch in ländlichen Gebieten), Zusammenführungen zu "Mittelpunktschulen" und "Schulzentren", Forcierung des Schulhausbaues.

Strukturelle Veränderungen (meist aus sozialpolitischen, teils auch aus technischen und organisatorischen Gründen erstrebt) betreffen besonders die Umgruppierung des Schulwesens von getrennten Schularten zu durchgreifenden Schulstufen (i.S. horizontaler Gliederung). Teilschritte in diese Richtung sind: Umgestaltung der ehemaligen Volksschuloberstufe zur Hauptschule, Einführung der Orientierungsstufe, Bezugnahme von Schulplänen und -gesetzen auf Schulstufen (z.B. Niedersächsisches Schulgesetz von 1975), Einrichtung von Gesamtschulen (besonders in Berlin, Hamburg, Nordrhein-Westfalen, Hessen), Neugestaltung der gymnasialen Oberstufe (Kollegstufe).

Die inhaltlichen Veränderungen hängen eng mit umgreifenden Zielperspektiven zusammen. Hier fällt ein Abrücken von traditionellen Erziehungs- und Bildungszielen resp. -idealen auf zugunsten einer bewußten Ausrichtung und Anpassung an vorhandene und zukünftige Lebensverhältnisse sowie die Orientierung am Emanzipations- und "Humanitäts"-Gedanken. Der Schule wurde (nachdrücklich in den 60er und 70er Jahren) - sozusagen in neuer Funktions- und Aufgabenbestimmung - der Auftrag zugesprochen, eine bessere Qualifizierung des einzelnen zur Bewältigung real gegebener und zu erwartender Lebenssituationen zu leisten sowie zu einer Emanzipierung und Humanisierung im individualen und sozialen Sinne beizutragen. Solchen Zielsetzungen sollten die Inhalte entsprechen. Daraus ergab sich wiederum die Forderung nach einer "Revision des Curriculum". Der sich Ende der 60er Jahre neu etablierenden Forschungs- und Planungsrichtung, der Curriculumforschung, wurde neben der Grundlagenforschung vor allem die Aufgabe der Curriculumentwicklung zugewiesen: die Erstellung eines Curriculums, d.h. eines systematischen Plans der Lernziele und -inhalte (einschließlich des Aufweises von Hilfsmitteln zur Inhaltsvermittlung und von Lernzielkontrollen). Saul B. Robinson, einer der Pioniere der Curriculumforschung und -theorie, sah die Bildungsrefom geradezu als "Reform des Curriculum" an.

> Die Programmatik der Curriculumrevision wurde bis in die späten 70er Jahre zum Zentrum didaktischer Diskussionen. Sie differenzierte sich in Ansätze mit verschiedenen Akzentsetzungen aus: es gab Revisionsprogramme mit stärkerem Wissenschafts-, Politik- oder Praxisbezug[505].

Der methodische Bereich der Reformmaßnahmen erstreckt sich auf die Art der Unterrichtsgestaltung und auf den Mediengebrauch. Neue Tendenzen zielten auf freiere Unterrichtsformen mit größerer Schüleraktivität, Pflege des Projektunterrichts, stärkere Differenzierung und Individualisierung (u.a. mittels Fachleistungs-, Wahlpflicht-, Wahl-, Stütz-, Aufstiegs-, Übergangs- u.a. Kursen) sowie planmäßigen Einsatz von technischen u.a. Mittlern (i.S. größerer Effektivität von Lern- bzw. Unterrichtsergebnissen).

Eine kritische Betrachtung resp. Würdigung neuerer Reformbemühungen hat neben dem Aufweis positiv zu bewertender Neuerungen wie sie im Auf- und Ausbau des allgemein- und berufsbildenden Schulwesens (auch des Hochschulwesens) in organisatorischem, inhaltlichem und methodischem Betracht vorliegen und in mancher Hinsicht notwendige neue Gestaltungen und Fortschritte gebracht haben, auch auf weniger günstige Sachverhalte und auf negativ zu apostrophierende Komponenten der Reformen aufmerksam zu machen. Gerade in dieser Hinsicht dürfen - wenn man Bilanz zieht - die folgenden Feststellungen nicht unterbleiben.

Man wollte das Bildungswesen schnell dem Stand der allgemeinen historischen Entwicklung anpassen: neue Ziele setzen und diese ohne Umschweife mit Hilfe wissenschaftlicher Theorien, gezielter Planungen und materiellem Aufwand verwirklichen. Der solchermaßen rasche Erfolge erstrebende Reformeifer war nicht nur überhastet; er war auch durch ahistorisches Denken geprägt. Es wurde zuviel abstrakt geplant: die Realität wurde vielfach überspielt, tragende Ideen und Zielstellungen (mit Wertcharakter) waren dabei zu wenig im Spiel, mit der Folge, daß die Reform sich vorwiegend im Quantitativ-Organisatorischen festlief, zu stark auch Qualifikationseffekten im kognitiven Bereich verhaftet blieb[506].

Neben solchen Kritikpunkten gibt es noch andere: an der in eine Krise geratenen Bildungsplanung ist nicht nur die hinsichtlich mancher Reformvorschläge utopische Verstiegenheit zu rügen, sondern auch die rein lineare Argumentationsweise, d.h. das Ausgehen von der Voraussetzung, Bevölkerungsentwicklung und wirtschaftliche Rahmenbedingungen blieben (relativ) konstant. Rapider Geburtenrückgang seit 1965 und wirtschaftliche Rezession seit 1973/74 warfen manche Prognose um. Dazu kamen negative Begleitfolgen mancher eingeleiteter Entwicklungen (z.B. Fehlplanungen im Schulhausbau, Trend zu großen Schulen, überzogene Bildungswerbung, Aufbauschung der Vorschulerziehung). Nicht zuletzt erwies sich auch der Glaube an eine fast unumschränkte planerische Mach- und Herstellbarkeit als der Realität unangemessen. Die Diskrepanz zwischen Anspruch und Wirklichkeit ist da und dort nicht zu übersehen[507].

Die Schule der 60er und 70er Jahre entwickelte sich zu einer Art "Lernfabrik", die nicht wenige Schüler aggressiv, ängstlich und krank machte[508]. Man spricht geradezu von einer Krise der Schule, weil sie solche Wirkungen auslöse, den Schüler überfordere, ihn in bedrängenden Lebensfragen alleinlasse, überhaupt viel Unnötiges lehre, viel Wesentliches dagegen vorenthalte, weil sie falsch "konstruiert" sei usw.

Heute fordert man, da sich manche Reformansätze als unzulänglich oder erfolglos erwiesen, allenthalben eine "Reform der Reformen"[509]. Dabei werden nicht nur Widersprüche und Ungereimtheiten der Reformen angezeigt, sondern auch eine Palette von ungelösten Problemen, wie

- die Gestaltung der Orientierungsstufe (schulformabhängig oder nicht?)
- die Form der Hauptschule (Festhalten an dieser Form oder Fusionierung mit der Realschule?)
- die Art der Lehrerbildung (schulformbezogen, stufenmäßig, Verhältnis: fachlich-pädagogisch?)
- Form und Gestaltung der gymnasialen Oberstufe (Festhalten am oder Korrektur des Gegebenen?)
- Inhalte, Niveau und Qualität des Abiturs
- Begründung dominierender Ziele und Inhalte
- Zusammenhang von allgemeiner und beruflicher Bildung
- Größe und Standort von Schulen (Festhalten an der Zentralisierung oder neue Dezentralisierung in Richtung kleinerer/dorfeigener Schulen?)[510].

Die bis in die 80er Jahre hinein von Unsicherheit (und "Diffusion") gekennzeichnete Situation im Bildungs- und Schulbereich führte in manchen Kreisen zu einer negativen Einstellung gegenüber der Schule, ja zu massiver Schulkritik und zu einem wachsenden Interesse an Alternativen zum überkommenen Schulwesen[511]. Freilich kann die Alternative zur Schule - darin ist Hartmut von Hentig zuzustimmen - auch nur wieder "Schule" heißen. Zu fragen ist allerdings, wie Schule bei realer Einschätzung jetzt und künftig zu gestalten sei.

Eine weithin tragende Idee (i.S. eines "sinnstiftenden Deutungssystems"), von der her schulische Ziele und Inhalte festgelegt und legitimiert werden könnten, ist in unserer offenen, pluralen und multikulturellen Gesellschaft (mit der hier vorfindbaren Vielfalt der Welt- und Lebensansichten) nicht vorhanden. Im Gegensatz zu früheren Jahrhunderten, als die geschichtlichen Mächte (kulturelle Tradition, Kirche, Volk/Staat, Wissenschaft) zentrale Ordnungssysteme darboten[512], die zugleich Bestimmungselemente für die Schule enthielten, besteht diesbezüglich heute ein Manko[513]. Resignation ist freilich nicht angebracht. Trotz des Fehlens allgemein anerkannter Orientierungssysteme und -prinzipien und trotz einer schwierigen Umbruchsituation, gibt es Angelpunkte für eine vernünftige Gestaltung des Schulwesens heute und in naher Zukunft.
Das Stichwort, unter dem man sich eine sinnvolle Gestaltung des Bildungs- und Schulsystems vorstellen kann und unter dem auch Fehlentwicklungen korrigiert werden sollten, lautet: "Humanisierung" (im individualen wie sozialen Sinne). Ohne die sich aus der geschichtlichen Gesamtbewegung ergebenden Postulate anderer Valenz (einschließlich ökonomischer und ökologischer Forderungen) zu übersehen - ihre notwendige Berücksichtigung bei der Bestimmung schulischer Ziele und Inhalte und der Legitimation pädagogischen Handelns steht außer allen Zweifels -, erscheint es als eine vordringliche Aufgabe, den Menschen (wieder) stärker in den Mittelpunkt pädagogischen Geschehens zu rücken. Mehr als in den zuletzt erfolgten Reformen geschehen, muß er als Maß der Schule gelten (und zwar nicht nur als gesellschaftlich-kulturelles Wesen, sondern vor allem auch als Person)[514]. Die vorrangigsten Aufgaben, die sich unter diesem Betracht der

Schule von heute (und morgen) stellen, müssen darauf gerichtet sein, Hilfe zur Konstitution von Identität zu bieten, den einzelnen dazu zu befähigen, sich in der Welt zurechtzufinden und verantwortlich darin zu agieren. Dazu erscheint eine "Lockerung" des total durchgeplanten, verrechtlichten und verwalteten zweckrationalen Schulsystems nötig. Strukturelle und inhaltliche Festlegungen müssen solcher Art sein, daß sie lebendiges Wissen, durchgeistigtes Können, geläutertes Wollen begründen, daß sie tiefgreifende Erlebnisse und Erfahrungen, Beratungs- und Informationsgemeinschaft ermöglichen, Sinn- und Wertverständnis fördern und zugleich hohe Lern- und Leistungsfähigkeit erzeugen. Schule in diesem Sinne muß vor allem ihren Erziehungsauftrag (wieder) ernster nehmen[515].

Es erscheint evident, daß die Schule unter dem genannten Auftrag wahrlich weitreichende Funktionen zu erfüllen hat. Als Mittler zwischen Mensch und Welt (i.w.S.) reicht ihr Aufgabenfeld über individual-personale Hilfen hinaus; ihr obliegt, auch sozial-kulturelle bzw. auf die Lebenswirklichkeit im ganzen bezogene Dienstleistungen wahrzunehmen. Daß sie dabei allerdings nur relativ begrenzte Möglichkeiten hat (wie ihre Geschichte zeigt), weder hinsichtlich der Erziehung und Prägung von Menschen, noch bezüglich gesellschaftlicher Lebenserneuerung und kultureller Propagation einen Totalitätsanspruch erheben kann und darf, versteht sich von selbst. Ebenso dürfte unbestritten sein, daß ihr dafür "von außen" keine Gesamtzuständigkeit und -verantwortlichkeit angesonnen werden kann und darf.

Anmerkungen

1 Für die Zeit nach dem Zweiten Weltkrieg wurden die Tendenzen und Neuerungen in der Bundesrepublik Deutschland herausgestellt; die völlig andere Entwicklung in der Deutschen Demokratischen Republik wurde nicht in diese Darstellung einbezogen. Zur Orientierung darüber beachte man z.B.: O. Anweiler u.a., Bildungssysteme in Europa, 3. überarb. Aufl., Weinheim/Basel 1980; D. Badke/Gesellschaft für Deutschlandforschung e.V. (Hg.), Bildungsreformen in der Bundesrepublik Deutschland und der DDR, Heidelberg 1981; K.-H. Günther/G. Uhlig, Geschichte der Schule in der Deutschen Demokratischen Republik 1945 - 1968, Berlin 1969; Th. Tupetz, Das Bildungswesen der DDR, Bonn 1970.

2 Eine entsprechende Unterscheidung hinsichtlich allgemeinbildender und berufsbildender Funktionen gibt es auch im Bereich der Sonderschulen, die ansonsten ihre eigene Struktur haben.

3 Vgl. H. Oblinger, Schulpädagogik, Bd. 2: Theorie der Schule, Donauwörth 1976, S. 19 ff.; vgl. auch Ders., Die Schule in der Gesellschaft, Donauwörth 1981.

4 Vgl. W. Strzelewicz, Schule (Sozialgeschichte). In: L. Roth (Hg.), Handlexikon zur Erziehungswissenschaft, München 1976, S. 357.

5 A. Leschinsky/P.M. Roeder, Schule im historischen Prozeß. Zum Wechselverhältnis von institutioneller Erziehung und gesellschaftlicher Entwicklung, Stuttgart 1976; Dies., Schule im historischen Prozeß, 3 Studienbriefe, Fernstudienlehrgang Erziehungswissenschaft des Deutschen Instituts für Fernstudien an der Universität Tübingen 1977 (danach zitiert). Vgl. ebd., Studienbrief 2, S. 2, 6.

6 Vgl. H. Schöneberg, Schulen. Geschichte des Unterrichts von der Antike bis zur neuesten Zeit, Frankfurt 1981, S. 12 ff.

7 Gemeint ist damit eine Geisteshaltung, in welcher der Mensch durch seine Selbstbildung - Schönheit, Gutheit und Selbstbeherrschung in sich harmonisch vereinend - wahrhaft Mensch geworden ist.

8 Man klagte im 4. Jahrhundert v. Chr. über Zerfallserscheinungen angedeuteter Art.

9 Vom 12. Lebensjahr an lebten die Jungen in eigenen Unterkünften.

10 Die Mädchen waren in klassischer Zeit vom öffentlichen Unterricht ausgeschlossen und wurden zuhause von der Mutter auf fraulich-häusliche Aufgaben vorbereitet.

11 Letztgenannte Einrichtung gilt als eine der bedeutendsten in der hellenistischen Zeit.

12 Eine gute Allgemeinbildung durch Befassung mit diesen Lehrgegenständen hatten schon die Sophisten des 5. Jahrhunderts v. Chr. versprochen.

13 Vgl. H. Schöneberg, Schulen, S. 40.

14 Vgl. G. Wirth, Der Weg an die Grenze. Blüte und Schicksal der antiken Bildungstradition. In: L. Kriss-Rettenbeck/M. Liedtke (Hg.), Schulgeschichte im Zusammenhang der Kulturentwicklung, Bad Heilbrunn 1983, S. 87 f.

15 H. Schöneberg, Schulen, S. 56.

16 Vgl. G. Wirth, Der Weg an die Grenze, a.a.O., S. 89 f.

17 Vgl. A. Reble, Geschichte der Pädagogik, Stuttgart 1980^{13}, S. 44 f.

18 Vgl. ebd., S. 46.

19 Vgl. G. Wirth, Der Weg an die Grenze, a.a.O., S. 90.

20 Ebd., S. 93.

21 Ebd., S. 90.

22 Näheres siehe: P. Duval, Das Alltagsleben in Gallien während der römischen Besetzung (1966), Stuttgart 1979, S. 211 ff.

23 Näheres bei: E.B. Castle, Die Erziehung in der Antike (1961), Stuttgart 1965, S. 155 ff.

24 H. Schöneberg, Schulen, S. 51

25 Vgl. auch G. Wirth, Der Weg an die Grenze, a.a.O., S. 95 f.

26 Zur Entwicklung des Schulwesens im Altertum beachte man besonders: E.B. Castle, Die Erziehung in der Antike und ihre Wirkung in der Gegenwart (1961), Stuttgart 1965; J. Dolch, Lehrplan des Abendlandes. Zweieinhalb Jahrtausende seiner Geschichte, Ratingen 1965[2], S. 13-98; W. Jäger, Paideia. Die Formung des griechischen Menschen, 3 Bde., Berlin 1959[4]; H.Th. Johann (Hg.), Erziehung und Bildung in der heidnischen und christlichen Antike, Darmstadt 1976; H.I. Marrou, Geschichte der Erziehung im klassischen Altertum (1948), München 1977[8].

27 J. Dolch, Geschichte der Erziehung und Erziehungswissenschaft. In: F. Hilker (Hg.), Pädagogik im Bild, Freiburg 1956, S. 504; vgl. Ders., Lehrplan des Abendlandes, S. 15 f.

28 Vgl. W. Wühr, Das abendländische Bildungswesen im Mittelalter, München 1950, S. 20 ff.

29 Ebd., S. 31.

30 H. Schöneberg, Schulen, S. 79 f.

31 Vgl. W. Wühr, Das abendländische Bildungswesen im Mittelalter, S. 45, 47.

32 Zum Folgenden vgl. man: ebd., S. 33 ff.; E. Weniger, Das deutsche Bildungswesen im Frühmittelalter. In: Histor. Vierteljahresschrift, Jg. 1935, S. 446 ff.

33 W. Wühr, Das abendländische Bildungswesen im Mittelalter, S. 42.

34 Vgl. ebd., S. 49 ff.

35 Vgl. ebd., S. 56.

36 Ebd., S. 64 f.

37 Vgl. ebd., S. 66 ff., 71, 47.

38 Vgl. H. Schöneberg, Schulen, S. 85.

39 Vgl. W. Wühr, Das abendländische Bildungswesen im Mittelalter, S. 75 f.

40 Vgl. ebd., S. 39, 78 f.

41 Zit. nach: M. Mayer, Geschichte der abendländischen Erziehung und Bildung, Freiburg 1955, S. 59 f.

42 Lit: zu Rittertum und höfische Erziehung: H. Naumann/G. Müller, Höfische Kultur, Halle 1929; P. Kluckhohn, Die ritterliche Kultur in Deutschland, Wien 1930.

43 Vgl. H. Schöneberg, Schulen, S. 89.

44 Neben elementarer Bildung, katechetischer Schulung, realistischer muttersprachlicher Bildung kam - als vierter Ursprung - später noch volkstümliche Geistesbildung (Beschäftigung mit völkischem/volkstümlichem Bildungsgut) hinzu. Siehe: W. Flitner, Die vier Quellen des Volksschulgedankens, Stuttgart 1958[4].

45 W. Wühr, Das abendländische Bildungswesen im Mittelalter, S. 149, 152.

46 Ebd.

47 Vgl. E. Weimer, Geschichte der Pädagogik, Berlin 1964[10], S. 33.

48 Außer den bekannten Werken zur Geschichte der Pädagogik beachte man zur Geschichte des mittelalterlichen Erziehungswesens besonders noch folgende Monographien: R. Limmer, Pädagogik des Mittelalters, Mallersdorf 1958; E. Schoelen, Erziehung und Unterricht im Mittelalter, Paderborn 1956; W. Wühr, Das abendländische Bildungswesen im Mittelalter, München 1950.

49 Näheres bei: J. Pieper, Scholastik, München 1960.

50 Zum Folgenden vgl. man auch: A. Reble, Geschichte der Pädagogik, S. 59 ff.

51 Näheres bei H. Grundmann, Vom Ursprung der Universität im Mittelalter, Berlin 1957.
52 W. Wühr, Das abendländische Bildungswesen im Mittelalter, S. 131 ff.
53 A. Borst, Lebensformen im Mittelalter, Frankfurt 1973, S. 559.
54 Vgl. A. Reble, Geschichte der Pädagogik, S. 61 f.
55 Vgl. hierzu: G. Ritter, Die Neugestaltung Europas im 16. Jahrhundert, Berlin 1950; A. Reble, Geschichte der Pädagogik, S. 59 ff.
56 W. Ruß, Geschichte der Pädagogik, Bad Heilbrunn 1965[7], S. 31.
57 Näheres über das Verhältnis genannter Gesamtbewegung und der genannten Teilströmung bei: P.O. Kristeller, Humanismus und Renaissance, 2 Bde., München 1980; A. Buck (Hg.), Zu Begriff und Problem der Renaissance, Darmstadt 1969.
58 Vgl. hierzu: J. von den Driesch/J. Esterhues, Geschichte der Erziehung und Bildung, Bd. I, Paderborn 1953[3], S. 221 ff.
59 Zu Luthers pädagogischen Gedanken und Äußerungen siehe: M. Luther: Pädagogische Schriften, bearb. v. H. Lorenzen, Paderborn 1957; I. Asheim, Glaube und Erziehung bei Luther, Heidelberg 1961; H. Kunst, M. Luther und die Schule. In: Dem Wort gehorsam, Stuttgart 1976.
60 Zur pädagogischen Bedeutung Melanchthons: H.A. Stempel, Melanchthons pädagogisches Wirken, Bielefeld 1977.
61 H. Sehling (Hg.), Die evangelischen Kirchenordnungen des XVI. Jh., 1966.
62 Teilweiser Wiederabdruck in: Th. Hülshoff/A. Reble (Hg.), Zur Geschichte der Höheren Schule, Bd. I, Bad Heilbrunn 1967, S. 12-31.
63 Zum protestantischen Schulwesen dieser Zeit vgl. noch besonders: G. Mertz, Das Schulwesen der deutschen Reformation im 16. Jahrhundert, Heidelberg 1902.
64 In Größe und Lehrplan gab es bei den höheren Schulen Unterschiede: zwischen kleineren Lateinschulen einerseits und größeren Gelehrtenschulen (Gymnasien, Pädagogien, Landesschulen usw.) andrerseits. Vgl. H. Schöneberg, Schulen, S. 175 f., 177.
65 Vgl. E. Spranger, Zur Geschichte der deutschen Volksschule, Heidelberg 1949.
66 In der folgenden Darstellung vgl. man: K. Erlinghagen, Katholische Bildung im Barock, Hannover 1972.
67 Jesuitische Schul- und Hochschulgründungen erfolgten außer in Europa auch in Übersee.
68 Vgl. die Dokumentation "Aus der Studien- und Schulordnung der Jesuiten von 1599. In: Th. Hülshoff/A. Reble, (Hg.), Zur Geschichte der höheren Schule Bd. I, Bad Heilbrunn 1967, S. 31-57.
69 Über die Schultätigkeit verschiedener Orden: K. Erlinghagen, Kath. Bildung im Barock, S. 132 ff.; W. Moog/F.-J. Holtkemper, Geschichte der Pädagogik, Bd. 2, Düsseldorf/Hannover 1967[8], S. 201 ff.
70 Vgl. H. Schöneberg, Schulen, S. 239 ff.
71 Hierzu: ebd., S. 289.
72 Zur hier folgenden Allgemeincharakteristik vgl. man besonders: C.J. Friedrich, Das Zeitalter des Barock, Stuttgart 1954; F. Paulsen, Das deutsche Bildungswesen in seiner geschichtlichen Entwicklung, Neudruck Darmstadt 1966, S. 58 ff.; A. Reble, Geschichte der Pädagogik, S. 100 ff.
73 W. Hubatsch, Das Zeitalter des Absolutismus 1600-1789, Braunschweig 1962, S.1.
74 Angesichts einer solchen Schwerpunktverlagerung, in der das Bürgertum an Macht und sozialer Geltung schwere Einbußen zu erleiden hatte, spricht man gelegentlich von "Entbürgerlichung" bzw. vom "Zeitalter der Entbürgerlichung".

75 Vgl. A. Reble, Geschichte der Pädagogik, S. 102 ff.

76 Zur Barockpädagogik speziell: K. Erlinghagen, Katholische Bildung im Barock, Hannover 1972; O.F. Bollnow, Die Pädagogik des Barock. In: G. Seidel (Hg.), Orientierungen zum pädagogischen Handeln, Göttingen u.a. 1982, S. 9-33.

77 W. Ratke, Kleine pädagogische Schriften, hg. von K. Seiler, Paderborn 1967; K. Seiler, Das pädagogische System Wolfgang Ratkes, Erlangen 1931.

78 J.A. Comenius, Pampaedia, hg. von D. Tschižewsky u.a., Heidelberg (1960) 1965[2].

79 J.A. Comenius, Große Didaktik, hg. von A. Flitner, Stuttgart 1982[5].

80 J.A. Comenius, Orbis sensualium pictus, dt.-lat., neu hg. von H. Rosenfeld, Osnabrück 1957.

81 Zur pädagogischen Bedeutung Comenius' und seines Werkes beachte man besonders: G. Michel, Die Welt als Schule. Ratke, Comenius und die didaktische Bewegung, Hannover 1979; K. Schaller, Die Pädagogik des Johann Amos Comenius und die Anfänge des pädagogischen Realismus im 17. Jh., Heidelberg 1962; Ders. (Hg.), J.A. Komensky, Wirkung eines Werkes nach drei Jahrhunderten, Heidelberg 1970.

82 Zu Franckes pädagogischer Gedankenwelt: A.H. Francke, Pädagogische Schriften, hg. von G. Kramer, Langensalza 1885, Nachdruck 1966; A.H. Francke, Pädagogische Schriften, besorgt von H. Lorenzen, Paderborn 1964[2].

83 Zur Darstellung und Interpretation der Franckeschen Pädagogik vgl. man: D. Jungklaus (Hg.), August Hermann Francke, Berlin 1966; Die Pädagogik August Hermann Franckes, Heftthema der Zeitschrift "Pädagogik und Schule in Ost und West", Jg. 1966, H.12; W. Oschlies, Die Arbeits- und Berufspädagogik A.H. Franckes, Witten 1969.

84 A. Reble, Geschichte der Pädagogik, S. 117.

85 Diese bildete sich unter Einwirkung der Bestrebungen im Reformationszeitalter aus den geistlichen Küsterschulen in den Städten in Verbindung mit Resten der älteren Deutschen Schreib- und Leseschulen heraus und gewann dann erst allmählich durch die neu hinzugekommenen Tendenzen realistischer Muttersprachschule und volkstümlicher Geistesbildung ihre eigentliche Gestalt. Vgl. dazu : W. Flitner, Die vier Quellen des Volksschulgedankens, Stuttgart 1958[4].

86 Texte der Schulordnungen sind enthalten in den Monumenta Germaniae Paedagogica (viele Bände), Berlin 1886 ff.; R. Vorbaum (Hg.), Evang. Schulordnungen, 16.-18. Jh., 3 Bde., Gütersloh 1860/64; J. Baltzer, Die wichtigsten preußischen Schulordnungen der letzten 3 Jahrhunderte, Bielefeld 1920 und sonst.

87 Vgl. H. Schöneberg, Schulen, S. 156.

88 H. Schöneberg, Schulen, S. 156 f.

89 Zur Geschichte der Mädchenbildung: E. Blochmann, Das 'Frauenzimmer' und die 'Gelehrsamkeit'. Eine Studie über die Anfänge des Mädchenschulwesens in Deutschland, Heidelberg 1966.

90 Siehe: H. Weimer, Geschichte der Pädagogik, S. 80.

91 Über Adelserziehung und Ritterakademien: A. Heubaum, Geschichte des deutschen Bildungswesens seit der Mitte des 17. Jh., Bd. 1: Das Zeitalter der Standes- und Berufserziehung, Berlin 1905. Beispiele für die Lehrplangestaltung von Ritterakademien siehe bei: J. Dolch, Lehrplan des Abendlandes, S. 292.

92 Zur Universitätsgeschichte: H.-W. Prahl, Sozialgeschichte des Hochschulwesens, München 1978.

93 Zu folgenden Ausführungen vgl. man: H. Meyer, Geschichte der abendländischen Weltanschauung, Bd. IV, Würzburg/Paderborn 1950, S. 247 ff.

94 Vgl. hierzu: J. von den Driesch/J. Esterhues, Geschichte der Erziehung und Bildung, Bd. II, S. 84 ff.; A. Reble, Geschichte der Pädagogik, S. 129 ff.; W. Ruß, Geschichte der Pädagogik, S. 58.

95 J. Locke, Einige Gedanken über die Erziehung, hg. v. J.B. Deermann, Paderborn 1967.

96 Näheres siehe: H. Lebede, Locke und Rousseau als Erzieher, Charlottenburg 1913; K. Dewhurst, John Locke, London 1963.

97 J.-J. Rousseau, Emile oder über die Erziehung, bes. von J. Esterhues, Paderborn 1963[3].

98 Vgl. M. Rang, Jean-Jacques Rousseau. In: Lex. d. Päd., Bd. 3, Freiburg 1971, S. 451.

99 Vgl. M. Rang, Jean-Jacques Rousseau, a.a.O., S. 451 f.; ausführlich: Ders., Rousseaus Lehre vom Menschen, Göttingen 1963[2]; H. Blankertz, Die Geschichte der Pädagogik, Wetzlar 1982, S. 71 ff.

100 H. Blankertz, Die Geschichte der Pädagogik, S. 70.

101 Zur Interpretation seiner Pädagogik vgl. man besonders: S. Bogumil, Rousseau und die Erziehung des Lebens, Bern 1974; M. Rang, Rousseaus Lehre vom Menschen, Göttingen 1963[2]; W. Ritzel, Jean-Jacques Rousseau, Stuttgart 1959; H. Röhrs, Jean-Jacques Rousseau. Vision u. Wirklichkeit, Heidelberg 1966[2].

102 Th. Dietrich, Geschichte der Pädagogik in Beispielen aus Erziehung, Schule, Unterricht, 18.-20. Jahrhundert, Bad Heilbrunn 1975[2], S. 41.

103 Zum Grundanliegen des Philanthropismus siehe: K. Schrader, Die Erziehungstheorie des Philanthropismus, Langensalza 1928; U. Hermann (Hg.), Das pädagogische Jahrhundert, Weinheim/Basel 1981.

104 Laut Campe liegt der Maßstab menschlicher Bestimmung in der Gemeinnützigkeit.

105 Zu der mit solcher Verhältnisbestimmung gegebenen theoretischen Rechtfertigung der Berufserziehung vgl. man auch: H. Blankertz, Die Geschichte der Pädagogik, S. 83 ff.

106 Ebd., S. 81.

107 Vgl. A. Klüpfel, Das Revisionswerk Campes, ein Grundwerk der deutschen Aufklärungspädagogik, Diss. Würzburg 1934.

108 Vgl. P. Lundgreen, Sozialgeschichte der deutschen Schule im Überblick, Teil I: 1770-1918, Göttingen 1980, S. 27, 29.

109 M. Heinemann, Schule im Vorfeld der Verwaltung. Die Entwicklung der preußischen Unterrichtsverwaltung von 1771-1800, Göttingen 1974, S. 47.

110 Ebd., S. 200.

111 Vgl. H. Blankertz, Die Geschichte der Pädagogik, S. 57.

112 D.K. Müller, Sozialstruktur und Schulsystem. Aspekte zum Strukturwandel des Schulsystems im 19. Jh., Göttingen 1977, S. 113.

113 Hier tritt erstmals der Begriff "Volksschule" auf und ersetzt den der Elementarschule. Siehe: Th. Dietrich, Geschichte der Pädagogik in Beispielen, S. 54.

114 Vgl. A. Reble, Friedrich Eberhard von Rochow. In: Lex. d. Päd., Bd. 3, Freiburg 1971, S. 442.

115 F.E. von Rochow, Sämtliche päd. Schriften, hg. v. F. Jonas/F. Wieneck, 4 Bde., Berlin 1907/10; E. Schäfer, Rochow, Gütersloh 1906.

116 Über seine Ideen und sein Wirken: U. Krömer, Johann Ignaz von Felbiger - Leben und Werk, Freiburg 1966.

117 Näheres dazu: M. Gückel, Heinrich Braun und die bayerischen Schulen, Diss. München 1891.

118 Wiederabdruck in: Th. Dietrich/J.-G. Klink (Hg.), Zur Geschichte der Volksschule, Bd. I, Bad Heilbrunn 1972[2], S. 131 f.

119 Wiederabdruck: Ebd., S. 141-155.

120 Teilweiser Wiederabdruck: ebd., S. 155-158.

121 Vgl. Th. Dietrich, Geschichte der Pädagogik, S. 72; P. Lundgreen, Sozialgeschichte der Schule im Überblick, Teil I, S. 37.

122 H. Schöneberg, Schulen, S. 159.

123 Vgl. F. Pöggeler, Lehrerbildung. In: Lex. d. Päd., Bd. 3, Freiburg, 1971, S.58.

124 Im folgenden 19. Jh. wurde die Idee des Industrieschulunterrichts dann durch Schulordnungen gefördert (so in Bayern, Württemberg, Schleswig-Holstein).

125 Zum Industrieschulkonzept vgl. man: H.P. Sextro, Über die Bildung der Jugend zur Industrie, Göttingen 1785, Neudruck Frankfurt 1971; K. Iven, Die Industriepädagogik des 18. Jh., Göttingen 1929; Th. Dietrich/J.G. Klink, Über die Entstehung, Entwicklung und die Aufgaben der "Industrieschule" (um 1800). In: Dies. (Hg.), Zur Geschichte der Volksschule, Bd. I, S. 174 ff. Schöneberg, Schulen, S. 207.

126 Vgl. H. Schöneberg, Schulen, S. 207.

127 H. Held, Altbayerische Volkserziehung und Volksbildung, 3 Bde., München 1926/1928, passim; J. Heigenmooser, Eremitenschulen in Altbayern, Berlin 1903; Ders. Eremitenschulen. In: Lex. d. Päd., hg. v. E. Roloff, Bd. 1, Freiburg 1913, Sp. 1092-1096.

128 D.K. Müller, Sozialstruktur und Schulsystem, S. 60 ff.

129 P. Lundgreen, Sozialgeschichte der deutschen Schule im Überblick, Teil I, S. 43 f.

130 D.K.Müller, Sozialstruktur und Schulsystem, S. 113.

131 P. Lundgreen, Sozialgeschichte der deutschen Schule im Überblick, Teil I,S.45.

132 Ebd.

133 Vgl.: Aus der Ordnung des Pädagogiums zu Halle von 1721. Dokumentiert in: Th. Hülshoff/A. Reble (Hg.), Zur Geschichte der Höheren Schule, Bad Heilbrunn 1967, S. 94-124.

134 A. Becker, Beiträge zur Geschichte der Frei- und Reichsstadt Worms und der daselbst seit 1527 errichteten höheren Schulen, Worms 1880, S. 235, 230 f.

135 Kabinettsorder Friedrichs des Großen an den Staatsminister Freiherr von Zedlitz vom 5.9.1779. Vgl. F. Vollmer, Die preußische Volksschulpädagogik unter Friedrich dem Großen. In: Monumenta Germaniae Paedagogica, Bd. 56, Berlin 1918.

136 Siehe die Schulartikel des preußischen Allgemeinen Landrechts von 1794, dokumentiert in: A. Reble (Hg.), Geschichte der Pädagogik, Dokumentationsband I, Stuttgart 1971, S. 247.

137 Ebd., S. 247.

138 Piaristen kamen den neuzeitlichen Forderungen stärker entgegen.

139 Vgl. F. Paulsen, Das deutsche Bildungswesen in seiner geschichtlichen Entwicklung, S. 93.

140 H. Schöneberg, Schulen, S. 161.

141 Vgl. F. Paulsen, Das deutsche Bildungswesen in seiner geschichtlichen Entwicklung, S. 93 f.

142 Vgl. H. und H. Weimer, Geschichte der Pädagogik, Berlin 1964[16], S. 104.

143 H. Blankertz, Die Geschichte der Pädagogik, S. 64.

144 Vgl. J. Dolch, Lehrplan des Abendlandes, S. 324.

145 Ebd., S. 322 f.

146 Was die genannten frühesten technischen Fachschulen, die z.T. auch als Aka-

demien bezeichnet wurden (Ingenieur-, Bau-, Bergakademien) und als "Fachhochschulen" angesehen werden können, betrifft, gab es analoge französische Vorbilder. Vgl. P. Lundgreen, Sozialgeschichte der deutschen Schule im Überblick, Teil I, S. 51; H. Blankertz, Die Geschichte der Pädagogik, S. 65 ff.

147 H. Blankertz, Die Geschichte der Pädagogik, S. 65.

148 Vgl. hierzu auch: H.J. Ipfling, Geschichte der Pädagogik. In: M. Heitger, Pädagogik, Darmstadt 1972, S. 15 f.

149 Vgl. J. Dolch, Lehrplan des Abendlandes, S. 320, 306.

150 Vgl. ebd., S. 324, 321.

151 P. Lundgreen, Sozialgeschichte der Schule im Überblick, Teil I, S. 45; vgl. auch S. 40 f.

152 K.-E. Jeismann, Das preußische Gymnasium in Staat und Gesellschaft. Die Entstehung des Gymnasiums als Schule des Staates u. der Gebildeten, 1787-1817, Stuttgart 1974, S. 165.

153 Zur allgemeinen Charakterisierung dieser Epoche: R. Joerden (Hg.), Dokumente des Neuhumanismus I u. II, Weinheim 1962 und später; A. Reble, Geschichte der Pädagogik, S. 168 ff; F. Paulsen, Das deutsche Bildungswesen in seiner geschichtlichen Entwicklung, S. 94 ff., 104 ff; H. Meyer, Geschichte der abendländischen Weltanschauung, Bd. IV, Paderborn 1950, S. 327 ff., H. Nohl, Die Deutsche Bewegung, hg. v. O.F. Bollnow/F. Rodi, Göttingen 1970; H.A. Korff, Geist der Goethezeit, 4 Tle., Leipzig 1955[2].

154 Vgl. F. Paulsen, Das deutsche Bildungswesen in seiner geschichtlichen Entwicklung, S. 105.

155 A. Reble, Geschichte der Pädagogik, S. 168.

156 H. Meyer, Geschichte der abendländischen Weltanschauung, Bd. IV, S. 494.

157 H. Nohl, Die Deutsche Bewegung, hg. von O.F. Bollnow/F. Rodi, Göttingen 1970.

158 Vgl. J. von den Driesch/J. Esterhues, Geschichte der Erziehung und Bildung, Bd. II, S. 151 f.

159 Vgl. dazu ebd., S. 153 ff.

160 In solcher Präferenz für das Griechentum liegt - worauf Blankertz hingewiesen hat - eine Korrektur am romanischen Humanismus bzw. eine gewisse antirömische und antifranzösische Tendenz. Siehe: H. Blankertz, Die Geschichte der Pädagogik, S. 92f.

161 Ebd., S. 94.

162 Zu Humboldts Ideenwelt im allgemeinen und seiner Humanitätsidee im besonderen: W. von Humboldt, Gesammelte Schriften, hg. von der Preuß. Akademie der Wissenschaften, 17 Bde., Berlin 1903-1936; Ders., Werke in 5 Bänden, hg. von A. Flitner/K. Giel, Darmstadt 1960-1981; F. Schaffstein, Wilhelm von Humboldt, Frankfurt/M. 1952; C. Menze, Wilhelm von Humboldts Lehre und Bild vom Menschen, Ratingen 1965; H. Rosenfeldt, Wilhelm von Humboldt, Frankfurt 1982.

163 Zu Humboldts Bildungslehre und Sprachphilosophie beachte man noch besonders: W.v. Humboldt, Bildung und Sprache. Eine Auswahl aus seinen Schriften, hg. v. C. Menze, Paderborn 1959; O.F. Bollnow, Wilhelm von Humboldts Sprachphilosophie. In: Zeitschr.f. deutsche Bildung, 14. Jg. 1938, S. 102-112.

164 Siehe: H.-G. Herrlitz/W. Hopf/H. Titze, Deutsche Schulgesch. v. 1800 bis zur Gegenwart, Königstein 1981, S. 28 ff.

165 Zur Humboldtschen Bildungsreform beachte man besonders die vortreffliche Darstellung und Interpretation bei C. Menze. Ders., Die Bildungsreform Wilhelm von Humboldts, Hannover 1975; ferner: E. Spranger, Wilhelm von Humboldt

und die Reform des Bildungswesens (1910), Tübingen 1965[3]; L. Schweim (Hg.), Schulreform in Preußen 1809-1819. Entwürfe und Gutachten, Weinheim 1966.

166 Zum Folgenden vergleiche man: H. Blankertz, Die Geschichte der Pädagogik, S. 127 ff., 121 ff.

167 Johann Heinrich Pestalozzi, Sämtliche Werke, hg. v. A. Buchenau/E. Spranger/ H. Stettbacher, Leipzig 1927 ff.; Zürich 1973 ff.; Ders., Wie Gertrud ihre Kinder lehrt, hg. v. A. Reble, Bad Heilbrunn 1961; Ders., Pestalozzi über seine Anstalt in Stanz, hg. v. U. Graf, Weinheim 1961; - F. Delekat, Johann Heinrich Pestalozzi (1926), Heidelberg 1968; M. Liedtke, Pestalozzi, Reinbek 1968.

168 Vgl. H. Blankertz, Die Geschichte der Pädagogik, S. 128.

169 Zu seinen darauf bezogenen Plänen u. Maßnahmen vgl. man ebd., S. 122 ff.

170 Das "Klassische" ist hier verstanden als etwas zeitlos Gültiges und Werthaftes, faßbar in menschlichen Produktionen oder Geistesleistungen, in denen sich die Idee des Menschen konkretisiert.

171 Zum Verständnis des Klassischen als materialem Bestimmungsgrund des Bildungsgangs bei Humboldt siehe: C. Menze, Die Bildungsreform Wilhelm von Humboldts, Hannover 1975; zum Begriff des Klassischen als didaktischer Kategorie überhaupt: W. Klafki, Das pädagogische Problem des Elementaren und die Theorie der kategorialen Bildung (1959), Weinheim 1964[3/4]; Ders., Studien zur Bildungstheorie und Didaktik, Weinheim 1964[2].

172 A. Reble, Geschichte der Pädagogik, S. 238.

173 W. Humboldt, Gesammelte Schriften, Bd. XIII, S. 266 (Der Königberger Schulplan).

174 Ausführlich dazu: E. Spranger, Wilhelm von Humboldt und die Universitätsidee, Berlin 1928[2].

175 Vgl. W. Humboldt, Gesammelte Schriften, Bd. III, S. 348.

176 Vgl. H. Blankertz, Die Geschichte der Pädagogik, S. 132.

177 H.-G. Herrlitz u.a., Deutsche Schulgesch. v. 1800 bis zur Gegenwart, S. 31.

178 Siehe: H. Blankertz, Die Geschichte der Pädagogik, S. 133 f.

179 Ebd., S. 133.

180 Vgl. dazu: K. Schmitz, Geschichte der Schule, Stuttgart u.a. 1980, S. 63 ff.; H.-G. Herrlitz u.a., Deutsche Schulgesch. v. 1800 bis zur Gegenwart, S.32 ff.

181 Vgl. K. Schmitz, Geschichte der Schule, S. 64, 69.

182 H.-G. Herrlitz u.a., Deutsche Schulgesch. von 1800 bis zur Gegenwart, S. 33.

183 Ebd., S. 35.

184 Hierzu und zum Folgenden ebd., S. 35 ff.

185 Vgl. ebd., S. 39 ff.

186 A. Reble, Das Schulwesen. In: M. Spindler (Hg.), Handbuch der Bayer. Geschichte, Bd. IV/2, München 1975, S. 951.

187 Breitere Ausführungen hierzu und zum Folgenden bei A. Spörl, Die Entwicklung der deutschen Schule im Königreich Bayern unter besonderer Berücksichtigung der Lehrerbildung, Diss. München 1977, S. 106 ff.

188 Vgl. F. Sonnenberger, Stagnation oder Konsolidierung? Zur Entwicklung der Bayerischen Volksschule unter Ludwig I. In: L. Kriss-Rettenbeck/M. Liedtke (Hg.), Schulgeschichte im Zusammenhang der Kulturentwicklung, S. 175, 177.

189 A. Reble, Das Schulwesen, a.a.O., S. 963 f.

190 Vgl. die Teil-Dokumentation der Bayerischen Schulordnungen von 1829 und 1830 in: A. Reble, (Hg.), Geschichte der Pädagogik, Dokumentationsband II, Stuttgart 1971, S. 414-421.

191 Vgl. auch: J. von den Driesch/J. Esterhues, Geschichte der Erziehung und Bildung, Bd. II, S. 328 f.

192 Zur Gesamtschau der Zeittendenzen beachte man etwa: H. Meyer, Geschichte der abendländischen Weltanschauung, Bd. V, Würzburg 1949; Th. Ziegler, Die geistigen und sozialen Strömungen Deutschlands im 19. u. 20. Jh. bis zum Beginn des Weltkrieges, Berlin 1921[7]; F. Schnabel, Deutsche Geschichte im 19. Jh., 4 Bde., Freiburg 1929/37; R. Rürup, Deutschland im 19. Jh., Göttingen/Zürich 1984.

193 Vgl. P. Lundgreen, Sozialgeschichte der Schule im Überblick, Teil I, S. 55.

194 Zitiert nach: L. Schweim (Hg.), Schulreform in Preußen 1808-1819. Entwürfe und Gutachten, Weinheim 1966, S. 229.

195 Vgl. H.-G. Herrlitz u.a., Deutsche Schulgesch. v. 1800 bis zur Gegenwart, S. 55.

196 K. Schmitz, Geschichte der Schule, S. 75.

197 Vgl. H. Blankertz, Die Geschichte der Pädagogik, S. 159 f.

198 Zu den bildungspolitischen Auseinandersetzungen des Vormärz im ideen- und sozialgeschichtlichen Kontext beachte man besonders die ausführliche Darstellung bei: H. Titze, Die Politisierung der Erziehung, Frankfurt 1973.

199 Vgl. H.-G. Herrlitz u.a., Deutsche Schulgesch. v. 1800 bis zur Gegenwart, S. 55 ff.

200 Vgl. die entsprechenden Artikel der auf der genannten Gründungsversammlung verabschiedeten Petition; Zit. ebd., S. 57 f.

201 H. Deiters u.a., Friedrich Adolf Wilhelm Diesterweg: Sämtliche Werke, 9 Bde., Berlin 1956/57; - H.G. Bloth, Adolph Diesterweg. Sein Leben und Wirken für Pädagogik und Schule, Heidelberg 1966 (mit Bibl.).

202 Vgl. K. Schmitz, Geschichte der Schule, S. 75.

203 Der Begriff "Volksschule" bürgerte sich erst in der zweiten Hälfte des 19. Jh. ein, während man vorher im allgemeinen von "Elementarschulen" sprach. Siehe: R. Bölling, Sozialgeschichte der deutschen Lehrer. Ein Überblick von 1800 bis zu Gegenwart, Göttingen 1983, S. 13.

204 Zur preußischen Volksschulpolitik und zur Lage der Volksschullehrerschaft in der zweiten Jahrhunderthälfte beachte man: F. Meyer, Schule der Untertanen. Lehrer und Politik in Preußen 1848-1900, Hamburg 1976.

205 Siehe: Aktenstücke zur Geschichte und zum Verständnis der drei Preußischen Regulative vom 1., 2. und 3. October 1854, hg. v. F. Stiehl, Berlin, 1855, S.57.

206 F. Stiehl, Grundzüge betr. Einrichtung und Unterricht der evangelischen einklassigen Elementarschule, 3. Regulativ (1854). In: W. Scheibe (Hg.), Zur Geschichte der Volksschule, Bd. II. Bad Heibrunn 1974[2], S. 25.

207 Auf anderere erzieherische Tätigkeiten - solche sind nach Herbart "Regierung" und "Zucht" - kann hier nicht näher eingegangen werden.

208 Dazu E.E. Geißler, Herbarts Lehre vom erziehenden Unterricht, Heidelberg 1970.

209 Vgl. H. Blankertz, Die Geschichte der Pädagogik, S. 151; K. Aschersleben, Didaktik, Stuttgart 1983, S. 23.
Wilhelm Rein (+ 1929) gab den Formalstufen deutsche Namen u. erweiterte sie durch die "Zielangabe": Vorbereitung mit Zielangabe, Darbietung (des neuen Stoffes), Verknüpfung (des Erlernten mit Bekanntem), Zusammenfassung (des Begrifflichen), Anwendung (des Gewonnenen). In dieser Form fanden die Formalstufen eine jahrzehntelange Verwendung in der Volksschule.

210 H. Blankertz, Die Geschichte der Pädagogik, S. 151 f., 153.

211 Zu Herbarts Pädagogik insgesamt: Johann Friedrich Herbarts Päd. Schriften, hg. von W. Asmus, Düsseldorf/München 1964/65; A. Brückmann, Päd. und philosophisches Denken bei Herbart, Zürich 1961; W. Asmus, Herbart in seiner und unserer Zeit, Essen 1972.

212 Vgl. P. Lundgreen, Sozialgeschichte der deutschen Schule im Überblick, Teil I, S. 91; H. Blankertz, Die Geschichte der Schule, S. 165.
213 Vgl. R. Bölling, Sozialgeschichte der deutschen Lehrer, S. 57 f.
214 Vgl. H. Blankertz, Die Geschichte der Schule, S. 165.
215 Vgl. H.-G. Herrlitz u.a., Deutsche Schulgeschichte v. 1800 bis zur Gegenwart, S. 94 f.
216 Vgl. hierzu: Allgemeine Verfügung über Einrichtung, Aufgabe und Ziel der preußischen Volksschule (1872). Wiederabdruck in: W. Scheibe (Hg.), Zur Geschichte der Volksschule, Bd. II, S. 32-42, bes. S. 34 ff.
217 K. Schmitz, Geschichte der Schule, S. 78.
218 B. Michael/H.-H. Schepp (Hg.), Politik und Schule von der Franz. Revolution bis zur Gegenwart, Bd. 1, Frankfurt 1973, S. 409.
219 Siehe: A. Leschinsky/P.M. Roeder, Schule im historischen Prozeß, Stuttgart 1976, S. 137 ff.; R. Bölling, Sozialgeschichte der deutschen Lehrer, S. 13 f.
220 P. Lundgreen, Sozialgeschichte der deutschen Schule im Überblick, Teil II, S. 93 ff.
221 Ebd., S. 99, 93.
222 Vgl. auch K. Schmitz, Geschichte der Schule, S. 79 f; ausführlich: R. Bölling, Sozialgeschichte der deutschen Lehrer, S. 53 ff. sowie F. Meyer, Schule der Untertanen. Lehrer und Politik in Preußen 1848-1900, Hamburg 1976.
223 R. Maskus (Hg.), Zur Geschichte der Mittel- und Realschule, Bad Heilbrunn 1966. Nachwort des Herausgebers, S. 176.
224 Der Name "Mittelschule" tauchte amtlicherseits erstmals in einem Schulbericht des kurmärkischen Oberkonsistoriums aus dem Jahre 1799 auf. Siehe ebd., S. 177.
225 Die Mittelschule nach den Allgemeinen Bestimmungen von 1872. Wiederabdruck bei R. Maskus, ebd., S. 58.
226 Ebd., S. 59 ff.
227 Zur Entwicklung der Mittelschule: H.-W. Brandau, Die mittlere Bildung in Deutschland, Weinheim 1959; N. Maaßen/W. Schöler, Geschichte der Mittel- und Realschulpädagogik, 2 Bde., Hannover 1960/61; R. Maskus (Hg.), Zur Geschichte der Mittel- und Realschule, Bad Heibrunn 1966.
228 Vgl. A. Leschinsky/P.-M. Roeder, Schule im historischen Prozeß. Fernstudienlehrgang Erziehungswissenschaft, Studienbrief 2, Tübingen 1977, S. 75 ff., bes. 88f.
229 Hierzu und zum Folgenden vgl. man auch: A. Reble, Geschichte der Pädagogik, S. 259 f.; H. Blankertz, Die Geschichte der Pädagogik, S. 166 f.; R. Maskus (Hg.), Zur Geschichte der Mittel- und Realschule, Nachwort des Herausgebers, S. 175 f.; W. Roessler, Die Entstehung der Realschule innerhalb des modernen Erziehungswesens. In: J. Derbolav (Hg.), Wesen und Werden der Realschule, Bonn 1966[2], S. 43 ff.
230 H. Blankertz, Die Geschichte der Pädagogik, S. 167.
231 Vgl. H.-G. Herrlitz u.a., Deutsche Schulgesch. v. 1800 bis zur Gegenwart, S. 63 f.
232 Vgl. P. Lundgreen, Sozialgeschichte der deutschen Schule im Überblick, Teil I, S. 68, 70 f.
233 Vgl. ebd., S. 73, 77.
234 Zur Entwicklung des Gymnasiums im 19. Jh. beachte man: K.-E. Jeismann, Gymnasium, Staat und Gesellschaft in Preußen. In: U. Herrmann (Hg.), Schule und Gesellschaft im 19. Jh., Weinheim 1977, S. 44 ff.; D.K. Müller, Sozialstruktur und Schulsystem. Aspekte zum Strukturwandel des Schulwesens im 19. Jh., Göttingen 1977 (gekürzte Studienausgabe 1981).

235 Vgl. die Dokumentation "Preußischer Lehrplan von 1837". In: A. Reble (Hg.), Zur Geschichte der Höheren Schule, Bd. II, Bad Heilbrunn 1974, S. 61-68.
236 Sichtbar wurden diese Gegebenheiten z.B. an der bayerischen Schulordnung von 1874 und der Lehrordnung von 1891 für Gymnasien.
237 Vgl. A. Reble, Das Schulwesen, a.a.O., S. 974 ff.
238 F. Pietzker/P. Treutlein, Der Zudrang zu den gelehrten Berufsarten, seine Ursachen und etwaigen Heilmittel, Braunschweig 1889, S. 96, 104.
239 Zum Folgenden vgl. man: H.-G. Herrlitz u.a., Deutsche Schulgesch. v. 1800 bis zur Gegenwart, S. 63 ff.
240 Ebd., S. 85.
241 Siehe ebd., S. 71.
242 Dazu: ebd., S. 75 f.
243 Ebd., S. 86.
244 Breitere Ausführungen zu den folgenden Skizzen siehe: R. Bölling, Sozialgeschichte der deutschen Lehrer, S. 20 ff.
245 Siehe ebd., S. 28.
246 Zur Entwicklung in Württemberg und Bayern vgl. man: H. Romberg, Staat und Höhere Schule. Ein Beitrag zur deutschen Bildungsverfassung vom Anfang des 19. Jh. bis zum Ersten Weltkrieg, Weinheim 1979, S. 487-502; zur Entwicklung in Bayern ferner: K. Neuerer, Das höhere Lehramt in Bayern im 19. Jh., Berlin 1978.
247 Vgl. P. Lundgreen, Sozialgeschichte der deutschen Schule im Überblick, Teil I, S. 118.
248 H. Blankertz, Die Geschichte der Pädagogik, S. 176.
249 Vgl. H. Blankertz, Zur Geschichte der Berufsausbildung. In: H.-H. Groothoff (Hg.), Die Handlungs- und Forschungsfelder der Pädagogik. Erziehungswiss. Hdb., Bd. V, Königstein 1977, S. 277 ff.
250 Zur Geschichte des gewerblichen Schulwesens vgl. man: H. Blankertz, Zur Geschichte der Berufsausbildung, a.a.O., S. 256-284; H. Sinz, Das Handwerk - Geschichte, Bedeutung, Zukunft, Düsseldorf 1977.
251 Hierzu und zum Folgenden vgl. man: H. Blankertz, Die Geschichte der Pädagogik, S. 176 ff.
252 Vgl. J. Kocka, Unternehmensverwaltung und Angestelltenschaft am Beispiel Siemens 1847-1914, Stuttgart 1969, S. 279.
253 Vgl. auch: H.-G. Herrlitz u.a., Deutsche Schulgesch. v. 1800 bis zur Gegenwart, S. 97.
254 H. Blankertz, Die Geschichte der Pädagogik, S. 178 f.
255 F. Paulsen, Das deutsche Bildungswesen in seiner geschichtlichen Entwicklung, S. 166; H. Schöneberg, Schulen, S. 209 f.
256 Zur Geschichte des kaufmännischen Schulwesens vgl. man: R. Berke, Überblick über die Geschichte der kaufmännischen Schulen. In: F. Blättner (Hg.), Hdb. für das Berufsschulwesen, Heidelberg 1960.
257 Siehe: H. Blankertz, Die Geschichte der Pädagogik, S. 180 f.
258 R. Berke, Berufsschullehrer an kaufmännischen Schulen. In: Wörterbuch der Pädagogik, Bd. 1, Freiburg 1977, S. 109.
259 M. Schmiel, Die Landwirtschaft und das Landwirtschaftliche Berufswesen im Industriezeitalter, Ratingen 1967; W. Hudde/M. Schmiel (Hg.), Hdb. des Landwirtschaftlichen Bildungswesens, München 1965.
260 Hierzu und zum Folgenden vgl. man auch: H. Pick, Landwirtschaftliche Schulen. In: E.M. Roloff (Hg.), Lex. der Pädagogik, Bd. 3, Freiburg 1914, Sp. 155 f.
261 J.J. Wolf, Fortbildungsschulen. In: E.M. Roloff (Hg.), Lex. der Pädagogik, Bd. 2, Freiburg 1913, Sp. 17 f.

262 Ebd., Sp. 18.

263 Ebd., Sp. 154.

264 Zur Geschichte des Mädchenschulwesens vgl. besonders: L. Voß, Geschichte der höheren Mädchenschule, Opladen 1952; E. Blochmann, Das 'Frauenzimmer' und die 'Gelehrsamkeit', Heidelberg 1966.

265 Hierzu: E. Beckmann, Die Entwicklung der höheren Mädchenbildung in Deutschland 1870-1914. Dargestellt in Dokumenten, Berlin 1936.

266 Zur Geschichte des Hilfs- und Sonderschulwesens: J.-G. Klink (Hg.), Zur Geschichte der Sonderschule, Bad Heilbrunn 1966; G. Lesemann (Hg.), Beiträge zur Geschichte und Entwicklung des Sonderschulwesens, Berlin 1966.

267 Siehe: F. Weigl, Hilfsschule. In: E.M. Roloff (Hg.), Lex. der Pädagogik, Bd. 2, Freiburg 1913, Sp. 782 ff.

268 Ebd., Sp. 786.

269 Zur Entwicklung des Hochschulwesens: H. Schenkl, Hochschule. In: E.M. Roloff (Hg.), Lex. der Pädagogik, Bd. 2, Freiburg 1913, Sp. 802-822; ferner: H.-W. Prahl, Sozialgeschichte des Hochschulwesens, 1978.

270 Zur Geschichte der Universität: R. du Moulin-Eckart, Geschichte der deutschen Universitäten, Stuttgart 1929; H.-W. Prahl, Sozialgeschichte des Hochschulwesens, München 1978.

271 Hierzu und zum Folgenden vgl. man besonderes: A. Reble, Geschichte der Pädagogik, S. 266 ff.; ferner: A. Wenzl, Geist und Zeitgeist zweier Generationen, München 1946; H. Meyer, Geschichte der abendländischen Weltanschauung, Bd. V: Die Weltanschauung der Gegenwart, Würzburg 1949; W. Heisenberg, Wandlungen in den Grundlagen der Naturwissenschaften, Stuttgart 1980[11]; H. Freyer, Theorie des gegenwärtigen Zeitalters, Stuttgart 1955.

272 So führte z.B. das Institut für wissenschaftstheoretische Grundlagenforschung (=Forschungssstelle des Deutschen Instituts für Bildung und Wissen) in Paderborn 1984 ein Symposion über die Zukunft der Metaphysik durch und 1985 eröffnete die Katholische Akademie Bayerns in München dieser Fragestellung ebenfalls ein Forum.

273 F.D.E. Schleiermacher, Ausgewählte pädagogische Schriften, bes. von E. Lichtenstein, Paderborn 1964[2].

274 J.F. Herbart, Allgemeine Pädagogik (1806), Bochum 1976[5].

275 O. Willmann, Sämtliche Werke. Krit. Gesamtausgabe 16 Bde., hg. v. H. Bitterlich-Willmann, Aalen 1968 ff.; O. Willmann, Kleine pädagogische Schriften, bes. von J. Antz/E. Schoelen, Paderborn 1959.

276 W. Dilthey, Ges. Schriften, hg. von H. Nohl/G. Misch u.a., 17 Bde., Leipzig/Berlin 1914 ff.; H.-H. Groothoff/U. Herrmann, Wilhelm Dilthey. Schriften zur Pädagogik, Paderborn 1971.

277 Vgl. hierzu: B. Hamann, Die Grundlagen der Pädagogik. Systematische Darstellung nach Otto Willmann, Freiburg u.a. 1965, S. 54 ff., 61 f., 78, 87 ff., 93 f., 104; B. Gerner, Otto Willmann im Alter, Ratingen 1968, S. 287 ff.
Wesentlich von Willmann beeinflußt sind Wendelin Toischer (+ 1922), Franz Xaver Eggersdorfer (+ 1958), Josef Göttler (+ 1935), Friedrich Schneider (+ 1974), Hubert Henz, Karl-Heinz Dickopp.

278 H.-H. Groothoff, Über Diltheys Entwurf einer 'wissenschaftlichen Pädagogik'. In: Vj. f. wiss. Päd. Neue Folge der Ergänzungshefte, H. 4, Bochum 1966, S. 80 ff.; U. Herrmann, Die Pädagogik Wilhelm Diltheys, Göttingen 1971.
Weitergeführt wurde Diltheys Ansatz durch eine engere und weitere Schülergeneration, besonders durch Herman Nohl (+ 1960), Eduard Spranger (+ 1963), Wilhelm Flitner, Theodor Litt (+ 1962), Erich Weniger (+ 1961) u.a.

279 H. Roth, Die realistische Wendung in der pädagogischen Forschung. In: Neue Sammlung, 2. Jg. 1962, S. 481 ff.

280 Zu den verschiedenen Konzepten vgl. man: B. Claußen/H. Scarbath (Hg.), Konzepte einer kritischen Erziehungswissenschaft, München/Basel 1979; G. Stein, Kritische Pädagogik. Positionen und Kontroversen, Hamburg 1979.

281 Zu Denkrichtungen und Forschungsansätzen in der Pädagogik: S. Oppolzer (Hg.), Denkformen und Forschungsmethoden der Erziehungswissenschaft, 2 Bde., München 1966/69; L. Roth (Hg.), Methoden erziehungswissenschaftlicher Forschung, Stuttgart u.a. 1978; H. Danner, Methoden geisteswissenschaftlicher Pädagogik, München 1979; H. Röhrs (Hg.), Die Erziehungswissenschaft und die Pluralität ihrer Konzepte, Wiesbaden 1979; K. Schaller (Hg.), Erziehungswissenschaft der Gegenwart, Bochum 1979; D. Lenzen/K. Mollenhauer (Hg.), Theorien und Grundbegriffe der Erziehungswissenschaft (= Enzyklopädie Erziehungswissenschaft, Bd. 1), Stuttgart 1983; N. Kluge, Einf. in die Systematische Pädagogik, Darmstadt 1983; E. König/P. Zedler (Hg.), Erziehungswissenschaftliche Forschung: Positionen, Perspektiven, Probleme, Paderborn/München 1982; Dies., Einführung in die Wissenschaftstheorie der Erziehungswissenschaft, Düsseldorf 1983.

282 Solche suchten, von Literatur, Kunst, Gesellschaftsmoral und Nationalkultur ausgehend, der allgemeinen Zivilisation neue Maßstäbe zu setzen.

283 Der Ausdruck "Reformpädagogik" bezeichnet den Gehalt der verschiedenen Reformansätze resp. Strömungen, die - ausgehend von einem neuen Verständnis von Erziehung und Bildung - in Deutschland und anderen Ländern (wie Schweden, Frankreich, USA und UdSSR) auf Neuerungen in Schule, sozialpädagogischen Bereichen, speziell Jugendarbeit und Erwachsenenbildung, aber auch in Familien- und Berufserziehung gerichtet sind.

284 Zur reformpädagogischen Bewegung insgesamt: W. Flitner/G. Kudritzki, Die Reformpädagogik, Bd. I und II, Düsseldorf 1962; W. Scheibe, Die reformpädagogische Bewegung 1900-1932, Weinheim (1969), 8. erg. Aufl. 1982; H. Röhrs, Die Reformpädagogik als internationale Bewegung, Hannover 1980; Ders. (Hg.), Die Reformpädagogik des Auslands, Düsseldorf/München 1965.

285 Zur Jugendbewegung u.a.: W.Z. Laqueur, Die deutsche Jugendbewegung, Köln 1962; W. Kindt (Hg.), Grundschriften der deutschen Jugendbewegung, Düsseldorf/Köln 1963; K. Seidelmann (Hg.), Die deutsche Jugendbewegung, Bad Heilbrunn 1966.

286 Dadurch sollten künstlerisches Schauen, Höhren und Empfinden entfaltet, differenziert und die Aufnahme für Werte echter Kunst vorbereitet werden.

287 Zur Kunsterziehungsbewegung als historischer Erscheinung: J. Richter, Die Entwicklung des kunsterzieherischen Gedankens, Leipzig 1909; L. Pallat (Hg.), Ergebnisse und Anregungen der Kunsterziehungstage von Dresden, Weimar und Hamburg, Leipzig 1929; G. Britsch, Theorie der bildenden Kunst, München 1926; J.H. Hermes, Die Idee des Schöpferischen in der Pädagogik des 20. Jh. mit besonderer Anwendung auf die Kunsterziehung, München 1936; H. Lorenzen (Hg.), Die Kunsterziehungsbewegung, Bad Heilbrunn 1966.

288 Derzeit erleben Gedanken einer Pädagogik "vom Kinde aus" in manchen Alternativschulen eine Wiederbelebung.

289 Zur Pädagogik "vom Kinde aus" u.a.: E. Key, Das Jahrhundert des Kindes (1902), dt. Berlin 1926[36]; G. Ferber, Berthold Ottos pädagogisches Wollen und Wirken, Langensalza 1925; W. Böhm, Maria Montessori - Texte und Gegenwartsdiskussion, Bad Heilbrunn 1985[3]; Th. Dietrich (Hg.), Die pädagogische Bewegung "Vom Kinde aus", Bad Heilbrunn 1982[4].

290 Zu einzelnen Formen der Arbeitsschulbewegung: A. Reble (Hg.), Die Arbeits-

schulbewegung: A. Reble (Hg.), Die Arbeitsschule, Bad Heilbrunn (1963), 1979[4]; G. Kerschensteiner (1912), Begriff der Arbeitsschule, München u.a. 1961[14]; H. Gaudig, Die Schule im Dienste der werdenden Persönlichkeit, 2 Bd., Leipzig 1917; Ders., Die Schule der Selbsttätigkeit, hg. v. L. Müller, Bad Heilbrunn 1969[2]; O. Scheibner, Arbeitschule in Idee und Gestaltung (1927), Heidelberg 1962[5]; P. Oestreich, Die elastische Einheitsschule: Lebens- und Produktionsschule, Berlin 1921; I. Neuner, Der Bund entschiedener Schulreformer 1919-1933, Bad Heilbrunn 1980; K. Odenbach, Die deutsche Arbeitsschule, Braunschweig 1965[2].

291 Angeregt war er dazu vor allem durch die englische "New School" von Cecil Reddie in Abbotsholme.

292 H. Lietz, Deutsches Landerziehungsheim, Leizpig 1906; G. Wyneken, Der Gedankenkreis der Freien Schulgemeinde (1913), Jena 1913; P. Geheeb, Mensch und Erzieher, Heidelberg 1960; Mitarb. d. Odenwaldschule (Hg.), Erziehung zur Humanität, Heidelberg 1960; W. Schäfer, Die Odenwaldschule 1910-1960, Stuttgart 1967; K. Hahn, Erziehung zur Verantwortung - Reden und Aufsätze, Stuttgart 1959; Th. Dietrich (Hg.), Die Landerziehungsheimbewegung, Bad Heilbrunn 1967.

293 Die Betonung der Lebensgemeinschaft als eines wesentlichen Elements der Schule wurde anderswo - z.B. der Landerziehungsheimschule, der Jena-Planschule - mit anderen, weniger ideologisierenden Vorzeichen versehen.

294 F. Karsen, Die Schule der werdenden Gesellschaft, Berlin 1922; F. Karsen/J. Hein (Hg.), Lebensgemeinschafts-Schule, Berlin 1924 ff.

295 P. Oestreich, Die elastische Einheitsschule: Lebens- und Produktionsschule, Berlin 1921.

296 G. Kerschensteiner, Das einheitliche deutsche Schulsystem (1919), Leipzig/Berlin 1922[2]; J. Tews, Ein Volk, eine Schule, Osterwieck 1919.

297 Vgl. H. Sienknecht, Der Einheitsschulgedanke (1968), Weinheim 1970[2].

298 Zur reichhaltigen Literatur u.a.: J. Tautz, Die freie Walddorfschule, Ursprung und Zielsetzung, Stuttgart 1972; C. Lindenberg, Waldorfschulen, Reinbek 1975; G. Wehr, Der pädagogische Impuls Rudolf Steiners. Theorie und Praxis der Waldorf-Pädagogik, München 1977; S. Leber (Hg.), Die Pädagogik der Waldorfschule und ihre Grundlage, Darmstadt 1983.

299 P. Petersen, Innere Schulreform und neue Erziehung, Weimar 1925; Ders., Führungslehre des Unterrichts, Langensalza 1937; Ders., Der kleine Jena-Plan (1927), Braunschweig 1972[53]; Th. Dietrich, Die Pädagogik Peter Petersens, München 1973[3].

300 Montessori hat ihre Prinzipien und Arbeitsmittel selbst bis zum Ende der Primarschule (12 J.) entwickelt und für die Sekundarstufe einen Rahmenplan aufgestellt.

301 Es handelt sich dabei um Übungs-, Beschäftigungs- und Lernmaterial (besonders zur Erziehung der Sinne).

302 M. Montessori, Montessori-Erziehung für Schulkinder (1926), Neuausg. unter dem Titel: Schule des Kindes, Freiburg u.a. 1976; M. Montessori-Texte und Gegenwartsdiskussion, hg. v. W. Böhm, Bad Heilbrunn 1985[3]; W. Böhm, Maria Montessori. Hintergrund und Prinzipien ihres pädagogischen Denkens, Bad Heilbrunn 1969; H. Helming, Eine Montessori-Schule. In: W. Schultze/H. Belser, Aufgelockerte Volksschule, Bd. 2, Worms 1960; P. Oswald/G. Schulz-Benesch (Hg.), Grundgedanken der Montessori-Pädagogik, Freiburg 1967.

303 Vgl. hierzu: W. Scheibe, Reformpädagogik. In: Neues Päd. Lexikon, hg. von H.-H. Groothoff/M. Stallmann, Stuttgart/Berlin 1971[5], Sp. 931 f.

304 Vgl. J. Dolch, Kulturpädagogik. In: Lex. d. Päd., Bd. 3, Freiburg 1954, Sp. 97 ff.

305 Beachte u.a. besonders: E. Spranger, Kultur und Erziehung, Leipzig 1919; G. Kerschensteiner, Theorie der Bildung, Leipzig 1926; B. Bauch, Die erzieherische Bedeutung der Kulturgüter, Leipzig 1930; M. Riedmann, Kulturpädagogik, Berlin 1926; Th. Litt, Pädagogik und Kultur, hg. von F. Nicolin, Bad Heilbrunn 1965.

306 Zu dieser Problematik besonders: E. Spranger, Gedanken über Lehrerbildung, Leipzig 1920; Ders. Grundlegende Bildung-Berufsbildung-Allgemeinbildung, hg. v. J.H. Knoll, Heidelberg 1965; vgl. auch: J. von den Driesch/J. Esterhues, Geschichte der Erziehung und Bildung, Bd. II, S. 366 ff.

307 Diese Psychologie hat Spranger dargestellt in: Ders., Lebensformen. Geisteswissenschaftliche Psychologie und Ethik der Persönlichkeit, Tübingen 1921 (1950[8]); Ders. Psychologie des Jugendalters, Leipzig 1924, Heidelberg 1966[28].

308 Näheres dazu: G. Kerschensteiner, Das Grundaxiom des Bildungsprozesses und seine Folgerungen für die Schulorganisation, Berlin 1917; Ders., Theorie der Bildung, Berlin 1926.

309 Hinzuweisen wäre z.B. noch auf: J. Cohn, Geist der Erziehung, Berlin 1919; S. Behn, Philosophie der Werte als Grundwissenschaft der pädagogischen Zieltheorie, München 1930.

310 Dokumentiert in B. Michael/H.-H. Schepp (Hg.), Politik und Schule ..., Bd. I, S. 408 ff.

311 Beachte: P. Baumgardt (Hg.), Bildungspolitik in Preußen zur Zeit des Kaiserreichs, Stuttgart 1980.

312 Vgl. D. Krause-Vilmar, Schulgeschichte als Sozialgeschichte, Kurseinheit 1: Staat und Schule im 19. Jh., Fernuniversität Hagen 1981, S. 32 ff.

313 Solche Grundzüge einer sozialistischen Schulkonzeption und Schulpolitik lagen vor mit Clara Zetkins Rede zur Schulfrage (1904) und den Mannheimer Leitsätzen Volkserziehung und Sozialdemokratie (1906). Siehe: C. Zetkin, Ausgewählte Reden und Schriften Bd. I, Berlin 1957, S. 148 ff.; B. Michael/H.-H. Schepp (Hg.), Politik und Schule ..., Bd. I, S. 482 ff.; vgl. ferner: D. Hagener, Radikale Schulreform zwischen Programmatik und Realität, Bremen 1973, S. 26 ff.

314 Zu diesen programmatischen Zielsetzungen beachte man: B. Michael/H.-H. Schepp (Hg.), Politik und Schule ..., Bd. I, S. 428 ff., 488 ff.

315 Hierzu und zum Folgenden: A. Reble, Geschichte der Pädagogik, S. 307 ff.; Ders., Deutsches Reich. In: Lex. d. Päd., Bd. 1, Freiburg 1970, S. 281 f.

316 Vgl. die Dokumentation bei R. Maskus (Hg.), Zur Geschichte der Mittel- und Realschule, S. 86 ff.

317 Vgl. A. Reble, Deutsches Reich, a.a.O., S. 282.

318 Vgl. A. Reble (Hg.), Zur Geschichte der Höheren Schule, Bd. II, S. 241.

319 Der hier verwendete Begriff "Lyzeum" wird anderwärts und zu anderen Zeiten anders gebraucht. Auch in Preußen selbst bekam er in einem weiteren Erlaß von 1911 eine gewandelte Bedeutung: jene 10klassigen höheren Mädchenschulen, die bestimmte behördliche Auflagen erfüllten, bekamen den Titel "Lyzeum" und die darauf aufbauenden Abteilungen hießen "Oberlyzeum".

320 Zur preußischen Mädchenschulreform beachte man die Teildokumentation in: A. Reble (Hg.), Zur Geschichte der Höheren Schule, Bd. II, S. 118 ff.

321 Näheres: E. Beckmann, Die Entwicklung der höheren Mädchenbildung in Deutschland von 1870-1914. Dargestellt in Dokumenten, Berlin 1936; E. Meyer (Hg.), Jahrbuch für das höhere Mädchenschulwesen in Preußen, Leipzig 1910/1912.

322 Über das Verhältnis von Frauenbewegung und Frauenbildung siehe: E. Dauzenroth (Hg.), Frauenbewegung und Frauenbildung, Bad Heilbrunn 1964.

323 Zur Geschichte der Mädchenbildung beachte man noch: E. Blochmann, Das 'Frauenzimmer' und die 'Gelehrsamkeit', Heidelberg 1966; J. Zinnecker, Sozialgeschichte der Mädchenbildung, Weinheim/Basel 1973.

324 Als Überblick der allgemeinen Geschichte der Weimarer Republik kann empfohlen werden: A. Rosenberg, Geschichte der Weimarer Republik, Frankfurt 1961; H. Heiber, Die Republik von Weimar, München 1966.

325 Zur Schulpolitik der Weimarer Republik beachte man besonders: D. Krause-Vilmar, Schulgeschichte als Sozialgeschichte, Kurseinheit 2: Zur schulpolitischen Entwicklung in der Zeit der Weimarer Republik, Fernuniversität Hagen 1981.

326 Vgl. P. Lundgreen, Sozialgeschichte der deutschen Schule Teil II, S. 15 f.

327 Diese Dreigliedrigkeit hatte sich faktisch im letzten Drittel des 19. Jh. durchgesetzt.

328 Vgl. H. Blankertz, Die Geschichte der Pädagogik, S. 233, 237 ff.

329 Siehe: H.-G. Herrlitz u.a., Deutsche Schulgesch. v. 1800 bis zur Gegenwart, S. 114 f.

330 Siehe die entsprechenden Schulartikel der Weimarer Reichsverfassung, dokumentiert in: W. Scheible (Hg.), Zur Geschichte der Volksschule, Bd. II, S. 55-58; vgl. ferner: P. Lundgreen, Sozialgeschichte der deutschen Schule im Überblick, Teil II, S. 17 f.

331 D. Krause-Vilmar, Schulgeschichte als Sozialgeschichte, Teil 2, S. 20.

332 Die Reichsschulkonferenz 1920. Amtlicher Bericht des Reichsminister des Innern, Berlin 1921; Zentral-Institut für Erziehung und Unterricht (Hg.), Die Reichsschulkonferenz in ihren Ergebnissen, Berlin 1920.

333 Da das Reich (bei seiner chronischen Finanzschwäche) sich nicht an den in Aussicht genommenen Reformen finanziell beteiligen wollte, weigerten sich die Länder, sich über das Grundschulgesetz hinaus zu weiteren gesetzlich verankerten Reformen zwingen zu lassen.

334 Ch. Führ, Zur Schulpolitik der Weimarer Republik, Weinheim 1972[2], S. 97.

335 Vgl. A. Reble, Geschichte der Pädagogik, S. 311 f.

336 Vgl. R. Bölling, Sozialgeschichte der deutschen Lehrer, S. 109 ff.; P. Lundgreen, Sozialgeschichte der deutschen Schule im Überblick, Teil II, S. 19 f.

337 P. Lundgreen, Sozialgeschichte der deutschen Schule im Überblick, Teil II, S. 20.

338 Zu ihrer Wirksamkeit: Ch. Führ, Zur Schulpolitik der Weimarer Republik, S. 277 ff.

339 Zur Entwicklung und Organisation der Schule in der Weimarer Zeit beachte man besonders: R. Diethmar/J. Willer (Hg.), Schule zwischen Kaiserreich und Faschismus, Darmstadt 1981; zur Schulreform ferner: Zentral-Institut für Erziehung und Unterricht (Hg.), Die deutsche Schulreform, Berlin 1920; Dass. (Hg.), Jahrbuch II (1920), III (1921), IV (1922); zusammen mit dem Reichsministerium des Innern: Jahrbuch VI (1927), VII (1928/29), VIII (1929/30), IX (1930/32).

340 Wiederabdruck des Grundschulgesetzes in: W. Scheible (Hg.), Zur Geschichte der Volksschule, Bd. II, S. 58 f.

341 Wiederabdruck genannter Richtlinien: ebd., S. 54-61, 61-76.

342 Siehe die Tabellen ebd., S. 66, 80.

343 Diese Sperrklausel besagte, daß es bis zur Verabschiedung eines (geplanten) Reichsschulgesetzes "bei der bestehenden Rechtslage" bleiben, also hinsichtlich des Charakters der Schule der status quo nicht verändert werden sollte.

344 Dazu: R. Maskus, Die Neuordnung der Mittelschule in der Weimarer Republik. In: M. Heinemann (Hg.), Sozialisation und Bildungswesen in der Weimarer Republik, Stuttgart 1976, S. 93 ff.

345 E. Spranger, Kultur und Erziehung (1919), Leipzig 1928[4], S. 189 ff.

346 Vgl. die Dokumentation beider Erlasse bei R. Maskus (Hg.), Zur Geschichte der Mittel- und Realschule, S. 86-100, 100-112.

347 Siehe ebd., Nachwort des Herausgebers, S. 180.

348 Vgl. H.-G. Herrlitz u.a., Deutsche Schulgesch. v. 1800 bis zur Gegenwart, S. 117.

349 Siehe ebd., S. 118 f.

350 Umkämpft war dieser Schultyp wegen seines zu schmal erscheinenden Bildungskanons und des als zu gering eingeschätzten Bildungsanspruchs. Zum Vergleich ihrer Stundentafel mit anderen (höheren) Schultypen siehe: A. Reble (Hg.), Zur Geschichte der Höheren Schule, Bd. II, S. 150.

351 Vgl. dazu die Dokumentation ebd., S. 139-150.

352 Vgl. A. Reble, ebd., Nachwort des Herausgebers. S. 243.

353 Anders als die preußische Mittelschule diente diese der Vorbereitung auf den fraulichen Pflichtenkreis.

354 Vgl. M. Kranzhoff, Höheres Mädchenschulwesen. In: Lex. d. Päd., Bd. III, Freiburg 1954, Sp. 405 f.

355 Dieses allgemeine Krisenbewußtsein erfaßte sowohl die traditionellen Oberschichten, die sich beim konkurrierenden Kampf um Berufschancen (akademische Karrieren) in ihrer privilegierten Statuserhaltung bedroht fühlten, wie auch die kleinbürgerlichen Mittelschichten, die sich in ihren Aufstiegshoffnungen getäuscht sahen bzw. um das Ergebnis erhöhter Bildungsanstrengungen bangten. Vgl. H.-G. Herrlitz u.a., Deutsche Schulgesch. v. 1800 bis zur Gegenwart, S. 119 ff.; H. Blankertz, Die Geschichte der Pädagogik, S. 237.

356 Vgl. A. Reble, Deutsches Reich, a.a.O., S. 283.

357 Vgl. H.-G. Herrlitz u.a., Deutsche Schulgesch. v. 1800 bis zur Gegenwart, S. 127 f.

358 Zitiert nach H.-J. Gamm, Führung und Verführung. Pädagogik des Nationalsozialismus, München 1964, S. 74.

359 Vgl. H.-G. Herrlitz u.a., Deutsche Schulgesch. v. 1800 bis zur Gegenwart, S. 132 f.

360 Ebd., S. 133 f.

361 Hierzu ausführlich: K.-H. Dickopp, Systemanalyse nationalsozialistischer Erziehung, Ratingen 1971.

362 Zitiert nach H.-J. Gamm, Führung und Verführung, S. 127- 129.

363 Zu den NS-Erziehungsgrundsätzen siehe die Dokumentation bei: A. Reble, Geschichte der Pädagogik, Dokumentationsband II, S. 579-582. Zum Erziehungsprogramm ferner: E. Krieck, Nationalpolitische Erziehung (1932), Leipzig 1939[23]; Ders., Nationalsozialistische Erziehung, Leipzig 1935. Über erziehungstheoretische Strömungen in der NS-Zeit und ihren Ursprung: G. Lingelbach, Erziehung und Erziehungstheorien im nationalsozialistischen Deutschland, Weinheim 1970.

364 Vgl. A. Reble, Geschichte der Pädagogik, S. 315 f.

365 Zu Grundlinien und -problemen der NS-Schulpolitik: R. Eilers, Die nationalsozialistische Schulpolitik, Köln/Opladen 1963; zu bildungspolitischen Aspekten: F. Nyssen, Schule im Nationalsozialismus, Heidelberg 1979; zu schulhistorischer Forschung in der NS-Zeit: M. Heinemann (Hg.), Erziehung und Schulung

im Dritten Reich, 2 Bde., Frankfurt/M. 1980. Reiches Quellen- und Dokumentationsmaterial bei: H. Kanz (Hg.), Der Nationalsozialismus als pädagogisches Problem. Deutsche Erziehungsgeschichte 1933-1945, Frankfurt/M. 1984.

366 Zum Folgenden vgl. man: A. Reble, Das Schulwesen, a.a.O., S. 984 f.

367 Dokumentiert in: W. Scheibe (Hg.), Zur Geschichte der Volksschule, Bd. II, 1974[2], S. 81 f., 82 ff.

368 Eine eingehende Untersuchung über die Volksschule im Nationalsozialismus bietet: O. Ottweiler, Die Volksschule im Nationalsozialismus, Weinheim 1979.

369 Vgl. P. Lundgreen, Sozialgeschichte der deutschen Schule im Überblick, Teil II, S. 22.

370 Auch in anderen Bereichen war es nach der "Machtergreifung" zu Entlassungen und Umbesetzungen gekommen: in Verwaltungsspitzen, auf der Ebene der mittleren und unteren Schulverwaltung und innerhalb der Lehrerschaft. Vgl. H.-G. Herrlitz u.a., Deutsche Schulgesch. v. 1800 bis zur Gegenwart, S. 134; R. Bölling, Sozialgeschichte der deutschen Lehrer, S. 148.

371 Damit wurde die Lehrerbildung unter das Niveau der 6stufigen alten Lehrerseminare von 1918 zurückgedrückt.

372 Zum Kurswechsel in der Lehrerbildung: R. Bölling, Sozialgeschichte der deutschen Lehrer, S. 147 ff.

373 Zur Dokumentation der entsprechenden Erlasse vgl. man: R. Maskus (Hg.), Zur Geschichte der Mittel- und Realschule, S. 120-131 und 132-140.

374 Vgl. die Dokumentation zur Neuordnung des höheren Schulwesens in: A. Reble (Hg.), Zur Geschichte der Höheren Schule, Bd. II, S. 151-156.

375 Siehe ebd., S. 155 f.

376 Eine detaillierte Untersuchung über NS-Eliteschulen liegt vor bei: H. Scholtz, Nationalsozialistische Ausleseschulen. Internatsschulen als Herrschaftsmittel des Führerstaates, Göttingen 1973.

377 Vgl. ebd., S. 324 ff.

378 Solche gab es in Preußen und Bayern seit 1930.

379 Vgl. A. Reble, Deutsches Reich, a.a.O., S. 284.

380 Zu dieser Bewertung vgl. man: H.-G. Herrlitz u.a., Deutsche Schulgesch. v. 1800 bis zur Gegenwart, S. 135 ff.; J. Dolch, Deutsches Reich. In: Lex. d. Päd., Bd. I, Freiburg 1952, Sp. 729.

381 Zur Darstellung des allgemeinen politischen und gesellschaftlichen Kontextes, in dem die Bildungspolitik der Nachkriegszeit stand, vgl.man: E.-U. Huster u.a., Determinanten der westdeutschen Restauration 1945-1949, Frankfurt/M. 1977[5]; C. Kuhlmann, Schulreform und Gesellschaft in der Bundesrepublik Deutschland. In: S.B. Robinsohn u.a., Schulreform im gesellschaftlichen Prozeß, Bd. 1, Stuttgart 1970, S. 1-206.

382 Vgl. H.-G. Herrlitz u.a., Deutsche Schulgesch. v. 1800 bis zur Gegenwart, S. 142 ff.

383 K.E. Bungenstab, Umerziehung zur Demokratie? Re-edukation - Politik im Bildungswesen der US-Zone 1945-1949, Düsseldorf 1970; G. Pakschies, Umerziehung in der britischen Zone von 1945-1949, Weinheim 1979.

384 Zu den Grundsätzen dieses Umerziehungsprogramms - die in der gemeinsamen Kontrollratsdirektive Nr. 54 ihren Niederschlag fanden - siehe: B. Michael/H.-H. Schepp (Hg.), Politik und Schule ..., Bd. 2, Frankfurt 1974, S. 233 ff.

385 Dazu: M. Halbritter, Schulreformpolitik in der britischen Zone von 1945 bis 1949, Weinheim 1979; E.-U. Huster u.a., Determinanten der westdeutschen Restauration 1945-1949, Frankfurt/M. 1977[5].

386 A. Reble, Geschichte der Pädagogik, S. 320 f.

387 Das Grundgesetz enthält über Bildungsfragen nur recht allgemeine Aussagen, bestimmte allerdings durch eine Gesetzesänderung von 1969 Aus- und Aufbau wissenschaftlicher Hochschulen und Bildungsplanung zu Gemeinschaftsaufgaben von Bund und Ländern. Spezifizierte Bestimmungen zum Bildungsbereich finden sich in den Verfassungen der Bundesländer. Zur Dokumentation bildungsrelevanter Artikel des Grundgesetzes der Bundesrepublik Deutschland siehe: H. Kanz (Hg.), Deutsche Pädagogische Zeitgeschichte 1945-1959, Ratingen/Kastellaun 1975, S. 62-66.

388 Vgl. für diesen Zeitraum die sorgsam ausgewählte Quellensammlung bei: H. Kanz (Hg.), Deutsche Pädagogische Zeitgeschichte 1945-1959, Ratingen/Kastellaun 1975.

389 L. Froese (Hg.), Bildungspolitik und Bildungsreform, München 1969, S. 70.

390 P. Lundgreen, Sozialgeschichte der deutschen Schule im Überblick, Teil II, S. 27. Dokumentation des Abkommens bei: A. Reble (Hg.), Zur Geschichte der Höheren Schule, Bd. II, S. 160-165.

391 Diese Stagnation ist politisch und finanziell bedingt. Vgl. H.-G. Herrlitz u.a., Deutsche Schulgesch. v. 1800 bis zur Gegenwart, S. 146 f.

392 Vgl. ebd., S. 147 ff.

393 Siehe: Deutscher Ausschuß für das Erziehungs- und Bildungswesen, Empfehlungen und Gutachten 1953-1965 (Gesamtausgabe), Stuttgart 1966.

394 Deutscher Ausschuß für das Erziehungs- und Bildungswesen, Rahmenplan zur Umgestaltung und Vereinheitlichung des allgemeinbildenden öffentlichen Schulwesens (Empfehlungen und Gutachten, Folge 3), Stuttgart 1964.

395 Zum Folgenden vgl. man: H.-G. Herrlitz u.a., Deutsche Schulgesch. v. 1800 bis zur Gegenwart, S. 150 ff.

396 Näheres: A.O. Schorb (Hg.), Für und wider den Rahmenplan. Eine Dokumentation, Stuttgart 1960.

397 Arbeitsgemeinschaft Deutscher Lehrerverbände, Plan zur Neugestaltung des deutschen Schulwesens, Wiesbaden 1962 (Neufassung des sog. "Bremer Plans").

398 Deutsches Institut für Bildung und Wissen, Gesamtplan zur Neuordnung des deutschen Bildungswesens, Frankfurt/M. 1964[2].

399 Verband der Katholischen Lehrerschaft Deutschlands, Grundgedanken und Vorschläge zur Gestaltung des Schulwesens, Köln 1966.

400 Vgl. H.-G. Herrlitz u.a., Deutsche Schulgesch. v. 1800 bis zur Gegenwart, S. 55 ff. Zur Genese und den Veränderungen der pädagogischen Problemlagen in der Bundesrepublik zwischen 1960 und 1973 beachte man die recht gründlich informierende Quellensammlung von: W. Böhm/H.-E. Tenorth (Hg.), Deutsche Pädagogische Zeitgeschichte 1960-1973.

401 Vgl. dazu auch: ebd., S. 163; P. Lundgreen, Sozialgeschichte der deutschen Schule im Überblick, Teil II, S. 28.

402 G. Picht, Die deutsche Bildungskatastrophe, Olten/Freiburg 1964.

403 Vgl. die entsprechenden Untersuchungen von: R. Dahrendorf, Arbeiterkinder an deutschen Universitäten, Tübingen 1965; K. Erlinghagen, Katholisches Bildungsdefizit in Deutschland, Freiburg 1965; H. Peisert, Soziale Lage und Bildungschancen in Deutschland, München 1967; H. Pross, Über die Bildungschancen von Mädchen in der Bundesrepublik, Frankfurt/M. 1969.

404 R. Dahrendorf, Bildung ist Bürgerrecht. Plädoyer für eine aktive Bildungspolitik, Hamburg 1965.

405 Einen gründlichen Überblick über die sozialpolitischen und ökonomischen Motive der Bildungsreform und das Ausmaß der Bildungsexpansion bietet die

Untersuchung von K. Hüfner/J. Baumann, Konjunkturen der Bildungspolitik in der Bundesrepublik Deutschland, Bd. 1: Der Aufschwung (1960-1967), Stuttgart 1977.

406 Deutscher Bildungsrat, Gutachten und Studien der Bildungskommission, Bd. 1-61, Stuttgart 1967 ff.; Ders., Empfehlungen der Bildungskommission, Stuttgart 1967 ff.

407 Deutscher Bildungsrat. Empfehlungen der Bildungskommission, Strukturplan für das Bildungswesen, Stuttgart 1970.

408 Siehe ebd., S. 25 ff., 40 ff.

409 Vgl. dazu den im Auftrag der Bildungskommission des Deutschen Bildungsrates zur Datengewinnung für die Bildungsreform erstellten Gutachterband: H. Roth (Hg.), Begabung und Lernen. Ergebnisse und Folgerungen neuer Forschungen, Stuttgart 1968 u.ö.

410 Sofern die Orientierungsstufe dem Primarbereich zugeordnet wird - was möglich ist -, umfaßt die Sekundarstufe das 7. - 10. Schulj. Siehe: Deutscher Bildungsrat. Empfehlungen der Bildungskommission, Strukturplan für das Bildungswesen, S. 147, 144.

411 Ebd., S. 98 ff.

412 Ebd., S. 215 ff.

413 Bericht der Bundesregierung zur Bildungspolitik. Bildungsbericht '70, Bonn 1970.

414 W. Arnold, Kritische Bemerkungen zum Strukturplan für das Bildungswesen, München/Wien 1971; vgl. auch J. Hohmeyer, Zum Strukturplan des Deutschen Bildungsrates. In: Ibw-Journal, 8. Jg. 1970, H. 11, S. 1-7.

415 Bund-Länder-Kommission für Bildungsplanung, Bildungsgesamtplan, 2 Bde, Stuttgart 1973.

416 Ebd., Bd. I. S. 9.

417 Empfehlungen und Stellungnahmen des Wissenschaftsrats, Tübingen 1960 ff.

418 Bund-Länder-Kommission für Bildungsplanung, Bildungsgesamtplan, Bd. I, S. 8.

419 Ebd., S. 8.

420 Ebd.

421 Ebd., S. 9 ff.; vgl. auch: E. Höhne, Der Neuaufbau des Schulwesens nach dem Bildungsgesamtplan, Bamberg 1972.

422 Zu den Reformintentionen im ganzen: K.S. Poeppelt, Zum Bildungsgesamtplan der Bund-Länder-Kommission, Weinheim/Basel 1978.

423 Vgl. L. Kerstiens, Gegenwärtige Tendenzen im Bildungswesen auf dem Hintergrund geschichtlicher Erfahrungen. In: G. Stein (Hg.), Theorie und Praxis schulischer Reformen im Spannungsfeld von Pädagogik und Politik, Kastellaun 1975, S. 18; H. von Recum, Bildungsgesamtplan. In: Wörterbuch der Pädagogik, Bd. 1, Freiburg 1977, S. 134.

424 Die Gesamtschul-Diskussion war zwar schon früher in Gang gekommen, erhielt aber durch die politischen Konflikte im Zusammenhang mit den Auseinandersetzungen um den Bildungsgesamtplan neue Nahrung. Auch der Deutsche Bildungsrat hatte sich eingehend der Gesamtschul-Thematik angenommen. Vgl. Deutscher Bildungsrat (Hg.), Lernziele der Gesamtschule, Stuttgart 1969.

425 Die Gesamtschule stellt eine Zusammenfassung der bisher getrennten Schularten (Hauptschule, Realschule, Gymnasium) zu einer irgendwie gearteten organisatorischen Einheit (additive, integrierte, differenzierte, gestufte Gesamtschule) dar. Ursprünglich war sie als Verbund allgemeinbildender Schulen gedacht, dann wurde auch die Einbeziehung anderer Bereiche (wie der Schulkindergarten und berufsbildende Zweige) in ihre Konzeption erwogen.

426 Vgl. z.B.: H. Fend, Gesamtschule im Vergleich, Weinheim 1982; H. Ludwig (Hg.), Gesamtschule in der Diskussion, Bad Heilbrunn 1981; A. Reble, Gesamtschule im Widerstreit, Stuttgart 1981; A.O. Schorb (Hg.), Schulversuche mit Gesamtschulen in Bayern. Ergebnisse wissenschaftlicher Begleitung 1971-1976, Stuttgart 1977.

427 H. Haenisch/H. Lukesch, Ist die Gesamtschule besser? Gesamtschulen und Schulen des gegliederten Schulsystems im Leistungsvergleich, München 1980, S. 261.

428 J. Hitpaß, Die Gesamtschule - weder überlegen noch gleichrangig. In: dhs, 33. Jg. 1980, H. 6, S. 242 ff.

429 Siehe: Bund-Länder-Kommission für Bildungsplanung, Bildungsgesamtplan, Bd. I, S. 2; vgl. auch: P. Lundgreen, Sozialgeschichte der deutschen Schule im Überblick, Teil II, S. 29 f.

430 Th. Dietrich, Geschichte der Pädagogik, in Beispielen aus Erziehung, Schule und Unterricht. 18.-20. Jahrhundert, Bad Heilbrunn 1975[2], S. 281. Nähere Ausführungen zu dieser den "Eigengeist" der Volksschule repräsentierenden Bildungsidee bei: E. Spranger, Der Eigengeist der Volksschule, Heidelberg (1955) 1963[5].

431 Vgl. Th. Dietrich, Geschichte der Pädagogik in Beispielen, S. 279 f.

432 Siehe: A. Reble, Geschichte der Pädagogik, S. 329 f.

433 Vgl. das Themenheft "Der neue bayerische Grundschullehrplan": schulreport, Jg. 1982, H. 1.

434 Dazu: K. Jngenkamp, Neuere Untersuchungen zur Frage des Einschulungsalters. In: Zeitschr. für Pädagogik, 13. Jg. 1967, S. 271 ff.

435 Vgl. z.B. K. Meiers (Hg.), Vorschulerziehung, Bad Heilbrunn 1973; H.-R. Lückert, Begabungsforschung und Bildungsförderung, München/Basel 1969; S. Hebenstreit, Der Übergang vom Elementar- zum Primarbereich, Paderborn/München 1979; H. Hielscher (Hg.), Vorschulerziehung in Kindergarten, Vorklassen und Eingangsstufen, Hannover 1977;

436 Zur Grundschulproblematik u.a.: B. Kochan/E. Neuhaus-Simon (Hg.), Taschenlexikon Grundschule, Königstein/Taunus 1979; I. Lichtenstein-Rother/E. Röbe, Grundschule - der pädagogische Raum für Grundlegung der Bildung, Weinheim 1982; H. Wenzel (Hg.), Grundschulpädagogik, Bad Heilbrunn 1970.

437 Diese sind abgedruckt in: Empfehlungen und Gutachten des Deutschen Ausschusses für das Erziehungs- und Bildungswesen 1953-1965 (Gesamtausgabe), Stuttgart 1966.

438 In Bayern wurde das 9. Schuljahr erst 1969 eingeführt.

439 Vgl. P. Lundgreen, Sozialgeschichte der deutschen Schule, Teil II, S. 38 ff.

440 Abgedruckt in: W. Scheible (Hg.), Zur Geschichte der Volksschule, Bd. II, S. 145. Die Stundentafel für bayerische Hauptschulen wurde inzwischen revidiert.

441 Zu der zwischen 1950 und 1970 intensiv geführten didaktischen Diskussion um die genannten Prinzipien vgl. man u.a.: M. Wagenschein, Ursprüngliches Verstehen und exaktes Denken, Stuttgart 1965; W. Klafki, Das pädagogische Problem des Elementaren und die Theorie der kategorialen Bildung, Weinheim 1959; B. Gerner (Hg.), Das exemplarische Prinzip, Darmstadt 1963.

442 Zur Hauptschulproblematik u.a.: W.S. Nicklis (Hg.), Hauptschule. Erscheinung und Gestalt, Bad Heilbrunn 1980; A. Redlich/W. Schley, Hauptschulprobleme, Weinheim 1980; P. Struck, Die Hauptschule. Geschichte, Krise und Entwicklungsmöglichkeiten, Stuttgart 1979.

443 Zum Folgenden vgl. man: R. Bölling, Sozialgeschichte der deutschen Lehrer, S. 159 ff.

444 Hierzu vgl. man: I. Lichtenstein-Rother, Lehrerbildung. In: Wörterbuch der Pädagogik, Bd. 2, Freiburg u.a. 1977, S. 219 ff.

445 Ebd., S. 220.

446 Ebd., S. 220 f.

447 Siehe dazu: H.-K. Beckmann, Modelle der Lehrerbildung in der Bundesrepublik Deutschland. In: Zeitschr. für Pädagogik, 26. Jg. 1980, H. 4, S. 535-557; H. L. Guckenbiehl, Tendenzen zur Verwissenschaftlichung der Lehrerbildung, Weinheim/Basel 1975; Lehrerausbildung auf dem Weg zur Integration, 10. Beiheft zur Zeitschr. für Pädagogik, Weinheim 1971; B. Hanssler (Hg.), Materialien und Dokumente zur Lehrerausbildung, Stuttgart 1971.

448 Zur Geschichte und Problematik der Lehrerbildung beachte man ferner: BAK (Bundesassistentenkonferenz, Integrierte Lehrerbildung, Bonn 1970; W. Homfeld, Theorie und Praxis der Lehrerausbildung. Ziele und Auswirkungen der Reformdiskussion im 19. und 20. Jahrhundert, Weinheim/Basel 1978; U. Kröll (Hg.), Institutionalisierte Lehrerbildung, Weinheim/Basel 1980; A. Reble, Lehrerbildung in Deutschland, Ratingen 1958; W.W. Weiss, Lehrerbildung zwischen Anspruch und Wirklichkeit, München 1976.

449 Vgl. R. Maskus, Realschule. In: Lex. der Pädagogik, Bd. 3, Freiburg u.a. 1971, S. 388; P. Lundgreen, Sozialgeschichte der deutschen Schule im Überblick, Teil II, S. 113 ff.

450 Dokumentiert in: R. Maskus (Hg.), Zur Geschichte der Mittel- und Realschule, S. 141-144.

451 Ebd., S. 141.

452 Vgl. ebd., S. 182; J. Derbolav, Die bildungstheoretischen Grundlagen der Schulorganisation und die Aufgaben der Realschule. In: Ders. (Hg.), Wesen und Werden der Realschule, Bonn 1960, S. 9-42.

453 Vgl. P. Lundgreen, Sozialgeschichte der deutschen Schule im Überblick, Teil II, S. 57.

454 Zur Entwicklung und zentralen Problemen der Realschule beachte man neben den bereits genannten Titeln noch: H.W. Brandau, Die mittlere Bildung in Deutschland, Weinheim/Berlin 1959; J. Derbolav, Probleme des mittleren Bildungsweges, Hannover 1970; H.-J. Kaszemek (Hg.), Differenzierung der Realschuloberstufe, Hannover 1975; N. Maaßen (Hg.), Geschichte der Mittel- und Realschulpädagogik, 2 Bde., Berlin 1960/61; H. Wollenweber, Die Realschule, 2 Bde., Paderborn 1979.

455 Verabschiedet von Vertretern der höheren Schulen und Hochschulen; dokumentiert in: A. Reble (Hg.), Zur Geschichte der Höheren Schule, Bd. II, S. 157-159.

456 Dokumentation dieser Ländervereinbarung: ebd., S. 160-165.

457 Vgl. P. Lundgreen, Sozialgeschichte der deutschen Schule im Überblick, Teil II, S. 94 f.

458 Dies geschah dann im Zusammenhang mit der 1960 eingeleiteten und 1972 vollzogenen gymnasialen Oberstufenreform.

459 Siehe die Dokumentation der "Saarbrücker Rahmenvereinbarung" und der "Stuttgarter Empfehlung" in: A. Reble (Hg.), Zur Geschichte der Höheren Schule, Bd. II, S. 166-169 und 169-174.

460 Vgl. die "Richtlinien und Empfehlungen zur Ordnung des Unterrichts in den Klassen 5 bis 11 der Gymnasien", 1966.

461 Vgl. dazu P. Lundgreen, Sozialgeschichte der deutschen Schule im Überblick, Teil II, S. 30.

462 Zur Neugestaltung der gymnasialen Oberstufe und ihrer Problematik beachte

man u.a.: Dokumentation der "Vereinbarung zur Neugestaltung der gymnasialen Oberstufe in der Sekundarstufe II vom 7. Juli 1972". In: A. Reble (Hg.), Zur Geschichte der Höheren Schule, Bd. II, S. 201-210; ferner: P. Lohe u.a., Die Reform der gymnasialen Oberstufe und ihre Verwirklichung in den Ländern der Bundesrepublik Deutschland. In: Max-Planck-Institut für Bildungsforschung. Projektgruppe Bildungsbericht (Hg.), Bildung in der Bundesrepublik Deutschland, Bd. 2, Stuttgart 1980; Reform der gymnasialen Oberstufe, Themenheft der "Zeitschr. für Pädagogik", 26. Jg. 1980, H. 2; Bayer. Staatsministerium für Unterricht und Kultus (Hg.), Schulreform in Bayern, Bd. 2: Kollegstufe am Gymnasium, München 1972; K. Westphalen, Praxisnahe Curriculumentwicklung - eine Einführung in die Curriculumreform am Beispiel Bayerns, München 1979.

463 Siehe: W. Harder, Die Entwicklung von Richtlinien für die Oberstufe des Gymnasiums in Nordrhein-Westphalen. In: Zeitschr. für Pädagogik, 26. Jg. 1980, H. 2, S. 243-257; Kultusminister NW., Kollegstufe NW, Ratingen 1972; H. Blankertz, Kollegstufenversuche in Nordrhein-Westphalen - das Ende der gymnasialen Oberstufe und der Berufsschulen. In: Die Deutsche Berufs- und Fachschule, 68. Jg. 1972, S. 2-20; Ders., Curriculumforschung, Essen 1974[4]; H. von Hentig et al., Das Bielefelder Oberstufen-Kolleg, Stuttgart 1971.

464 Siehe: G. Knauss, Das bayerische Schulwesen: Standort und Perspektiven. In: schulreport, Jg. 1983, H. 6, S. 3, 25.

465 Ein seit 1974 an der Universität Oldenburg gelaufener Modellversuch zur einphasigen Lehrerausbildung wurde aufgrund eines Landtagsbeschlusses 1981 wieder eingestellt.

466 Vgl. E. Beschel, Sonderschulen. In: Wörterbuch der Pädagogik, Bd. 3, Freiburg 1977, S. 155 f.

467 Zu Folgendem vgl. man: U. Bleidick/U. Hagemeister, Pädagogik der Behinderten. In: H.-H. Groothoff (Hg.), Die Handlungs- und Forschungsfelder der Pädagogik, Erziehungswiss. Hdb., Bd. V, Königstein 1979, S. 146 ff.

468 Gutachten zur Ordnung des Sonderschulwesens. Erstattet vom Schulausschuß der ständigen Konferenz der Kultusminister in der Bundesrepublik Deutschland, Bonn 1960.

469 Empfehlung zur Ordnung des Sonderschulwesens. Beschlossen von der Ständigen Konferenz der Kultusminister der Länder in der Bundesrepublik Deutschland am 16. März 1972, Nienburg 1972.

470 Ebd., S. 5.

471 Zur Kritik an dieser Einstellung vgl. man: U. Bleidick, Die Empfehlung der Kultusministerkonferenz zur Ordnung des Sonderschulwesens. In: Zeitschr. für Pädagogik, 18. Jg. 1972, S. 741-758.

472 Diese statistischen Angaben sind entnommen: E. Beschel, Sonderschulen. In: Wörterbuch der Pädagogik, Bd.3, Freiburg 1977, S. 157.

473 Deutscher Bildungsrat. Empfehlungen der Bildungskommission, Zur pädagogischen Förderung behinderter und von Behinderung bedrohter Kinder und Jugendlicher, Bonn 1973.

474 U. Bleidick/U. Hagemeister, Pädagogik der Behinderten, a.a.O., S. 147 ff.; E. Beschel, Sonderschulen, a.a.O., S. 157 f.

475 Vgl. U. Bleidick/U. Hagemeister, Pädagogik der Behinderten, a.a.O., S. 149.

476 Zur Entwicklung der Sonderschule und ihrer aktuellen Problematik beachte man u.a. noch: H. Bach u.a., Hdb. der Sonderpädagogik, 11 Bde., Berlin 1976/81; H. Baier/U. Bleidick (Hg.), Hdb. der Lernbehindertendidaktik, Stuttgart u.a. 1983; U. Bleidick/B. von Pawel (Hg.), Curriculum-Entwürfe für die Lernbehindertenschule, Berlin 1975; J.-G. Klink (Hg.), Zur Geschichte der Son-

derschule, Bad Heilbrunn 1966; U. Preuss-Lausitz, Fördern ohne Sonderschule. Konzepte und Erfahrungen zur integrativen Förderung in der Regelschule, Weinheim 1981; A. Sander, Das Sonderschulwesen in der Bundesrepublik Deutschland. In: K.J. Klauer/A. Reinartz (Hg.), Sonderpädagogik in allgemeinen Schulen (Hdb. der Sonderpädagogik, Bd. 9), Berlin 1978, S. 415-438; O. Speck, Geistige Behinderung und Erziehung, 4. neubearb. Aufl., München 1980.

477 H. von Bracken, Lehrerbildung. In: Lex. der Pädagogik, Bd. 3, Freiburg 1971, S. 63; S. Ellger-Rüttgardt, Der Hilfsschullehrer. Sozialgeschichte einer Lehrergruppe, Weinheim 1980.

478 Zu deren näherer Kennzeichnung siehe u.a.: Schulen des beruflichen Bildungswesens, Themenheft von "schulreport", Jg. 1981, H. 1.

479 Es gibt auch Modellversuche, in denen eine kooperative Variante innerhalb des dualen Systems erprobt wird.

480 Vgl. K. Pampus, Berufsgrundbildung. In: Wörterbuch der Pädagogik, Bd. 1, Freiburg 1977, S. 105.

481 Seit 1974 werden bundeseinheitliche Rahmenlehrpläne erarbeitet.

482 Vgl. den Regierungsentwurf von 1975 und das Ausbildungsplatzförderungsgesetz von 1976.

483 Siehe: H. Nolte/H. J. Röhrs (Hg.), Das Berufsbildungsgesetz. Text und Diskussion 1969-1976, Bad Heilbrunn 1979; H. Wölker, Berufsbildungsgesetz mit Erläuterungen, Koblenz 1969.

484 Vgl. Das Bundesinstitut für Berufsbildung. Selbstdarstellung. In: Pädagogische Rundschau, 34. Jg. 1980, H. 8, S. 533 ff.

485 Diesbezüglich sind besonders zu erwähnen: die vom Bundesminister für Bildung und Wissenschaft herausgegebene Schriftenreihe "Berufliche Bildung", die Monatsschrift "Informationen - Bildung, Wissenschaft" und der in gewissen Zeitabständen erstattete "Bildungsbericht".

486 Was unter der Bezeichnung "Berufsschule" genauer zu verstehen ist, entnehmen wir dem KMK-Beschluß über die "Bezeichnungen zur Gliederung des beruflichen Schulwesens" von 1975. Dort wird definiert: "Berufsschulen sind Schulen, die von Berufsschulpflichtigen/Berufsschulberechtigten besucht werden, die sich in der beruflichen Erstausbildung befinden oder in einem Arbeitsverhältnis stehen. Sie haben die Aufgabe, dem Schüler allgemeine und fachliche Lerninhalte unter besonderer Berücksichtigung der Anforderungen der Berufsausbildung zu vermitteln. Der Unterricht erfolgt in Teilzeitform an einem oder an mehreren Wochentagen oder in zusammenhängenden Teilabschnitten (Blockunterricht); er steht in enger Beziehung zur Ausbildung in Betrieben einschließlich überbetrieblicher Ausbildungsstätten."

487 Näheres dazu bei: A. Lipsmeier, Organisation und Lernorte der Berufsausbildung, München 1978.

488 Zur Geschichte und Problematik der Berufsschule beachte man u.a. noch: Berufliche Bildung - Beschlüsse der KMK, Neuwied 1982; H. Blankertz, Zur Geschichte der Berufsausbildung. In: H.-H. Groothoff (Hg.), Die Handlungs- und Forschungsfelder der Pädagogik (= Erziehungswiss. Hdb., Bd. V), Königstein 1979, S. 256-284; G. Franke, Die Ausbildung im Blocksystem. In: Berichte zur Beruflichen Bildung, Jg. 1979, H. 19; A. Kell/A. Lipsmeier, Berufsbildung in der Bundessrepublik Deutschland, Hannover 1976; Kultusminister des Landes Nordrhein-Westfalen (Hg.), Neuordnung des beruflichen Schulwesens in Nordrhein-Westfalen, Ratingen u.a. 1973; E. Kuda/U. Mignon, Berufliche Bildung, Köln 1982[2]; J. Münch, The dual system, Grafenau 1983; H. Schanz, Betriebliches Ausbildungswesen, Wiesbaden 1979.

489 W. Perschel u.a., Der Zweite Bildungsweg in den Ländern der BRD, Neuwied 1966; Ch. Siara, Bildungs- und Berufsfindungsprozesse im Zweiten Bildungsweg, 1976.

490 K.H. Muck, Der Lehrer an beruflichen Schulen, Weinheim u.a. 1970; W. Lempert, Gewerbelehrerbildung und Schulreform, Heidelberg 1965; U. Pleiß, Wirtschaftslehrerbildung und Wirtschaftspädagogik, Göttingen 1973.

491 Vgl. A. Reble, Geschichte der Pädagogik, S. 321; Zu letztgenannten Bestrebungen vgl. man die von Vertretern der höheren Schulen und Hochschulen verabschiedeten "Tübinger Beschlüsse" (1951) mit ihren Empfehlungen zur Stoffbeschränkung auf das Wesentliche und Exemplarische. Siehe Teilabdruck in: A. Reble, Geschichte der Pädagogik, Dokumentationsband II, S. 589.

492 Siehe: P. Lundgreen, Sozialgeschichte der deutschen Schule im Überblick, Teil II, S. 142.

493 Vgl. ebd., S. 145 f.

494 Vgl. A. Reble, Geschichte der Pädagogik, S. 322.

495 Empfehlungen und Stellungnahmen des Wissenschaftsrats, Bonn 1957 ff.

496 Wissenschaftsrat, Empfehlungen zur Struktur und zum Ausbau des Bildungswesens im Hochschulbereich nach 1970, 3 Bde., Bonn 1970.

497 Beachte: Th. Bock, Fachhochschulen. In: Deutscher Verein für öffentliche und private Fürsorge (Hg.), Fachlexikon der sozialen Arbeit, Frankfurt 1980, S. 264; Minister für Wissenschaft und Forschung des Landes Nordrhein-Westfalen, Roter Faden für Absolventen der Fachoberschulen 1979, Düsseldorf 1979.

498 Es gab und gibt Stimmen und auch entsprechende Versuche auf Länderebene, die inhaltliche Studienreform mit einer Veränderung der Studiengangsstruktur und der Organisation der Hochschule zu verbinden: so in Form und Gestalt der "Gesamthochschule" (welche das Hochschulrahmengesetz als eine neben anderen Hochschulformen zugesteht).

499 Angesichts der seit den späten 70er Jahren geführten Diskussion um eine Studienreform zeigt sich, daß in sehr starkem Maße hochschulferne Gesichtspunkte in den Vordergrund geschoben wurden. Daher hat die Plenarversammlung des Philosophischen Fakultätentages am 26./27. Juni 1981 in Bonn "Thesen zu Universität und Universitätsstudium" beschlossen, die aus dem Selbstverständnis der Universität formuliert sind.

500 Manche Neuerungen in der Novelle zum Hochschulgesetz haben heftige Diskussionen ausgelöst, so u.a. die Bestimmung, den Professoren in den Entscheidungsgremien der Hochschulen bei der Wahl der Hochschulleitung die absolute Mehrheit der Sitze und Stimmen zu sichern, sodann der Vorschlag, besondere Lehrveranstaltungen für Hochbegabte anzubieten, ferner die Lockerung der Vorschriften über Forschungsvorhaben mit Drittmitteln.

501 Diesem Zweck dient die Einrichtung des "Berufsgrundbildungsjahres".

502 Vgl. K. Schmitz, Geschichte der Schule, S. 7, 92 ff.; ferner beachte man: D. Badke/Gesellschaft für Deutschlandforschung e.V. (Hg.), Bildungsreformen in der Bundesrepublik Deutschland und in der DDR, Heidelberg 1981; K. Hüfner/J. Naumann, Konjunkturen der Bildungspolitik in der Bundesrepublik Deutschland, Bd. 1, Stuttgart 1977; V. Lenhart, Diskussion über die Schulreform in der BRD, Frankfurt 1972.

503 Vgl. die Verwendung der Begriffe Emanzipation, Sozialisation, Lernen in solchem Sinne.

504 K. Schmitz spricht diesbezüglich von "Bereichen der Reformmaßnahmen". Vgl. Ders., Geschichte der Schule, S. 94 ff.

505 Siehe S.B. Robinsohn, Bildungsreform als Reform des Curriculum, Neuwied/Berlin 1967; vgl. ferner: H. Becker u.a., Das Curriculum, Praxis, Wissenschaft, Politik, München 1977[2]; W. Lütgert, Probleme der Curriculumrevision im Spannungsfeld wissenschaftlicher, politischer und unterrichtspraktischer Ansprüche. In: Zeitschr. für Pädagogik, 31. Jg. 1985, H. 1, S. 27-48; U. Hameyer u.a. (Hg.), Hdb. der Curriculumforschung, Weinheim 1983; H.-H. König, Curriculumreform in der Bundesrepublik, Königstein 1977;

506 Vgl. K. Schmitz, Geschichte der Schule, S. 97 f.

507 Es liegen verschiedene Versuche vor, eine vorläufige Bilanz der Bildungsreform zu ziehen, z.B.: Der Bundesminister für Bildung und Wissenschaft (Hg.), Bildungspolitische Zwischenbilanz, Bonn 1976; A. Flitner, Mißratener Fortschritt. Pädagogische Anmerkungen zur Bildungspolitik, München 1977; H.A. Glaser (Hg.), Hochschulreform - und was nun? Berichte - Glossen - Perspektiven, Frankfurt u.a. 1982; H.-D. Haller/D. Lenzen (Hg.), Jahrbuch für Erziehungswisssenschaft 1976: Lehrjahre der Bildungsreform, Stuttgart 1976; Dies., Jahrbuch kontrovers 1, Stuttgart 1977; J. Hitpaß, Deutschlands Bildungswesen - die Folgen der Reform, Köln 1981; F. Pöggeler, Bilanz der Reform. Das deutsche Bildungswesen 1965 - 1980. In: Allgemeiner Schulanzeiger, Jg. 1981, H. 2, S. 39-45; Max-Planck-Institut für Bildungsforschung. Projektgruppe Bildungsbericht (Hg.), Bildung in der Bundesrepublik Deutschland. Daten und Analysen, 2 Bde., Stuttgart 1980; H.-G. Rolff u.a. (Hg.), Jahrbuch für Schulentwicklung, Bd. 1, Weinheim 1980; H.-G. Roth, 25 Jahre Bildungsreform in der Bundesrepublik. Bilanz und Perspektiven, Bad Heilbrunn 1975; Rückblick auf die Reform. Heftthema der "Zeitschr. für Pädagogik", 31. Jg. 1985, H. 1.

508 Beachte: R. Andreas u.a. (Hg.), Angst in der Schule, München 1976; J. Hardmann, Reformierte Schule - Schulkranke Kinder, Düsseldorf 1977; H. Loddenkemper/N. Schier (Hg.), Leistung und Angst in der Schule, Paderborn 1981; Schülerangst. Themenheft der Zeitschrift "Unterrichtswissenschaft", 10. Jg. 1982, H. 1.

509 Ein Großteil der pädagogischen Literatur zwischen 1975 und heute beinhaltet Schul- und Reformkritik.

510 Vgl. F. Pöggeler, Bilanz der Reform, a.a.O., S. 45.

511 Vgl. dazu die Literatur zu Schulalternativen, Gegenschulen, Antipädagogik, Reformschulen.

512 Vgl. W. Oelmüller, Sind sittliche und politische Normen überhaupt noch gültig? In: O. Kimmenich (Hg.), Was sind Grundwerte? Düsseldorf 1977, S. 114 ff.

513 Vgl. K. Schmitz, Geschichte der Schule, S. 101 ff. - K. Schaller glaubt zwar, einen gewissen Konsens im gesellschaftlichen Leben feststellen zu können: Demokratie und Rationalität seien Grundmaß der heutigen Gesellschaft. Sie könnten als Maßgaben für die pädagogische Praxis gelten. Vgl. K. Schaller, Pädagogik der Kommunikation. In: Ders. (Hg.), Erziehungswissenschaft der Gegenwart, Bochum 1979, S. 161 ff.

514 Vgl. zu dieser weithin erhobenen Forderung z.B.: R. Affemann, Lernziel Leben. Der Mensch als Maß der Schule, Stuttgart 1976.

515 L. Mauermann/E. Weber (Hg.), Der Erziehungsauftrag der Schule, Donauwörth 1978; Kath. Erziehergemeinschaft (Hg.), Die Verwirklichung des Erziehungsauftrages angesichts bestehender Erziehungsprobleme, Donauwörth 1983[2]. Zur Besinnung auf den schulischen Erziehungsauftrag beachte man besonders auch Publikationen zu den Themen "Wertorientierung", "Sinnerschließung", "Schulleben".

Literaturverzeichnis

Affemann, R.: Lernziel Leben. Der Mensch als Maß der Schule. Stuttgart 1976.
Aktenstücke zur Geschichte und zum Verständnis der drei Preusischen Regulative vom 1., 2. und 3. October 1854. Hg. von F. Stiehl. Berlin 1855.
Andreas, R. u.a. (Hg.): Angst in der Schule. München 1976.
Anweiler, O. u.a.: Bildungssysteme in Europa. 3. überarb. Aufl. Weinheim/Basel 1980.
Arbeitsgemeinschaft Deutscher Lehrerverbände: Plan zur Neugestaltung des deutschen Schulwesens. Wiesbaden 1962 (Neufassung des sog. "Bremer Plans").
Arnold, W.: Kritische Bemerkungen zum Strukturplan für das Bildungswesen. München/Wien 1971.
Aschersleben, K.: Didaktik. Stuttgart 1983.
Asheim, I.: Glaube und Erziehung bei Luther. Heidelberg 1961.
Asmus, W.: Herbart in seiner und unserer Zeit. Essen 1972.
Bach, H. u.a.: Hdb. der Sonderpädagogik. 11 Bde. Berlin 1976/81.
Badke, D./Gesellschaft für Deutschlandforschung e.V. (Hg.): Bildungsreformen in der Bundesrepublik Deutschland und in der DDR. Heidelberg 1981.
Baethge, M./Nevermann, K. (Hg.): Organisation, Recht und Ökonomie des Bildungswesens. Stuttgart 1984.
Baier, H./Bleidick, U. (Hg.): Hdb. der Lernbehindertendidaktik. Stuttgart u.a. 1983.
Ballauff, Th.: Funktionen der Schule. Historisch-systematische Analysen zur Scolarisation. Weinheim/Basel 1982.
Ballauff, Th./Schaller, K.: Pädagogik. Eine Geschichte der Bildung und Erziehung. 3 Bde. Stuttgart 1969/73.
Baltzer, J.: Die wichtigsten preußischen Schulordnungen der letzten 3 Jahrhunderte. Bielefeld 1920 und sonst.
Barth, P.: Die Geschichte der Erziehung in soziologischer und geistesgeschichtlicher Beleuchtung (1911). Leipzig 1925[6].
Bauch, B.: Die Erzieherische Bedeutung der Kulturgüter. Leipzig 1930.
Baumgardt, P. (Hg.): Bildungspolitik in Preußen zur Zeit des Kaisserreichs. Stuttgart 1980.
Bayer. Staatsministerium für Arbeit und Sozialordnung (Hg.): Berufsausbildung (Forschungsbericht). 4 Bde. Nürnberg/München 1983.
Bayer. Staatsministerium für Unterricht und Kultus (Hg.): Schulreform in Bayern. Bd. 2: Kollegstufe am Gymnasium. München 1972.
Becker, A.: Beiträge zur Geschichte der Frei- und Reichsstadt Worms und der daselbst seit 1527 errichteten höheren Schulen. Worms 1880.
Becker, H. u.a.: Das Curriculum. Praxis, Wissenschaft, Politik. München 1977[2].
Beckmann, E.: Die Entwicklung der höheren Mädchenbildung in Deutschland 1870-1914. Dargestellt in Dokumenten. Berlin 1936.
Beckmann, H.-K.: Modelle der Lehrerbildung in der Bundesrepublik Deutschland. In: Zeitschr. für Pädagogik. 26. Jg. 1980. H. 4, S. 535-557.
Behn, S.: Philosophie der Werte als Grundwissenschaft der pädagogischen Zieltheorie. München 1930.
Benz, W. (Hg.): Die Bundesrepublik Deutschland: Politik, Geschichte, Kultur. 3 Bde. Frankfurt/M. 1983.
Bericht der Bundesregierung zur Bildungspolitik: Bildungsbericht '70. Bonn 1970.
Berke, R.: Überblick über die Geschichte der kaufmännischen Schulen. In: F. Blättner (Hg.): Hdb. für das Berufsschulwesen. Heidelberg 1960.
Berke, R. u.a.: Die kaufmännischen Berufsschulen in der Bundesrepublik. Frankfurt/M. 1977.
Berufliche Bildung - Beschlüsse der KMK. Neuwied 1982.

Berufliche Bildung - Beschlüsse der KMK. Neuwied 1982.
Blankertz, H.: Kollegstufenversuche in Nordrhein-Westphalen - das Ende der gymnasialen Oberstufe und der Berufsschulen. In: Die Deutsche Berufs- und Fachschule. 68. Jg. 1972, S. 2-20.
Blankertz, H.: Curriculumforschung. Essen 1974[4].
Blankertz, H.: Die Geschichte der Pädagogik. Wetzlar 1982.
Blankertz, H.: Zur Geschichte der Berufsausbildung. In: H.-H. Groothoff (Hg.): Die Handlungs- und Forschungsfelder der Pädagogik. Erziehungswiss. Hdb. Bd. V. Königstein 1979, S. 256-284.
Bleidick, U.: Die Empfehlung der Kultusminsiterkonferenz zur Ordnung des Sonderschulwesens. In: Zeitschr. für Pädagogik. 18. Jg. 1972, S. 741-758.
Bleidick, U./Hagemeister, U.: Pädagogik der Behinderten. In: H.-H. Groothoff (Hg.): Die Handlungs- und Forschungsfelder der Pädagogik. Erziehungswiss. Hdb. Bd. V. Königstein 1979, S. 146-159.
Bleidick, U./Pawel, B. von (Hg.): Curriculum-Entwürfe für die Lernbehindertenschule. Berlin 1975.
Blochmann, E.: Das 'Frauenzimmer' und die 'Gelehrsamkeit'. Eine Studie über die Anfänge des Mädchenschulwesens in Deutschland. Heidelberg 1966.
Bloth, H.G.: Adolph Diesterweg. Sein Leben und Wirken für Pädagogik und Schule. Heidelberg 1966.
Böhm, W.: Maria Montessori. Hintergrund und Prinzipien ihres pädagogischen Denkens. Bad Heilbrunn 1969.
Böhm, W.: Maria Montessori - Texte und Gegenwartsdiskussion. Klinkhardts Päd. Quellentexte. Bad Heilbrunn 1985[3].
Böhm, W./Tenorth, H.-E. (Hg.): Deutsche Pädagogische Zeitgeschichte 1960-1973.
Bölling, R.: Sozialgeschichte der deutschen Lehrer. Ein Überblick von 1800 bis zur Gegenwart. Göttingen 1983.
Bogumil, S.: Rousseau und die Erziehung des Lebens. Bern 1974.
Bollnow, O.F.: Wilhelm von Humboldts Sprachphilosophie. In: Zeitschr. f. deutsche Bildung. 14. Jg. 1928, S. 102-112.
Bollnow, O.F.: Die Pädagogik des Barock. In: G. Seidel (Hg.): Orientierungen zum pädagogischen Handeln. Göttingen u.a. 1982, S. 9-33.
Borst, A.: Lebensformen im Mittelalter. Frankfurt 1973, S. 559.
Brandau, H.W.: Die mittlere Bildung in Deutschland. Weinheim/Berlin 1959.
Brückmann, A.: Pädagogisches und philosophisches Denken bei Herbart. Zürich 1961.
Buck, A.(Hg.): Zu Begriff und Problem der Renaissance. Darmstadt 1969.
Bundesinstitut für Berufsbildung (Hg.): Berufsbildung in Wiss. und Praxis. Heft 1. Berlin 1985.
Der Bundesminister für Bildung und Wissenschaft (Hg.): Bildungspolitische Zwischenbilanz. Bonn 1976.
Bund-Länder-Kommission für Bildungsplanung: Bildungsgesamtplan. 2 Bde. Stuttgart 1973.
Bungenstab, K.E.: Umerziehung zur Demokratie? Re-edukation - Politik im Bildungswesen der US-Zone 1945-1949. Düsseldorf 1970.
Castle, E.B.: Die Erziehung in der Antike (1961). Stuttgart 1965.
Comenius, J.A.: Orbis sensualium pictus. Dt.-lat., neu hg. von H. Rosenfeld. Osnabrück 1957.
Comenius, J.A.: Pampaedia. Hg. von D. Tschižewsky u.a. Heidelberg (1960). 1965[2].
Comenius, J.A.: Große Didaktik. Hg. von A. Flitner. Stuttgart 1982[5].
Dahrendorf, R.: Arbeiterkinder an deutschen Universitäten. Tübingen 1965.
Dahrendorf, R.: Bildung ist Bürgerrecht. Plädoyer für eine aktive Bildungspolitik. Hamburg 1965.

Dauzenroth, E. (Hg.): Frauenbewegung und Frauenbildung. Bad Heilbrunn 1964.

Deiters, H. u.a.: Friedrich Adolf Wilhelm Disterweg: Sämtliche Werke. 9 Bde. Berlin 1956/57.

Delekat, F.: Johann Heinrich Pestalozzi (1926). Heidelberg 1968.

Derbolav, J.: Probleme des mittleren Bildungsweges. Hannover 1970.

Derbolav, J.: Die bildungstheoretischen Grundlagen der Schulorganisation und die Aufgaben der Realschule. In: Ders. (Hg.): Wesen und Werden der Realschule, Bonn 1960, S. 9-42.

Deutscher Ausschuß für das Erziehungs- und Bildungswesen. Rahmenplan zur Umgestaltung und Vereinheitlichung des allgemeinen öffentlichen Schulwesens (Empfehlungen und Gutachten. Folge 3). Stuttgart 1964.

Deutscher Ausschuß für das Erziehungs- und Bildungswesen. Empfehlungen und Gutachten 1953-1965 (Gesamtausgabe). Stuttgart 1966.

Deutscher Bildungsrat: Empfehlungen der Bildungskommission. Stuttgart 1967 ff.

Deutscher Bildungsrat: Gutachten und Studien der Bildungskommission. Bd. 1-61. Stuttgart 1967 ff.

Deutscher Bildungsrat: Empfehlungen der Bildungskommission. Strukturplan für das Bildungswesen. Stuttgart 1970.

Deutscher Bildungsrat (Hg.): Lernziele der Gesamtschule. Stuttgart 1969.

Deutsches Institut für Bildung und Wissen: Gesamtplan zur Neuordnung des deutschen Bildungswesens. Frankfurt/M. 1964[2].

Dewhurst, K.: John Locke. London 1963.

Dickopp, K.H.: Systemanalyse nationalsozialistischer Erziehung. Ratingen 1971.

Diethmar, R./Willer, J. (Hg.): Schule zwischen Kaiserreich und Faschismus. Darmstadt 1981.

Dietrich, Th.: Die Pädagogik Peter Petersen. München 1973[3].

Dietrich, Th.: Geschichte der Pädagogik in Beispielen aus Erziehung, Schule, Unterricht, 18.-20. Jahrhundert. Bad Heilbrunn 1975[2].

Dietrich, Th. (Hg.): Die Landerziehungsheimbewegung. Klinkhardts Päd. Quellentexte. Bad Heilbrunn 1967.

Dietrich, Th. (Hg.): Die pädagogische Bewegung "Vom Kinde aus". Klinkhardts Päd. Quellentexte. Bad Heilbrunn 1982[4].

Dietrich, Th./Klink, J.G.: Über die Entstehung, Entwicklung und die Aufgaben der "Industrieschule" (um 1800). In: Dies. (Hg.): Zur Geschichte der Volksschule. Bd. I, S. 174-178.

Dietrich, Th./Klink, J.-G. (Hg.): Zur Geschichte der Volksschule. Bd. I (16.-18. Jh.). Klinkhardts Päd. Quellentexte. Bad Heilbrunn 1972[2].

Dilthey, W.: Ges. Schriften. Hg. von H. Nohl/G. Misch u.a. 17 Bde. Leipzig/Berlin 1914 ff.

Dolch, J.: Geschichte der Erziehung und Erziehungswissenschaft. In: F. Hilker (Hg.): Pädagogik im Bild. Freiburg 1956, S. 498-532.

Dolch, J.: Lehrplan des Abendlandes. Zweieinhalb Jahrtausende seiner Geschichte. Ratingen 1965[2].

Driesch, J. von den/Esterhues J.: Geschichte der Erziehung und Bildung. Paderborn. Bd. I, 1953[3]. Bd. II, 1952[2].

Duval, P.: Das Alltagsleben in Gallien während der römischen Besetzung (1966). Stuttgart 1979.

Eilers, R.: Die nationalsozialistische Schulpolitik. Köln/Opladen 1963.

Ellger-Rüttgardt, S.: Der Hilfsschullehrer. Sozialgeschichte einer Lehrergruppe. Weinheim 1980.

Empfehlungen und Stellungnahmen des Wissenschaftsrats. Tübingen 1960 ff.

Erlinghagen, K.: Katholisches Bildungsdefizit in Deutschland. Freiburg 1965.

Erlinghagen, K.: Katholische Bildung im Barock. Hannover 1972.
Fend, H.: Gesamtschule im Vergleich. Weinheim 1982.
Ferber, G.: Berthold Ottos pädagogisches Wollen und Wirken. Langensalza 1925.
Fischer, Ch.: Schularbeit. Untersuchungen zur vorindustriellen Tradition des Lehrberufs mit bes. Rücksicht auf Dtl. im 16. - 18. Jahrhundert. Bonn/Frankfurt 1982.
Flitner, A.: Mißratener Fortschritt. Pädagogische Anmerkungen zur Bildungspolitik. München 1977.
Flitner, W.: Die vier Quellen des Volksschulgedankens Stuttgart 1958[4].
Flitner, W./Kudritzki, G.: Die Reformpädagogik. Bd. I und II. Düsseldorf 1962.
Francke, A.H.: Pädagogische Schriften. Bes. von H. Lorenzen. Paderborn 1964[2].
Francke, A.H.: Pädagogische Schriften. H.g. von G. Kramer. Langensalza 1885. Nachdruck 1966.
Die Pädagogik August Hermann Franckes. Heftthema der Zeitschrift "Pädagogik und Schule in Ost und West". Jg. 1966, H. 12.
Franke, G.: Die Ausbildung im Blocksystem. In: Berichte zur Beruflichen Bildung. Jg. 1979. H. 19.
Freyer, H.: Theorie des gegenwärtigen Zeitalters. Stuttgart 1955.
Friedrich, C.J.: Das Zeitalter des Barock. Stuttgart 1954.
Froese, L. (Hg.): Bildungspolitik und Bildungsreform. München 1969.
Führ, Ch.: Zur Schulpolitik der Weimarer Republik. Weinheim 1972[2].
Gamm, H.-J.: Führung und Verführung. Pädagogik des Nationalsozialismus. München 1964.
Gaudig, H.: Die Schule im Dienste der werdenden Persönlichkeit. 2 Bde. Leipzig 1917.
Gaudig, H.: Die Schule der Selbsttätigkeit. Hg. von L. Müller. Bad Heilbrunn 1969[2].
Geheeb, P.: Mensch und Erzieher. Heidelberg 1960.
Geißler, E.E.: Herbarts Lehre vom erziehenden Unterricht. Heidelberg 1970.
Geißler, E.E.: Schule. Theorien. Modelle. Kritik. Stuttgart 1984.
Georg, W. (Hg.): Schule und Berufsausbildung. Bielefeld 1984.
Georg, W./Kunze, A.: Sozialgeschichte der Berufserziehung. Eine Einführung. München 1981.
Gerner, B.: Otto Willmann im Alter. Ratingen 1968.
Gerner, B.: Pathologie und Erziehung. Eine Einführung. Darmstadt 1984.
Gerner, B. (Hg.): Das exemplarische Prinzip. Darmstadt 1963.
Glaser, H.A. (Hg.): Hochschulreform - und was nun? Berichte - Glossen - Perspektiven. Frankfurt u.a. 1982.
Grasberger, L.: Erziehung und Unterricht im klassischen Altertum. 3 Bde. Würzburg 1864-81. Nachdruck Aalen 1971.
Groothoff, H.-H.: Über Diltheys Entwurf einer 'wissenschaftlichen Pädagogik'. Vj. f. wiss. Päd. Neue Folge der Ergänzungshefte. H. 4. Bochum 1966. S. 80-91.
Groothoff, H.-H./Herrmann, U.: Wilhelm Dilthey. Schriften zur Pädagogik. Paderborn 1971.
Grundmann, H.: Vom Ursprung der Universität im Mittelalter. Berlin 1967.
Grzesik, J.: Perspektiven für die weitere Entwicklung der gymnasialen Oberstufe. Bad Heilbrunn 1984.
Gückel, M.: Heinrich Braun und die bayerischen Schulen. Diss. München 1891.
Günther, K.-H./Uhlig, G.: Geschichte der Schule in der Deutschen Demokratischen Republik 1945-1968. Berlin 1969.
Haenisch, H./Lukesch, H.: Ist die Gesamtschule besser? Gesamtschulen und Schulen des gegliederten Schulsystems im Leistungsvergleich. München 1980.
Hagener, D.: Radikale Schulreform zwischen Programmatik und Realtität. Bremen 1973.

Hahn, K.: Erziehung zur Verantwortung - Reden und Aufsätze. Stuttgart 1959.
Halbritter, M.: Schulreformpädagogik in der britischen Zone von 1945 bis 1949. Weinheim 1979.
Haller, H.-D./Lenzen, D. (Hg.): Jahrbuch für Erziehungswissenschaft 1976: Lehrjahre der Bildungsreform. Stuttgart 1976.
Haller, H.-D./Lenzen, D. (Hg.): Jahrbuch kontrovers 1. Stuttgart 1977.
Hamann, B.: Die Grundlagen der Pädagogik. Systematische Darstellung nach Otto Willmann. Freiburg u.a. 1965.
Hameyer, U. u.a. (Hg.): Hdb. der Curriculumforschung. Weinheim 1983.
Hanssler, B. (Hg.): Materialien und Dokumente zur Lehrerausbildung. Stuttgart 1971.
Hardmann, J: Reformierte Schule - Schulkranke Kinder. Düsseldorf 1977.
Harnisch, G.: Schulstreß. Düsseldorf 1984.
Hebenstreit, S.: Der Übergang vom Elementar- zum Primarbereich. Paderborn/München 1979.
Heiber, H.: Die Republik von Weimar. München 1966.
Heigenmooser, J.: Eremitenschulen in Altbayern. Berlin 1903.
Heigenmooser, J.: Eremitenschulen. In: Lex. d. Päd. Hg. von E. Roloff. Bd. 1. Freiburg 1913, Sp. 1092-1096.
Heinemann, M.: Schule im Vorfeld der Verwaltung. Die Entwicklung der preußischen Unterrichtsverwaltung von 1771-1800. Göttingen 1974.
Heinemann, M. (Hg.): Sozialisation und Bildungswesen in der Weimarer Republik. Stuttgart 1976.
Heinemann, M. (Hg.): Der Lehrer und seine Organisation. Stuttgart 1977.
Heinemann, M. (Hg.): Erziehung und Schulung im Dritten Reich. 2 Bde. Stuttgart 1980.
Heinemann, M. (Hg): Umerziehung und Wiederaufbau. Die Bildungspolitik der Besatzungsmächte in Deutschland. Stuttgart 1981.
Heisenberg, W.: Wandlungen in den Grundlagen der Naturwissenschaften. Stuttgart 1980[11].
Held, H.: Altbayerische Volkserziehung und Volksbildung. 3 Bde. München 1926/28.
Helmig, H.: Eine Montessori-Schule. In: W. Schultze/H. Belser: Aufgelockerte Volksschule. Bd. 2. Worms 1960.
Hentig, H. von et al.: Das Bielefelder Oberstufen-Kolleg. Stuttgart 1971.
Heppe, H.: Geschichte des deutschen Volksschulwesens (1958-60). 5 Bde. Nachdruck Hildesheim 1971.
Johann Friedrich Herbarts Päd. Schriften. Hg. von W. Asmus. Düsseldorf/München 1964/65.
Herbart, J.F.: Allgemeine Pädagogik (1806). Bochum 1976[5].
Hermes, J.H.: Die Idee des Schöpferischen in der Pädagogik des 20. Jh. mit besonderer Anwendung auf die Kunsterziehung. München 1936.
Herrlitz, H.-G./Hopf, W./Titze, H.: Deutsche Schulgeschichte von 1800 bis zur Gegenwart. Königstein 1981.
Herrmann, U.: Die Pädagogik Wilhelm Diltheys. Göttingen 1971.
Herrmann, U. (Hg.): Schule und Gesellschaft im 19. Jh. Weinheim 1977.
Herrmann, U. (Hg.): Das pädagogische Jahrhundert. Weinheim/Basel 1981.
Hettwer, H. (Hg.): Lehr- und Bildungspläne 1921-1974. Bad Heilbrunn 1976.
Heubaum, A.: Geschichte des deutschen Bildungswesens seit der Mitte des 17. Jh. Bd. 1: Das Zeitalter der Standes- und Berufserziehung. Berlin 1905. Neudruck Aalen 1973.
Hielscher, H. (Hg.): Vorschulerziehung im Kindergarten. Vorklassen und Eingangsstufen. Hannover 1977.

Hitpaß, J.: Deutschlands Bildungswesen - die Folgen der Reform. Köln 1981.
Hitpaß, J.: Reformierte Oberstufe - besser als ihr Ruf? St. Augustin 1985.
Höhne, E.: Der Neuaufbau des Schulwesens nach dem Bildungsgesamtplan. Bamberg 1972.
Homfeld, W.: Theorie und Praxis der Lehrerausbildung. Ziele und Auswirkungen der Reformdiskussion im 19. und 20. Jahrhundert. Weinheim/Basel 1978.
Hubatsch, W.: Das Zeitalter des Absolutismus 1600-1789. Braunschweig 1962.
Hudde, W./Schmiel, M. (Hg.): Hdb. des Landwirtschaftlichen Bildungswesens. München 1965.
Hüfner, K./Naumann, J.: Konjunkturen der Bildungspolitik in der Bundesrepublik Deutschland. Bd. 1: Der Aufschwung (1960-67). Stuttgart 1977.
Hülshoff, Th./Reble, A. (Hg.): Zur Geschichte der Höheren Schule. Bd. I (16. - 18. Jh.). Klinkhardts Päd. Quellentexte. Bad Heilbrunn 1967.
Humboldt, W. von: Gesammelte Schriften. Hg. von der Preuß. Akademie der Wissenschaften. 17 Bde. Berlin 1903-1936.
Humboldt, W. von: Bildung und Sprache. Eine Auswahl aus seinen Schriften. Hg. von C. Menze. Paderborn 1959.
Humboldt, W. von: Werke in 5 Bänden. Hg. von A. Flitner/K. Giel. Darmstadt 1960-1981.
Huster, E.-U. u.a.: Determinanten der westdeutschen Restauration 1945-1949. Frankfurt 1977[5].
Iven, K.: Die Industriepädagogik des 18. Jh. Göttingen 1929.
Jäger, W.: Paideia. Die Formung des griechischen Menschen. 3 Bde. Berlin 1959[4].
Jeismann, K.-E.: Das preußische Gymnasium in Staat und Gesellschaft.
Joerden, R. (Hg.): Dokumente des Neuhumanismus I und II. Weinheim 1962 und später.
Johann, H.Th. (Hg.): Erziehung und Bildung in der heidnischen und christlichen Antike. Darmstadt 1976.
Jungklaus, D. (Hg.): August Hermann Francke. Berlin 1966.
Kaelble, H. u.a.: Probleme der Modernisierung in Deutschland. Sozialhistorische Studien zum 19. und 20. Jh. Opladen 1978.
Kanz, H. (Hg.): Deutsche Pädagogische Zeitgeschichte 1945-1959. Ratingen/Kastellaun 1975.
Kanz, H. (Hg.): Deutsche Pädagogische Zeitgeschichte 1974-1979. Frankfurt/Bern 1983.
Kanz, H. (Hg.): Der Nationalsozialismus als pädagogisches Problem. Deutsche Erziehungsgeschichte 1933-1945. Frankfurt/M./Bern/New York 1984.
Karsen, F./Hein, J. (Hg.): Lebensgemeinschafts-Schule. Berlin 1924 ff.
Kath. Erziehergemeinschaft (Hg.): Die Verwirklichung des Erziehungsauftrages angesichts bestehender Erziehungsprobleme. Donauwörth 1983[2].
Kell, A./Lipsmeier, A.: Berufsbildung in der Bundesrepublik Deutschland. Hannover 1976.
Kemper, H. (Hg.): Theorie und Geschichte der Bildungsreform. Eine Quellensammlung von Comenius bis zur Gegenwart. Königstein 1984.
Kerschensteiner, G.: Das Grundaxiom des Bildungsprozesses und seine Folgerungen für die Schulorganisation. Berlin 1917.
Kerschensteiner, G.: Das einheitliche deutsche Schulsystem (1919). Leipzig/Berlin 1922[2].
Kerschensteiner, G.: Theorie der Bildung. Leipzig 1926.
Kerschensteiner, G.: Begriff der Arbeitsschule (1912). München u.a. 1961[14].
Key, E.: Das Jahrhundert des Kindes (1902). Dt. Berlin 1926[36].
Kindt, W. (Hg.): Grundschriften der deutschen Jugendbewegung. Düsseldorf 1963.

Klafki, W.: Das pädagogische Problem des Elementaren und die Theorie der kategorialen Bildung (1959). Weinheim 1964[3/4].

Klafki, W.: Studien zur Bildungstheorie und Didaktik. Weinheim 1964[2].

Klink, J.-G. (Hg.): Zur Geschichte der Sonderschule. Klinkhardts Päd. Quellentexte. Bad Heilbrunn 1966.

Kluckhohn, P.: Die ritterliche Kultur in Deutschland. Wien 1930.

Klüpfel, A.: Das Revisionswerk Campes, ein Grundwerk der deutschen Aufklärungspolitik. Diss. Würzburg 1934.

Kochan, B./Neuhaus-Simon, E. (Hg.): Taschenlexikon Grundschule. Königstein 1979.

König, E./Zedler, P. (Hg.): Erziehungswissenschaftliche Forschung: Positionen, Perspektiven, Probleme. Paderborn/München 1982.

König, H.-H.: Curriculumreform in der Bundesrepublik. Königstein 1977.

Korff, H.A.: Geist der Goethezeit. 4 Tle. Leipzig 1955[2].

Kraul, M.: Das deutsche Gymnasium 1780-1980. Frankfurt 1985.

Krause-Vilmar, D.: Schulgeschichte als Sozialgeschichte. Kurseinheit 1 und 2. Fernuniversität Hagen 1981.

Krieck, E.: Nationalpolitische Erziehung (1932). Leipzig 1939[23].

Kristeller, P.O.: Humanismus und Renaissance. 2 Bde. München 1980.

Kriss-Rettenbeck, L./Liedtke, M. (Hg.): Schulgeschichte im Zusammenhang der Kulturentwicklung. Bad Heilbrunn 1983.

Kriss-Rettenbeck, L./Liedtke, M. (Hg.): Regionale Schulentwicklung im 19. und 20. Jh. Bad Heilbrunn 1984.

Krömer, U.: Johann Ignaz von Felbiger - Leben und Werk. Freiburg 1966.

Kuda, E./Mignon, U.: Berufliche Bildung. Köln 1982[2].

Künzli, H. (Hg.): Curriculum - Entwicklung - Begründung und Legitimation. München 1975.

Kuhlmann, C.: Schulreform und Gesellschaft in der Bundesrepublik Deutschland. In: S.B. Robinsohn u.a.: Schulreform im gesellschaftlichen Prozeß. Bd. 1. Stuttgart 1970, S. 1-206.

Kultusminister des Landes Nordrhein-Westfalen (Hg.): Neuordnung des beruflichen Schulwesens in Nordrhein-Westfalen. Ratingen u.a. 1973.

Kunst, H.: M. Luther und die Schule. In: Dem Wort gehorsam. Stuttgart 1976.

Laqueur, W.Z.: Die deutsche Jugendbewegung. Köln 1962.

Lebede, H.: Locke und Rousseau als Erzieher. Charlottenburg 1913.

Leber, S. (Hg.): Die Pädagogik der Waldorfschule und ihre Grundlagen. Darmstadt 1983.

Lempert, W.: Gewerbelehrerbildung und Schulreform. Heidelberg 1965.

Lenhart, V.: Diskussion über die Schulreform in der BRD. Frankfurt 1972.

Lenzen, D. (Hg.): Enzyklopädie Erziehungswissenschaft. 12 Bde. Stuttgart 1982 ff.

Lenzen, D./Mollenhauer, K. (Hg.): Theorien und Grundbegriffe der Erziehungswissenschaft (= Enzyklopädie Erziehungswissenschaft. Bd. I). Stuttgart 1983.

Leschinsky, A./Roeder, P.M.: Schule im historischen Prozeß. Zum Wechselverhältnis von institutioneller Erziehung und gesellschaftlicher Entwicklung. Stuttgart 1976.

Leschinsky, A./Roeder, P.-M.: Schule im historischen Prozeß. Fernstudienlehrgang Erziehungswissenschaft. 3 Studienbriefe. Tübingen 1977.

Lesemann, G. (Hg.): Beiträge zur Geschichte und Entwicklung des Sonderschulwesens. Berlin 1966.

Lichtenstein-Rother, I./Röbe, E.: Grundschule - der pädagogische Raum für Grundlegung der Bildung. Weinheim 1982.

Liedtke, M.: Pestalozzi. Reinbek 1968.

Lietz, H.: Deutsches Landerziehungsheim. Leipzig 1906.

Limmer, R.: Pädagogik des Mittelalters. Mallersdorf 1958.

Lindenberg, C.: Waldorfschulen. Reinbek 1975.
Lingelbach, G.: Erziehung und Erziehungstheorien im nationalsozialistischen Deutschland. Weinheim 1970.
Lipsmeier, A.: Organisation und Lernorte der Berufsausbildung. München 1978.
Litt, Th.: Pädagogik und Kultur. Hg. von F. Nicolin. Bad Heilbrunn 1965.
Locke, J.: Einige Gedanken über die Erziehung (1693). Hg. von J.B. Deermann, Paderborn 1967.
Loddenkemper, H./Schier, N. (Hg.): Leistung und Angst in der Schule. Paderborn 1981.
Lohe, P. u.a.: Die Reform der gymnasialen Oberstufe und ihre Verwirklichung in den Ländern der Bundesrepublik Deutschland. In: Max-Planck-Institut für Bildungsforschung. Projektgruppe Bildungsbericht (Hg.): Bildung in der Bundesrepublik Deutschland. Bd. 2. Stuttgart 1980, S. 1177-1213.
Lorenzen, H. (Hg.): Die Kunsterziehungsbewegung. Klinkhardts Päd. Quellentexte. Bad Heilbrunn 1966.
Ludwig, H. (Hg.): Gesamtschule in der Diskussion. Klinkhardts Päd. Quellentexte. Bad Heilbrunn 1981.
Lückert, H.-R.: Begabungsforschung und Bildungsförderung. München/Basel 1969.
Lütgert, W.: Probleme der Curriculumrevision im Spannungsfeld wissenschaftlicher, politischer und unterrichtspraktischer Ansprüche. In: Zeitschr. für Pädagogik. 31. Jg. 1985. H. 1, S. 27-48.
Lundgreen, P.: Sozialgeschichte der deutschen Schule im Überblick. Teil I: 1770-1918, Teil II: 1918-1980. Göttingen 1980/81.
Luther, M.: Pädagogische Schriften. Bearb. von H. Lorenzen. Paderborn 1957.
Maaßen, N. (Hg.): Hdb. der Mittelschulpädagogik in Einzeldarstellungen. 2 Bde. Berlin 1954 ff.
März, F.: Problemgeschichte der Pädagogik. 2 Bde. Bad Heilbrunn 1978/80.
Maier, K.E.: Das Werden der allgemeinbildenden Pflichtschule in Bayern und Österreich. Ansbach 1967.
Marrou, H.I.: Geschichte der Erziehung im klassischen Altertum (1948). München 1977[8].
Marschalck, P.: Bevölkerungsgeschichte Deutschland im 19. und 20. Jh. Frankfurt/M. 1984.
Maskus, R. (Hg.): Zur Geschichte der Mittel- und Realschule. Klinkhardts Päd. Quellentexte. Bad Heilbrunn 1966.
Mauermann, L./Weber, E. (Hg.): Der Erziehungsauftrag der Schule. Donauwörth 1978.
Max-Planck-Institut für Bildungsforschung. Projektgruppe Bildungsbericht (Hg.): Bildung in der Bundesrepublik Deutschland. Daten und Analysen. 2 Bde. Stuttgart 1980.
Mayer, M.: Geschichte der abendländischen Erziehung und Bildung. Freiburg 1955.
Meiers, K. (Hg.): Vorschulerziehung. Klinkhardts Päd. Quellentexte. Bad Heilbrunn 1973.
Menze, C.: Wilhelm von Humbolds Lehre und Bild vom Menschen. Ratingen 1965.
Menze, C.: Die Bildungsreform Wilhelm von Humbolds. Hannover 1975.
Menze, C.: Bildung und Bildungswesen. Hildesheim/New York 1980.
Mertz, G.: Das Schulwesen der deutschen Reformation im 16. Jahrhundert. Heidelberg 1902.
Meyer, E. (Hg.): Jahrbuch für das höhere Mädchenschulwesen in Preußen. Leipzig 1910/1912.
Meyer, F.: Schule der Untertanen. Lehrer und Politik in Preußen 1948-1900. Hamburg 1976.

Meyer, H.: Geschichte der abendländischen Weltanschauung. 5 Bde. Würzburg/Paderborn 1947/50.
Michael, B./Schepp, H.-H. (Hg.): Politik und Schule von der Franz. Revolution bis zur Gegenwart (Quellensammlung). 2 Bde. Frankfurt 1973/74.
Michel, G.: Die Welt als Schule. Ratke, Comenius und die didaktische Bewegung. Hannover 1979.
Minister für Wissenschaft und Forschung des Landes Nordrhein-Westfalen: Roter Faden für Absolventen der Fachoberschulen 1979. Düsseldorf 1979.
Möller, B./Patzke, H./Stackmann, K.: Studien zum städtischen Bildungswesen des späten Mittelalters und der frühen Neuzeit. Göttingen 1983.
Montessori, M.: Montessori-Erziehung für Schulkinder (1926). Neuausg. unter dem Titel: Schule des Kindes. Freiburg u.a. 1976.
Monumenta Germaniae Paedagogica. Schulordnungen. Schulbücher und pädagogische Miscellaneen aus den Landen deutscher Zunge. 62 Bde. und Beihefte. Berlin 1886-1938.
Monumenta Paedagogica. Berlin (Ost) 1966 ff.
Moog, W./Holtkemper, F.-J.: Geschichte der Pädagogik. Bd. 2 und 3. Düsseldorf/Hannover 1967⁸.
Moulin-Eckart, R. du: Geschichte der deutschen Universitäten. Stuttgart 1929.
Muck, K.H .: Der Lehrer an beruflichen Schulen. Weinheim u.a. 1970.
Müller, D.K.: Sozialstruktur und Schulsystem. Aspekte zum Strukturwandel des Schulwesens im 19. Jh. Göttingen 1977 (gekürzte Studienausgabe 1981).
Münch, J.: The dual system. Grafenau 1983.
Naumann, H./Müller, G.: Höfische Kultur. Halle 1929.
Neuner, I.: Der Bund entschiedener Schulreformer 1919-1933. Bad Heilbrunn 1980.
Neuner, K.: Das höhere Lehramt in Bayern im 19. Jh. Berlin 1978.
Nicklis, W.S. (Hg.): Hauptschule. Erscheinung und Gestalt. Bad Heilbrunn 1980.
Nipperdey, Th. (Hg.): Hochschule zwischen Politik und Wahrheit. Zürich 1981.
Nohl, H.: Die Deutsche Bewegung. Hg. von O.F. Bollnow/F. Rodi. Göttingen 1970.
Nolte, H./Röhrs, H.J. (Hg.): Das Berufsbildungsgesetz. Text und Diskussion 1969-1976. Bad Heilbrunn 1979.
Nyssen, F.: Schule im Nationalsozialismus. Heidelberg 1979.
Oblinger, H.: Schulpädagogik. Bd. 2: Theorie der Schule. Donauwörth 1976.
Oblinger, H.: Die Schule in der Gesellschaft. Donauwörth 1981.
Oestreich, P.: Die elastische Einheitsschule: Lebens- und Produktionsschule. Berlin 1921.
Oschlies, W.: Die Arbeits- und Berufspädagogik A.H. Franckes. Witten 1969.
Oswald, R./Schulz-Benesch, G. (Hg.): Grundgedanken der Montessori-Pädagogik. Freiburg 1967.
Ottweiler, O.: Die Volksschule im Nationalsozialismus. Weinheim 1979.
Pakschies, G.: Umerziehung in der britischen Zone von 1945-1949. Weinheim 1979.
Paulsen, F.: Geschichte des gelehrten Unterrichts auf deutschen Schulen und Universitäten vom Ausgang des Mittelalters bis zur Gegenwart (1919/21³). Nachdruck Aalen 1965.
Paulsen, F.: Das deutsche Bildungswesen in seiner geschichtlichen Entwicklung (1912³). Nachdruck Stuttgart (Darmstadt) 1966.
Peisert, H.: Soziale Lage und Bildungschancen in Deutschland. München 1967.
Peisert, H./Framheim, G.: Das Hochschulsystem in der BRD. Stuttgart 1979.
Perschel, W. u.a.: Der Zweite Bildungsweg in den Ländern der BRD. Neuwied 1966.
Pestalozzi, J.H.: Sämtliche Werke. Hg. von A. Buchenau/E. Spranger/H. Stettbacher. Leipzig 1927 ff. Zürich 1973 ff.
Petersen, P.: Innere Schulreform und neue Erziehung. Weimar 1925.
Petersen, P.: Führungslehre des Unterrichts. Langensalza 1937.

Petersen, P.: Der kleine Jena-Plan (1927). Braunschweig 1972[53].
Petrat, G.: Schulunterricht. Seine Sozialgeschichte in Deutschland 1750 bis 1850. München 1979.
Picht, G.: Die deutsche Bildungskatastrophe. Olten/Freiburg 1964.
Pieper, J.: Scholastik. München 1960.
Pietzker, F./Treutlein, P.: Der Zudrang zu den gelehrten Berufsarten, seine Ursachen und etwaigen Heilmittel. Braunschweig 1889.
Pleiß, U.: Wirtschaftslehrerbildung und Wirtschaftspädagogik. Göttingen 1973.
Pöggeler, F.: Bilanz der Reform. Das deutsche Bildungswesen 1965-1980. In: Allgemeiner Schulanzeiger. Jg. 1981. H. 2, S. 39-45.
Poeppelt, K.S.: Zum Bildungsgesamtplan der Bund-Länder-Kommission. Weinheim/Basel 1978.
Prahl, H.-W.: Sozialgeschichte des Hochschulwesens. München 1978.
Preuss-Lausitz, U.: Fördern ohne Sonderschule. Konzepte und Erfahrungen zur integrativen Förderung in der Regelschule. Weinheim 1981.
Pross, H.: Über die Bildungschancen von Mädchen in der Bundesrepublik. Frankfurt/M. 1969.
Rang, M.: Rousseaus Lehre vom Menschen. Göttingen 1963[2].
Ratke, W.: Kleine pädagogische Schriften. Hg. von K. Seiler. Paderborn 1967.
Reble, A.: Das Schulwesen. In: M. Spindler (Hg.): Hdb. der Bayer. Geschichte. Bd. IV/2. München 1975, S. 950-990.
Reble, A.: Lehrerbildung in Deutschland. Ratingen 1958.
Reble, A.: Geschichte der Pädagogik. Stuttgart 1980[13].
Reble, A.: Gesamtschule im Widerstreit. Stuttgart 1981.
Reble, A. (Hg.): Geschichte der Pädagogik. Dokumentationsband I und II. Stuttgart 1971.
Reble, A. (Hg.): Zur Geschichte der Höheren Schule. Bd. II (19. und 20. Jh.) Bad Heilbrunn 1974.
Reble, A. (Hg.): Die Arbeitsschule. Klinkhardts Päd. Quellentexte. Bad Heilbrunn 1979[4].
Redlich, A./Schley, W.: Hauptschulprobleme. Weinheim 1980.
Reform der gymnasialen Oberstufe. Themenheft der "Zeitschr. für Pädagogik". 26. Jg. 1980. H. 2.
Richter, J.: Die Entwicklung des kunsterzieherischen Gedankens. Leipzig 1909.
Ritter, G.: Die Neugestaltung Europas im 16. Jahrhundert. Berlin 1950.
Robinsohn, S.B.: Bildungsreform als Reform des Curriculum. Neuwied/Berlin 1967.
Rochow, F.E. von: Sämtliche päd. Schriften hg. von F. Jonas/F. Wieneck. 4 Bde. Berlin 1907/10.
Röhrs, H.: Die Reformpädagogik als internationale Bewegung. Hannover 1980.
Röhrs, H. (Hg.): Die Reformpädagogik des Auslands. Düsseldorf/München 1965.
Röhrs, H. (Hg.): Das Gymnasium in Geschichte und Gegenwart. Frankfurt 1969.
Röhrs, H. (Hg.): Die Erziehungswissenschaft und die Pluralität ihrer Konzepte. Wiesbaden 1979.
Roeßler, W.: Die Entstehung des modernen Erziehungswesens in Deutschland. Stuttgart 1961.
Roeßler, W.: Die Entstehung der Realschule innerhalb des modernen Erziehungswesens. In: J. Derbolav (Hg.): Wesen und Werden der Realschule. Bonn 1966[2], S. 43-80.
Rolff, H.-G.: Schule im Wandel. Kritische Analysen zur Schulentwicklung. Essen 1984.
Rolff, H.-G. u.a. (Hg.): Jahrbuch für Schulentwicklung Bd. 1. Weinheim 1980.
Romberg, H.: Staat und Höhere Schule. Ein Beitrag zur deutschen Bildungsverfassung vom Anfang des 19. Jh. bis zum Ersten Weltkrieg. Weinheim 1979.

Rosenberg. A.: Geschichte der Weimarer Republik. Frankfurt 1961.
Rosenfeldt, H.: Wilhelm von Humboldt. Frankfurt 1982.
Roth, H. (Hg.): Begabung und Lernen. Ergebnisse und Folgerungen neuer Forschungen. Stuttgart 1968 u.ö.
Roth, H.-G.: 25 Jahre Bildungsreform in der Bundesrepublik. Bilanz und Perspektiven. Bad Heilbrunn 1975.
Rousseau, J.-J.: Emile oder über die Erziehung. Bes. von J. Esterhues. Paderborn 1963[3].
Rudder, H. de (Hg.): Die Lehrerbildung zwischen Hochschule und Universität. Probleme des Lehrerstudiums. Bad Heilbrunn 1982.
Rückblick auf die Reform. Heftthema der "Zeitschr. für Pädagogik". Jg. 1985. H. 1.
Rürup, R.: Deutschland im 19. Jh. Göttingen/Zürich 1984.
Ruß, W.: Geschichte der Pädagogik. Bad Heilbrunn 1965[7].
Sander, A.: Das Sonderschulwesen in der Bundesrepublik Deutschland. In: K.J. Klauer/A. Reinartz (Hg.): Sonderpädagogik in allgemeinen Schulen (Hdb. der Sonderpädagogik. Bd. 9). Berlin 1978, S. 415-438.
Schäfer, E.: Rochow. Gütersloh 1906.
Schäfer, W.: Die Odenwaldschule 1910-1960. Stuttgart 1967.
Schäfers, B.: Sozialstruktur und Wandel der Bundesrepublik Deutschland. Stuttgart 1976.
Schaller, K.: Die Pädagogik des Johann Amos Comenius und die Anfänge des pädagogischen Realismus im 17. Jh. Heidelberg 1962.
Schaller, K. (Hg.): J.A. Komensky. Wirkung eines Werkes nach drei Jahrhunderten. Heidelberg 1970.
Schaller, K. (Hg.): Erziehungswissenschaft der Gegenwart. Bochum 1979.
Schanz, H.: Das berufliche Bildungswesen in der Bundesrepublik Deutschland. In: Ders. (Hg.): Grundfragen der Berufsbildung (= Beiträge zur Berufs- und Wirtschaftspäd. Bd. 1). Stuttgart 1974.
Schanz, H.: Betriebliches Ausbildungswesen. Wiesbaden 1979.
Scheibe, W.: Die reformpädagogische Bewegung 1900-1932. Weinheim (1969). 8. erg. Aufl. 1982.
Scheibe, W. (Hg.): Zur Geschichte der Volksschule. Bd. II (19. und 20. Jh.). Klinkhardts Päd. Quellentexte. Bad Heilbrunn 1974[2].
Scheibner, O.: Arbeitsschule in Idee und Gestaltung (1927). Heidelberg 1962[5].
Schenkl, H.: Hochschule. In: E.M. Roloff (Hg.): Lex. der Pädagogik. Bd. 2. Freiburg 1913, Sp. 802-822.
Schlederer, F. (Hg.): Unterrichten und Erziehen. Einführungstexte zu einer Mitmenschlichkeit in der Pädagogik. München/Basel 1983.
Schleiermacher, F.D.E.: Ausgewählte pädagogische Schriften. Bes. von E. Lichtenstein. Paderborn 1964[2].
Schmaderer, F.O. (Hg.): Die pädagogische Gestaltung des Schullebens. München 1979.
Schmid, K.A.: Geschichte der Erziehung von Anfang an bis auf unsere Zeit. Fortgeführt von G. Schmid. 5 Bde. Nachdruck der Ausg. 1884-1902. Aalen 1970.
Schmiel, M.: Die Landwirtschaft und das Landwirtschaftliche Bildungswesen im Industriezeitalter. Ratingen 1967.
Schmitz, K.: Geschichte der Schule. Stuttgart u.a. 1980.
Schnabel, F.: Deutsche Geschichte im 19. Jh. 4 Bde. Freiburg 1929/37.
Schoelen, E.: Erziehung und Unterricht im Mittelalter. Paderborn 1956.
Schöneberg, H.: Schulen. Geschichte des Unterrichts von der Antike bis zur neuesten Zeit Frankfurt 1981.
Scholz, H.: Nationalsozialistische Ausleseschulen. Internatsschulen als Herrschaftsmittel des Führerstaates. Göttingen 1973.

Schorb, A.O. (Hg.): Für und wider den Rahmenplan. Eine Dokumentation. Stuttgart 1960.
Schorb, A.O. (Hg.): Schulversuche mit Gesamtschulen in Bayern. Ergebnisse wissenschaftlicher Begleitung 1971-1976. Stuttgart 1977.
Schrader, K.: Die Erziehungstheorie des Philanthropismus. Langensalza 1928.
Schülerangst. Themenheft der Zeitschr. "Unterrichtswissenschaft". Jg. 1982. H.1.
Schulen des beruflichen Bildungswesens. Themenheft der Zeitschr. "Schulreport". Jg. 1981. H.1.
Schule. Themenheft der "Zeitschr. für Pädagogik". Jg. 1981. H. 4.
Schweim, L. (Hg.): Schulreform in Preußen 1809-1819. Entwürfe und Gutachten. Weinheim 1966.
Sehling, H. (Hg.): Die evangelischen Kirchenordnungen des XVI. Jh. 1966.
Seidelmann, K. (Hg.): Die deutsche Jugendbewegung. Klinkhardts Päd. Quellentexte. Bad Heilbrunn 1966.
Seiler, K.: Das pädagogische System Wolfgang Ratkes. Erlangen 1931.
Sextro, H.P.: Über die Bildung der Jugend zur Industrie. Göttingen 1785. Neudruck Frankfurt 1971.
Siara, Ch.: Bildungs- und Berufsfindungsprozesse im Zweiten Bildungsweg. 1976.
Sienknecht. H.: Der Einheitsschulgedanke (1968). Weinheim 1970².
Sinz, H.: Das Handwerk - Geschichte, Bedeutung, Zukunft. Düsseldorf 1977.
Sommer, W./Waldburg-Zeil, A. Graf von (Hg.): Neue Perspektiven der Bildungspolitik. München/Köln 1984.
Speck, J. (Hg.): Problemgeschichte der neueren Pädagogik. 3 Bde. Stuttgart 1977.
Speck, O.: Geistige Behinderung und Erziehung. 4. neubearb. Aufl. München 1980.
Specht, F.A.: Geschichte des Unterrichtswesens in Deutschland. Stuttgart 1885. Nachdruck Wiesbaden 1967.
Spörl, A.: Die Entwicklung der deutschen Schule im Königreich Bayern unter besonderer Berücksichtigung der Lehrerbildung. Diss. München 1977.
Spranger, E.: Kultur und Erziehung. Leipzig 1919.
Spranger, E.: Gedanken über Lehrerbildung. Leipzig 1920.
Spranger, E.: Wilhelm von Humboldt und die Universitätsidee. Berlin 1928².
Spranger, E.: Zur Geschichte der deutschen Volksschule. Heidelberg 1949.
Spranger, E.: Lebensformen. Geisteswissenschaftliche Psychologie und Ethik der Persönlichkeit (1921). Tübingen 1950⁸.
Spranger, E.: Der Eigengeist der Volksschule (1955). Heidelberg 1963⁵.
Spranger, E.: Wilhelm von Humboldt und die Reform des Bildungswesens (1910). Tübingen 1965³.
Spranger, E.: Psychologie des Jugendalters. Leipzig 1924. Heidelberg 1966²⁸.
Staatsinstitut für Schulpädagogik (Hg.): Blickpunkt berufliche Bildung. Donauwörth 1978.
Statistisches Bundesamt (Hg.): Bevölkerung und Wirtschaft 1872-1972. Stuttgart/Mainz 1972.
Statistisches Bundesamt (Hg.): Fachserie A 10: Bildungswesen. Stuttgart/Mainz 1952-1972. Fachserie 11: Bildung und Kultur. Stuttgart/Mainz 1977.
Stein, G. (Hg.): Theorie und Praxis schulischer Reformen im Spannungsfeld von Pädagogik und Politik. Kastellaun 1975.
Stempel, H.A.: Melanchthons pädagogisches Wirken. Bielefeld 1977.
Struck, P.: Die Hauptschule. Geschichte, Krise und Entwicklungsmöglichkeiten. Stuttgart 1979.
Strzelewicz, W.: Schule (Sozialgeschichte). In: L. Roth (Hg.): Handlexikon zur Erziehungswissenschaft. München 1976, S. 357-361.
Tews, J.: Ein Volk, eine Schule. Osterwieck 1919.

Titze, H.: Die Politisierung der Erziehung. Frankfurt 1973.
Treue, W.: Wirtschaftsgeschichte der Neuzeit. Stuttgart 1962.
Tupetz, Th.: Das Bildungswesen der DDR. Bonn 1970.
Verband der Katholischen Lehrerschaft Deutschlands: Grundgedanken und Vorschläge zur Gestaltung des Schulwesens. Köln 1966.
Vorbaum, R. (Hg.): Evang. Schulordnungen, 16.-18 Jh. 3 Bde. Gütersloh 1860/64.
Voß, L.: Geschichte der höheren Mädchenschule. Opladen 1952.
Wagenschein, M.: Ursprüngliches Verstehen und exaktes Denken. Stuttgart 1965.
Wehr, G.: Der pädagogische Impuls Rudolf Steiners. Theorie und Praxis der Waldorfpädagogik. München 1977.
Weimer, H./Weimer, H.: Geschichte der Pädagogik. Berlin 1964[16].
Weiss, W.W.: Lehrerbildung zwischen Anspruch und Wirklichkeit. München 1976.
Weniger, E.: Das deutsche Bildungswesen im Frühmittelalter. In: Histor. Vierteljahresschrift. Jg. 1935, S. 446-479.
Wenzel, H. (Hg.): Grundschulpädagogik. Klinkhardts Päd. Quellentexte. Bad Heilbrunn 1970.
Wenzl, A.: Geist und Zeitgeist zweier Generationen. München 1946.
Westphalen, K.: Praxisnahe Curriculumentwicklung - eine Einführung in die Curriculumreform am Beispiel Bayerns. München 1979.
Widenbauer, G.: Geschichte des bayerischen Realschulwesens von 1816 bis heute. München/Berlin 1927.
Willmann, O.: Sämtliche Werke. Krit. Gesamtausgabe 16 Bde. Hg. von H. Bitterlich-Willmann. Aalen 1968 ff.
Willmann, O.: Kleine pädagogische Schriften. Bes. von J. Antz/E. Schoelen. Paderborn 1959.
Winterhager, W.D. (Hg.): Reform der Berufsbildung. Berlin/New York 1974.
Wirth, G.: Der Weg an die Grenze. Blüte und Schicksal der antiken Bildungstradition. In: L. Kriss-Rettenbeck/M. Liedtke (Hg.): Schulgeschichte im Zusammenhang der Kulturentwicklung. Bad Heilbrunn 1983, S. 77-117.
Wissenschaftsrat: Empfehlungen zur Struktur und zum Ausbau des Bildungswesens im Hochschulbereich nach 1970. 3 Bde. Bonn 1970.
Wölker, H.: Berufsbildungsgesetz mit Erläuterungen. Koblenz 1969.
Wolf, P.: Vom Schulwesen der Spätantike. Baden-Baden 1952.
Wollenweber, H.: Die Realschule. 2 Bde. Paderborn 1979.
Wühr, W.: Das abendländische Bildungswesen im Mittelalter. München 1950.
Wyneken, G.: Der Gedankenkreis der Freien Schulgemeinde Leipzig 1914.
Zentral-Institut für Erziehung und Unterricht (Hg.): Die Reichsschulkonferenz in ihren Ergebnissen. Berlin 1920.
Zetkin, C.: Ausgewählte Reden und Schriften. Bd. I. Berlin 1957.
Ziegler, Th.: Die geistigen und sozialen Strömungen Deutschlands im 19. und 20. Jh. bis zum Beginn des Weltkrieges. Berlin 1921[7].
Zinnecker, J.: Sozialgeschichte der Mädchenbildung. Weinheim/Basel 1973.
Zöpfl, H./Heigl, J.: Erziehung zwischen Gesellschaftsanspruch und Kindbedürfnis. München 1982.
Zorn, W. (Hg.): Hdb. der deutschen Wirtschafts- und Sozialgeschichte. 2 Bde. Stuttgart 1971/76.
Zwerger, F.: Geschichte der realistischen Lehranstalten Bayerns. Berlin 1914 (Mon. Germ. Paed 1953).

Personenregister

Sachregister